Befreiungskrieg

Anna Veronika Wendland, Dr. habil., ist Historikerin mit einem Forschungsschwerpunkt in der Geschichte der Ukraine und der Sowjetunion sowie der Umwelt- und Technikgeschichte. Sie arbeitet am Herder-Institut für historische Ostmitteleuropaforschung in Marburg.

Anna Veronika Wendland

Befreiungskrieg

Nationsbildung und Gewalt in der Ukraine

Campus Verlag
Frankfurt/New York

ISBN 978-3-593-51748-3
ISBN 978-3-593-45460-3 E-Book (PDF)
ISBN 978-3-593-45459-7 E-Book (EPUB)

Umschlaggestaltung: Campus Verlag GmbH, Frankfurt am Main
Umschlagmotiv: Allegorische Figur der Berehynja (»Beschützerin«) in ukrainischer Tracht, die einen Kalynazweig über ihren Kopf hält, auf dem 2001 fertiggestellten, 63 Meter hohen Unabhängigkeitsdenkmal der Ukraine in Kyjiw © www.shutterstock.com (Bildnummer 691769458)
Satz: le-tex xerif
Gesetzt aus der Alegreya
Druck und Bindung: Beltz Grafische Betriebe GmbH, Bad Langensalza
Beltz Grafische Betriebe ist ein klimaneutrales Unternehmen (ID 15985–2104-1001).
Printed in Germany

www.campus.de

Inhalt

1. Eine Geschichte von Befreiungskriegen? Freiheit, Gewalt und Nationsbildung in der Ukraine

Als am 10. November 2022 ukrainische Truppen die von Russland besetzte und annektierte Stadt Cherson am Dnipro befreiten, wurden sie von erschöpften und glücklichen Bürgern umringt, die sich in blau-gelbe Landesflaggen gehüllt hatten und ihnen – auf Russisch! – zuriefen: »*Slawa Ukraine!*« (»Ruhm der Ukraine«). Dieser Ruf, der noch einige Jahre zuvor in seiner ukrainischen Form, »*Slawa Ukrajini*«, nur unter ukrainischen Nationalisten gebräuchlich war, und die Tatsache, dass sie ihn ins Russische übertragen hatten, stehen wie ein Emblem über diesem gesamten Krieg: Kriege, Kämpfe, Gewalt, Befreiung und Nationsbildung gehören in der Ukraine zusammen, aber im seltensten Fall so, wie es Außenstehende erwarten würden. Wir finden ukrainische Patrioten, gar Nationalisten, die zeit ihres Lebens Polnisch oder Russisch sprachen; wir finden Menschen ukrainischer Zunge, die in den Korridoren der russischen imperialen Macht Karriere machten und stets loyale Untertanen der russländischen Reiche von der Schwelle der Moderne bis zur Sowjetunion waren – um dann in den Momenten historischer Krisen und Kipppunkte sich doch für ihr Land, die Ukraine, zu entscheiden und dafür zu kämpfen. Dieser Ruf entwickelte sich binnen eines Jahrhunderts vom Erkennungszeichen einer extrem-nationalistischen – manche sagen auch: faschistischen – Bewegung der 1930er Jahre in den ukrainischen Gebieten Polens zu einem Kampfruf der demokratischen Ukraine, deren Bürgerinnen und Bürger nach dem im Februar 2022 eröffneten russischen Angriffskrieg gegen die Ukraine unter dem jüdischen Präsidenten Wolodymyr Selenskyj in den Befreiungskrieg ziehen, der aber eigentlich ein aus der Not geborener, improvisierter Verteidigungskrieg ist. Daher müssen wir unseren Begriff, der diesem Buch seinen Titel gibt, zunächst kritisch prüfen.

Befreiungskrieg: Begriff und Kritik

Die Idee, die Geschichte der Ukraine als eine Geschichte von Befreiungskriegen zu schreiben, gab es schon früher in modifizierter Form: das war die Geschichtsvorstellung sowjetukrainischer Historiker, die die marxistische Lehre von der Weltgeschichte als einer Geschichte von Klassenkämpfen auf die eigene Geschichte anzuwenden versuchten und Aufstände, Kriege und andere Gewalterfahrungen der Ukrainer in dieses Schema einordneten. Doch in diesem Buch steht der Begriff des Befreiungskrieges nicht für ein Bewegungsgesetz der Geschichte, sondern für eine Perspektivierung der ukrainischen Geschichte. Aus aktuellem Anlass soll der Fokus der Betrachtung auf dem Zusammenhang von Freiheitsgedanken, Selbstermächtigung, Gewalt und Nationsbildung liegen.

In Typologien des Krieges versuchen Konfliktforscher, Kriege nach ihrem Erscheinungsbild, ihrer Intensität, ihren Trägergruppen und ihren Verläufen zu kategorisieren. Nicht jeder bewaffnete Konflikt ist ein Krieg. Der Krieg zwischen der Ukraine und Russland würde in solchen Typologien als hochintensiver zwischenstaatlicher Krieg eingeordnet. Ein zwischenstaatlicher Krieg ist definiert durch zentrale Organisation, Beteiligung regulärer Armeen und eine Mindestdauer und Intensität, die sich durch die Anzahl der Opfer bemisst.[1] Nach einem Jahr russischer Totalinvasion zählt die russische Seite rund 150.000 Verwundete und rund 50.000 Gefallene, die ukrainische rund 100.000 Verwundete und 20.000 Gefallene, dazu sind schätzungsweise 30.000 Zivilisten ums Leben gekommen.[2] Wir können also ohne Zweifel von einem Hochintensitätskrieg sprechen.

Eigentlich sind solche klassischen Kriege seit dem Ende des Zweiten Weltkriegs selten geworden, so der einhellige Befund der Forschung: Viel häufiger sind sub- und nichtstaatliche Kriege, in denen unterschiedliche bewaffnete Gruppen innerhalb von Staaten kämpfen, wie im Südsudan und in Haiti, wo wir von einem weitgehenden Staatszerfall sprechen können. Häufig gibt es auch asymmetrische Kriege, in denen eine Regierung mit regulärem Militär Guerilleros oder eine innerstaatliche Gegenpartei bekämpft, wie in Myanmar, wo die legitime Regierung nach einem Putsch in den Untergrund gegangen ist und weite Teile des Landes mit Guerilla-Armeen kontrolliert. Meist finden diese Konflikte im globalen Süden statt, Europa ist nur noch selten Kriegsschauplatz.

Der Politikwissenschaftler Herfried Münkler beschrieb 2002 in seinem Buch über die »neuen Kriege« den globalen Typus der nichtstaatlichen Gewaltunternehmer, welche die Kriege der Zukunft prägen würden. Zwanzig Jahre später erscheint der Ukraine-Krieg wie eine Widerlegung seiner These, derzufolge der neue Kriegstypus nicht mehr durch Fronten, Schlachten und staatliche Kriegsparteien gekennzeichnet sei, sondern durch einen diffusen Städtekrieg gegen die Zivilbevölkerung.[3] Der Fall Ukraine, in dem es all das gibt, was Münkler für vergangen erklärte – Fronten, große Armeeverbände, großflächige Vorstöße, massenhafte Vernichtung von Infrastruktur, Schlachten, in denen an einem Tag so viel Munition verschossen wird, wie eine Munitionsfabrik in einem Jahr produziert und die in ihrer Intensität an den Ersten Weltkrieg erinnern –, scheint aus dieser Perspektive regelrecht aus der Zeit gefallen. Oder ist dem gar nicht so? Zumindest auf der russischen Seite spielen seit Initiierung des Krieges 2014 irreguläre Milizen und Söldner-Unternehmen – das bekannteste ist die sogenannte »Wagner«-Gruppe« – eine wichtige Rolle. Handelt es sich also auch in der Ukraine um einen »Neuen Krieg«, oder ist dieser Krieg die Ausnahme, welche die Regel widerlegt?

Womöglich waren es aber gerade Vorstellungen wie jene Münklers, die Zeiten solcher Kriege seien endgültig vorbei, die sich in den vergangenen zwei Jahrzehnten so etabliert haben, dass auch fast alle Beobachter und Politiker im Westen bis unmittelbar vor dem 24. Februar 2022 diesen Krieg für unmöglich oder zumindest unwahrscheinlich hielten. Nicht, weil die Evidenz ihnen diesen Schluss nahelegte, sondern weil sie sich eine totale Invasion Russlands einfach nicht vorstellen mochten, weil sie so absurd und gar nicht im russischen Interesse liegend erschien. So trug auch die Haltung der Deutschen zum Überraschungsmoment der »Zeitenwende« bei. Die Verfasserin des vorliegenden historischen Essays hält sich zugute, nicht dazugehört und schon relativ früh die Befürchtung geäußert zu haben, die Entwicklung laufe geradewegs auf einen großen Krieg zu.[4]

In jedem Falle können wir die Erfahrung des russisch-ukrainischen totalen Krieges seit Februar 2022 als Zäsur betrachten und ebenso als vorläufiges Ende der europäischen Friedensordnung. Erstmals seit 1945 führen zwei europäische Staaten gegeneinander Krieg, auch wenn der Angreifer den Kriegsbegriff lange zu unterdrücken versuchte: In Russland durfte man bekanntlich, solange das Regime die Sprachregelung »Spezialoperation« ausgab, nicht von einem Krieg sprechen. Auch jetzt, nachdem das Regime vom »Krieg« spricht, wähnt es sich nicht im Krieg mit der Ukraine (die man ja glaubte, per Spezialoperation erledigen zu können), sondern im Krieg mit der NATO.[5]

Historische Kriege insbesondere in der frühen Neuzeit sind auch als Staatsbildungskriege bezeichnet worden – das wichtigste Beispiel ist der Dreißigjährige Krieg, der viele der heute noch existierenden modernen Territorialstaaten erschuf. Der Frühneuzeithistoriker Johannes Burkhardt machte als Grundlage des Staatsbildungskrieges nicht ein Zuviel an Staatlichkeit, sondern gerade die *noch nicht* etablierte Staatlichkeit, die inneren Konflikte und Machtinstabilitäten der damaligen Herrschaftsverbände aus, die eine »bellizitäre« Wirkung gehabt hätten.[6] Unter modernen Vorzeichen könnte man diese Analyse auch auf die Ukraine und Russland übertragen, deren Nationalstaatsbildung noch nicht abgeschlossen ist. Das trifft das auf den Aggressor Russland in ungleich höherem Maße zu als auf den Verteidiger Ukraine, da in Russland die Selbstvergewisserung, ob das Land ein Imperium oder ein Nationalstaat sein solle, noch nicht zu einem Endpunkt gekommen ist.

Kriege wie die Folgekonflikte des Ersten Weltkrieges und der Jugoslawienkrieg waren jedoch eher Entstaatlichungskriege[7], d.h. Zerfallskriege vorheriger Staaten, aus denen neue souveräne Staaten hervorgingen. Die Staatenwelt Ostmitteleuropas ist wesentlich in dieser Epoche aus der Konkursmasse der beiden Imperien Österreich-Ungarn und dem Russländischen Reich entstanden. Letzteres erstand in modifizierter Form mit der Gründung der Sowjetunion 1922 neu. Der russisch-ukrainische Krieg kann also ebenso als mit Zeitzündung ausgelöster Zerfallskrieg des russisch dominierten sowjetischen Imperiums gedeutet werden, in dem eine Partei – Russland – das Imperium erhalten, die andere sich endgültig von ihm lösen möchte. In einer solchen Perspektive war 1991 beim friedlichen Auseinandergehen der großen ostslawischen Staaten Russland, Ukraine und Belarus, die das Kernland des Sowjetreiches gebildet hatten und es politisch dominierten, noch nicht das letzte Wort gesprochen. Ein Motiv, das Putin zur Aggression gegen die Ukraine getrieben hat, ist die Erfahrung der Abwicklung der Sowjetunion als – für ihn und für sehr viele patriotisch denkende Russen – »größte geopolitische Katastrophe des [20.] Jahrhunderts«.[8] Diese will er nun gewaltsam ungeschehen machen. So betrachtet bezahlt die Ukraine ihre gleitende, ohne Kämpfe und Revolution errungene Staatsbildung von 1991 nun zeitverzögert mit einem großen Entkolonisierungs- und Befreiungskrieg.

Der *Befreiungskrieg* ist ein normativer Begriff. Befreiungskriege bringen aus Sicht der historischen Akteure, die politische Freiheiten militärisch erkämpfen, einen Fortschritt. Als wichtige Etappen werden sie in Nationalgeschichten eingeschrieben. Die »Befreiungskriege« der napoleonischen Zeit wurden – als Antwort auf die revolutionäre Massenmobilisierung auf französischer Seite – auch als »Volkskrieg« organisiert und verstanden. Es gab Freiwilligeneinheiten und halbreguläre Freischärler, auch wenn reguläre Armeen dominierten. Von der zeitgenössischen preußischen Propaganda wurde der Anteil der Volksmobilisierung besonders herausgehoben. Wir erkennen auf Anhieb die Parallelen zur ukrainischen Situation nach der Majdan-Revolution von 2014. Damals war die Staatlichkeit der Ukraine wegen eines disruptiven Machtwechsels in der Schwebe, was Moskau veranlasste, die schon länger geplante Annexion der Krim zu verwirklichen. Die unter dem korrupten Präsidenten Janukowytsch abgewirtschaftete ukrainische Armee war mit der Invasion aus Russland hoffnungslos überfordert und musste die Halbinsel räumen. In diesem historischen Moment waren es Freiwilligenbataillone, von Oligarchen finanziert, aber auch unzählige zivilgesellschaftliche Freiwillige, die das Land vor einem weiteren Vormarsch der Russen retteten. Ihre Verteidigung aber führte auch dazu, dass die Ukraine zum kriegführenden Land wurde. Andernfalls wäre die russische Invasion zum Durchmarsch und zur Machtübernahme geworden. Der russisch-ukrainische Krieg begann also mit der Verteidigung gegen den russischen Angriff.

Befreiungskriege werden aus Sicht der Akteure positiv betrachtet, aber das bedeutet nicht, dass es saubere Kriege sind – das zeigen historische Beispiele wie der Algerienkrieg oder der vielen postkolonialen Kriege in der gesamten Welt. Sie umfassen nicht nur reguläre Kriegshandlungen unter uniformierten Soldaten, sondern auch unter Partisanen, Freischärlern und Bandenkriegern. Im Windschatten dieser Kriege gedeihen Korruption und Kriegsgewinnler, wie auch jüngst wieder in der Ukraine. Befreiungskriege zermalmen Gesellschaften und backen sie neu zusammen, involvieren auch jene, die sich lieber heraushalten würden, und zwingen sie, die Seite zu wählen. Andere werden in ihren geteilten Loyalitäten verstrickt und zerrieben. Was das für die Ukraine bedeutete, hat der Charkiwer Schriftsteller Serhij Zhadan in seinem Roman »Das Internat« aus den Anfangsmonaten dieses noch andauernden Krieges geschildert. Dessen Held ist ein unpolitischer Lehrer, der 2014 seinen Neffen aus einer umkämpften Stadt abholen muss und zwischen die Fronten gerät.[9]

Befreiungskriege bringen Befreiung – wenn auch nicht immer zu dem, was wir heute als die bessere Option, die gerechtere Gesellschaft verstehen würden. Die Kosakenaufstände und -kriege, die die Ukrainer im 17. und

18. Jahrhundert führten und in denen sie die Herrschaft polnischer Könige und russischer Zaren abschütteln wollten, waren Ausläufer europäischer Großkonflikte, des Dreißigjährigen Krieges und der Nordischen Kriege, und wurden mit derselben Grausamkeit geführt, die in unserem kollektiven Gedächtnis von den Schrecken des Dreißigjährigen Krieges erhalten sind. Die Konflikte der Frühneuzeit waren begleitet von den bis zum Zweiten Weltkrieg entsetzlichsten Massenverbrechen an den ukrainischen Juden und schrecklichen interkonfessionellen Gräueltaten. Der »russische« Bürgerkrieg (1917–1922) wiederum, der auch ein ukrainischer Befreiungskrieg war oder nach dem Willen der Akteure hätte sein sollten, machte die Ukraine zu einem »Schreckens- und Gewaltraum«[10], in dem reguläre Truppen der Alliierten, die deutsche Reichswehr, russische Bolschewiki, russische Konterrevolutionäre, polnische Legionen, Warlords und ihre Bandenformationen kämpften. Auch die ukrainischen Nationalisten, die im Zweiten Weltkrieg zwischen deutscher und sowjetischer Front einen eigenständigen Staat errichten wollten, vermeinten einen Befreiungskrieg zu kämpfen und schreckten nicht vor Massakern an der polnischen Zivilbevölkerung und Beihilfe zum deutschen Judenmord zurück.

Es ist also wichtig festzustellen, dass die Ukrainer durch ihre gesamte Geschichte hindurch nicht nur Gewalt und Krieg erlitten, sondern auch selbst Gewalt ausübten und Kriege aktiv führten. Das ist wichtig, weil sich im deutschen Diskurs auch sexualisierte Opferbilder von der »vergewaltigten Ukraine«[11] etabliert haben, die weder der historischen noch der aktuellen Realität gerecht werden. Soweit wir überblicken können, ist der heutige Krieg auf Seiten der demokratischen Ukraine der erste, in dem Massengewalt gegen die Zivilbevölkerung von ukrainischer Hand weitgehend unterbleibt – dafür ist die Erfahrung russischer Massenmorde und Massengewalt gegen ukrainische Zivilisten umso nachhaltiger. Aus diesem kurzen Rückblick auf die vielgestaltige Geschichte ukrainischer Befreiungsversuche ergibt sich eindeutig: Keine Opfer-, aber auch keine Helden- und Erfolgsgeschichte kann und soll hier geschrieben werden, sondern die zerrissene Geschichte beständiger Anläufe der Ukrainer, ihre Geschichte selbst zu machen, sich aus Oberherrschaften und Untertänigkeitsverhältnissen freizukämpfen. Diese Anläufe waren durch die Jahrhunderte wie eine Brandung, die ans Ufer schlägt, mal schwach, mal vom Sturm gepeitscht, eine Woge um die andere, bis die Küste erodiert, zerbröselt, verschwindet.

Doch sprechen wir hier mit Berechtigung von einem *Befreiungskrieg?* Es gibt schlechthin keine Kriege ohne historische Wurzeln und ohne Versuche der beteiligten Akteure oder ihrer Nachkommen, das eigene Handeln mit historischen Argumenten zu rechtfertigen und den Krieg in eine plausible Geschichte einzuordnen. Die Befreiung von Fremdherrschaft erscheint als das edelste Motiv, Krieg zu führen, und endet doch in den seltensten Fällen mit der Befreiung von Menschen aus Herrschaftsbeziehungen, was gerade die Vertreter linker Kritik an national motivierten Befreiungsbewegungen bemerkten. Demonstrierten ukrainische Bergleute 1990 noch gegen Moskau und den Abtransport von Ressourcen aus der Ukraine, so empörten sie sich einige Jahre später gegen die neue Bürokratie in Kyjiw, die ihnen Privilegien und Subventionen verweigere.[12] Aber ohne Zweifel spielen Befreiungskriege Schlüsselrollen in Nationsbildungsgeschichten, die immer auch Umschichtungen von Herrschaftsbeziehungen sind: Als fremd empfundene Eliten werden durch solche, als nah und eigen empfunden werden, ersetzt, die eigene Sprache hält Einzug in die Institutionen, welche den Zugang zur Macht sichern, in Schule, Gericht und Universität.

Nationen sind auch Erzählgemeinschaften, die sich auf die Tradierung ihrer nationalen Genesis-Erzählungen einigen. Häufig geschieht das in dreischrittigen Geschichten, von der Zeit der Unterdrückung und Dunkelheit über den Befreiungsakt, die nationale Mobilisierung und Befreiung bis hin zur Wiedergeburt der Nation in der Staatsbildung, die dann aber häufig erst in einem Krieg erfochten werden muss. Christliche Nationen haben die Dreischritt-Erzählung häufig aus religiöser Überlieferung abgeleitet: vom Zustand der Unschuld (meist sind das vorgestellte primordiale Urgesellschaften aus grauer Vorzeit, wo alle Nationsgenossen frei und gleich gewesen seien) über den Sündenfall und die Passion (das Erleiden von Zerwürfnissen, Zerteilung und schließlich fremder Oberherrschaft, welche die Uneinigkeit ausnützt) bis zu Tod und Auferstehung (im Befreiungskrieg zu einer neuen Gesellschaft). So haben sich die patriotischen Polen im 19. Jahrhundert als »Christus der Nationen« verstanden, der unter der asiatisch-russischen Oberherrschaft gekreuzigt wurde (während von der wohlwollenderen, Autonomierechte gewährenden Oberherrschaft der Habsburger weniger die Rede war). Polen wie Ungarn verstanden sich als *Antemurale Christianitatis* gegen den Ansturm der Türken und Osmanen sowie der nichtkatholischen Russen. Immer wurden dabei auch Selbstbilder der jeweils eigenen Nation als Bollwerke

»Europas« ausformuliert, die Leben und Werte der weiter westlich in Sicherheit lebenden Nationen schützten. Wir erkennen in diesem Motiv auch heutige Argumentationen, in der Ukraine würden »europäische Werte« verteidigt, und es hielten in diesem Krieg die Ukrainer den Kopf für etwas Größeres hin als nur für das eigene Überleben.[13]

In Wirklichkeit ist das natürlich häufig gar nicht der Fall – die Soldaten, die an manchen Frontabschnitten zur Zeit der Niederschrift dieses Buches zu Hunderten am Tag starben, kämpften weder für europäische Werte noch für Putins »russische Welt«, sondern erst einmal um ihr Leben, für ganz partikulare, individuelle und basale Interessen also. Auf beiden Seiten geht es ferner um das Halten der Stellungen, weil die Soldaten wissen: Wenn die Front nicht hält, geht es auch um weitere Dinge, die das eigene Leben betreffen. Von Frontberichten der russischen Seite wissen wir, dass dazu auch die Angst vor Strafe bei Zurückweichen gehört, die Angst vor Schande und der von der Propaganda insinuierte Hass auf einen als »Nazi« dämonisierten Gegner, dessen »Bestrafung« – ein Schlüsselwort in vielen russischen Verlautbarungen über die Ukraine – jedes Mittel heilige. Aber auch die Hoffnung auf Anerkennung, Beute und sexuelle Gewaltausübung gegen wehrlose Opfer treibt die Soldaten an.[14] Die Ukrainer wiederum wissen inzwischen aus Kriegserfahrung, dass russische Okkupation die eigene Heimatstadt, das eigene Haus, die eigene Familie, die eigene kleine Firma bedrohen wird. Es geht ihnen also primär um Freiheit von Besatzung, ein basales »Wir« gegen »Die«. Mit zunehmenden Gewalt-, Schreckens- und Ohnmachtserfahrungen, z.B. nach den Raketenangriffen auf unschuldige Zivilisten auf Bahnhöfen, in Wohnhäusern oder nach der Staudammsprengung von Kachowka am 6. Juni 2023, kommen auch elementare Rachegefühle zum Tragen. Das bedeutet gleichzeitig aber auch, dass es nicht immer um europäische oder universale Werte wie Demokratie und Menschenrechte geht, auch wenn diese als Zielvorstellung von der Art und Weise, wie man leben möchte, von Bedeutung sind.

Damit sind wir bei den tieferen Gründen, warum die Ukraine in diesen Krieg verwickelt wurde. Ihre sich allmählich aufbauende Frontstellung zum in die Diktatur abrutschenden Russland hatte tatsächlich etwas mit universalen Werten zu tun. Diese formulierten die Ukrainer in ihrer Unabhängigkeitserklärung 1991, in den Wahlfälschungsprotesten 2004/05 (»Orangene Revolution«), in der Majdan-Revolution 2014 und in freien Wahlen seitdem. Diese waren eine Willensbekundung, nicht von mit Russland verflochtenen Autokraten oder heimischen Oligarchen regiert werden zu wollen, sondern ein demokratischer Verfassungs- und Rechtsstaat mit Grundrechtsgarantien, Gewaltenteilung und einer kapitalistischen Marktwirtschaft sein und an europäischen Institutionen und militärischen Absicherungsstrukturen teilhaben zu wollen. Diese Wahl wiederum wurde bereits seit Mitte der 2000er Jahre vom heutigen Aggressor Russland als eigenen Interessen und Werten zuwiderhandelnd verstanden – über die Motive wird noch zu sprechen sein. Betrachten wir also das Entstehen des russisch-ukrainischen Krieges, so können wir durchaus konstatieren, dass Werte – im Sinne von Normen, die ein Gemeinwesen sich setzt und für oder gegen die es sich entscheidet– in ihm durchaus eine Rolle spielen.

Man könnte aber auch versuchen, das ukrainische Geschehen zu objektivieren und herauszufinden, ob es Merkmale aufweist, die anderen historischen Ereignissequenzen ähneln, die wir als Befreiungskriege verstehen. Als Muster könnte der französische Revolutionskrieg gelten oder der amerikanische Unabhängigkeitskrieg. Wir Deutschen assoziieren den Begriff mit dem anti-napoleonischen preußischen Befreiungskrieg, der nicht nur die berühmten preußischen Reformen zeitigte, sondern auch das nationale Ressentiment von der »Erbfeindschaft« zwischen Deutschen und Franzosen nährte. Ganz nah vor Augen standen den Ukrainern über einen langen Zeitraum die Befreiungskriege der Polen. Mit den Teilungen Polens von 1772 bis 1795 teilten Polen und Ukrainer auch historische Erfahrungen imperialer Unterdrückung und Überformung. In vielen Gebieten der heutigen Ukraine lebten Polen und Ukrainer als Nachbarn, aber auch als soziale Antagonisten – die einen römisch-katholische Landbesitzer und Stadtbürger, die anderen orthodoxe Bauern, Erbuntertänige und Leibeigene auf den polnischen Gütern. Doch beide hatten keinen eigenen Staat, sondern fremde Zaren und Kaiser über sich. Deshalb waren die Freiheitsbestrebungen der Polen auch immer eine Folie, vor der die Ukrainer ihre beginnende nationale Erweckungspolitik machten.

Der Erste Weltkrieg und seine Folgekonflikte, die mit dem Habsburger- und dem Russischen Reich ein Ende machten, spielten auch eine zentrale Rolle bei der Wiedererrichtung der im 18. Jahrhundert verlorenen polnischen Staatlichkeit. Die Rolle der polnischen Legionen und ihres Führers, des Marschalls Piłsudski, ging ein in die Heldengeschichte polnischer Aufstandskriege und politischer Reformanstrengungen seit Kościuszko und den Aufständen von 1831 und 1863. Die Ukrainer hingegen verbanden mit derselben Epoche eine *gescheiterte* Befreiung. In die polnischen Aufstandskriege, die sowohl das österreichische als auch das russländische Imperium erfassten, waren sie unfreiwillig involviert gewesen. Sie waren die Bauern auf den Gütern der polnischen Magnaten, umworben von den Adelsrevolutionären und den monarchischen Staatsgewalten in Österreich und Russland gleichermaßen. Die russischen Regierungen des 19. Jahrhunderts fürchteten, die ukrainischen Bauern könnten sich mit den aufständischen Polen zusammentun und ihren demokratischen Irrlehren lauschen und interpretierten daher die frühen kulturellen ukrainischen Eigenständigkeitsbestrebungen als Ergebnis polnischer Wühlarbeit. Auch aus diesem Grund waren russische Reaktionen auf die ersten kleinen Schritte nationaler ukrainischer Mobilisierung so repressiv.

Nach 1918 standen sich dann Ukrainer und Polen in Kämpfen um die jeweils eigene Staatsbildung, die auch Konflikte um von beiden Seiten beanspruchte Territorien waren, unversöhnlich gegenüber. Der polnische Befreiungskrieg gelang, nicht zuletzt wegen der Unterstützung durch die Alliierten; der ukrainische scheiterte, unter anderem weil ihm internationaler Rückhalt fehlte. So entstand die Zweite Republik Polen der Zwischenkriegszeit, die über ausgedehnte, ukrainisch besiedelte Territorien der heutigen Westukraine herrschte, während die russländische Ukraine in der Sowjetunion aufging. Dort erhielt sie aber immerhin eine formelle Para-Staatlichkeit in Form der Ukrainischen SSR, mit Grenzen, Hauptstadt und Titularnation und -sprache. Trotzdem war der Traum der ukrainischen Nationalbewegung von einer Einigung aller ukrainisch besiedelten Länder in einem Staat unerfüllt geblieben. Der erfolgreiche Befreiungskrieg der einen kann also auch die Unfreiheit und die Demütigung der anderen begründen.

Das Bewusstsein, aus der Geburtsphase unabhängiger Staaten in Ostmitteleuropa nach dem Ersten Weltkrieg als Verlierer und erneut zerteiltes Territorium hervorgegangen zu sein, hat wesentlich die Frustration junger Ukrainer in der Polnischen Republik der 1930er Jahre genährt, die schließlich zum »turn to the right« und zur Bildung einer faschistischen Befreiungsbewegung führte. Das ist der Kontext, dem der berüchtigte Stepan Bandera entstammte, der heute als geschichtspolitischer Wiedergänger die Konfliktparteien heimsucht – bei den Ukrainern als umstrittener Freiheitskämpfer, für dessen antikolonialen Terror die einen Verständnis oder sogar Verehrung wie für einen ukrainischen Che Guevara aufbringen, während die anderen eine solche Verehrung für unzeitgemäß und kontraproduktiv halten. Bei den Russen erscheint Bandera als ins Monströse und weit über ihre tatsächliche historische Bedeutung aufgeblasene Hassfigur, die in eine Traditionslinie anderer ukrainischer »Verräter«, »Terroristen« und »Nazis« gestellt wird, vom mit Schweden kooperierenden Kosaken-Hetman Iwan Masepa über den Anführer der ukrainischen Republik zwischen 1917 und 1920, Symon Petljura, eben zu Bandera – alliterative Kompositionen inbegriffen.

Kein Befreiungskrieg? Kriegs-Gegenbilder

Damit ist schon angedeutet, dass es konkurrierende Konzepte dieses Krieges gibt, zum Beispiel jenes, mit denen der Angreifer die Gewalt rechtfertigt. Aus russischer Sicht sollte dieser Krieg zuerst gar keiner sein, sondern eine »Spezialoperation« zwecks Beseitigung eines, wie man es darstellte, illegitimen Regimes. Aus den Verlautbarungen der russischen Führung sprach aber noch etwas anderes, nämlich das Motiv der Bestrafung, Disziplinierung und Rückholung des vermeintlich abtrünnigen und auf Abwege geratenen ehemaligen Untertanen Ukraine. Diesem unterstellte man zudem, seit 2014 einen »Bürgerkrieg« gegen eine angeblich dem Separatismus zugeneigte »russische Bevölkerung« in der Ostukraine zu führen – noch ein Kriegsbegriff.[15]

Eine wieder andere Begrifflichkeit, nun auf Seiten der Unterstützer der Ukraine, ist der »unprovozierte Angriffskrieg«, der Präzedenzlosigkeit und Disruption signalisiert und angesichts des Schocks vom Februar 2022 sicherlich einige Berechtigung hatte. Der Begriff beschreibt die völkerrechtliche Dimension des russischen Angriffs, eines Angriffs mit einer regulären Armee mit dem Zwecke der Eroberung und Annexion von Territorien. Doch unterschlägt dieser Begriff, dass der russische Angriff auf die Ukraine auch ohne offizielle, reguläre Kombattanten schon seit dem März 2014 geführt wird, seit dem Auftauchen von russischen Soldaten ohne Hoheitsabzeichen auf der ukrainischen Halbinsel Krim und dem Einfall rechtsextremer russischer Milizen und Söldner in den Donbas. Es waren vor allem diese Gewaltunternehmer, die dort im Verbund mit lokalen, aber nicht das Geschehen bestimmenden ukrainischen Akteuren einen Separatismus simulierten und die Gewalt injizierten. Auch die tieferen historischen Wurzeln und Vorgeschichten der Eskalation werden in diesem Begriff unterschlagen.

Wieder ein anderes Interpretament ist der »Stellvertreterkrieg«, der nahelegt, eigentlich seien es gar nicht die Ukrainer, die da kämpften, sondern »der kollektive Westen« (so die Moskauer Diktion), die USA, »die Angelsachsen« (so eine Bonner Professorin für europäische Fragen mit dezidiert anti-atlantischer Spitze[16]) oder die Europäische Union auf ihrem Weg in die Ostexpansion. Gerade letztere Erzählungen sind überaus beliebt auch bei deutschen Linken, welchen es schwer zu fallen scheint, die Ukrainer als Geschichtssubjekt anzuerkennen.

All diese Kriegsbegriffe spiegeln auch immer die Position und die Interessen der Sprechenden. Sie können Zusammenhänge erklären, aber auch verschleiern, verzerren und mythisieren. Daher ist es wichtig, die historischen Begründungen zu kennen und bewerten zu können, die hinter solchen Begrifflichkeiten stehen. Eine solche historische Einordnung erleichtert überdies, die Ursachen, nicht nur die Anlässe von Kriegen, zu erkennen. Dieses Wissen ist auch für das Erarbeiten von Konfliktlösungen von großem Wert, denn es schützt vor Fehleinschätzungen. Irgendwann wird auch dieser Konflikt, der Ukraine-Krieg, mit einer Lösungssuche am Verhandlungstisch enden. Dann werden historische Hintergrundkenntnisse von großer Bedeutung sein, um die – auch mentalen – Handlungsspielräume der Verhandlungsparteien ausloten zu können.

Gewaltgeschichten

Sprechen wir aber vom Befreiungskrieg, besteht immer die Gefahr einer Umgehung oder Euphemisierung von zentralen Erfahrungen des Krieges, nämlich dem Ausüben und Erleiden von Gewalt. Auch dieser Aspekt droht häufig in Vergessenheit zu geraten, betrachtet man die affirmative, liberal-bürgerrechtliche Erklärung des Kriegsgeschehens als Kampf um den Geltungsbereich von Demokratie und Menschenrechten, dagegen weniger als Kampf um Einflusssphären, wie es traditionelle, »realistische« Schulen der Politikwissenschaft tun.[17]

Wir sind also, wenn wir uns mit der Rolle der Gewalt in diesem Geschehen befassen, auch nicht von der Aufgabe befreit, trotz aller intuitiven

Sympathien für den Freiheitsdrang der Ukrainer, uns kritisch mit dem Zusammenhang von Gewalt und Nationsbildung auseinanderzusetzen. Das kann auf vielerlei Weise geschehen. Wer sich der Nationsbildung aus einer linken, etwa marxistischen Perspektive nähert, wird die Nation immer als Ausdruck des Kapitalverhältnisses und als Organisationsform der herrschenden bürgerlichen Klasse wahrnehmen. Wer es so anpackt, muss immer auf das Gewaltverhältnis verweisen, das in kapitalistischen Nationsgesellschaften für den Zusammenhalt sorge und normalisierter Ausnahmezustand sei. Aus dieser Sicht ist der Ukraine-Krieg ein lehrbuchgemäßes Symptom für die Krise des Spätkapitalismus;[18] wer diese Position zudem ethisch auflädt, dem erscheint es aberwitzig, wenn im 21. Jahrhundert, im Angesicht der globalen Herausforderung des Klimawandels, überhaupt noch Menschen bereit sind, für die Freiheit ihrer Nation zu sterben, obwohl doch das Konzept längst obsolet sei und ethnisch definierte Grenzen ein Projekt des 19. Jahrhunderts seien. Gerade letztere Kritik bricht häufig in den deutschen Ukraine-Debatten über Waffenlieferungen und Friedensverhandlungen durch, an denen sich Linke eifrig beteiligen.

Aber auch wer diese Kritik nicht teilt, sich aufs Völkerrecht zurückzieht und konstatiert, dass die Ukraine ungeachtet aller ihrer weiteren Ordnungen und Problemlagen ihr natürliches Selbstverteidigungsrecht ausübt und dass die Unverletzlichkeit ihrer Staatsgrenzen heute schlicht eine Sicherheitsgarantie für Millionen von Menschen darstellt, die sonst genozidaler Gewalt ausgesetzt wären, kommt nicht umhin, sich mit dem Faktor Gewalt in der ukrainischen Geschichte näher zu befassen. Zu konstatieren, dass die Ukrainerinnen und Ukrainer im Zuge ihrer Nationsbildung, wie andere Nationen in Europa auch, Gewalt erlitten, aber auch Gewalt in vielerlei Form selbst ausübten – unter anderem, um sich gegen die physische und strukturelle Gewalt von Oberherrschaften zu wehren und zu verwahren –, bedeutet auch, die Handlungsträgerschaft der Ukrainer in ihrer Geschichte anzuerkennen.

Ukrainische Handlungsträgerschaft – oder *agency*, wie es häufig auch heißt – ist eine Gegenperspektive zu anderen Wahrnehmungsformen, die stark vom Denken in imperialen Kategorien geprägt sind und in denen die Ukrainer wahlweise als passive Opfer einer über sie hinwegrollenden Geschichte der Großen oder als willenlose Instrumente in den Händen anderer beschrieben werden. Beide Perspektiven, die ich mit den Begriffen der Viktimisierung und der Stellvertreterkriegs-These umschreiben möchte, degradieren die Ukrainer zu Objekten oder noch nicht ausgereiften Subjekten der Geschichte. Auf der anderen Seite bewahrt aber eine Darstellungsweise, in der das Erleiden und das Ausüben von Gewalt gedanklich zusammengeführt werden, auch davor, eine heroisierende Geschichte zu schreiben. Kurzum, wer sich der Gewalt stellt, schärft auch den Blick für die Subjekthaftigkeit der Ukrainer als eines Kollektivs von Menschen, die ihre Geschichte selbst machten und machen – wenn auch nicht aus freien Stücken.[19]

Gleichzeitig ist aber auch an anderer Stelle Vorsicht geboten: Keinesfalls sollte eine Befassung mit dem Faktor Gewalt zu einer Essentialisierung und Orientalisierung der Ukraine als Gewaltraum führen, in dem den Menschen furchtbare Dinge widerfahren, weil andere Menschen besonders gewaltaffin seien. Gewalt als besondere Form von Konflikten ist eine Konstante in der Menschheitsgeschichte, und sie ist zudem universell. Die Friedens- und Konfliktforschung hat ein reichhaltiges Instrumentarium zur Analyse und Kategorisierung von Konflikten und deren gewaltförmiger Ausprägung im Kriege entwickelt.[20]

Der russische Krieg gegen die Ukraine ist aber nicht nur das Resultat von Konkurrenz und Antagonismus. Er ist das jüngste Kapitel einer langen russisch-ukrainischen Verflechtungsgeschichte, die nicht immer gewaltsam und über lange Strecken auch überaus auskömmlich war – die aber viele periodische Gewalterfahrungen enthält. Im Erinnerungsraum der Mitlebenden präsent sind die vom Stalin-Regime in der Ukraine angefachte Hungersnot mit den begleitenden Gewalttaten zur Niederschlagung von bäuerlichen Unruhen (1931–1933), die stalinistischen Säuberungen 1937, denen fast die gesamte sowjetukrainische kommunistische Elite zum Opfer fiel, und die Deportationen und Strafaktionen in der Westukraine der unmittelbaren Nachkriegszeit. Nun kommt eine weitere Erfahrung hinzu.

In den vergangenen Jahren sind einige grundlegende Untersuchungen entstanden, welche die Gewalterfahrung der Ukrainerinnen und Ukrainer in den Fokus genommen haben. Dazu zählen das bekannte Werk des amerikanischen Historikers Timothy Snyder, »Bloodlands«, sowie die Untersuchung des Berliner Historikers Felix Schnell über »Räume des Schreckens« in der Ukraine zur Zeit des Bürgerkriegs (1917–1922). Diese Perspektiven auf die Gewaltgeschichte haben den Vorteil, bislang unter den Tisch gefallene Aspekte der üblichen Staats-, Politik- und Herrschergeschichten auszuleuchten, nämlich die elementare Alltagserfahrung der Geschichte »Erleidenden« in der Knautschzone von Imperien und

Kriegsfronten.[21] Diese Konfrontationszonen oder tektonischen Verwerfungszonen verliefen im 20. Jahrhundert tatsächlich erstaunlich oft in der oder durch die Ukraine: Dies bedeutet auch, dass die Ukrainer gerade im 20. Jahrhundert, dem »Zeitalter der Extreme« (Eric Hobsbawm), auch mit extremen Erfahrungen von Massengewalt konfrontiert waren: vom Massensterben an der Kriegsfront, den Verbrechen des Bürgerkrieges und den Judenpogromen, die einen großen Teil der Massengewalt in dieser Phase ausmachten, über die Besatzungserfahrung unter deutscher Herrschaft bis zur Ermordung der meisten ukrainischen Juden durch die Deutschen und deren ukrainische, ungarische und rumänische Hilfstruppen. Doch birgt eine Wahrnehmung der Ukraine als Gewaltraum immer auch die Gefahr, die langen Phasen des Friedens, der Koexistenz oder der Aushandlung widerstreitender Interessen unterzubelichten und die Strategien der einfachen Bevölkerung – das sich-Arrangieren, Kollaborieren, Adaptieren, Assimilieren, Unterlaufen, aber auch ihren aktiven Widerstand, gar ihre Täterschaft – außer Acht zu lassen. Es ist also auch bei einer Konstatierung der konstituierenden Rolle von Gewalt im ukrainischen Nationsbildungsprozess festzustellen, dass diese Rolle nur dann bewertet werden kann, wenn man sich nicht auf eine Viktimisierungsgeschichte verlegt und auch die nicht-gewaltförmigen Elemente der ukrainischen Geschichte berücksichtigt. Trotzdem erscheint es gerechtfertigt, der Rolle (militärischer) Gewalt eine geschichtsmächtige Rolle zuzuschreiben, statt sie in den Raum der bloßen Geschichte militärischer Operationen zu verweisen. Das ist ein weiteres Anliegen dieses Buches.

Der Angriff am 24. Februar 2022 war ein Krieg mit Ankündigung. Erstaunlicherweise wollte kaum niemand in Deutschland die Zeichen richtig deuten, obwohl es genügend Osteuropa-Fachleute gab, die bereits früh vor einer Eskalation des ja schon seit 2014 andauernden Krieges gewarnt hatten. Einige von ihnen hatten seit Beginn der Ära Putin in Russland darauf verwiesen, dass das verbreitete Bild von den zwei Putins – einem konzilianten, dem Westen zugewandten, der sich nach vergeblichem Werben enttäuscht zurückgezogen habe, und einem gewalttätigen – nie gestimmt hatte. Russische Bürgerrechtler hatten früh auf den Zusammenhang von innerer Repression und äußerer Aggression in Putins Regime hingewiesen und mussten dafür mit Freiheit und Leben bezahlen.[22] Ein früher Höhepunkt russischer innerer Gewalt in den ersten Regierungsjahren Putins war der Zweite Tschetschenienkrieg, der im Westen als schmutzige, aber innere Angelegenheit Russlands abgetan wurde. Das Flächenbombardement der tschetschenischen Hauptstadt Grosnyj und die dann folgende Installierung einer moskautreuen Marionettenregierung samt Privatarmee und Folterkellern, deren Eliten ihren Luxus und Hedonismus mit islamistischem kulturellen Lack kaschierten, hielten den Deutschen Bundestag nicht davon ab, Wladimir Putin als Gastredner ans Pult des Parlaments zu bitten.[23] Der Tschetschenien-Krieg nahm viele Kennzeichen der russischen Invasion in der Ukraine von 2014 bereits vorweg: die bedeutende Rolle extremistischer Milizenführer, darunter auch etliche in Tschetschenien brutalisierte und trainierte Männer; das übersteigerte Ausleben militärischer Männlichkeit in Gewaltpraktiken wie Vergewaltigung, Geiselnahme, Folter von Zivilisten und Gefangenen; und schließlich die retrograde ideologische Orientierung an »Familienwerten«, »Glaube« und »Heimat«, Heteronormativität und ein traditionalistisches Geschlechterbild.

Die Rolle der Geschichtserzählungen

Bestimmte Besitzstände oder vermeintliche Rechte werden in Friedensverhandlungen aber genau dann nur ungern aufgegeben, wenn man sie als »historisch« wahrnimmt: ererbte Territorien, »alte« Rechte und Ansprüche, Anciennität – also die in der Gemeinschaft weitergegebene Erzählung, dass die jeweils eigene Gruppe die erste, von alters her dagewesene Gruppe gewesen sei. Eine solches Erzählmuster ist etwa die Behauptung ukrainischer Patrioten, die die Ursprünge ihres Volkes und seiner heutigen Grenzen bis mindestens auf die Bronze-, wenn nicht die Steinzeit zurückführen möchten, ein weiteres die Erzählung russischer Nationalisten, die ukrainische Halbinsel Krim sei »iskonno«, von ewig und alters her, russische Erde, obwohl die Zugehörigkeit zu Russland gerade mal ins 18. Jahrhundert zurückreicht und die osmanisch-türkischen oder griechischen Ansprüche ebenfalls zu berücksichtigen wären, wenn es um »von alters her« auf der Krim siedelnde Bevölkerungsgruppen ginge.[24] Historische Hintergrundkenntnisse sind also unerlässlich, um die heutige Ukraine zu verstehen, aber auch, um die Ursachen des russischen Angriffs zu ermitteln. Historisches Wissen erleichtert es, Geschichtsmythen zu erkennen, die wiederum als Begründungen territorialer Ansprüche und militärischer Aggression dienen. Bei diesen historischen Sondierungen besteht die Gefahr, dass aufgrund der langen Staats- und Nationalhistoriographie-Traditionen Russlands, die auf dem Wege der Übersetzung auch in westliche Bibliotheken und Geschichtswerke gelangten, die russische Perspektive häufig überrepräsentiert ist. *Ucrainica non leguntur* – ukrainische Publikationen und Quellen wurden häufig gar nicht übersetzt und gelesen.[25]

Unsere Aufgabe muss es heute also sein, die historischen Ursachen und Begründungen dieses Krieges analysieren und zu dekonstruieren, ohne aber der Perspektive Russlands, des Aggressors und Auslösers dieses Kriegsgeschehens, in einer Art Tätergeschichte das Feld zu überlassen. Die Ukrainerinnen und Ukrainer sind kein Opfer und Spielball der Zeitläufte, sondern Geschichtssubjekte, Handelnde mit Handlungsspielräumen und Handlungsrestriktionen. Zu dieser Subjekthaftigkeit gehört auch die Anerkennung der Tatsache, dass Ukrainer nicht nur Gewalt erleiden, sondern diese auch ausüben. Die Subjekthaftigkeit der Ukraine und der Ukrainer wurde in der Vergangenheit zu häufig ignoriert, sowohl in ukrainefreundlichen, die Opferrolle herausstellenden Geschichtserzählungen als auch in imperialen und kolonialen Sichtweisen, welche die Ukrainer als amorphe geschichtslose Masse abqualifizierten. Diese Ignoranz hat den neuen Krieg in Osteuropa mit ermöglicht, weil sie half, die sich allmählich aufbauenden russischen Ambitionen und Aggressionen in der Ukraine zu tolerieren und zu normalisieren. Wir müssen also die historische Perspektive der angegriffenen Ukraine erkennen lernen, ohne wiederum in einem unkritischen Überschwang eine patriotische ukrainische Nationalgeschichte zu schreiben. Das ist ein Hauptanliegen dieses Buches.

2. Landschaften der langen Dauer: Konstanten in der ukrainischen Geschichte

Ukrajina bedeutet: Grenzland, Grenzmark, oder: Land am *kraj*, am Rand. Im Mittelalter und in der Frühen Neuzeit war *Ukrajina* ein Toponym aus Sicht der Zentren, die in historischer Abfolge die politischen Geschicke des Landes bestimmten: zuerst der Kyjiwer Fürsten und litauischen Großfürsten, danach der polnischen Könige und Moskauer Zaren, die ihre Macht in die Ebenen nördlich des Schwarzen Meeres ausdehnten. Am Übergang zur Steppe endete ihre Macht – und es entstanden Freiräume für die Entfaltung neuer sozio-ethnischer Strukturen. Es ist also eine Verortungs-, eine Raumbezeichnung, die zunächst der Gegend am unteren Dnipro ihren Namen gab und später dem gesamten Land – noch bevor sich seine Bewohner im Zuge der nationalen Mobilisierung selbst als *Ukrajinci* bezeichneten. Denn erst relativ spät, im Verlauf des 18. und 19. Jahrhunderts, wurde der Name dieses Gebiets auch zum Ethnonym der ostslawischen Bauern und Kosaken, die es bewohnten – nicht aber der im selben Lande siedelnden Juden, Polen und deutschen Kolonisten. Die Territorialbezeichnung dehnte sich mit der ukrainischen Nationsbildung in die anderen Landschaften der heutigen Ukraine aus, die in der Vormoderne andere Namen trugen. Was wichtig ist: Die moderne Ukraine entstand an einer Peripherie, die mehrere Besonderheiten hatte – naturräumliche, »landschaftliche« also, sowie soziale und kulturelle. Indem wir von den ukrainischen Landschaften sprechen, können wir auch einige Konstanten der ukrainischen Geschichte identifizieren, die sie in ihren Perioden langer Dauer geprägt haben. Der französische Historiker Fernand Braudel meinte damit jene langen Kontinuitätslinien, die er *longue durée* nannte – Tiefenströmungen im Ozean der Weltgeschichte, die sich unterhalb der kurzen Wellenschläge der politischen Geschichte ihren Weg bahnen.[1]

Ukrainische Landschaften

Der Begriff der »Landschaft« ist kein Container für eine Sammlung »natürlich« gegebener Daten über Physiologie, Geologie, Morphologie, Vegetation und Hydrologie allein, er ist eine menschengemachte Vorstellung. Bestimmte Merkmale einer Landschaft werden zu Gruppen zusammengefasst und ihnen eine Bedeutung beigelegt, Landschaften bekommen Namen und häufig auch Grenzen zugewiesen, obwohl es gerade bei naturräumlichen Bedingungen schwierig ist, Grenzlinien zu ziehen, ähnlich derer, die wir von Verwaltungsgrenzen gewohnt sind.[2] Vor allem aber sind Landschaften seit dem Eintreten unserer Spezies in die Weltgeschichte eines: vom Menschen gemacht. Daher wollen manche Forscher das Anthropozän – also das Erdzeitalter, das die Spuren der Menschen irreversibel in der Erdkruste und Erdatmosphäre trägt – nicht erst mit Industrialisierung und Atomtests beginnen lassen, sondern mit dem Sesshaftwerden der ersten Menschen und ihren Eingriffen in die sie umgebenden Ökosysteme durch Ackerbau, Viehzucht und Bewässerungssysteme.[3] Festzuhalten ist, dass sich menschliches Handeln und Leiden in dichter Verbindung mit räumlichen und regionalklimatischen Bedingungen entfaltete und dass diese Bedingungen sich wesentlich auf die Art und Weise auswirkten, wie Menschen wirtschafteten, Handel trieben, Pflanzen anbauten, Krieg führten, sich fortbewegten, wie sie sich kleideten, was sie aßen und an welche Götter und Werte sie glaubten.

Ohne also in einen Geo-Determinismus abzugleiten, der alles menschliche Tun aus den Naturräumen, den verfügbaren Ressourcen und dem Klima ableitet, mit denen sich die menschlichen Akteure auseinandersetzen, kann behauptet werden: Auch die ukrainische Landschaft hat ukrainische Geschichte gemacht und den Ukrainern ihren Stempel aufgedrückt. Nichts hat mehr als der andauernde russisch-ukrainische Krieg klargestellt, wie bedeutsam selbst im digitalen Zeitalter die hydrologischen und morphologischen Gegebenheiten sein können, in denen die Menschen ihre Geschichte machen. Das Steckenbleiben der russischen Offensive vor Kyjiw und im Raum Tschernihiw im nasskalten März 2022 verdankt sich auch den sumpfigen Wäldern der nördlichen Ukraine, in denen die aus Belarus kommenden Angreifer sich festrannten, die Verteidiger sich verbergen und partisanenartige Angriffe auf lange, unflexible Militärkolonnen verüben können – so wie es schon ihre Urgroßväter taten, die sowjetischen

Partisanen, die im Zweiten Weltkrieg eben dort die deutschen Besatzer und ihre Nachschublinien angegriffen hatten.[4]

Auch die Kriegsverbrechen in den kleinen, in die Wälder eingebetteten Städtchen vor den Toren von Kyjiw, welche die auf den Widerstand der ukrainischen Truppen und die Widerborstigkeit der ukrainischen Landschaft unvorbereiteten Russen verübten, als ihnen die Kontrolle entglitt, erinnern die Ukrainer vor allem an eines: an die Massenmorde der Nazis bei der Partisanenbekämpfung und die entgrenzte strafende Gewalt gegen die Zivilbevölkerung, die vom damaligen deutschen wie vom heutigen russischen Aggressor als Schutzschild des Feindes, aber auch als einfach zu erreichendes Opfer für Vergeltungsaktionen wahrgenommen wurde.

Doch waren ihre Landschaften nicht nur ein Schutz für die Ukrainer. Die weiten, flachen, hindernislosen Steppenzonen der Südostukraine mit ihren großen, leergeräumten, allenfalls von Baumpflanzungen gesäumten Agrarflächen und den gut ausgebauten, geraden Schnellstraßen und Eisenbahnlinien ermöglichten den russischen Verbänden, die von der bereits 2014 besetzten Krim aus zum Dnipro vorstießen, die raschen Geländegewinne der ersten Kriegstage. Sie entblößten aber auch ihre Verteidigung, wenn sie sich den ukrainischen Zurückeroberungen entgegenstellen mussten. Die Befreiung Chersons im November 2022 ist auch seiner Lage geschuldet – die Russen lagen eingezwängt mit dem Rücken zum Fluss Dnipro, der an dieser Stelle, sind erst die Brücken zerstört oder beschädigt, ein für eine Armee nur schwer zu überwindendes Hindernis darstellt. Dies bewog sie, den Brückenkopf aufzugeben, und besiegelte eine ihrer schwersten Niederlagen.

Die deutsche und europäisch-amerikanische Debatte zum Jahreswechsel 2022/23 um Panzerlieferungen für die Ukraine hat nicht nur Implikationen für die Lieferanten, die befürchten und abwägen, ob sie durch die Lieferung solcher Waffensysteme zur Kriegspartei werden könnten – sie ist auch aus den landschaftlichen Bedingungen der Ukraine abzuleiten. Denn die Rückeroberung der von Russland besetzten und annektierten Südostukraine mit ihren offenen Landschaften ist ohne gut gepanzerte und gesicherte, raumgreifende Durchbrüche der Ukrainer durch die gegnerische Front nicht denkbar. Das ist der Grund, warum die ukrainische Regierung im Winter 2022/23 so flehentlich bei ihren Verbündeten um die dafür geeigneten Kriegsgeräte bat, nämlich Kampfpanzer und auch Militärflugzeuge, die den Luftraum über den ukrainischen

Ebenen absichern und die weitgehend ungeschützten gegnerischen Bodentruppen von oben angreifen können.

Pluralismus

Streifen wir mit den Augen über eine Karte der Ukraine, so erkennen wir eine Vielzahl von Landschaftsbezeichnungen, die aber nicht so wie in Deutschland zur Grundlage der territorial-administrativen Grundstruktur des Landes geworden sind. Ihre landschaftlich-landsmannschaftlichen Traditionen machen auch heute noch, trotz der Verfasstheit als Zentralstaat, die territoriale Pluralität der Ukraine aus. Etymologisch haben diese Landschaftsnamen ganz unterschiedliche Wurzeln, mal politisch-historische, mal geographisch-morphologische. Galizien und Wolhynien im Westen waren ehemalige Fürstentümer der Kyjiwer Rus, die ihre Namen von ihren befestigten Hauptorten hatten. *Galicia*, Galizien, war der latinisierte Name des Territoriums rund um die Burgstadt Halytsch, die mit dem Aufstieg der späteren Hauptstadt Lwiw (Lemberg) – in westlichen Quellen als *Leopolis* bekannt – an Bedeutung verlor. Die Bukowina im Südosten mit der Hauptstadt Czernowitz wiederum wurde nach einem Naturmerkmal benannt, nämlich den dichten Buchenwäldern, die ihre Berge bedecken. *Podillja*, Podolien, bezieht sich wörtlich auf »Täler«, geographisch ist die Podolische Platte eine bis über 300 Meter über dem Meeresspiegel sich hinziehende Ebene in der westlichen Zentralukraine, in der die wichtigsten Flüsse Sbrutsch, Piwdennyj Buh und Dnister canyonartige Einschnitte bilden; historisch gehörte Podolien ebenfalls zu Halytsch-Wolyn, bis es Mitte des 14. Jahrhunderts wie dieses an Polen fiel. Ende des 17. Jahrhunderts gehörte es sogar einmal für fast drei Jahrzehnte zum Osmanischen Reich. Sewerien – *Siwerschtschyna* mit Tschernihiv und Nowhorod Siwerskyj hat seinen Namen von einem slawischen Stamm, der in der Gegend siedelte und dann auf die dortigen Territorialherrschaften, die »sewerischen Fürstentümer«, überging. Die Sloboschanschtschyna oder Sloboda-Ukraine mit Charkiw und Sumy im Osten verdankt ihre Landschaftsbezeichnung einem politisch-fiskalischen Kontext. Ursprünglich war die Sloboda-Ukraine eine Grenzprovinz des Moskauer Staates, in der für Neusiedler, meistens Kosaken aus der Zentralukraine, bestimmte Privilegien, »Freiheiten« – daher *Sloboda* – galten. Dieses Freiheitsland war ab 1800 auch ein Experimentierfeld unter russisch-imperialen Vorzeichen – so wurde in Charkiw die erste neuzeitlich-moderne Universität der Ukraine gegründet, an der später auch wichtige Vorkämpfer der ukrainischen kulturellen Selbstbewusstwerdung wirkten.

Grenze

Doch über all dieser hier nur angedeuteten landschaftlich-politischen Pluralität der späteren Ukraine liegen einige Konstanten, die ihre Geschichte als Nation wesentlich bestimmten. Was vor allen anderen Faktoren entscheidend war, das war die Ethnogenese und spätere Nationsbildung in einem *Grenzland zwischen Sumpf, Wald und Steppe*, das spezifische naturräumliche und sozialen Bedingungen formte. Diese wiederum bestimmten, zusammen mit den Rahmenbedingungen, die durch politische Mächte und Oberherrschaften gesetzt wurden, die Wirtschaftsweisen, Wertesysteme und politischen wie militärischen Handlungsspielräume der Ukrainer. Auch extreme Gewalterfahrungen gehörten zur Grenzerfahrung.

Allerdings ist mit dem vormodernen Grenzland nicht die aus heutiger Betrachtung bedeutsame vermeintliche Scheidelinie zwischen »Ost« und »West« gemeint, die heute wieder das Denken vieler Kriegsinterpreten beherrscht. Die Grenze, welche die *Ukrajina* zur Ukraine machte, war der antike Grenzsaum zwischen Nord und Süd, der im östlichen Europa sesshafte, ursprünglich in den Wäldern beheimatete Zivilisationen von den Lebenswelten der Steppennomaden und von der pontischen Welt der Schwarzmeer-Zivilisationen trennte, beide aber auch verband. Denn Grenzen waren vor dem 20. Jahrhundert nie unüberwindliche Mauern und lückenlos kontrollierte Linien, sondern durchlässige Säume und Übergangszonen, die auch mannigfaltige Kontakte ermöglichten. Die Steppengrenze war eine Kulturscheide – aber auch eine Kontaktzone der Kulturen. Die *Ukrajina* war eine Peripherie – aber auch ein Ermöglichungsraum.

Von der Spätantike bis ins 19. Jahrhundert war es keine Ost-West-, sondern eine Nord-Süd-Unterscheidung, die in Europa die Wahrnehmung von politisch-gesellschaftlich-kulturellen Trennlinien bestimmte.

Das begann bei der Unterscheidung zwischen römisch-keltischer Zivilisation und den »jungen« Barbarenherrschaften nördlich und nordöstlich des römischen Limes, zu denen die Vorfahren der späteren Frankenkönige gehörten. Die Nord-Süd-Wahrnehmung prägte aber auch noch die Raumvorstellungen der Frühneuzeit, als man zum Norden die protestantischen deutschen Länder, Skandinavien und Teile Osteuropas zählte, während der Süden von den alten karolingischen Reichsländern, Frankreich, Italien bestimmt war. Die »Nordischen Kriege«, in denen Schweden und Russland um die Vorherrschaft in Nordosteuropa kämpften, sind eine Erinnerung an diese Aufteilung Europas. Die Historiker Hans Lemberg und Larry Wolf haben den langsamen Prozess verfolgt, wie sich dieses Koordinatensystem seit der Aufklärung langsam verschob und einer Wahrnehmung Platz machte, die Aufklärung, Wissenschaft, Rationalität und fortschrittliche politische Systeme im Okzident, hingegen Reaktion, Religion, Tradition, Emotionalität und Autokratie im Orient verortete: »The Invention of Eastern Europe«. In dieser Denktradition entstand nach den Teilungen Polens und der Angliederung ehemals polnischer Territorien an Preußen und das Habsburgerreich auch ein umfangreicher Korpus von Reform-, Aufklärungs- und Reiseliteratur, in dem die osteuropäischen Länder und mit ihnen auch Teile der heutigen Ukraine als archaisch, arm, fromm, rückständig, aber auch als malerisch und ursprünglich dargestellt wurden. Die späteren Kulturwissenschaften haben im Zuge ihres »postcolonial turn«, also einer kolonialismuskritischen Aufarbeitung solcher Deutungsverfahren, von der »Orientalisierung« der osteuropäischen Gesellschaften gesprochen, die wenig Raum für die Ambivalenzen und Binnendifferenzierungen im Inneren dieses Landmeers Osteuropa zuließ. Gleichzeitig bedeutete Orientalisierung aber immer auch Einordnung auf einer Stufenleiter der kulturellen Hierarchie, in der die Völker und Länder Osteuropas unter jenen des Westens rangierten.[5]

Wasser

Von Nord nach Süd folgen in der Ukraine mehrere Vegetationszonen aufeinander, die sich wesentlich über ihren Wassergehalt bestimmen lassen. Den Norden und Nordosten prägen Auwald- und Sumpfgebiete, dichte Kiefernwälder auf den sandigeren Böden. Das ist das Einzugsgebiet des Dnipro und der Desna, vor allem aber, prägend für den gesamten Nordwesten der Ukraine, des Flusses Prypjat. Folgen wir dem Lauf des Wassers, von den sumpfigen Wasserläufen, Tümpeln, Bächen und Flüssen zum Prypjat, der nahe der polnischen Grenze im Nordwestzipfel der Ukraine entspringt, nach Belarus wechselt und dann in der Gegend von Tschornobyl (Tschernobyl) wieder ukrainisches Territorium betritt, dann endet alles im Dnipro, dem Nationalstrom der Ukrainer. Er hat das Land, wenn er auch in Russland entspringt, hydrologisch, historisch und kulturell so geprägt wie der Rhein die Deutschen. In Deutschland ist der Dnipro unter seinem russischen Namen, Dnjepr, bekannt.

Eine mögliche etymologische Deutung des Slawen-Ethnonyms geht auf Flussnamen zurück – der slawische Beiname des Dnipro, Slawutytsch oder Slawuta, verweist darauf. Eine weitere lautet, dass das griechische Wort für Unfreie oder Sklaven, *sklaboi*, von einer ähnlich lautenden Selbstbezeichnung ebenjener Slawen abgeleitet sei. Denn die Slawen waren vom frühen Mittelalter bis in die Frühneuzeit häufig auf den Sklavenmärkten vertreten, insbesondere jenen des Byzantinischen Reiches. Dorthin gerieten sie, weil sie bei Feld- und Beutezügen der Steppennomaden, aber auch in Auseinandersetzungen mit nordischen und westlichen Herrschaftsverbänden, in Gefangenschaft kamen. Sklaven waren eine der wertvollsten Handelswaren in einer Zeit, in der Landbesitz und der Besitz abhängiger Arbeitskräfte zu seiner Bearbeitung die Grundlage politischer Macht waren. Sklaverei und Vertragsknechtschaft spielten daher neben den freien Bauern eine große Rolle in der Agrarwirtschaft der Kyjiwer Rus.[6]

Bis auf wenige Außenposten im Westen – die Wasserscheide zwischen Ostsee und Schwarzem Meer verläuft quer durch die Stadt Lwiw, der äußerste Südwesten ist dem Donaudelta zugewandt und im Osten bestimmt der Siwernyj Donez das Geschehen – entwässert der Dnipro die gesamte Ukraine. Seit sowjetischen Zeiten ist er aber über weite Strecken kein Fluss mehr, sondern eine Kaskade von sechs Stauseen mit Wasserkraftwerken, so gigantisch, dass sie selbst vom Weltraum aus gut zu erkennen sind: das »Kyjiwer Meer« nördlich von Kyjiw, gefolgt von den Stauseen von Kaniw, Krementschuk, Kamjansk, Saporischschja – wo in den 1930er Jahren des erste ukrainische Wasserkraftwerk DniproHES gebaut wurde – und Kachowka. Doch wenn man aus den Parks und Gärten der Stadt Kyjiw auf ihn hinunterschaut, kann man noch erahnen, was den alten Dnipro ausmachte: die Diskrepanz zwischen dem westlichen, felsigen, von Kirchen und Prachtbauten bekrönten Hochufer und dem flach auslaufenden, sich ständig verändernden linken Ufer mit seinen Inseln, Schilfwerdern, Altarmen und Sandbänken. An diesem Ort nahm die frühe Geschichte der Ukraine ihren Anfang, die Kyjiwer Rus, und der Fluss spielte als Verkehrsachse, später aber auch als politische Grenze in ihrer Geschichte eine entscheidende Rolle. Am unteren Dnipro und seinen vielen Zuflüssen, dort, wo der Fluss die weite Steppe durchschneidet, siedelten in der Frühneuzeit die ukrainischen Kosaken, die über zwei Jahrhunderte lang die Geschicke Osteuropas mitbestimmten.

In der Wasserlandschaft nordwestlich von Kyjiw lebten die Menschen seit prähistorischer Zeit auf den trockenen, sandigen Erhebungen zwischen den Sümpfen und hielten ihr Vieh auf Inseln, die mit Schilf und Gras bewachsen waren, das als Wintervorrat gemäht wurde. Fischerei und Jagd waren die wichtigste Eiweißquelle der Menschen. Während der Schneeschmelze im Frühjahr und während der Sommermonate waren diese Gegenden bis in die 1970er Jahre hinein nur mit Kähnen und Flößen zugänglich. Im Mittelalter waren einfache Einbäume das am meisten verbreitete Wasserfahrzeug der einfachen Leute.[7] Während der harten Winter wurden die Flussläufe zu festen Verkehrswegen, die nicht nur Fußgänger, sondern auch Zugtiere, Schlitten und Wagen sicher trugen. Feldzüge und Kriege fanden daher in der Vormoderne überwiegend im Winter statt.

Die Landschaft nördlich und westlich Kyjiws trägt den Namen *Polissja*, Polesien, »Land am Wald«. An den animistischen, spät christianisierten Fischer- und Hirtenbevölkerungen der ausgedehnten Prypjatsümpfe lief die Geschichte, so schien es, über Jahrhunderte vorbei. Polesiens Wasserlandschaft war bis an die Schwelle des 19. Jahrhunderts ein Exil- und Fluchtland, in das sich im Lauf der Jahrhunderte altgläubige Christen, Baptisten und andere Sektierer, im Zweiten Weltkrieg dann Partisanen und jüdische Flüchtlinge zurückzogen. Es war die Landschaft, an der sich die deutschen Besatzer die Zähne ausbissen bzw. sie wegen Nicht-Eroberbarkeit und Unregierbarkeit umgingen – ihre Ostraum-Ausbaupläne gegen Sumpf und Unordnung, wie es die Besatzer wahrnahmen, scheiterten. Älteren Deutschen werden noch die Erzählungen ihrer Wehrmachts-Väter von den »Pripjetsümpfen« in Erinnerung sein.[8]

Doch ab den 1960er Jahren beschlossen die Moskauer und Kyjiwer kommunistischen Parteiführungen, diese (wie sie meinten) funktionslose Landschaft nützlichen Zwecken zuzuführen. Die archaischen Dörfer sollten effizient gemacht, die Sümpfe ausgetrocknet, melioriert und zu

Weide- und Ackerland umgewandelt werden – ein ähnliches Unterfangen also, wie es in Deutschland seit dem 18. Jahrhundert im Oderbruch, im Emsland und in Ostfriesland durchgeführt wurde.[9] Vor allem aber fiel den Flüssen Polesiens die Rolle zu, einige der neu errichteten ukrainischen Atomkraftwerke zu kühlen, welche die energiehungrige Sowjetrepublik mit Strom versorgen sollten. Einem dieser gigantischen Projekte, der Anlage in Tschernobyl, die 1986 verunglückte, verdankt die Ukraine eine ihrer vielen Leidensgeschichten und den zweifelhaften Ruf, Heimat einer im Weltgedächtnis verankerten Technikkatastrophe geworden zu sein. Aber zweifelsohne war auch diese sowjetische Katastrophe ein Meilenstein, eine Etappe des in-die-Welt-Tretens der Ukraine als Geschichtssubjekt – und ein Katalysator bei Niedergang und Auflösung der Sowjetunion und somit von Entwicklungen, die der Ukraine erst den Weg in die Unabhängigkeit bahnten.

Im russisch-ukrainischen Krieg seit 2022 haben der Dnipro und das ukrainische Polesien als Wasserlandschaften wieder Geschichte gemacht, weil sie zu Räumen der »hydraulic warfare« oder, genauer gesagt, von envirotechnischer Kriegführung wurden, in der Umweltbedingungen und menschengemachte Technik interagieren.[10] Als mutmaßlich die russischen Besatzer, die das Wasserkraftwerk von Kachowka am Unterlauf des Dnipro schon in den ersten Kriegstagen eingenommen hatten, den Staudamm am 6. Juni 2023 sprengten, führte das zu großräumigen Überflutungen insbesondere des linken (in dieser Gegend südlichen) Dnipro-Ufers im Gebiet Cherson. Die Besatzer wollten so den Gegner lähmen und entmutigen sowie verhindern, dass die ukrainischen Streitkräfte bei einer eventuellen Gegenoffensive im Raum Cherson den Dnipro überschreiten. Es war ein Kriegsverbrechen gegen eine zivile Infrastruktur, das über die Flutkatastrophe hinaus weitreichende Folgen für die südliche Ukraine und auch die seit 2014 russisch besetzte Halbinsel Krim hat, da die Wasserversorgung für Städte, Industrie und Landwirtschaft der gesamten Region aus dem Kachowka-Stausee gespeist wird. Die Krim-Wasserversorgung ist zu 85 Prozent vom Kachowka-See abhängig.[11] Auch das Kühlwasserreservoir des im Spätsommer 2022 wegen der Kriegshandlungen abgeschalteten, russisch besetzten Kernkraftwerks Saporischschja ist auf Zuspeisung aus dem Stausee angewiesen. Wenngleich der Wasserbedarf für die Nachkühlung der in Becken lagernden Brennelemente zum Zeitpunkt des Abschlusses dieses Buchs wesentlich geringer war als für eine Anlage im Leistungsbetrieb, so stellt der Verlust des Kachowka-

Stausees trotzdem eine Bedrohung für die primäre Wärmesenke des Kraftwerks und somit für die kerntechnische Sicherheit dar.[12] Für die ukrainische Elektrizitätswirtschaft bedeutet die absehbar jahrelange Nichtverfügbarkeit des Wasserkraftwerks, des Kernkraftwerks und eines weiteren fossil befeuerten Kraftwerks am Kachowka-See einen Verlust von fast 30 Prozent der installierten Leistung.[13]

Doch auch gleich zu Beginn des Krieges im Februar 2022 kam es zu hydrotechnischer oder die hydrologischen Bedingungen nutzender Kriegführung, in diesem Falle von seiten der sich verteidigenden Ukrainer. Wie im Zweiten Weltkrieg spielten die westlich von Kyjiw in Südwest-Nordost-Richtung fließenden Zuflüsse des Prypjat und Dnipro auch diesmal die Rolle natürlicher Barrieren gegen den von Norden und Westen aus Belarus vorstoßenden Feind. Eine besondere Bedeutung kam dem Flüsschen Irpin zu, an dessen Ostufer auch im Zweiten Weltkrieg die Verteidigungslinie gegen die Deutschen verlaufen war. Umweltschützer schlagen nun vor, nicht nur die Irpin als »Heldenfluss« zu ehren, sondern ihr auch ihre natürlichen Überflutungsflächen wiederzugeben. Diese waren durch die gezielte Sprengung eines Staudamms wiederhergestellt worden, der seit den 1960er Jahren die Mündung der Irpin vom höher liegenden Wasserspiegel des Kyjiwer Stausees abtrennt. Ein ukrainisches Kommando sprengte den Damm am 26. Februar 2022, um den Feind aufzuhalten, der von Norden her über den Fluss vorstoßen wollte – ein (erfolgreicher) Fall von »hydraulic warfare«.[14]

Wald

Doch auch auf eine andere Weise waren Landschaft und Menschenschicksale in der nordwestlichen Ukraine verbunden. Das geschützte, für Feinde zu einem großen Teil des Jahres schwer zugängliche Gebiet am Prypjat und mittleren Dnipro gilt als eine der vermuteten »Urheimaten« der Slawen, zu deren östlichem Sprachenzweig die Ukrainer zusammen mit Belarussen und Russen aus linguistischer Sicht gehören. Neueren paläodemographischen und paläogenetischen Untersuchungen zufolge sind die Vorfahren der heutigen slawischen Nationen seit mindestens der Bronzezeit in Ostmitteleuropa nachweisbar, wohin sie nach der letzten Eiszeit bei der von Südeuropa aus startenden Wiederbesiedlung des Kontinentes gelangten.[15] Namentlich als »Slawen« bezeichneten die wenigen Schriftzeugnisse des frühen Mittelalters seit dem 6. Jahrhundert unserer Zeitrechnung jene durch eine ähnliche Sprache und Wirtschaftsweise verbundenen indoeuropäischen Bevölkerungsgruppen, die im Westen bis an Elbe und Saale siedelten. Nicht der Ackerbau, sondern Viehwirtschaft, Jagd und Fischerei dominierten in den Waldgebieten der Ukraine. Sie wurden in den Urwäldern durch eine wichtige Komponente ergänzt, die Waldwirtschaft. Honig, Bienenwachs, Pelze, Holz und Teer waren die Produkte des Waldes. Vor allem Bienenwachs und die Pelze von Biber, Fuchs und Nerz waren Exportprodukte, die an befestigten Orten bei Fernhändlern gegen Luxusgüter oder Werkzeug getauscht wurden. Eine Reminiszenz der Wald-Imkerei, nämlich die in großen ausgehöhlten Baumstämmen untergebrachten Bienenstöcke, ist heute in Polesien noch vereinzelt in Gebrauch.[16]

Steppe

Während die Landschaft rund um Kyjiw noch Polesien zugerechnet wird, werden die dichten Wälder etwas südlich von Kyjiw durch eine offenere, trockenere, mit Siedlungen dichter besetzte Landschaft abgelöst: die Waldsteppe. Noch einmal 150 Kilometer weiter südlich endet die Waldsteppe und geht in offene Grassteppe über, die bis zur Schwarzmeerküste reicht. Aus heutiger Sicht muss präzisiert werden, *»ging* in offene Grassteppe über«, denn heute ist diese Gegend fast durchgängig zu Agrarland umgewandelt. An den Flusssäumen und in den Schluchten, welche die Steppe durchzogen, gab es Auenwälder sowie zusammenhängende Laubwälder aus Linden, Eichen, Hainbuchen, Ulmen und Nussbäumen, die reich an Wild waren, im Zuge der Bauernkolonisation und später mit dem Städtebau ab dem späten 18. Jahrhundert und mit dem steigenden Bedarf an Bau- und Brennholz aber immer weiter dezimiert wurden. Von den vier großen Steppen-Waldgebieten der Südukraine, Tschornyj, Tschuta, Nerubaj und Kruhlyk, in denen sich im 17. Jahrhundert die Kosaken und im 18. Jahrhundert die aufständischen Haidamaken und andere Räuberbanden verbargen, ist heute fast nichts mehr übrig. Im Mittelalter und der Frühen Neuzeit war die agrarische Erschließung der Steppe punktuell und eher fleckenförmig. Doch mit der Eroberung und Sicherung des Gebiets durch das Russländische Reich Ende des 18. Jahrhunderts wurden die Steppengebiete zur Kornkammer der Ukraine, des Russländischen Reiches, später der Sowjetunion und, wie an den Sorgen um die Getreideversorgung vieler afrikanischer und arabischer Länder 2022 abzulesen war, auch zur Ernährerin der Welt.[17]

In vormodernen Zeiten endete hier der Kolonisationsprozess der sesshaften Bauern. Zu Zeiten der Kyjiwer Rus war die Steppe der Grenzsaum des Fürstenstaates. Im frühen Mittelalter beherrschten die turksprachigen Polowzer und Petschenegen, Reitervölker, die Viehzucht und Handel betrieben, die Steppe. Es folgten Mitte des 13. Jahrhunderts die Stammesverbände der Mongolen, die in ostslawischen und lateinischen Quellen auch »Tataren« genannt wurden und auf dem Steppenweg von Zentralasien bis zum Herz Mitteleuropas ritten und 1240 Kyjiw belagerten und zerstörten. Neben Gefahren barg die Steppengrenze aber auch Möglichkeiten: Sie war nicht nur eine Konflikt-, sondern auch eine Kontakt- und Handelszone, an der Waren, Wissen und auch Menschen ausgetauscht wurden. Als Transportwege dienten die Flüsse Dnipro und Piwdennyj Buh (Südlicher Bug), die allerdings auch gefährliche Abschnitte mit Stromschnellen, Sandbänken und Felsen aufwiesen und nur an wenigen Furten und Fährstellen überquert werden konnten.

Neben den Flussläufen gab es einige Steppenwege, die *schljachy*, die über die Wasserscheiden verliefen. Sie verbanden die Siedlungszentren Osteuropas in Polen, der Ukraine und Russland mit dem Schwarzen und Asowschen Meer und der Halbinsel Krim. Auf ihnen reisten im Mittelalter christliche, jüdische und muslimische Fernkaufleute mit ihren Handelskarawanen, aber auch die Tataren, wenn sie von der Krim kommend Einfälle in die südlichen Gebiete der Kyjiwer Rus, des Königreichs Polen und des Moskauer Staates unternahmen. Und auf ihnen ritten auch die ukrainischen Kosaken, fuhren die schweren ochsenbespannten Wagen der *Tschumaky*, der Fuhrleute, die in bewaffneten, zunftartig organisierten Gemeinschaften Getreide, Salz und Fisch zwischen der Schwarzmeerküste und der Zentralukraine transportierten. Nach ihnen nennen die Ukrainer die Milchstraße *tschumazkyj schljach*. Ihr Gewerbe verschwand erst in der zweiten Hälfte des 19. Jahrhunderts, als längs der Steppenwege die ersten Eisenbahnlinien gebaut wurden, welche die Kornkammer Ukraine mit den »neurussischen« Hafenstädten verbanden.

Als die Kosaken im 15. Jahrhundert begannen, die Steppe als Wehrbauern zu erobern, griffen sie aber nie in die offene, ungeschützte Steppe aus, sondern wanderten entlang der Flüsse und errichteten ihre Lager und ständigen Siedlungen stets im Schutz der bewaldeten oder buschigen *balky*, der tief eingeschnittenen Schluchten der vielen Zuflüsse von Dnipro und Pivdennyj Buh, die das Niederschlagswasser der Steppengebiete aufnahmen. Diese Kombination aus trockener Prärie und feuchten Flusstälern prägte das Gesicht der ukrainischen Steppe und die Lebensweisen ihrer Bewohner.[18]

Sobald die Steppe unter den Pflug genommen wurde, wurde aus ihr ein Reichtum: Eine üppige, stellenweise bis zu 1,5 Meter dicke Schwarzerdeschicht ließ jedes Samenkorn, das man ihr anvertraute, scheinbar mühelos wachsen. Die Erträge der Bauern an der Steppengrenze galten als legendär, sie führten aber auch zu vielen Begehrlichkeiten – sei es der Landhunger anderer Bauern, die aus weniger fruchtbaren, aber sozial von Grundherren, Fürsten und Königen stärker kontrollierten Gebieten entflohen und die Kolonisationsgrenze immer weiter in die Steppe vorschoben; sei es die Gier der nachrückenden adligen Grundbesitzer, auch dieses Land unter ihre Kontrolle zu bringen und daraus immer mehr Ertrag zu pressen, weswegen sie versuchten, die Bauern durch Erbuntertänigkeit und Fron an die Scholle zu binden. Die Steppengrenze war sozusagen das Sicherheitsventil der feudalen Gesellschaft in Osteuropa, und hier sollte sich im 17. Jahrhundert in einer Gesellschaft freier Grenzbauern, der Kosaken, auch die Keimzelle der ersten ukrainischen Staatlichkeit bilden. Gleichzeitig entstand hier jene Landschaft, die wie keine andere das Image der Ukraine in der Welt bestimmen sollte: die bis an den Horizont reichenden wogenden Weizenfelder unter wolkenlosem Himmel, die das Grasmeer der Steppenprärie ablösten, das die Pferde der Reiternomaden und später der Kosaken wie Schiffe durchpflügten. Dieses Bild soll, zumindest will es so der Volksmund, auch der ukrainischen Staatsflagge Pate gestanden habe, wenn auch die historische Evidenz eher darauf hindeutet, dass sie auf die heraldischen Farben Blau und Gold des historischen Fürstentums Galizien zurückgehen.[19]

Küste

Die Steppe war bis ins 18. Jahrhundert aber auch eine Blockade für das Vordringen der bäuerlichen Zivilisationen an die Schwarzmeerküste. Daher war die Küste von jeher eine andere Welt – eine mediterran-muslimische, keine ostslawische. In der Vor-Kyjiwer Zeit beherrschten griechische Koloniestädte und Seefahrer die Nordschwarzmeerküste und die Krim; aus ihrer Sicht war der Norden Barbarenland, den »Skythen« durchstreiften und die die Produkte der dahinterliegenden großen Wälder nach Süden brachten. Seit der mongolischen (tatarischen) Invasion des 13. Jahrhunderts beherrschten die Nachfolge-Herrschaften des mongolischen Großreichs, die in verschiedenen »Horden« mit Chanen an der Spitze organisiert waren, den Nordschwarzmeerraum und die Küste. Sie gründeten an den Unterläufen der Steppenströme Städte, die vor allem vom Handel lebten, so Akerman (heute Bilhorod Dnistrowskyj) und Kilija am Donaudelta. Das tatarische Krim-Chanat war die wichtigste dieser Herrschaften für die Geschichte der Ukrainer, mal Verbündeter, mal Feind, aber immer ein Nachbar, mit dem man rechnete. Im 15. Jahrhundert geriet das Krim-Chanat unter osmanische Oberherrschaft. Daneben spielten auf der Krim aber auch italienische Handelskolonien, die wichtigste war die Genueser Kolonie Kaffa, eine bedeutende Rolle, vor allem in ökonomischer Hinsicht.

Die Vorfahren der Ukrainer hatten ein ambivalentes Verhältnis zum Schwarzmeerraum. Einerseits war er ein Raum des Leidens und des Abbruchs gewohnter Lebenswege für sie, wenn sie auf im Zuge der unzähligen Einfälle der Tataren in Gefangenschaft und Sklaverei gerieten; andererseits waren die weiten Steppengebiete auch ihr eigener Kolonisations- und Expansionsraum. Die Küste wurde im Laufe der Geschichte auch zum Objekt von Angriffen aus dem slawischen Kernland. Skandinavisch-slawische Gefolgschaften suchten im 10. Jahrhundert von Kyjiw und anderen befestigten Punkten, Burgen und Tributherrschaften am mittleren Dnipro kommend die Küste heim – Überfälle, die man sich ähnlich vorstellen muss wie die Beutezüge von Dänen und Nordmännern gegen die britischen Inseln und Nordwesteuropa, die mit ihren Langbooten auf den Flüssen landeinwärts fuhren und dort Angst und Schrecken verbreiteten. Mal kamen die Kyjiwer, um Konstantinopel und die Krim-Kolonien anzugreifen, mal, um mit ihnen Handel zu treiben. 500 Jahre später unternahmen die ukrainischen Kosaken auf leichten Booten, »Möwen« genannt, ebenfalls Feldzüge den Dnipro hinab gegen osmanische Städte an der Küste.

Doch trotz ihrer Gewitztheit als Krieger, Plünderer und Piraten, trotz ihrer relativ unangefochtenen Bewegungsmöglichkeiten auf den Flussläufen – die Macht über die Küste hatten die Ostslawen bis in die Neuzeit hinein nicht. Die Steppe lag wie eine Barriere zwischen ihren Ackergründen und der Küste und sorgte dafür, dass das Land trotz der reichen ukrainischen Ernten lange Zeit nicht voll entwickelt werden sollte: Schnelle, sichere Transportwege zu günstigen Häfen fehlten mit Ausnahme der Ochsenwagen-Verbindungen der *Tschumaky*, während der Exportweg des ukrainischen Getreides über Danzig in den Ostseeraum lang und beschwerlich war.[20] Dieser Grundzustand des volatilen, unsicheren Grenzraums, in dem die Kriegskoalitionen häufig wechselten und die Erfahrung kriegerischer Gewalt zum Alltag gehörte, änderte sich erst im 18. Jahrhundert infolge mehrerer sozioökonomischer und militärischer Trends. Einerseits gingen auch die tatarischen Bewohner zur halbsesshaften Wirtschaftsweise über und erzielten ihre Einkünfte, wie ihre slawischen Nachbarn, durch Ackerbau, Viehzucht und Handel, was die Konfliktträchtigkeit minderte. Vor allem aber änderten sich die geopolitischen Machtverhältnisse mit der stufenweisen Angliederung der zentralukrainischen Gebiete an das Russländische Reich Ende des 17. Jahrhunderts und mit den russisch-türkischen Kriegen, die mit der Eroberung des Nordschwarzmeergebiets und der Krim durch das Russländische Reich unter Katharina II. endeten. Erst dieses Ausgreifen des autokratisch-absolutistischen russischen Staats an die Küste machte ein Ende mit der Steppengrenze als vormoderner Kulturgrenze. Mit Militärstützpunkten, Städteneugründungen, Vergabe von Ländereien an enge Vertraute der Zarin und intensiver Kolonisation durch ukrainische sowie neu angeworbene serbische, bulgarische, griechische und deutsche Bauern wurde das ehemals »Wilde Feld«, wie man die Steppengebiete nannte, an die Verhältnisse des Russländischen Reiches angeglichen.[21]

Gleichzeitig wurde so ein neues Grenzzeitalter eingeläutet: Nun wurde die Schwarzmeerküste mit ihren neu errichteten Häfen und Militärbasen zur Seegrenze des aufsteigenden Russlands – und zu seinem Tor zur Welt. In dieser Zeit entstanden die Hafenstadt Odessa, die Hafen- und Schiffbaustadt Mykolajiw und der Flottenstützpunkt Sewastopol. Damit waren zwei wichtige Voraussetzungen für die Entwicklung Russlands zu einer kontinentalen Großmacht geschaffen, die gleichzeitig imperiale Ambitionen Richtung Südwesten anmeldete, wo sie den Anspruch erhob, als Schutzmacht der christlichen Untertanen der Osmanen aufzutreten. Russlands Untertanen in den neuerworbenen Gebieten waren meistenteils Ukrainer, die mit dem Ziele des Landesausbaus als Bauern angesiedelt wurden, daneben authochthone Griechen und Tataren sowie die neu hinzugekommenen Kolonisten. Zu Opfern dieser Entwicklung wurden weitere Ethnien des Nordkaukausus, deren Gebiete an Russland gefallen waren und die Vertreibungs- und Umsiedlungsaktionen zum Opfer fielen. Das Vorschieben der Bauernkolonisation in bislang noch naturbelassene, vom Pflug unberührte Gebiete war im 18. Jahrhundert aber keine osteuropäische Ausnahme; analoge Prozesse liefen zu ungefähr derselben Zeit unter preußischer Herrschaft etwa an der Oder oder in Westpreußen ab.[22] Die Regierung nannte das Siedlungsland Noworossija, »Neurussland«, doch »neu« war es nur aus russischer Sicht. Für die Krimtataren, die das Land vorher beherrscht hatten, und für die Ukrainer, die es lange vor der russischen Expansion als Kosaken durchstreift hatten, war es ein altbekanntes Land.

Gleichzeitig bestimmten die Eroberung und Aufschließung der Küste durch das Russländische Reich den fast schon mediterranen Charakter der späteren Ukraine, ihr Ausgreifen in die pontische, mediterrane und schließlich die gesamte Welt. Die spätesten Nachfolger der fluss- und seefahrenden Wikinger und Kosaken zwischen Ostsee und Schwarzem Meer sind gewissermaßen die (sowjet-)ukrainischen Seeleute des 20. und 21. Jahrhunderts, die mit der russländischen, dann sowjetischen Handelsmarine Segel- und Dampfschiffe bemannten und heute an Bord von Containerschiffen unter Billigflaggen die Weltmeere befahren. Ihr besonderer Status gründete sich in der sowjetischen Zeit nicht mehr auf Tapferkeit im Kriege und Beuteglück, sondern auf dem Kontakt zum fernen Konsumkapitalismus. Die Odessaer Seeleute brachten in der Sowjetunion heiß begehrte Waren aus aller westlichen Herren Länder mit, die eine begehrte Tauschware waren: Rockmusik-Schallplatten, Jeans, Nylonstrümpfe, Miniröcke. Odessa war auch das Tor zur Weltmode für die Sowjetbürger.

Berge

Eine Landschaft der Ukraine liegt gleichsam quer zu der Nord-Süd-Staffelung der ukrainischen Landschaftsmorphologie: die Berge im äußersten Westen. Die Gebirgszüge der Karpaten trennen das historisch zu Galizien und der Bukowina gehörende Karpatenvorland im Osten von Transkarpatien im Westen. Die ukrainischen Karpaten blieben lange Zeit im Windschatten der großen historischen Ereignisse – darin der Wasserlandschaft Polesien ähnelnd. Sie waren harsch und karg genug, um nicht zu Siedlungsmagneten zu werden, aber auch nicht schroff genug, um völlig in der Isolation zu bleiben; es gab genug Pässe, über die die großen europäischen Wanderungsbewegungen der Vor- und Frühgeschichte liefen und ihre Spuren hinterließen. Der Karpatenwesthang ähnelte klimatisch und agrarwirtschaftlich eher Ungarn, mit Weinbau und Obstkulturen, war jahrhundertelang ungarisches Kronland, und bildete zusammen mit den slowakischen Komitaten das sogenannte Oberungarn. In den Höhentälern und am Osthang, auf der galizischen Seite der Karpaten, bildeten sich Bergbauerngesellschaften, die ausgeprägte Dialekte und Subkulturen entwickelten und sich häufig als Sozialbanditen, Schmuggler und Aufrührer betätigten, vor allem zu habsburgisch-österreichischen Zeiten. In ihre abgelegenen, von Arbeits- und Überseemigration geprägten Täler kamen aber auch staatliche Institutionen, das Schulwesen und schließlich die ukrainische nationale Mobilisierung mit Lesevereinen und Genossenschaften erst ganz spät, im 20. Jahrhundert. Sie stießen nicht nur auf Zustimmung.

Vorchristliche religiöse Praktiken, aber auch russophile Strömungen waren stark vertreten in dieser Welt, die in genialer Weise von dem sowjetisch-georgischen Regisseur Sergej Paradschanow in seiner magisch-realistischen Verfilmung von Mychajlo Kozjubynskyjs Erzählung »Schatten vergangener Ahnen«, *Tini sabutych predkiw*, festgehalten worden ist. Der mit Laienschauspielern und indigener Musik gedrehte Film schlug in der Sowjetukraine der späten 1960er Jahre wie eine Bombe ein, eröffnete er den urbanen Ukrainern doch einen Blick zurück in die vergessene und lange als rückständig verpönte Bauernkultur ihrer Vorfahren. Der Film war zudem völlig frei von den üblichen Klischees über die Westukraine als unsicheres Land voller tückischer nationalistischer Partisanen, das durch unzählige sowjetische Kriegsfilme in den Köpfen fest etabliert war. Denselben Effekt einer staunenden Selbstvergewisserung über längst vergessene und kaum verstandene Wurzeln in Landschaften, die scheinbar im Windschatten der Geschichte gelegen hatten, erzeugte bei jungen ukrainischen Intellektuellen auch die ungefähr zur selben Zeit von Kyjiwer Ethnologen unternommen Expeditionen in abgelegene Gegenden des Polissja, wo die Lebensweisen sich auch nach der Ankunft der Sowjetmacht kaum verändert hatten.[23]

Randbedingungen für die Moderne

Es entbehrt nicht einer gewissen Ironie, dass just zu jenem Zeitpunkt, als die ukrainischen Peripherielandschaften Polesien und Karpaten zu einem Identitätsreservoir für die ihren Platz in der Sowjetunion suchende sowjetukrainische Intelligenz wurden, diese Bezugspunkte zu verschwinden begannen: die Wälder, die einer industriellen Forstwirtschaft zugeführt wurden (die allerdings stellenweise nur in die Fußstapfen der früher in diesen Wäldern waltenden österreichisch-ungarischen und polnischen Forstwirtschaft trat); die Sümpfe, die entwässert, die Dörfer, die nach sowjetischen ästhetischen Maßstäben aufgeräumt und elektrifiziert wurden; die Flüsse, an deren Ufern nun nicht mehr nur Biberburgen, sondern auch die Einlaufbauwerke und Kühltürme von Kernkraftwerken standen. Doch diese Erfahrung gehörte zu den vielen Ungleichzeitigkeiten der neuesten Geschichte in den Landschaften der Ukraine.

Die zweite wichtige Erkenntnis neben der Ungleichzeitigkeit ist die Tatsache, dass diese Landschaften mit ihren Langzeitkonstanten wichtige Randbedingungen für die ukrainische Ethnogenese und Nationsbildung bestimmten. Die erste von ihnen war der in ihren historischen Landschaften verkörperte Pluralismus der ukrainischen Möglichkeiten, der durch die unterschiedlichen historischen Erfahrungen unter wechselnden Oberherrschaften in den verschiedenen Regionen abgesteckt wurde: von Galizien bis zur Sloboda-Ukraine, von Polesien bis zur Schwarzmeerküste. Die zweite Randbedingung war das Entstehen der modernen Ukraine in einer alten Grenzlandschaft, die nicht nur soziale und kulturelle Formen der ukrainischen Nationsbildung bestimmte, sondern dem ganzen Land später auch den Namen gab.

3. Ukraine-Rus: das alte Kyjiw und die Wurzeln der ukrainischen Nation

Pluralismus und Grenzerfahrung waren zwei Grundkonstanten langer Dauer der ukrainischen Landschaften. Diese beiden Rahmenbedingungen erzeugten für ihre Bewohner eine dritte, und zwar den (häufig bewaffneten) Konflikt als Vater der Nationsbildung. Die ukrainische Nationsbildung verlief auch deswegen so disruptiv und im Vergleich zu anderen Nationen verzögert, weil die Ukrainer aufgrund der historischen Gegebenheiten sehr viel Energie aufwenden mussten, sich mit fremder Oberherrschaft zu arrangieren oder sich gegen diese zur Wehr zu setzen. Sich zu arrangieren bedeutete vor allem, dass sie ihre Eliten immer wieder verloren; Widerstand hingegen hatte hohe Kosten – Repression und Entwicklungsrückschläge. Beides hemmte die Entwicklung einer Nationsgesellschaft, während woanders in Europa bereits im Mittelalter wichtige Grundlagen für moderne Nationen gelegt wurden, etwa in Form einer geteilten Sprache und Konfession von Herrscherdynastie, Adelseliten, Klerus, Städten und agrarischen Grundschichten. Das gab es in der Ukraine seit dem Niedergang der Kyjiwer Rus, des ersten ostslawischen Herrschaftsverbands, nicht mehr oder nur noch sehr eingeschränkt. Elitenverlust und Fremdherrschaft als Konstanten der ukrainischen Geschichte haben aber Ursachen, die bereits im Mittelalter angelegt waren.

Alt-Kyjiw, die Rus und die Ethnogenese der Ukrainer

Die Geschichte komplexer Herrschaftsbildungen, also politischer Organisationsformen, die über Clan- und Stammesverbände hinausreichten, beginnt auf dem Territorium der heutigen Ukraine zunächst recht ähnlich wie in anderen Gebieten Europas auch. In den wasserreichen Wäldern und fruchtbaren Waldsteppengebieten am Strom Dnipro gab es im frühen Mittelalter politische Verbände mit befestigten Handelsplätzen, die auch als lokale Fürstensitze fungierten. Es waren Gesellschaften von Bauern und Kriegern mit lokalen Fürsten, denen das Volk Tribut zahlte, die in Versammlungen der freien Männer, den Witsches, Alltagsangelegenheiten aber selbst regelten. In den Chroniken greifbar wurden Ethnonyme wie Poljanen, Siwerjanen, Derewljanen, Wjatitschen und andere, die in unterschiedlichen Gegenden der ausgedehnten Wald- und Wasserlandschaften zwischen Buh und Wolga siedelten. Sie hatten Wetter- und andere Naturgottheiten, die – als Holzidole dargestellt – in Heiligtümern an Quellen, Flüssen oder bedeutenden Bäumen verehrt wurden. Christliche Missionare fanden ihren Weg noch nicht in diese Welt.

Doch gleichzeitig waren die Siedlungsplätze der ukrainischen Ureltern nicht von der Welt isoliert, wie arabische Münzfunde, ein sicherer Indikator für Fernhandel, gezeigt haben. Sie teilten überdies Schicksale, die denen ihrer englischen oder niederdeutschen Nachbarn in Nordwesteuropa ähnelten. Denn ab dem 9. Jahrhundert tauchten in ihrer Lebenswelt, ähnlich wie zur selben Zeit auch an den Küsten Englands und Nordwesteuropas, skandinavisch-wikingische Seeräuber und Fernhändler auf. Mit ihren schnellen Langbooten querten sie die Ostsee, beherrschten deren Küsten, drangen über die Flussmündungen ins osteuropäische Landesinnere vor, und schlugen sich dann durch die Flusssysteme der Düna (Dwina) und des Dnipro zum Schwarzen Meer und zur Krim und bis nach Konstantinopel durch, wo sie ihre Waren oder Beute gegen Luxusgüter einhandelten. Die Landbrücken zwischen den Oberläufen der osteuropäischen Flüsse wurden zu Fuß bewältigt, die gefährlichen Stromschnellen am Unterlauf des Dnipro auf dieselbe Weise umgangen, die Boote geschleppt. Längs dieser Route »von den Warägern« (wie man die Wikinger nannte) »zu den Griechen« im Byzantinischen Reich errichteten die Skandinavier Tributherrschaften und erhandelten oder erpressten mit Gewalt jene osteuropäischen Waren, die im kontinentalen Fernhandel von Bedeutung waren: Honig, Bienenwachs, aber vor allem Pelze und Sklaven. Im Grunde waren diese Wikinger eine Art bewaffnete Handelskompanie, wie wir sie auch aus zeitgleichen westeuropäischen und zeitlich späteren Kolonisierungsgeschichten kennen: Erst kam man nur in kleinen Abteilungen, dann ließ man sich mit seinem Clan über eine längere Zeit in der Fremde nieder, um Handelsstationen auszubauen oder gegen Feinde zu verteidigen, dann blieb man für immer und heiratete Frauen aus der Gegend. Das war der übliche Weg, auf dem die rasche Assimilierung der Skandinavier an ihre slawische Umwelt ablief.

Dieses Schema lief in der Weltgeschichte in verschiedenen Regionen immer ähnlich ab. Auf den britischen Inseln waren es die »Dänen« und Normannen, die so an der Ethnogenese der Engländer teilhatten, aber so war es auch bei der weitaus späteren Eroberung des pelzreichen Sibiriens seit dem 16. Jahrhundert durch russische Kaufleute und Kosaken, und so war es bei der Erschließung anderer Weltgegenden durch mobile Fernhandels-Diasporas: Juden, Armenier, Inder, Chinesen besetzten im Mittelmeerraum, im Nahen Osten und im Pazifikraum ähnliche Funktionsstellen in vormodernen, häufig auch modernen Gesellschaften.[1]

Die skandinavischen Quellen – Runensteine, Sagen und frühe Chroniken – künden von den Wikingerkompanien, die sich übers Meer aufmachten und oft über Jahre von zu Hause fortblieben, häufig auch, weil sie als Krieger und Leibwächter in den Dienst lokaler Fürsten traten. Sogar aus Byzanz ist aus dieser Zeit eine skandinavisch-slawische Leibgarde überliefert, die man als Rus oder Ros bezeichnete. Lateinische Chroniken in Deutschland übernahmen diese Bezeichnung.[2] Die Nordmänner kamen auch an den zentralen Ort der Derewljanen, Kyjiw, das zu dieser Zeit vermutlich schon seit einigen hundert Jahren existierte, und etablierten sich dort als lokale Herrscher. Die ersten in den Chroniken greifbaren Kyjiwer Fürstennamen Ihor, Oleh und Olha gehen auf die nordischen Namen Ingvar, Helgi und Helga zurück; auch der legendäre Stammvater des Geschlechts, Rjurik, hatte einen skandinavischen Namen. Die Eigenbezeichnung *Rus* ging auf das gesamte Gebiet um Kyjiw über. Diese transkulturellen Anfänge der Rus, die trotz der Namensähnlichkeit nicht zu verwechseln ist mit dem modernen Russland, hat der ukrainische Historiker und Linguist im US-Exil, Omelian Pritsak, anhand von Tausenden Quellen aus dem slawischen, skandinavischen, finnischen und arabischen Raum ausgeleuchtet.[3] Die Kyjiwer Oberschicht der Rjurikiden, durch Fernhandel reich und üppig mit militärischen Mitteln ausgestattet, griff bald weiter ins Land aus und nahm Stammesgebiet für Stammesgebiet unter ihre Tributherrschaft. Heiraten besiegelten Bündnisse mit lokalen Kleinfürsten, die skandinavischen Vornamen wurden slawisiert oder wichen ganz slawischen Namen, aus dem „-sson« in den nordischen Vatersnamen wurde das „-wytsch« der ostslawischen Fürsten.

Mit der Annahme des Christentums und Anforderung von Missionaren aus Byzanz Ende des 10. Jahrhunderts verbanden die Kyjiwer ein diplomatisch-militärisches Meisterstück. Denn die Taufe Kyjiws wurde mit einer hochkarätigen Eheschließung besiegelt: Wolodymyr Swjatoslawytsch von Kyjiw, ein Enkel der Wikingerin Helga-Olha, heiratete die purpurgeborene byzantinische Kaiserschwester Anna Romaniwna. Diese Ehe erstritt Wolodymyr, der vor seiner Machtübernahme in Kyjiw mehrere Brüder ausschalten und zeitweise in die alte skandinavische Heimat fliehen musste, um dort Kriegernachschub zu organisieren, mit einer Mischung aus militärischem Beistand für seinen späteren Schwager Basilius II. und nachhaltiger Erinnerung an das Verlöbnis durch die Belagerung des byzantinischen Korsun auf der Krim. Der Emporkömmling Wolodymyr, der vor, neben und nach Anna mehrere andere strategische Ehen einging, stieg so in die Oberklasse der europäischen Herrscherfamilien auf. Aus Sicht der späteren Kyjiwer frommen Chronistik war die Christianisierung die Wahl der »besten Religion«, und Wolodymyr wurde mit dem Beinamen »der Heilige« kanonisiert. In Wirklichkeit entsprang die Taufe politischem Kalkül. Der Kyjiwer Fürst sicherte sich im Konflikt mit begehrlichen Verwandten mächtige Verbündete und legitimierte die eigene Herrschaft durch eine monotheistische Religion, deren Kleriker nach byzantinischer Sitte der politischen Macht ergeben waren, was man von den slawischen Druiden nicht behaupten konnte. Die zahlreichen Kinder und Enkel Wolodymyrs wurden bald in die transkontinentalen heiratspolitischen Beziehungen integriert, die nach Polen, Skandinavien, Deutschland und Frankreich reichten.[4]

Die Ukraine wurde durch den Draufgänger Wolodymyr fest in der damals bekannten Welt etabliert, der Handel erblühte, die Kirchen vermehrten sich. Die byzantinischen Missionare Kyrill und Methodius, die aus der slawischsprachigen Provinz um Thessaloniki stammten, entwickelten für die ostslawischen Christen eine auf dem Südslawischen basierende Liturgiesprache, die in einem auf dem griechischen Alphabet basierenden Schriftsystem notiert wurde. Die Bauern wurden getauft und ihre Holzidole symbolisch verbrannt oder in die Flüsse geworfen; ein solcher dramatischer Versenkungsakt im Dnipro unter dem Wehklagen der Heiden wird in der Kyjiwer Nestor-Chronik erzählerisch ausgeschmückt. Das große Kirchenschisma des 11. Jahrhunderts machte die Rus zu einem Teil der ostkirchlichen Welt, zu einer Stütze der *Slavia Orthodoxa*, zu der neben den Ostslawen auch die ebenfalls Kyrillisch schreibenden Serben und Bulgaren gehörten.[5] Kyjiw war zum Beginn des 11. Jahrhunderts mit vermutlich 40.000 Einwohnern eine der bevölkerungsreichsten Städte Europas, von dem deutschen Chronisten Thietmar von Merseburg wegen ihres Reichtums und der vielen Kirchen bewundert. Aus der Grenzerfahrung von Eroberung, Gewalt und Tauschhandel, aus dem Amalgam von Piraten, Kaufleuten und Lokalpotentaten war eine respektable christlich-ostslawische Dynastie geworden. Die Rjurikiden brachten berühmte Herrscherpersönlichkeiten hervor, auf Wolodymyr den »Heiligen«, den Täufer der Rus, folgten Jaroslaw »der Weise«, der Förderer von orthodoxem Mönchtum, Kirche und Buchkultur, unter dessen Herrschaft die bedeutendste Alt-Kyjiwer Chronik, die Nestor-Chronik, entstand, oder Wolodymyr Monomach, der das Reich nach einer Serie von inneren Zerwürfnissen im ersten Viertel des 12. Jahrhunderts noch einmal einte.

Denn Einigkeit war ein rarer Zustand in der Kyjiwer Rus. Die slawisch-skandinavische Union wurde zwar kulturell-religiös von Byzanz aus überformt, aber sie war kein Zentralstaat mit byzantinischer Verwaltungsfinesse, sondern ein Verbund autonom agierender Fürstentümer, die von den häufig konkurrierenden Abkömmlingen der Rjurikiden regiert wurden. Kyjiw, die mächtigste Territorialherrschaft, hatte das größte Prestige und wurde als »Mutter der Städte der Rus« geehrt – womit größtenteils Städte auf dem Gebiet der heutigen Ukraine gemeint waren, keinesfalls das moderne Russland, das es damals noch nicht gab. Auch hatte die Rjurikiden-Dynastie kein eindeutiges Erbfolgeprinzip, was sich für kleine, übersichtliche Territorien und Beutegemeinschaften eignen mochte, nicht aber für die Verwaltung eines Großreichs. Das wirkte sich zunehmend problematisch für die Stabilität der Rus aus, die von häufigen Verwandtenkriegen um den Besitz der Teilfürstentümer und des Großfürstensitzes Kyjiw geprägt war.

Auch das in der Mitte des 11. Jahrhunderts etablierte Senioratsprinzip, das sich an dem von der Kirche gepredigten Ideal einer harmonischen Familie orientierte, aber an der Realität mittelalterlicher Gewaltausübung scheiterte, verschaffte keine wesentliche Verbesserung. Nach diesem Prinzip sollte immer der Älteste einer Brüdergeneration als Dynastiechef und Großfürst mit seiner Gefolgschaft in Kyjiw residieren und sich aus dem Lande und durch Teilhabe am lukrativen Fernhandel ernähren. Den jüngeren Brüdern und ihren Gefolgschaften wurden die anderen Teilfürstentümer zugewiesen, die sich zu Blütezeiten der Rus im Nordosten bis nach Karelien und an die Wolga und Oka, im Westen bis ins heutige Ostpolen und im Süden bis in die Steppe erstreckten. Starb der älteste Bruder, erbte nicht sein ältester Sohn den Thron, sondern der nächstältere Bruder, was nicht nur durch beständige Rotation eine Verwurzelung der Fürsten und deren Gefolgschaftsadel in einer Region verhinderte, sondern auch unaufhörliche, blutige Onkel-, Neffen- und Geschwisterfehden hervorbrachte. Wer konnte, zog fremde Verbündete hinzu, zum Beispiel Petschenegen und Polowzer, die die Steppe südlich der Rus beherrschten. Fürstenkinder fielen solchen Fehden durch Mord zum Opfer – so Borys-Roman und Hlib-Dawyd, Söhne Wolodymyrs des Heiligen, die wegen möglicher Ansprüche auf die Macht in Kyjiw 1015 im Auftrag ihres Vetters Swjatopolk ermordet wurden. Sie wurden von der Kirche wenig später zu Heiligen und Märtyrern erhoben. Beigesetzt wurden die beiden in Wyschhorod nördlich von Kyjiw, das im aktuellen Krieg von den Russen schwer zerstört wurde – als sei es eine Wiederaufnahme der alten Zeiten.

Das Senioratsprinzip kollidierte in der Welt der mittelalterlichen Agrargesellschaft, in der alle Macht auf dem Erobern und Festhalten von Land und von Menschen zwecks seiner Bebauung und Entwicklung beruhte, auch prinzipiell mit den Interessen der kleineren Fürsten. Wer häufig den Herrschaftsort wechselte, konnte keine kontinuierliche Territorialmacht aufbauen. 1079 versuchten sechs der mächtigsten Erben Rjuriks auf einer Fürstenversammlung in Ljubetsch, nicht weit vom heute traurig bekannten Tschornobyl, das damals eine der kleineren Fürstenstädte war, eine funktionalere Nachfolgeregelung zu etablieren. Nun bekam jeder Fürstenbruder seine feste *wótschyna*, sein »Vatererbe«, ein Begriff, der sich später zum modernen ukrainischen Vaterlandsbegriff, *witschýsna*, weiterentwickelte. Nur einer von ihnen, Swjatopolk Isjaslawytsch, erbte die Großfürstenwürde. Es begannen sich regionale Dynastien und Bindungen an das jeweilige Territorium zu bilden, die wiederum zu Keimzellen der späteren ukrainischen und russischen Länder werden sollten. Auch die vorher hochmobilen Krieger-Gefolgschaften der Fürsten, die *druschýna* genannt wurden (von *druh*: Freund, Gefährte), konnten sich nun als Bojaren in den Regionen verwurzeln. Dieser der Region verbundene Adel erhielt für seine militärischen Dienste Land und konnte mitunter auch eine Gegenmacht zum Fürsten aufbauen, so im Teilfürstentum Galizien und Wolhynien, wo die Bojaren sich zu einem eigenständigen Machtfaktor entwickelten.

Grenzerfahrungen in der Steppe

Die Kyjiwer Rus wurde durch politische Heiraten und Zweckbündnisse ein Teil des christlichen Europas, insbesondere seines oströmisch dominierten Teils. Aber auch mit ihren animistischen, turksprachigen südlichen nomadischen Nachbarn an der Steppengrenze, die mal Gegner, mal Verbündete waren, schlossen die Kyjiwer Fürsten politische Ehen zur Absicherung von Verträgen, etwa mit den Polowzern. Damit war eine weitere Konstante gesetzt, die sich bis zum heutigen Tage durch die Geschichte der Ukraine zieht: die Tradition des pragmatischen, aber volatilen Militärvertrags im Steppengrenzland – und die Tradition, Freundschafts- und Verwandtschaftsbande in alle Himmelsrichtungen zu organisieren, wie es die geopolitische Lage jeweils erforderte.

Anders als es die russischen, aber auch ukrainischen Nationalhistoriographen des 19. und frühen 20. Jahrhunderts nahelegten, die vor allem die in der christlich-orthodoxen Überlieferung betonte heroische Selbstbehauptung der Kyjiwer Rus gegen die grausamen Steppennomaden in den Vordergrund stellten und diesen auch eine Teilschuld am Niedergang der Reichs gaben, war das Verhältnis der sesshaften Kyjiwer und der nomadischen Steppenbewohner über lange Zeiträume eher ein volatil-kooperatives als ein dauerhaft konflikthaftes. Die zeitgenössischen arabischen, chinesischen, skandinavischen, Alt-Kyjiwer und byzantischen Quellen, aber auch die Ausgrabungsbefunde über die materielle Kultur und die Zahlungsmittel belegen, dass es häufige Interessenübereinstimmung zwischen der Rus und den Steppennomaden gab, da beide Seiten vom damaligen Fernhandel zwischen dem Orient, Byzanz und dem Ostseeraum profitierten.

Die ökonomische Basis der Steppennomaden war neben der Viehzucht der Handel. In weiter entwickelten und halbsesshaften Herrschaftsverbänden wie dem Chasarenreich und den Wolga-Bulgaren, die lange den kaspischen Raum beherrschten und dort die Handelsrouten abschirmten, ging es auch um die Etablierung einer Art *Pax nomadica*, um den Gütertransport aus den südlich der Steppenzonen liegenden urbanen Zentren gen Westen abzusichern. Die handelsorientierten Steppennomaden beabsichtigten also in der Regel keine Landnahme, wenn sie in Konflikt mit komplexer organisierten sesshaften Gesellschaften wie der Rus kamen. Ihr Ziele waren der Erwerb von Handelsware durch Erbeutung, Tausch und Tributherrschaft und die Absicherung eigener Handelsrouten. Auch die Kyjiwer Fürsten stiegen in militärische Kooperationen mit Petschenegen oder Polowzern ein, die als Söldner an Feldzügen der Rus teilnahmen oder in die Verwandtschaftskriege involviert waren. Vor der mongolischen Invasion, die zur Etablierung des multiethnischen Nomaden-Imperiums der Goldenen Horde führte, waren die Steppennomaden nicht in der Lage, die Rus nachhaltig zu gefährden. Ihr Niedergang beruhte lange vor dem Mongolensturm auf einem Bündel von Ursachen: Innere Zerwürfnisse, die Einfälle der Polowzer provozierten, gefährdeten auch den Handel; zudem verlagerten sich die Fernhandelsrouten im Gefolge der Kreuzzüge nach Westen. Sobald der große Handels- und Beuteweg »von den Warägern zu den Griechen« an Bedeutung verlor, nahmen auch Macht und Glanz Kyjiws ab.

Neue Konfliktlinien: West und Ost

Das wiederum wurde zu einer Hauptvoraussetzung für die Etablierung alternativer Entwicklungswege und für das Entstehen neuer Machtzentren, die zu Kernen der ukrainischen und der großrussischen Ethnogenese werden sollten. Das Erbe Kyjiws übernahmen nun mehrere Töchter der Mutter der Städte der Rus: Im Westen verlagerte sich die Macht ins Fürstentum Halytsch-Wolyn, das in westlichen Quellen als Galizien und Wolhynien bekannt war, im Nordosten nach Wladimir und Susdal. In diesem Teilfürstentum erlangte eine kleine Burgstadt zunehmend an Bedeutung, die so hieß wie der Fluss, an dem sie 1147 gegründet wurde: Moskwa, Moskau, das somit mindestens 300 Jahre jünger war als Kyjiw.[6] Während Kyjiw nach der Eroberung und Zerstörung durch die Mongolen und Tataren verfiel, entwickelten die Peripherien verschiedene Strategien, sich mit der Tributherrschaft zu arrangieren. Die Wladimirer, später Moskauer Fürsten betrieben eine flexible Strategie der Kooperation und der Restitution, sobald der Zugriff der tatarischen Khane nachließ und ein »Wiedereinsammeln« oder manchmal auch Einkaufen von ostslawischen Territorien erlaubte.

Die westliche Rus und Kyjiw, die Kernlande der heutigen Ukraine, waren dem Druck der Goldenen Horde weniger stark ausgesetzt, sodass das galizisch-wolhynische Fürstentum unter seinen Herrschern Danylo Romanowytsch und seinem Sohn Lew, nach dem die 1256 gegründete Stadt Lwiw benannt war, eine Blütezeit erleben konnte. Danylo errang sogar die Würde eines *Rex Russiae*, eines »Königs der Rus«, der ihm im Rahmen von Kreuzzugsplanungen des Vatikans als Verbündetem zuerkannt wurde, aber diese Pläne zerschlugen sich wieder. Dann traten mächtigere Herrschaftsverbände auf den Plan – das Königreich Polen und das Großfürstentum Litauen, dessen noch nicht christianisierte Fürsten die Länder der nordwestlichen Rus unterwarfen. Mitte des 14. Jahrhunderts brachen auch in Galizien-Wolhynien Machtkämpfe aus, in deren Verlauf der letzte Erbe der Romanowytschi-Dynastie von Mitgliedern des Bojarenadels umgebracht wurde. Das Fürstentum geriet 1340 unter die Herrschaft des nach Osten expandierenden Polen unter dem letzten Piastenkönig Kasimir III., der wegen seiner Gebietsgewinne »der Große« genannt wurde.

Während die polnische Krone die Neuerwerbungen aus der Rus rasch in die eigene Verwaltungstruktur einverleibte, mischten sich die litauischen Oberherren, denen unter anderem das Großfürstentum Kyjiw zugefallen war, zunächst kaum in die Autonomie ihrer ostslawischen und orthodoxen Untertanen ein. Sie nahmen sogar deren kirchenslawische, kyrillisch notierte Schriftsprache als Kanzleisprache an. Diese Schriftsprache war eine unter Einfluss der lokalen Dialekte, der Vorformen des heutigen Ukrainischen und Belarusischen, stehende Redaktion des von den Slawenaposteln Kyrill und Methodius in die Rus gebrachten Kirchenslawischen und wurde in lateinischen Beschreibungen *lingua ruthena* genannt. Rechtsakte und geistliche Texte wurden in dieser Sprache verfasst.

Diese litauisch-ruthenische kulturelle Koexistenz kam unter Druck, als der ehrgeizige litauische Herrscher Jogaila, der die polnische Thronerbin Hedwig-Jadwiga von Anjou ehelichte, 1386 in Lublin eine Personalunion mit Polen einging und fortan als polnischer König Władysław III. Jagiełło herrschte. Litauen und die litauisch beherrschten Rus-Gebiete wurden so Teil des katholischen Europas, die Litauer wurden römisch-katholisch missioniert. Das Litauische der Bauern in Jagiełłos Heimat, eine baltische Sprache, die bislang nur als mündliche Kultur existierte, wurde daher, als es erstmals verschriftlicht wurde, nicht in der schon gebräuchlichen Kyrillica der Kanzleisprache notiert, sondern wie das Polnische in lateinischen Buchstaben. Das jagiellonisch-katholische Polen-Litauen wurde nun zur anderskonfessionellen Oberherrschaft für die *rutheni*, wie man alle orthodoxen Untertanen des Großfürstentums Litauen und der an Polen angegliederten galizischen Gebiete nannte. Diese Bezeichnung wanderte nach den Teilungen Polens 400 Jahre später dann auch in die österreichische Bürokratensprache ein, wo sie eingedeutscht wurde und mit »Ruthenen« die ukrainischen Untertanen der Habsburger in Galizien bezeichnete. Die bäuerlichen Grundschichten dieser Gegenden jedoch, aus denen die späteren Belarussen und Ukrainer entstanden, nannten sich die gesamte Zeit nicht anders als auch zu Kyjiwer Zeiten. Ihr Land war *ruska semlja*, sie selbst *rusyny* oder *rusytschi:* Rus-Leute.

Der mit dem Unionsakt von Lublin erfolgte Macht- und Konfessionswechsel schrieb eine neue Grenze ins östliche Europa ein, die die alte Grenze zwischen Nord und Süd, zwischen dem Wald und der Steppe ergänzte und überlagerte: die Konfliktlinie zwischen dem lateinisch-katholisch-polnischen Westen und dem orthodox-ostslawischen Osten. Viele Fürsten der westlichen Rus, die unter den neuen Herrschern ihre Privilegien sichern wollten, traten in der Folgezeit zum Katholizismus über, wurden in die polnische Reichselite kooptiert und nahmen die hegemoniale polnische Sprache an. Die katholisch gewordenen sonstigen Adligen wurden Teil der polnischen Szlachta, des niederen Adels, der zeitweise bis zu 20 Prozent der Bevölkerung ausmachte, was eine europäische Besonderheit war.

Der orthodox gebliebene ruthenische Adel der ehemaligen Rus sank hingegen sozial häufig fast auf den Status freier Bauern ab, wenn er auch seine Herkunft in den Familien stolz überlieferte. Bis ins frühe 20. Jahrhundert wurden vergilbte Adelsbriefe und Siegel in Metallkapseln sorgsam verwahrt, während man, wie die Bauern auch, unter Schilfdächern wohnte und in Bastschuhen (*chodaky*) ging: *Chodatschkowa schljachta* nannte man diesen Bauernadel daher.[7] Wenn sich diese ruthenischen Adligen bemühten, Söhne zur Ausbildung auf die Universitäten und Kollegien des Westens zu schicken, um ihnen Karrierewege unter polnischer Herrschaft offenzuhalten und den sozialen Abstieg aufzuhalten, erhöhte sich aber auch das Risiko, die nächste Generation an den Katholizismus zu verlieren. Die Ethnogenese der Ukrainer, deren Sprache in dieser Periode allmählich aus Sprachvarietäten der südwestlichen Rus entstand, erfolgte also parallel zu einem Prozess des Elitenverlusts: Die Ukrainer wurden zu einem Bauernvolk, das nur mehr eine sehr schmale adlige und klerikale schriftkundige Elite besaß. In den Städten der westlichen Rus, die unter polnischer Herrschaft das Magdeburger Stadtrecht erwarben und wo polnische und deutschstämmige katholische Zuwanderer zunehmend das Patriziat beherrschten, blieben die orthodoxen Ostslawen ihrem Glauben treu und entwickelten eigene Formen der Selbstverwaltung, die rund um ihre Kirchengemeinden organisiert waren. Sie wurden aber von den Machtpositionen in der Stadt sukzessive ausgeschlossen, was sie mit den Juden gemein hatten.

Gleichwohl prägten das korporative deutsche Stadtrecht und die Überformung der ukrainischen Territorien durch die polnische Ständegesellschaft die ukrainischen Verfassungstraditionen auch im Moment des Widerstehens gegen die Oberherrschaft. Auch die Ostslawen unter polnischer Herrschaft nutzten die neuen Verfassungsinstrumente, um Partizipation einzufordern, und auch sie orientierten sich an den Idealen der adligen Standesrechte gegenüber der polnischen Krone. Ihre Kategorien von Recht und Unrecht, von Freiheit und Unfreiheit, von sozialem Aufstieg und Absinken, von Anerkennung und Demütigung entfalteten sich im Rahmen dieser normativen Möglichkeiten. Aus dem Verbund von ukrainischsprachigen bäuerlichen Grundschichten, schmalen lokalen orthodoxen Eliten und Stadtbürgern, geprägt von den Verfassungs-, Verwaltungs- und Ständetraditionen des Westens, entwickelte sich die ukrainische Proto-Nation der Frühneuzeit.

Das unterschied sie zunehmend von der sozialen Ordnung in der nordöstlichen Rus mit Wladimir-Susdal-Moskau, die unter mongolischer Oberherrschaft andere Regierungstraditionen entwickelte. Hier gab es mit Ausnahme der Ostseeküste keine Stadtrechte des magdeburgischen oder lübischen Typs, und die Stadtrepubliken Nowgorod und Pskow fielen im 16. Jahrhundert samt ihrem riesigen Hinterland unter die Herrschaft der Moskauer Fürsten. Dort waren in den ständigen Kämpfen um regionale Vorherrschaft andere Verbündete wichtig. Wer Großfürst werden wollte, musste sich seit dem Ende des 13. Jahrhunderts in die Goldene Horde an den Sitz der Tataren-Chane begeben und dort Gunst und Gnadenbrief, den *jarlyk*, erwerben, zur Not auch durch Beseitigung von Konkurrenten in der eigenen Verwandtschaft. Mit dem Großfürstenamt war auch die Befugnis verbunden, als höchster Bevollmächtigter des Chans den Tatarentribut einzutreiben, was die Möglichkeit eröffnete, einen Teil der Geld- und Warenflüsse abzuschöpfen und eigene Reichtümer anzuhäufen. Dies war wiederum bei der Angliederung neuer Fürstentümer von Nutzen. Der Aufstieg der Moskauer Fürsten vor dem endgültigen Abschütteln des immer schwächer werdenden tatarischen Jochs beruhte vor allem auf dieser Technik des Kooperierens und Eroberns, aber auch des Aufkaufens kleinerer Territorialherrschaften. Nicht zufällig trug einer der dabei besonders erfolgreichen Moskauer Fürsten, Iwan I., den Beinamen *kalita*, »Geldbeutel«. Das Verhältnis des Adels zum Fürsten war aber anders als im Königreich Polen-Litauen, wo der König von der Adelsversammlung gewählt wurde, nicht von adliger Autonomie, sondern von Unterordnung geprägt.

Deutungskonflikte um das Erbe der Rus

Aus den neuen Konfrontationslinien, die mit dem Aufgehen der Rus in neuen Herrschaftsverbänden entstanden, sind auch die Konflikte um die Deutung des Erbes zwischen Russen und Ukrainern erwachsen. Gehen wir noch einmal zurück zum Raumbild der Ukraine aus dem zweiten Kapitel, das eine Peripherie, eine Steppen- und Barbarengrenze verschiedener Reiche bezeichnete. Doch auch eine *Ukrajina* braucht ein Zentrum, dem sie Grenze ist. Im Mittelalter war dies der Großfürstensitz Kyjiw, in der Frühen Neuzeit, als der Begriff erstmals auf Karten auftauchte, war das Zentrum aus Sicht der in polnischen Diensten stehenden Kartographen das Königreich Polen, das Kyjiw beerbt hatte. Die Ukrainer hingegen bezogen sich nach wie vor auf Kyjiw – dort befanden sich die Metropolie ihrer Kirche und ihre bedeutendste Pilgerstätte, das Höhlenkloster, und dort entwickelte sich mit dem Aufstieg des Kosakentums und der Begründung des Kyjiwer Kollegiums nach dem Vorbild der polnischen Jesuitenkollegien (1632) eine spezifische Form ukrainischer theologisch-philosophischer Gelehrsamkeit.

Doch durch den Selbstbezug auf die Kyjiwer Rus gerieten die Ukrainer, sobald sie eigene nationale Ambitionen entwickelten, auch in Konflikt mit konkurrierenden Deutungen im aufsteigenden Moskauer Staat, der sich anschickte, die »Länder der Rus« wieder einzusammeln. Nachdem die Nachkommen der Rjurikiden in der westlichen Rus keine zentrale Macht mehr innehatten, bezogen die Moskauer Herrscher sich auf die dynastische Kontinuität zu Kyjiw und beanspruchten auch eine geistliche Kontinuitätslinie, die in ihren Augen von Konstantinopel über Kyjiw nach Moskau reichte, wohin die Metropolie »von Kyjiw und der ganzen Rus« bereits um 1300 verlegt worden war. Dieser Anspruch wurde nach dem Fall Konstantinopels mit der von russischen Klerikern um 1500 entwickelten Doktrin von Moskau als dem »Dritten Rom« und letztem Sachwalter einer unverfälschten Christenheit auch theologisch legitimiert und nomenklatorisch durch die Annahme der Zaren-Titulatur bekräftigt. Der Zarentitel symbolisierte einen Anspruch auf das Erbe des oströmischen Kaisertums und auf die Schirmherrschaft für alle Orthodoxen.

Diese Rechtsauffassung prägte auch das spätere russisch-ukrainische Verhältnis. Als Zar Alexej Michajlowitsch 1654 ein Bündnis mit den aufständischen ukrainischen Kosaken unter Bohdan Chmelnyzkyj gegen den polnischen König schloss, sah er sich selbst, aber nicht die Kosaken als Nachfolger Kyjiws und interpretierte den Vertrag als Unterwerfungsakt und Wiedererlangung ihm zustehender Territorien. So hielten es alle seine Nachfolger und auch die ersten modernen Geschichtsschreiber des russländischen Imperiums. Gleich welcher Schule sie angehörten, die russischen Historiker zogen eine direkte Linie von Kyjiw nach Moskau, ob staatstragend wie Nikolaj Karamsin, konservativ-autokratisch wie Michail Pogodin (der auch eine ethnische Kontinuitätstheorie von Kyjiw nach Moskau unter Ausschluss der Ukrainer zu etablieren suchte, die sogenannte Pogodin-Hypothese) oder sozialhistorisch-liberal wie Wasilij Kljutschewskij. Ihnen folgten ganze Generationen westlicher Russlandhistoriker. So wurde aus dem mittelalterlichen Kyjiw und der Rus »Alt-Russland«. Die seit dem 17. Jahrhundert übliche Bezeichnung der Ukrainer als »Kleinrussen«, *malorossy,* schien dazu perfekt zu passen. Der kolonialistisch-hierarchische Beigeschmack wurde dem Begriff allerdings aufgrund eines Missverständnisses beigelegt: Er bezeichnete ursprünglich gar kein Unterordnungsverhältnis, sondern entstammte der byzantinisch-griechischen Kanzleisprache des Patriarchats von Konstantinopel, das in seinem Schriftverkehr zwischen der weiter entfernten »Großen« Rus, dem Moskauer Staat, und der »kleinen« Rus, womit der westliche, näher gelegene Teil der Rus mit Kyjiw gemeint war, unterschied. Daher hatten auch die Ukrainer gegen diesen Begriff ursprünglich keine Vorbehalte.[8]

Deutungskonflikte um die Anciennität, d.h. das historische Alter und die Herkunft der eigenen Bezugsgruppe, um Kontinuitäten und Erbschaften wurden aber erst im nationalen Zeitalter virulent, in dem die Akteure dazu neigten, vornationale Traditionen für die jeweiligen Nationalerzählungen in ihren Dienst zu nehmen, auch wenn die Kategorien gar nicht passten, wie wir anhand der pluralistischen Geschichte der Rus leicht erkennen können – und im folgenden Abschnitt über das sozialräumliche Koordinatensystem der Ukrainer noch einmal durchdenken werden.

Der positive Bezug der Ukrainer wie Russen auf die ferne Kyjiwer Rus, und auch ihre Konkurrenz um das gemeinsame Erbe, ist etwa vergleichbar dem deutschen wie französischen Bezug auf das Frankenreich unter Karl dem Großen. Während die Russen eine dynastische Kontinuität von den Herrscherfamilien des mittelalterlichen Kyjiw zum Großfürstentum Moskau, schließlich zu den Moskauer Zaren für sich ins Feld führen können – allerdings starb die Rjurikiden-Linie mit Zar Iwan IV. Grosnyj, dem »Schrecklichen«, aus –, können die Ukrainer sich auf eine ethnisch-sprachlich-kulturelle Kontinuität von den ostslawischen Stammesverbänden und Fürsten im Raum Kyjiw bis hin zur heutigen Ukraine berufen. Auch ihre, wenn auch teilweise polonisierten und der Nation verlorengegangenen Adelsgeschlechter gingen auf die Rjurikiden zurück, bis sich einige Adelssprosse in der nationalen Erweckungsperiode des 19. Jahrhunderts, auf den Spuren von Herder und Fichte, wieder für ihre verschütteten Wurzeln zu interessieren begannen.

Die Gegenerzählung über Kyjiw als Keimzelle der *Ukrajina-Rus* hat der ukrainische Historiker Mychajlo Hruschewskyj den russischen Staats- und Imperialgeschichten seiner Zeit in seinen Publikationen ab 1895 programmatisch gegenübergestellt. Er verfasste nicht nur ein mehrbändiges monumentales Geschichtswerk über die Ukraine-Rus von den Anfängen bis zum 17. Jahrhundert, sondern forderte die russische Geschichtssicht mit einem programmatischen kurzen Aufsatz über »Das übliche Schema der ›russischen‹ Geschichte« auch frontal heraus.[9] Hruschewskyj stammte aus der russländischen Ukraine, erhielt dann aber in Lwiw, das zu Österreich-Ungarn gehörte, den ersten Lehrstuhl für osteuropäische Geschichte, den er zielstrebig zu einem Zentrum für ukrainische Geschichte umbaute. Hruschewskyj war nicht nur ein bedeutender Sozialhistoriker der ukrainischen Frühneuzeit, sondern er begründete auch das Narrativ von den Ukrainern als plebejischer Nation. Diese grenzte er sowohl von der Adelsrepublik der Polen ab als auch von der durch Orthodoxie, Autokratie und Staatsbürokratie geprägten Geschichte der Großrussen. Dieses Erzählmuster gehörte politisch zur Bewegung der linksorientierten ukrainischen »Populisten«, der *narodowzi*, was häufig als »Volkstümler« übersetzt wird. Präziser ist damit eine unterschichten-orientierte Politik und Geschichtsschreibung gemeint. Aus diesem Grunde war die Geschichtserzählung Hruschewkyjs auch teilweise anschlussfähig an die sowjetukrainische Historiographie, deren Entstehung er als Akademiepräsident noch begleitete, bevor er unter Stalin als »bourgeoiser

Nationalist« in Ungnade fiel. Doch hat dieses Narrativ nachhaltige Folgen für das ukrainische Selbstverständnis gehabt, weil Hruschewskyj, dafür von den Sowjetmarxisten durchaus geschätzt, die Rolle von Aufständen und Befreiungskriegen als Motor der ukrainischen Geschichte besonders hervorhob, während er die Rolle ukrainischer Eliten weniger stark betonte.[10]

Mit der Programmschrift »Das übliche Schema« versuchte Hruschewskyj seine nicht besonders »staatstragende« Sichtweise auf die ukrainische Geschichte mit einem stabilisierenden, kontinuitäts- und traditionsstiftenden Aspekt zu ergänzen. Doch erst der Historiker Wjatscheslaw Lypynskyj, ein aus einer polnisch assimilierten Familie stammender Historiker, kann als Erfinder einer wirklichen »Staatsschule« der ukrainischen Geschichte gelten. Diese kollidierte mit populistischen, aber auch mit russisch-nationalen Narrativen, weil sie die Rolle von nicht-ukrainischsprachigen Eliten – etwa der polonisierten Aristokratie oder ukrainophiler Russen – für die ukrainische Nationsbildung betonte. Auf einem Amalgam dieser historisch informierten Sichtweisen baut heute die Verfassungs- und Staatsnations-Sicht der Ukrainer im 21. Jahrhundert auf. Während Lypynskyjs Staatsschule sich gut zur Legitimierung des seit 2014 sich formierenden übersprachlichen ukrainischen Landespatriotismus eignet, schöpft der militärische Widerstand seine Legitimation vor allem aus der langen plebejischen Geschichte des Widerstandes gegen fremde Herren und Besatzer. Beide Sichtweisen setzten sich letztlich gegen den ethnokratischen integralen Nationalismus durch, dem patriotische Ukrainer in den 1930er und 1940er Jahren anhingen und der in der Emigration stark verankert war.

4. Die Kosakenrepublik: Revolution und Nationsbildungskriege im 17. und 18. Jahrhundert

Eine der gefährlichsten Stellen im Fluss Dnipro waren die Stromschnellen im südöstlichen Abschnitt, wo der Fluss seine Richtung nach Süden und dann noch einmal nach Südwesten ändert. Zu Zeiten der Kyjiwer Rus war das die Stelle, wo die wikingischen Räuber und Kaufleute ihre Boote aus dem Wasser ziehen mussten, um sie zu Fuß zu schleppen, immer auf der Hut vor den Steppennomaden mit ihren agilen berittenen Kriegerscharen, die dieses Gebiet kontrollierten. Seit ungefähr der Mitte des 16. Jahrhunderts sprach sich in den Ostprovinzen des Königreichs Polen herum, dass es in den Flussauen an diesen Stromschnellen – ukrainisch *poróhy* – befestigte Siedlungen von bewaffneten Bauern gebe, »hinter den Stomschnellen«, *sa poróhamy.* Man nannte diese Orte *sitsch*, was ein gerodetes und umfriedetes Gebiet bezeichnet. Man raunte, dass die Bauern dort frei seien, ohne Herren wirtschafteten, ihre Anführer durch Wahl bestimmten und sich zur Not mit Gewalt nähmen, was sie brauchten. Man nannte sie *kosaký*, Kosaken.

Die ukrainische Grenzergesellschaft

Die beschriebene Gegend an der alten Steppengrenze war eine Zone beständigen sozialen Gärens und Widerstandes, genährt durch innere Entwicklungen Polens, die wiederum in größere kontinentale Zusammenhänge eingespannt waren. Es gab diese Unruhezone seit dem Mittelalter, als die Bauern in den südlichen Gebieten der Fürstentümer Galizien-Wolhynien, Kyjiw und Perejaslaw immer weiter in die Steppengebiete vorrückten, durch die Überfälle der Steppennomaden aber auch immer wieder zurückgeworfen wurden. Nach der Übernahme dieser Gebiete durch den polnischen oder polonisierten Adel und vor allem mit dem Aufstieg des internationalen Getreidehandels im 16. Jahrhundert rückten Adel und Staatsgewalt, das polnische Königtum und seine Wojewoden der Kolonisationsbewegung nach und begannen, das Bauernland ihren Gütern und Vorwerken anzugliedern und befestigte Städte zu Festungen auszubauen.

Den adligen Oberschichten, aber auch den mit königlichen Privilegien ins polnische Neuland gezogenen jüdischen Gemeinden, die so der Verfolgung in Westeuropa entgingen, blieb diese Zeit als eine Zeit goldener Freiheiten in Erinnerung. Die Steppe, unter den Pflug genommen von den stetig nach Süden vorwärtsdrängendem Kolonisten, konstituierte den agrarischen Reichtum des Königreichs Polen, der wiederum eine Voraussetzung für das Entstehen besonderer Besitzverhältnisse und Sozialkonflikte war. Die polnischen Magnaten und Getreidehändler der Frühneuzeit exportierten das ukrainische Korn über Danzig in das hungrige Zentraleuropa. Man bezahlte sie mit dem Silber, das seit der Errichtung der spanischen Kolonialherrschaft in Südamerika nach Europa strömte.[1] Mit den Erträgen errichtete der polnische Adel prachtvolle Residenzen, Warschauer Adelspalais und ganze Privatstädte. Eine solche Stadt war zum Beispiel das galizische Schowkwa mit seinen Barockkirchen und seinem Marktplatz, der von schönen Arkadengängen umgeben war und wo die lokale Magnatenfamilie der Żołkiewskis Handwerker und Händler und eine florierende jüdische Gemeinde ansiedelte. Die ukrainischen Latifundien waren so groß wie deutsche Bundesländer, ihre hochadligen Besitzer – die Potockis, Radziwiłłs, Zamoyskis, Wysznowieckis, Czartoryskis und Sapiehas – waren teilweise Abkömmlinge polonisierter ostslawischer und litauischer Fürstengeschlechter. Die Magnaten regierten auf ihrem Land wie Könige und bestimmten mit ihren Finanzmitteln und Klientelbeziehungen auch den echten König von Polen, der vom Adel in der Reichsversammlung, dem Sejm, gewählt wurde.

Doch für die Bauern bedeutete die Glanzzeit dieser *Rzeczpospolita* oder Adelsrepublik eine Verschlechterung ihrer Lebensbedingungen. Sie sanken von freien Bauern zu fronpflichtigen Gutsbauern ab und wurden in der polnischen Ständegesellschaft wie das Vieh angesehen, das ihren Pflug zog, schmutzig, stinkend, primitiv, ein Ausstattungsgegenstand. *Tschern*, abgeleitet von dem Wort für »Schwarz«, oder auch *chlopy*, Knechte, hießen die Leibeigenen, und ihre Füße, Hände und Kleider waren schmutzig von der Schwarzerde, die sie bearbeiteten. Diese ukrainischen Fronarbeiter lernten ihren magnatischen Grundherrn in der Regel nie von Angesicht zu Angesicht kennen. Die Obrigkeit war nur in Person ihrer Stellvertreter, Dienstleute und geistlichen Repräsentanten greifbar: die polnisch-katholischen Gutsverwalter, die Jesuiten, die jüdischen Steuerpächter und Schankwirte, an die der Adel seine Steuer- und Propinationsrechte verpachtet hatte. Es waren diese agrarischen Vermittlerinstanzen, welche die Bauern als Ausbeuter, Wucherer und Unterdrücker wahrnahmen.

Das Kosakenheer

Die Saporoger Sitsch umgab der Nimbus, das Gegenmodell zu der von keiner Gewalt geschmälerten Adelswillkür und Bauernhölle zu sein: eine neue Form politisch-sozialer Selbstorganisation der Ostslawen. Inmitten der damaligen Welt der Könige, Zaren-Selbstherrscher und polnischen Magnaten, im Grenzraum zum Osmanischen Reich und zum Krim-Khanat, das die zerfallene Goldene Horde der Mongolen in diesem Abschnitt der eurasischen Steppenzone beerbt hatte, bauten die Kosaken einen Militärverband mit wahldemokratischen Elementen auf. So bildeten sie eine Gegenmacht zu der Adelsrepublik der Polen, aber auch zu den anderen in der Region etablierten Machtträgern. Die Kosakenrepublik gilt heute als Keimzelle einer ersten ukrainischen eigenständigen Staatsbildung – oder, wie ukrainische Historiker auch sagen, als soziale Basis der ersten modernen »nationalen Revolution«.[2] Für unseren Zusammenhang ist interessant, dass zu ihrer Genese mehrere jener Faktoren beitrugen, die wir auch in den späteren Befreiungskriegen wiederfinden: Gewalterfahrung, Widerstand und Aufstand, militärische Selbstorganisation von unten als Voraussetzung für die Selbstbehauptung einer plebejischen Nation, Beharren auf »alten« Freiheiten.

Die Sitsch befand sich räumlich gesehen an der Peripherie des Königreichs Polen, aber auch sozial gesehen war sie randständig: Sie wollte so gar nicht zu dem etablierten Ständesystem ihrer Umgebung passen und geriet daher beständig mit ihm in Konflikt. In den Turksprachen der Steppenzone bedeutete *kosak* »freier Krieger« und war eine Bezeichnung für tatarische Söldner in verschiedenen polnischen, Rus- und litauischen Heeresverbänden, aber auch für Abtrünnige, die den *ulus*, den Staat der Chanate, verließen und sich auf eigene Faust ihr Auskommen suchten: als berittener Geleitschutz für Handelskarawanen, mit eigener Viehzucht und Ackerbau in kleinen Siedlungen weitab von den befestigten Städten und Dörfern des Krimchanats, aber auch mit gelegentlichen Raubüberfällen auf eigene Rechnung. Bald ging die Bezeichnung *kosak* auch auf die christlichen Ostslawen über, die sich ebendiesem »Steppengewerbe« widmeten, das für viele ein Saisongewerbe war: Den Winter verbrachte man in Kyjiw, Kaniw oder Tscherkassy, im Sommer ging man »zu den Kosaken«. Die soziale Herkunft der ersten Kosaken vermutet die ukrainische Frühneuzeitforschung in den risikobereiten und militarisierten Gruppen der damaligen ukrainischen Gesellschaft: Abkömmlinge des abgesunkenen ostslawischen Adels und Städter aus den grenznahen Gebieten, die mit Waffen umgehen konnten und die Mittel für eine derartige saisonale Mobilität hatten. Die Namensforschung konnte zeigen, dass sich diese christlichen Kosaken schon bald mit den tatarischen Kosaken vermischten; bis heute sind turksprachige Nachnamens-Wurzeln in der Ukraine verbreitet. Allmählich entwickelte sich aus dem Steppengewerbe eine eigene soziale Schicht, welche die Sitsch und andere Siedlungen in den Auwäldern des Dnipros, des Buhs und des Dons im Grenzgebiet des Moskauer Staates bevölkerte. Diese Kosaken waren zunächst noch eine wassergebundene Gemeinschaft, sie beherrschten die Flüsse, lebten von Viehzucht und Fischerei, außerdem von Raubzügen, die sie zu Schiff bis an die Schwarzmeerküste führten, darin den Rus-Warägern nicht unähnlich.[3]

Nicht nur den Namen übernahmen diese Gemeinschaften, die zwischen Wehrbauern und Räubern changierten, von ihren steppennomadischen Nachbarn, sondern auch die Art und Weise, sich zu kleiden und zu frisieren und zu konsumieren, mit kahlgeschorenen Köpfen und einem Zopf am Hinterkopf, Pluderhosen, orientalisch anmutenden Oberkleidern und der obligatorischen Tabakpfeife. Auch die Kriegskunst übernahm man schließlich, indem man vom Boot aufs Pferd umstieg und damit begann, in kleinen Kavallerieabteilungen zu operieren. Auch wenn die Bildende Kunst den Kosaken als Reiter im Kampf oder bei der Rast darstellte, bestand ein großer Teil des Kosakenheeres aus Infanteristen. Die übliche Bewaffnung der Kosaken bestand aus Säbel, Muskete und Pike, die berittenen Kosaken führten außerdem mehrere Pistolen mit sich. Damit waren sie für damalige europäische Verhältnisse mit sehr guter Feuerkraft ausgestattet. Diese Waffen wurden in höchsten Ehren gehalten, und wohlhabende Kosaken investierten sehr viel Geld in eine gute und reich ausgeschmückte Bewaffnung. Ihre Artillerie, zumeist leichtere Geschütze, erbeutete das Kosakenheer vor allem von türkischen Kriegsschiffen.[4]

Die Kosaken waren kein Ausnahmefall in der Weltgeschichte. Um das zu erklären, lohnt ein Blick auf soziogeographische Erklärungen für das Entstehen von Sondergesellschaften mit basisdemokratischen Elementen unter extremen Raumbedingungen. So hat man versucht, die demokratische Verfassungsform und die Freiheitsideale der US-amerikanischen politischen Kultur und Verfassung mit der *frontier*-Hypothese zu erklären: An der beständig nach Westen vorgeschobenen »Barbarengrenze« der angelsächsisch-europäischen Siedlerkultur hätten sich besondere Formen des Kämpfens, aber auch des autonomen, ohne etablierte Institutionen funktionierenden politischen Entscheidens herausgebildet, die dem amerikanischen Demokratismus zugrunde lägen. Allerdings mangelt es dieser *frontier*-Hypothese an der Einbeziehung der anderen Seite, der *First Nations* der USA, für die in der amerikanischen Demokratie des 18. und 19. Jahrhunderts, ob Siedler-Demokratie oder Menschenrechtskatalog, kein Platz war, weil es kein militärisches Gleichgewicht mehr gab. Hatten sich nomadische wie sesshafte amerikanische Ureinwohner zunächst mit den an Zahl wenigen sesshaften Bauern und Jägern in einem fragilen Konflikt- und Kooperationsverhältnis befunden, das dem der Kyjiwer Rus zu den Steppennomaden ähnelte, so verschoben sich die Gewichte im 19. Jahrhundert zu ihren Ungunsten, mit genozidalen Folgen.[5] Hier endet also die Vergleichsmöglichkeit mit der Kolonisationsgrenze im östlichen Europa, wo das Gleichgewicht über Jahrhunderte erhalten blieb – und das Pendel im Grunde bis zum unter Stalin organisierten Genozid der kasachischen Nomaden durch Hunger Anfang der 1930er Jahre und zur Deportation der Krimtataren 1944 nicht völlig zugunsten der ostslawischen Kolonisten ausschlug.

Aber es gibt auch noch andere sozialräumliche Erklärungsansätze für das Entstehen des Kosakentums, vor allem die Forschung über sogenannte Sozialbanditen. Dabei handelt es sich um Beute- und Gewaltgemeinschaften, die sich aus den bäuerlichen Grundschichten rekrutieren, Entwurzelte aufnehmen, die aufgrund Leibeigenschaft oder nach größeren kriegerischen Auseinandersetzungen aus ihren Dörfern fliehen, und aus der Bahn geworfene Mitglieder der Oberschicht aufnehmen – der Karl Moor in Schillers »Räubern« könnte ein Prototyp sein. Solche Sozialbanditen schöpften die Überschüsse des Adels und der Großbauern in bewaffneten Überfällen ab. Die Beute wurde selbst verbraucht, verkauft und an Bedürftige verteilt, was den Nimbus der Räuber als gerechte Krieger verstärkte und den sozialen Rückhalt erzeugte, den sie brauchten, wenn sie sich verstecken, Beute verkaufen oder Verletzte versorgen mussten. Sozialbanditentum war ein Phänomen der Grenzländer und der wenig kontrollierten Peripherien: Ihre Rückzugsorte und Lager befanden sich in unwegsamen Gebieten – Wäldern, Gebirgsgegenden oder eben auch Inseln oder geschützten Buchten. Solche Phänomene lassen sich in vielen Epochen und Kontinenten beobachten, vom normannischen England im Mittelalter über den Balkan und die Karpaten bis hin nach Südasien, wo die Sozialbanditen in küstennahen Gewässern als Piraten auftauchten.

Das ukrainische Steppenmeer mit seinen waldigen Schluchten und geschützten Flussinseln war das Betätigungsfeld der Kosaken-Sozialbanditen. Die Haidamaken-Aufstände der 1730er Jahre in Polens Ostgebieten hatten ihren Namen von türkisch *haydamak*, Räuber. Die Haidamaken waren wie die Kosakenverbände relativ straff organisiert und vor allem als Viehdiebe aktiv. Sie wurden auch *burlaky* genannt, nach einem tatarischen Begriff für Vaganten, der aber auch für Saisonarbeiter und Söldner benutzt wurde. Etwa zur selben Zeit machten die *opryschky* die Karpaten und ihr Vorland im Grenzgebiet zwischen Polen, Oberungarn und der Moldau unsicher. Der bekannteste Anführer, Oleksa Dowbusch, kam 1745 bei einem bewaffneten Zusammenstoß mit einem seiner Opfer aus der reichen Bauernschaft ums Leben. Doch auch die Gegenmacht der Sozialbanditen griff auf das Reservoir der freien Kosakensöldner zurück: Die Privatarmeen der polnischen Magnaten rekrutierten ihre Kämpfer ebenfalls aus der Sitsch, was aber auch nach hinten losgehen konnte, wenn solche Söldner beim Anrücken von Aufständischen die Seite wechselten.[6]

Im frühneuzeitlichen Osteuropa hatte man eine solche Alternative zur Herrschaft der Wenigen wohl seit der – von Iwan IV. Grosnyj »dem Schrecklichen« vernichteten – Stadtrepublik Nowgorod nicht mehr gesehen. Entsprechend elektrisierte sie die Bauern, die sich durch Flucht in die Sitsch dem Zugriff der Grundbesitzer entzogen. Die Kombination aus sozialem Druck von »oben« und von »Norden« mit den Verlockungen, »unten« und im »Süden« persönliche Freiheit zu erhalten und vor allem an Land zu gelangen, wenn auch unter einem erheblichen Risiko, war der Motor der Mobilisierung in der vormodernen Ukraine. Nachdem am Ursprung des Kosakentums Kleinadel und Städter gestanden hatten, flohen zunehmend auch die Unternehmungslustigsten und Verzweifeltsten in den ländlichen Grundschichten der nördlichen und westlichen Gebiete der Ukraine ins »Wilde Feld«, *dyke pole,* wie die Steppengegend auch genannt wurde, und vermehrten die Kopfzahl der einfachen Kosaken. Aus der Gruppe der Adligen und Stadtbewohner, die lesen und schreiben konnten, rekrutierte das Kosakenheer seine Schreiber, Kämmerer und Offiziere.

Die Verfassung der Sitsch könnte man als eine zölibatäre Militärrepublik beschreiben: Frauen hatten zum inneren Bereich keinen Zutritt, sie verblieben in den umliegenden Vorwerken und neu gegründeten Dörfern, in denen die kosakischen Familien ihre Äcker bestellten und Vieh züchteten. Die Anführer wurden per Akklamation vom *kolo* (Ring), der Versammlung der einfachen – *tschorni* – Kosaken gewählt. Sie kamen aber zumeist aus der kleinadligen Elite, aus der sich allmählich eine Offizierskaste entwickelte, die *starschyna* (von *starschyj,* Älterer) die bald ihren eigenen Rat einberief. Ähnlich wie in den städtischen Versammlungen der Kyjiwer Rus trug die Kosakenrepublik also eine Kombination aus egalitär-parlamentarischen und ständischen Zügen: Auch auf den Witsches der Rus-Städte – das berühmteste Beispiel war das nordwestrussische Nowgorod – entschied natürlich nicht das einfache Volk, sondern Fürsten und Patrizier organisierten die Mehrheiten.

Diese Entwicklung blieb den polnischen Königen nicht verborgen, die die militärischen Fähigkeiten der Kosaken schätzten. Kosaken-Reitereien und -Infanterie waren eine willkommene Verstärkung der eigenen Soldaten bei der Absicherung der Südflanke gegen die Einfälle von Türken und Tataren. Und natürlich konnte man durch Indienstnahme auch den Unruhefaktor befrieden, den die Kosaken ohne Zweifel darstellten. Daher wurden die im »wilden Feld« siedelnden Kosaken alsbald für militärische Einsätze angeworben und ihr Status als Teil des königlichen Heeres in einem Register vermerkt. Zunächst umfasste das Register nur einige hundert Kosaken, zu Kriegszeiten – und die nahmen um 1600 rapide zu – wurde das Register erweitert. Mit dem Registerkosaken-Status gingen Privilegien und Landzuteilungen für die Kosakenführer einher. Umgekehrt schürte eine Reduzierung des Registers Abstiegsängste der Kosaken, die befürchten mussten, wieder zu einfachen Bauern herabzusinken. Der Streit ums Register wurde also einer der Hauptbrennpunkte in den Konflikten zwischen Kosaken und Staatsgewalt, die sich in mehreren Kosakenaufständen entluden. Es gab auch innere Zerwürfnisse: Während die Kosaken-Offiziere hofften, sich letztlich doch über das Register oder andere verbriefte Kooperationsformen gleichberechtigt in das System des polnischen Adels integrieren zu können, wünschten sich die einfachen Kosaken ein Leben als freie Bauern und Saisonsöldner auf ihrem eigenen Land, ohne neue Herren über sich. Es war also der Freiheitswille der ukrainischen Bauern, der ein wesentlicher Treiber der Auseinandersetzungen war, ähnlich wie es auch in den Bauernaufständen des Moskauer Staates war.

Der Befreiungskrieg beginnt

Nachdem im ersten Drittel des 17. Jahrhunderts mehrere regionale Aufstände mühsam niedergeschlagen worden waren, entlud sich im Jahr 1648 die soziale Unruhe in dem großen Kosakenkrieg unter dem *Hetman* (von Hauptmann) Bohdan Chmelnyzkyj. Dieser entstammte dem orthodoxen niederen Adel, hatte eine eine gute Ausbildung an der Kyjiwer Akademie genossen und beherrschte die klassischen Sprachen, aber auch Polnisch und Türkisch. Er wirkte als Offizier und Diplomat in Diensten der Saporoger und war als Registerkosak zu Status und Land gekommen. Als er aber in einem Rechtsstreit mit einem polnischen Aristokraten unterlag, der sich sein Gut aneignete, floh er in die Sitsch und wollte von dort aus zunächst nur eine militärische Operation gegen seine Widersacher organisieren, die sich aber verselbstständigte.

Chmelnyzkyj wurde zum Hetman gewählt und wuchs in der Folgezeit in die Rolle des Kriegsherrn und Politikers hinein. Nicht zuletzt dank seiner politisch-militärischen Erfahrung wurde er aber nicht zu einem ukrainischen Kohlhaas oder Moor, sondern – wie zeitgenössische Quellen berichten – als »Moses« gefeiert,[7] ein Volksbefreier und Prophet. Diesen Erfolg verdankte er zwei Faktoren: Erstens kam es zum Schulterschluss mit den verbliebenen orthodoxen Eliten und dem orthodoxen Klerus, der dem Aufstand auch eine kulturelle Komponente verlieh – es war auch ein Kampf um Anerkennung der nichtdominanten ostslawisch-orthodoxen Kultur durch die römisch-katholische polnische Hegemonialkultur. Als zweiter Faktor ist der revolutionäre Schwung von unten zu nennen, der von der ausbrechenden Massenerhebung der ukrainischen Bauern stammte. Während der erste Faktor die Rebellion mit einer Idee ausstattete – die Verteidigung der eigenen Art zu glauben –, sorgte der zweite Faktor für militärische Durchschlagskraft, aber auch für extreme Gewalthaltigkeit.

Der konfessionelle Faktor: Assimilation und Selbstbehauptung

Warum war der konfessionelle Faktor so bedeutend? Das hat zwei Ursachen: Erstens war zu jener Zeit das religiöse Bekenntnis generell für die soziale Identität und Sichtbarkeit von sozialen Gruppen weit bedeutender, als dies heute der Fall ist – es war weitaus identitätsstiftender als die Muttersprache. Zweitens fiel das Bekenntnis bei den Ostslawen der polnischen Krone mit ihrem benachteiligten sozialen Status zusammen. Ein Kampf für die Besserstellung der Konfession war also auch einer für sozialen Aufstieg.

Das Königreich Polen des Spätmittelalters und der Frühen Neuzeit war in religiösen Dingen lange viel toleranter gewesen als die west- und zentraleuropäischen Regionen. In Westen verfolgte und diskriminierte Juden durften sich unter dem Schutz des Königs ansiedeln, Handel und Gewerbe treiben, wenn auch – wie im Westen – kein Land erwerben und Landwirtschaft betreiben. Die Reformation in ihrer calvinistischen Ausprägung war besonders bei den Aristokraten und einem Teil der Städter Polen-Litauens erfolgreich, sodass das katholische Polen sich unversehens mit protestantischen Eliten konfrontiert sah. Auch wenn sich der Calvinismus bei den grundbesitzenden Schichten und aufgrund des dünnen Städtenetzes in Polen schließlich nicht durchsetzte, so sorgte er doch für soziale Unruhe und für Gegenbewegungen.[8]

Im Zuge der Gegenreformation schwang das Pendel zurück in Richtung Vereinheitlichung. Regent, römisch-katholischer Klerus und Jesuiten versuchten nicht nur, den an die Reformation verlorengegangenen Boden für die katholische Kirche durch Bildungsreform und Glaubenspropaganda zurückzugewinnen, sondern auch, die konfessionelle Fraktionierung des Reichs, die zunehmend als Sicherheitsrisiko wahrgenommen wurde, einzudämmen. Die Einheit der Christen hatte aus vielerlei Gründen in diesem Teil Europas erhöhte Priorität. Man erhoffte sich so, das Osmanische Reich zurückzudrängen, das 1453 nicht nur Byzanz beerbt hatte, sondern seine Grenzen weit ins katholische Zentraleuropa vorgeschoben hatte. Mit den Türkenkriegen, die das gesamte 16. Jahrhundert beherrschten, und der ersten osmanischen Belagerung Wiens 1529 war die »Türkengefahr« in aller Munde. Aber auch der expandierende Moskauer Staat, dessen Großfürsten sich nun Zaren nannten, machte Sorgen. Im Fokus standen daher vor allem jene Untertanen, die die an Türken und Moskowiter grenzenden Gebiete der westlichen Rus bewohnten, nämlich die zahlreichen orthodoxen Untertanen des polnischen Königs.

Ihre Kirche drohte, unter den Einfluss Moskaus zu kommen, denn der ehemalige Kyjiwer Metropolit residierte, den neuen Machtverhältnissen in der Rus folgend, seit Beginn des 14. Jahrhunderts in Moskau. 1589 wurde die Metropolie Moskau zum Patriarchat erhoben. Die Moskauer Lehre vom »Dritten Rom« war auch eine Demonstration des Herrschaftsanspruches über alle Orthodoxen der gesamten Rus. Auf polnisches Bestreben war die Metropolie Kyjiw 1458 wiederbelebt und dem geschwächten Patriarchen des türkisch besetzten Konstantinopel unterstellt worden. Doch gleichzeitig geriet die Orthodoxie in der westlichen Rus immer mehr unter katholischen Druck, der Bildungsgrad des Klerus nahm ab, Bischöfe und Priester ließen sich von weltlichen Herren korrumpieren. Seit Mitte des 16. Jahrhunderts, angetrieben von den Konfessionsdebatten, verspürten daher auch die orthodoxen Hierarchen, hierin einig mit den Patriarchen in Konstantinopel, ein dringendes Reformbedürfnis ihrer Kirche.

Daher gewann ein altes Projekt des Vatikans an Popularität, nämlich der – in frühen Anläufen gescheiterten – Versuch, das Kirchenschisma zumindest im Königreich Polen zu überwinden und eine Union mit den Ostkirchen zu schmieden. Es war ein Projekt von oben, das vor allem vom katholischen Adel – auch konvertierten Ukrainern – und von Teilen des reformbereiten hohen orthodoxen Klerus vorangetrieben wurde, der auf rechtliche Gleichstellung mit der katholischen Kirche hoffte. Diese Kirchenunion wurde 1596 in Brest besiegelt. Sie unterstellte die Orthodoxen im Königreich Polen der Jurisdiktion des Vatikans, ließ ihren byzantinischen Ritus, die Priesterehe und die eigenständige Hierarchie aber unangetastet. Doch die Union hatte auch eine theologische Eintrittskarte, die in der damaligen Welt hoch bewertet wurde: Die unionsbereiten Orthodoxen wurden vom Papst nicht als eigenständige Kirche behandelt, sondern eher als reuige Rückkehrer, und die Unierten mussten die römisch-katholische Lehre vom *filioque*, derzufolge der Heilige Geist nicht nur von Gott, sondern auch von Gottes Sohn ausgehe, übernehmen, was sie forthin von den Orthodoxen unterschied.

Aus diesem Grunde sprangen einige einflussreiche Bischöfe, die aus Reformgründen zuerst noch ihre Hoffnungen in die Union gesetzt hatten, wieder ab. Die überhaupt nicht in die Verhandlungen einbezogenen orthodoxen Bauern und Städter sowie der orthodox gebliebene Adel zogen ebenfalls nicht mit. Sie fürchteten, die Union könne eine schleichende Katholisierung ihres Ritus bewirken – der im Zuge der Reformationsdebatten gerade begonnen hatte, sich von der Krise des Bedeutungsverfalls Kyjiws zu erholen und sich neu aufzustellen. Auch die Hoffnung auf rechtliche Besserstellung, die den Klerus umtrieb, lockte sie nicht, obwohl die Orthodoxen gerade in den Städten diskriminiert waren und wichtige Ämter in Zünften, Magistraten und Provinzialverwaltung nicht ausüben durften. Stattdessen setzte man auf die Verstärkung der Selbstorganisation, die seit Mitte des Jahrhunderts begonnen hatte.[9]

In den ruthenischen Städten waren Kirchenbruderschaften, Druckereien und Schulen gegründet worden. Im Städtchen Ostroh errichtete Fürst Wasyl-Kostjantyn Ostroskyj, einer der wenigen verbliebenen orthodoxen Hochadligen, eine Hochschule und Druckerei. Dort entstand die erste vollständige ostslawische Evangelienübersetzung sowie polemische und gelehrte Literatur, die in einer ukrainischen Redaktion des Kirchenslawischen verfasst wurde, also eine reine Schriftsprache war. Auch in Kyjiw gab es eine bedeutende Kirchenbruderschaft, in der auch das Saporoger Kosakenheer institutionelles Mitglied war. 1632 gründete Petro Mohyla, ein weiterer orthodoxer Aristokrat, in Kyjiw ein Kollegium, das nach dem Muster der Jesuitenkollegien aufgebaut war. Die Lehranstalten in Ostroh und Kyjiw unterrichteten die »sieben freien Künste« sowie Griechisch und Latein und legten den Grundstein für eine Renaissance der theologischen Bildung für die Orthodoxen. Sie waren aber auch Ausbildungsstätte für die Söhne von Kleinadligen und wohlhabenden Kosaken und damit Kaderschmiede für die weltliche Kosakenelite – zum Beispiel für Bohdan Chmelnyzkyj und seine Söhne. Auch die Moskauer Kirche rekrutierte im 17. Jahrhundert etliche ihrer hohen Kleriker aus der Ukraine. Als Chmelnyzkyj 1648 zum Befreiungskrieg aufrief, konnte er also auf eine frühmoderne ukrainische Intelligenz rechnen, die gut mit den Kosaken vernetzt war.[10] Die Repräsentanten der orthodoxen Wiedergeburt in Kyjiw und den anderen ukrainischen Städten waren begeistert: Folgte nun auf die innere Befreiung der Kirche durch Bildung auch die politische Befreiung durch das Schwert? Was die ukrainischen Eliten umtrieb, war die Gleichberechtigung mit dem polnischen und litauischen Adel und Klerus. Die Rus sollte die dritte autonome Komponente im Königreich Polen-Litauen werden.

Der plebejische Faktor: Bauernkrieg und Pogrom

Die Bauern am unteren Ende der sozialen Leiter träumten weniger von einem dreieinigen Königreich, sondern von Freiheit und Land. Sie wollten das Joch der Grundherrschaft abschütteln. Der Feldzug wurde dank der vielen Bauern, die sich ihm anschlossen, zu einem Flächenbrand, mit entsetzlichen Folgen für die ukrainischen Juden, derer die Bauern als soziale Antagonisten als Erste habhaft werden konnten: Sie wurden zu Zehntausenden von den Aufständischen massakriert und vertrieben, weil man sie als Hauptrepräsentanten des verhassten Gutsregimes wahrnahm. Die Judenmassaker hat der aus Wolhynien stammende, später in Venedig und Jassy wirkende Tora-Gelehrte Nathan Hannover in seinem Bericht *Yeven Mezulah* (»Sumpf der Verzweiflung«)[11] protokolliert, aber auch, hellsichtig für die damalige Zeit, die sozialen Ursachen klar benannt. »Chmiel, sein Name sei ausgelöscht« – die immer wiederkehrende Formel in dieser Leidenschronik wurde bei den Juden Osteuropas zu einem Fluchwort ähnlich »Haman«, dem antiken Planer eines Judenmords, den die Frommen aus dem Buch Ester der Tora und aus der Megilla kannten und an den sie an jedem Purim-Fest erinnerten.

In den auf das Aufstands- und Pogromjahr 1648/49 folgenden fast drei Jahrzehnten wurden die Kosaken erst zu einem respektierten Faktor im großen Spiel der Mächte, um sich dann allerdings doch den übermächtigen externen Machthabern unterwerfen zu müssen. Nach anfänglichen militärischen Erfolgen gegen die Polen, auch im Bündnis mit den Krimtataren, gelang es den Aufständischen, der Krone eine Sonderverwaltung für die von ihnen befreiten Gebiete abzutrotzen, in der nicht mehr König und Magnaten, sondern die territorial organisierten Kosakenregimenter die Staatsgewalt ausübten. Chmelnyzkyj begann eine frühmoderne Staatsverwaltung aufzubauen; aus der Saporoger Sitsch wurde so das Hetmanat, das die heutige Zentral- und Nordukraine umfasste. Die konkreten Forderungen drehten sich allerdings mehr um Gleichberechtigungsakte für die ostslawischen Eliten: Erweiterung des Kosakenregisters, Rechte der Starschyna und der orthodoxen Kirche, mit der man sich zusammentat. Eine Befreiung der Bauern mochten die mit den Polen verhandelnden Kosaken, deren Horizont das polnische Ständesystem und der orthodoxe Glaube war, sich nicht vorzustellen. Es drohte aus Sicht der einfachen Kosaken und Bauern alsbald also, dass nur die Elite ausgetauscht würde, ohne Freiheitsgewinn für sie selbst. Das führte zu inneren Zerwürfnissen im Kosakenlager und immer wieder aufflammenden Bauernaufständen, die teilweise nun auch von den Kosakenführern selbst niedergeschlagen wurden, falls sie nicht ins politische Kalkül der gerade aktuellen Bündnispolitik passten.

Das Bündnis mit Moskau

Als das Kriegsglück sich wendete, auch weil sich die Tataren als unzuverlässiger Verbündeter erwiesen, rückte der Moskauer Staat als möglicher Verbündeter in den Blick Chmelnyzkyjs. Der Moskauer Zar Aleksej Michajlowitsch, dessen militärische Interessen sich zu jener Zeit auf den Machtkampf mit Schweden im baltischen Raum konzentrierten, war gleichwohl kein brennender Kämpfer für die Befreiung seiner orthodoxen Glaubensbrüder. Er ließ sich Zeit mit seiner geopolitischen Kosten-Nutzen-Analyse und wies die Bitten Chmelnyzkyjs zunächst ab. Die Kosaken – sowohl die russischen als auch die Saporoger – galten den russischen Herrschern als unsichere Kantonisten und notorische Aufständische. Auch machten die damaligen zeithistorischen Erfahrungen die Moskauer vorsichtig. Zu Zeiten von Aleksejs Vaters Michail Romanov, genauer vor dessen Wahl zum Zaren auf dem Reichstag von 1613, der eine 15-jährige traumatische »Zeit der Wirren« beendete, hatten sich die ukrainischen Kosaken an Feldzügen der ausländischen Interventionsmacht Polen gegen Moskau beteiligt, falsche Thronprätendenten unterstützt und die Grenzlande des Moskauer Staates geplündert.[12] Die konfessionelle Solidarität hielt sich daher in Grenzen.

Andererseits erblickte Aleksej eine Chance, um Polen zurückzudrängen, und entschloss sich doch zur Einmischung im Nachbarreich. 1654 schlossen seine Abgesandten in Peresjaslaw ein Bündnis mit den Saporogern. Zumindest in den Augen der Kosaken war es das, ein Militärvertrag, wie sie ihn Dutzende Male geschlossen und beendet hatten, mit Polen, Tataren oder Russen. Doch aus der Perspektive Moskaus war es ein Unterwerfungsakt, weswegen sich die Gesandten des Zaren dagegen verwahrten, den Vertrag, so wie die Kosaken es zu tun pflegten, mit einem Eid zu bekräftigen. Ein Zar und Selbstherrscher der ganzen Rus beeidete keine Verträge unter Gleichen, er gewährte Gnade und Schutz aus »seiner hohen Hand«, wie es hieß. Aus diesem russisch-ukrainischen Aneinander-Vorbeireden ergaben sich in der Folgezeit mannigfaltige Konflikte, denn Moskau verstand die Inschutznahme auch sehr praktisch und begann, im Kosakenland Garnisonen seiner eigenen Armee zu errichten.

Die unmittelbare Folge des Vertrags von Perejaslaw war, dass der Befreiungskrieg der Ukrainer nun zu einem internationalen Krieg zwischen Russland und Polen eskalierte, in den 1655–1659 auch noch die Schweden eingriffen. Die Ukrainer wurden so zu Akteuren des Zweiten Nordischen Krieges, dessen Verlauf sie durch Seitenwechsel mitbestimmten. Ein Nachfolger des 1657 gestorbenen Chmelnyzkyj, Hetman Iwan Wyhowskyj, suchte 1659 den Schulterschluss mit den Polen gegen den Zaren, was einer polnisch-kosakisch-tatarischen Streitmacht bei Konotop in der Nordostukraine zu einem Sieg über die Moskowiter verhalf. Doch diese politische Wende spaltete die Kosakenschaft, und im Hetmanat links und rechts des Dnipro wurden nun je eigene Anführer gewählt. Am Ende verschoben sich die Gewichte der Macht in dem von Jahrzehnten des Krieges ausgelaugten Land doch zugunsten der etablierten Mächte. Polen und Moskowiter, die sich in einer Pattsituation befanden, schlossen erst über die Köpfe der Kosaken hinweg 1667 in Andrusowo einen Friedensvertrag und versuchten dann, in den von ihnen dominierten Gebieten ihre eigenen Ordnungen wiederherzustellen bzw. neu aufzubauen. Die linksufrige Ukraine östlich des Dnipro mit Kyjiw und dessen Umland wurde als autonomes Gebiet dem Moskauer Staat zugeschlagen, die rechtsufrige Ukraine westlich des Flusses dem Königreich Polen. Mit diesem Akt, der die Existenz des Hetmanats als souveräner Akteur mit eigener Außenpolitik beendete, endete auch der polnisch-russische Krieg.

Damit waren aber Feldzüge und Aufstände nicht beendet; die folgende Periode bis zur formalen Liquidierung des rechtsufrigen Hetmanats und der Restauration der polnischen Machtverhältnisse wird auch als *Ruina* (Ruine, Niedergang) der Ukraine bezeichnet. Schätzungen zufolge kamen in den ukrainischen Revolutionskriegen bis zu drei Millionen Menschen ums Leben. Insbesondere die Gebiete der rechtsufrigen Ukraine verödeten infolge der Kriegsverluste, der Seuchen, des Hungers und der Fluchtbewegungen, die eigentlich nur den Vergleich mit dem Dreißigjährigen Krieg in Mitteleuropa zulassen. Ukrainische Historiker haben die Ereignisse auch mit dem Aufstand der Niederlande verglichen, der ähnliche Strukturmerkmale hatte. Dazu zählen die lange Dauer und Vernichtungskraft der Auseinandersetzungen – in den Niederlanden mündeten sie sogar in einen achtzigjährigen Krieg; die fragmentierten Interessengruppen, die teils ständisch, teils konfessionell gebunden waren; der Freiheitsgedanke, der vor allem in einem Beharren auf alten ständischen Rechten gegen zentralisierende Staatsgewalten beruhte; der religiös begründete Widerstand gegen Fremdherrschaft (niederländische Protestanten gegen die katholischen spanisch-habsburgischen Könige und deren Statthalter und orthodoxe Ukrainer gegen die katholische Herrschaft Polens); die Rolle von militärischen Sondergruppen – hier die Geusen-Piraten, dort die Kosaken. Doch auch das ambivalente Verhalten der Eliten zwischen Loyalität zur fremden Oberherrschaft und nationalen Absetzungsversuchen könnte hier erwähnt werden: Tatsächlich erinnern die eigentlich nicht radikalen Helden der niederländischen Revolte, Graf Egmond und Wilhelm von Oranien, in einigen Zügen an die Kosakeneliten, die immer wieder um Sicherung ihrer Privilegien bei den polnischen und Moskauer Herrschern einkamen. Schließlich könnte man auch die Teilung des Landes als Resultat langer Kriege als Gemeinsamkeit benennen: hier die Vereinigten Niederlande, die sich von den Südprovinzen trennten; dort die linksufrige gegen die rechtsufrige Ukraine mit ihren unter russischem bzw. polnischem Einfluss stehenden Hetmanen. Doch gelang es den Ukrainern anders als den Generalständen der Vereinigten Niederlande nicht, sich als unabhängiger und schließlich auch völkerrechtlich anerkannter Staat zu etablieren: Die Ukraine bekam keinen Westfälischen Frieden. Auch leitete der Freiheitskrieg, anders als in den Niederlanden, keine neue Blüte auf kleinerem Territorium ein.[13]

Zu den Plagen des Krieges traten noch andere Leiden und Gefahren, die schon in der mittelalterlichen Kyjiwer Rus eine soziale Konstante gewesen waren. Die beständigen Kriegszüge von Polen, Moskowitern, Tataren und Kosaken unterschiedlicher Provenienz und Allianzen verwüsteten nicht nur das Land, sondern erzeugten auch einen letzten Boom der Sklaverei. Der *jasyr* (von tatarisch *esir*, Sklave), die Wegführung von Bauern in die Sklaverei, war der übliche Tribut nach verlorener Schlacht oder auch die Gegenleistung für tatarischen Kriegsbeistand. Aber meistens wurden die slawischen Bewohner der Ebenen nördlich des Schwarzen Meeres Opfer organisierter Trupps von Sklavenjägern, die von der Krim aus Raubzüge in die Siedlungsgebiete der Bauern unternahmen. Diese Erfahrung hat sich nachhaltig in einem großen Korpus von Klageliedern in der ukrainischen Folklore niedergeschlagen. Auch gebildete christliche Autoren verfassten Streitschriften, die diesen Zustand skandalisierten – weniger die Sklaverei oder den *jasyr* als solche, sondern die Tatsache, dass Muslime Christen als Sklaven erbeuteten und hielten. Allein in der ersten Hälfte des 17. Jahrhunderts wurden bis zu 200.000 Menschen aus der Ukraine und Südrussland in die Sklaverei verschleppt, übrigens nicht nur Christen, sondern auch Zehntausende Juden. Nur für die bedeutenden und reichen Gefangenen – auch Bohdan Chmelnyzkyj war vor seiner Hetman-Karriere selbst einmal in diese prekäre Lage geraten – gab es die Möglichkeit, durch Lösegeldzahlung wieder freizukommen. Alle anderen beschlossen, wenn sie nicht bei Gegen-Feldzügen der Kosaken befreit wurden oder ihnen die Flucht gelang, ihr Leben in der islamischen Welt, häufig getrennt von ihren mitgefangenen Verwandten. So schrieb ein Augenzeuge über den größten Sklavenmarkt der Krim in Karasubazar: »Wer diesen Markt nicht gesehen hat, hat nichts in der Welt gesehen. Eine Mutter wird von Sohn und Tochter getrennt, ein Sohn von seinem Vater, und sie werden verkauft unter Wehklagen, Hilferufen, Schluchzen und Leid.«[14]

Als schlimmstes Schicksal galt der Verkauf als Galeerensklave an die türkische Flotte; das ukrainische und russische Wort *kátorga* (Zwangsarbeit), das bis heute das russische Zwangsarbeits -und Lagersystem bezeichnet, stammt ursprünglich vom türkischen *kadırga* (Galeere). Besonders die gefangengenommenen Frauen und Kinder wurden zum Islam bekehrt, heirateten Ortsansässige und wurden rasch Teil der Gesellschaft, die sie erbeutet hatte. Die Halbinsel Krim, damals unter teils osmanischer, teils krimtatarischer Herrschaft, war also nicht nur eine Drehscheibe des Sklavenhandels, sondern auch ein slawisch-tatarischer und christlichjüdisch-muslimischer Schmelztiegel. Erst die russische Eroberung der osmanischen und tatarischen Gebiete in der Südukraine und auf der Krim Ende des 18. Jahrhunderts machte dem Sklavenhandel in dieser Weltgegend ein Ende.[15] Doch die Gewaltausübung war keine Einbahnstraße: So ist auch die Gefangennahme und Versklavung Zehntausender Tataren durch Kosaken belegt, und mindestens eine furchtbare Gewaltaktion ist überliefert, bei der der Kosaken-Heerführer Iwan Sirkó 1675 3.000 befreite, aber inzwischen zum Islam konvertierte und familiär auf der Krim verwurzelte Gefangene niedermachen ließ, als diese den Willen äußerten, zurück auf die Krim zu gehen. Auch dieses schockierende Ereignis ist in ukrainischen Volksliedern überliefert. Sirkó war auch an Zwangstaufen gefangener Muslime beteiligt.[16]

Die Ukraine kommt auf die Landkarte

Der fast dreißigjährige Krieg war es auch, der die Ukraine erstmals auf die Landkarte Europas brachte. Die Kosaken spielten als militärischer Faktor neben den Großmächten Polen, Schweden und dem Moskauer Russland eine bedeutende Rolle, was sich auch im gerade aus dem Dreißigjährigen Krieg gekommenen West- und Mitteleuropa herumsprach. Die Ukraine wurde ein Thema in den Wissensmedien der damaligen Zeit, in Reiseberichten, frühen Zeitungen, Flugschriften und Karten. 1594 hatte bereits der Gesandte Kaiser Rudolfs II., Erich Lassota von Steblau, der in der Sitsch Verhandlungen über eine Unterstützung im Krieg gegen die Türken führte, die Kosaken und ihre Wahldemokratie beschrieben. Seine Tagebücher wurden aber erst im 19. Jahrhundert veröffentlicht. Die polnischen Könige wiederum warben französische Militäringenieure an, um Festungen zu bauen und das Land zu kartieren. Einer dieser ausländischen Spezialisten war der französische Hugenotte Guilleaume Vasseur de Beauplan, der im Dreißigjährigen Krieg zunächst im Dienste Frankreichs gestanden hatte. Danach ging er nach Polen und war in den 1630er Jahren an der Modernisierung der Steppenfestungen Kodak und Chotyn beteiligt. Beauplan wurde Zeuge der Kosakenaufstände in der zweiten Hälfte der 1630er Jahre und verfasste Aufzeichnungen über Land und Leute und die Lebensweise der Kosaken. Zurück in Frankreich, publizierte er seine Beschreibung »Description de l'Ukranie«, die in mehrere westeuropäische Sprachen übersetzt wurde und das Bild der Ukraine in den dortigen Öffentlichkeiten prägte. Außerdem ließ er seine Vermessungsarbeiten am mittleren Dnipro in mehrere Kartenwerke einfließen. Die Titel von Bericht und Karten machten den Landesnamen erstmals international bekannt. Nun tauchte neben den üblichen Bezeichnungen des »Wilden Felds« ein neuer Begriff auf den Karten auf: VKRANIE, oder VKRAINA, die Grenzmarken des Königreichs Polen: »Delineatio Generalis Camporum Desertorum vulgo UKRAINA« war eine der Beauplan-Karten betitelt, die 1648–1650 entstand und deren Titulatur mit Kosaken-Figuren geschmückt war.[17] Auch im Moskauer Staat kannte man den Begriff *okraina*, sie lag am Unterlauf des Don und der Wolga, wo sich ebenfalls Kosakengemeinschaften gebildet hatten, die sehr ähnlich funktionierten wie die Saporoger Sitsch. Aber dort kam der Begriff nie über eine funktionale Bezeichnung für die Steppengrenze hinaus. Beauplan und seine Nachdrucke jedoch brachten die Ukraine, das Land am Dnipro, als eigenständige Einheit auf die Landkarten.[18]

Was blieb von der Sitsch?

Der Konfessions- und Bauernkrieg der Ukraine endete mangels Verbündeter oder genug geschwächter Nachbarn, die eine neue Staatsbildung in ihrer Mitte zu dulden bereit gewesen wären, in der Aufteilung der Ukraine längs des Dnipro. Aus gesellschaftlicher Sicht kam es zur Wiederherstellung des Status quo mit weiteren Jahrhunderten der Fremdherrschaft für die Ukrainer. Aber der frühmoderne Befreiungskrieg hatte Langzeitwirkungen. Die Nationsbildung der Ukrainer hatte Fortschritte gemacht, denn erstmals hatte es einen überregionalen Zusammenschluss von Ukrainern aller Schichten unter (zunächst) einer einheitlichen Programmatik gegeben, und es kam zu einem zumindest zeitweisen Schulterschluss von Eliten und einfachen Kosaken und Bauern. Auch besaßen die Ukrainer jetzt einen kriegerischen Mythos – wenn es auch ein verlorener Krieg war, so wurde im kollektiven Gedächtnis der Ukrainer die Erinnerung an die ruhmvollen Schlachten, an die alten »Rechte und Freiheiten« weitergegeben, die man in einem Staatswesen versucht hatte zu etablieren. Ukrainische Historiker analysierten seit dem 19. Jahrhundert die Gründe, warum die nationale Erhebung gescheitert war: Zersplitterung der Eliten war ein Faktor; die auseinanderdriftenden Ziele von Eliten und Bauern ein anderer. Hinzu kam drittens das Fehlen einer zuverlässig verbündeten Schutzmacht, die den Aufbau einer zumindest autonomen Staatlichkeit in ihrem Machtbereich geduldet hätte.

Doch auch für die großen Mächte hatte die nationale Revolution der Ukrainer Folgen. Die Konsolidierung der Grenze von Andrusowo konnte die große Krise der polnischen Adelsrepublik nur verlangsamen, aber nicht aufhalten – ein gutes Jahrhundert nach Andrusowo, als in den USA bereits die erste Verfassung erdacht und ein Menschenrechtskatalog mit Universalanspruch für die weiße Grenzergesellschaft der Amerikaner formuliert wurde, erlitt Polen dasselbe Schicksal wie die Ukraine und wurde zwischen 1772 und 1795 von den mächtigeren und moderner organisierten Nachbarstaaten aufgeteilt. Nun fiel auch die rechtsufrige Ukraine an Russland, das alte Galizien aber kam zu Österreich. Damit entstand eine neue Grenze für die ukrainischen Bewohner dieser Gebiete, die alte Zusammenhänge auseinanderriss und neue schuf. Die westukrainischen Länder wurden wie die kleinpolnischen Gebiete in die neue Kronlandverwaltung der Habsburger integriert, die alten Wojewodschaften aufgelöst.

Auf der russischen Seite blieb die Selbstverwaltung und Finanzautonomie des Saporoger Heeres vor 1700 weitgehend unangetastet, um dann aber unter Peter dem Großen und später Katharina II. nach und nach der politischen und fiskalischen Verfassung des Russländischen Reiches angeglichen zu werden. Das begründete sich vor allem mit dem Funktionsverlust der Kosaken-Kavallerie in den sich modernisierenden Armeen des 18. Jahrhunderts und dem Vorrücken der russischen Herrschaft an die Schwarzmeerküste, die auch die alte Wehrbauern-Funktion der Kosaken obsolet machte. Mit der Ablösung des Osmanischen Reiches und Krimchanats als Herrscher des Nordschwarzmeerraums durch Russland verschwand auch die tausend Jahre alte Kulturscheide der Steppengrenze – und mit ihr der soziale Raum, in dem das Kosakentum eine Funktion hatte.

Entsprechend bestand für die russischen Oberherren kein Grund mehr, die Kosaken mit alten Privilegien bei Laune zu halten. Ihre Gebiete wurden von Moskau, später Petersburg nun nicht mehr als ausländische, sondern als inländische Territorien verwaltet, was auch bedeutete, dass die Zeiten eigener Hetmanats-Außenpolitik vorbei waren. Dann wurde das formal noch bestehende Kosakenheer fiskalisch eingegliedert und verlor damit seine finanzielle Autonomie; parallel wurde die vormodernständische Ordnung der Ukrainer der russischen Sozialordnung angeglichen. Schließlich wurde unter Katharina II. 1775 auch die Sitsch als Struktur abgeschafft: Auf dem Rückweg vom siegreichen russisch-türkischen Krieg umzingelte eine russische Armee die Sitsch und erklärte sie für aufgehoben. Für die Grundbesitzerschichten bedeutete das den Verlust der Freizügigkeit; für die einfachen Kosaken die zunehmende Heranziehung zu den verhassten Hilfs- und Einquartierungsdiensten für die russische Armee, gar die Verschickung zu Arbeitspflichten für den Staat im Inneren Russlands, so bei den Bautätigkeiten in der neuen Hauptstadt Petersburg oder bei Kanalbauten. Vor allem bedeutete die Eingliederung den allmählichen Vormarsch des russischen Leibeigenschaftssystems in die Ukraine, besonders im Zuge der Vergabe großer ukrainischer Güter an russische Adlige aus dem Favoritenkreis der Zarin. Die vorher besser gestellten Kosaken wurden zu Staatsbauern, ihre Offizierselite musste sich in langwierigen Nachweisverfahren um die Aufnahme in den russischen Adel bewerben.

Doch war diese Aussicht auf Anerkennung, Steuerfreiheit und Sicherung des Grundbesitzes für die Starschyna Anreiz genug, den Weg der Kooptation und Kooperation zu wählen, der das Geheimnis der russischen Herrschaft in nichtrussischen Gebieten war. Loyalität gegen Privilegien, das war der Schlüssel zur Teilhabe an der Macht für nichtrussische Eliten im Russländischen Reich. Wer diesen Weg verließ, wurde hart abgestraft. Den letzten großen Versuch, die ukrainischen Länder vor der Eingliederung in die russische Ordnung zu bewahren, hatte Anfang des 18. Jahrhunderts der linksufrige Hetman Iwan Masepa unternommen, der bei vielen Feldzügen und politischen Entscheidungen zunächst ein getreuer Partner Peters des Großen gewesen war. Masepa versuchte im Windschatten des Großen Nordischen Krieges, die russische Herrschaft mit Hilfe der Schweden unter Karl XII. abzuschütteln und sozusagen eine Wiederauflage des Befreiungskrieges von oben zu unternehmen. Der Versuch scheiterte mit der Niederlage der Schweden und der Masepa-Kosaken in der Schlacht bei Poltawa im Juni 1709 unter anderem auch deswegen, weil ein Teil der Starschyna Peter treu blieb.

Im Geschehen um Masepa deuten sich mehrere Konstanten der neueren ukrainischen Geschichte an. Eine Konstante ist die multivektorielle Außen- und Bündnispolitik, die aus der Tradition der kurzlebigen Militärbündnisse und der ad-hoc-Kooperation an der Steppengrenze stammte. In diesem volatilen Raum war Flexibilität eine Überlebensgarantie; im

Zeitalter sich etablierender Flächenstaaten und stehender Heere, die auf kosakische Assistenz nicht mehr angewiesen waren, kam dieses Verhalten aber zunehmend unter Druck. Fehlkalkulationen konnten langfristige Folgen haben, zum Beispiel nachteilige Grenzziehungen. In modernisierter Form kennzeichnet die Multivektoralität, manchmal auch Disruptivität aber die ukrainische Außenpolitik bis heute; man erinnere sich an die plötzliche Abkehr des Präsidenten Wiktor Janukowytsch vom EU-Assoziierungsabkommen unter Moskaus Druck und finanziellem Locken im Jahr 2013, die den Majdan-Protest einleitete. Man hat diese ukrainische Tradition bisweilen auch despektierlich als »Schaukelpolitik« bezeichnet, aber sie spiegelt im Grunde den ukrainischen geopolitischen Realismus, stets mit allen Mächten zu rechnen, die das Land umgeben, und dabei den eigenen Nutzen zu optimieren, ob in Kooperation oder Konfrontation. In der russischen Überlieferung wurde jedoch das, was für die Ukrainer Interessenpolitik war, als Verrat ausgelegt, wenn die ukrainische Chancen-Optimierung sich gegen Moskau oder Petersburg richtete.

Die zweite Konstante ist die mit der wechselnden Bündnispolitik einhergehende Tendenz zur Spaltung der ukrainischen Eliten in russland-kooperative und russland-antagonistische Gruppen. Im Falle Masepas obsiegten die kooperativen Gruppen; der Hetman und seine Anhänger mussten als Verfemte, die von der orthodoxen Kirche mit dem Bannfluch belegt wurden, ins türkische Exil gehen. Bis heute ist *masepinez* ein russisches Synonym für »ukrainischer Abtrünniger«. Auch hier erkennen wir ein wiederkehrendes Argumentationsmuster aus Sicht der russischen Hegemonie.

In der rechtsufrigen Ukraine wurde nach dem Teilungsakt von Andrusowo das polnische Ständesystem zunächst wiederhergestellt. Die Bauern blieben auf dem Status quo vor der Kosakenkriegs-Ära, erschöpft, bedrückt, wie die deutschen Bauern nach den Bauernkriegen. Ihr Sozialprotest brach sich auch im 18. Jahrhundert noch mehrmals in großen Aufständen und Judenpogromen Bahn, die eine ständige Begleiterscheinung der politischen Krisen in der Adelsrepublik waren. Die Haidamaken-Aufstände der 1730er Jahre fanden in der unruhigen Zeit nach dem Tod des sächsisch-polnischen Königs August des Starken statt, als verschiedene Prätendenten mit Frankreich, Schweden, dem Reich und Russland im Rücken um Einfluss kämpften. Der Aufstand von 1768/69, die sogenannte *Kolijiwschtschyna*, fiel in die Zeit wachsender russischer Einmischung in die Angelegenheiten Polens kurz vor den Teilungen. Gegen diesen Einfluss wandte sich die Adelskonföderation von Bar, die sich rabiat katholisch und anti-orthodox gab, was bei den damaligen labilen konfessionellen Zuständen – die ukrainischen Gemeinden waren nominell uniert, aber es gab immer noch ein Netz orthodoxer Klöster in der rechtsufrigen Ukraine – ein gefundenes Fressen für die russische Propaganda war, die, vermittelt von Mönchen, eifrig Gerüchte gegen die Konföderierten streute. Und schon war sie wieder da, die ukrainische Forderung nach sozialer Befreiung, die sich mit einem Programm religiöser Gleichberechtigung für die Orthodoxie zu einer explosiven Mischung verband. Die Trägergruppen des Aufstandes waren Kosaken aus der Sitsch, aus magnatischen Privatarmeen und Bauern. Sie marschierten gegen die Konföderierten und zogen eine Spur der Gewalt durchs Land. Nicht von ungefähr gab der ukrainische Begriff *kolij*, »Abstecher«, dem Aufstand seinen Namen; die schlimmste Abstecherei war die Einnahme der Stadt Uman, in der die Aufständischen Tausende Juden, Polen und unierte Ukrainer ermordeten, darunter die Schüler des unierten Basilianer-Kollegiums und einen großen Teil der jüdischen Gemeinde. Zur Niederschlagung des Aufstands rückten russische Truppen ein. Was Petersburg am meisten interessierte, war natürlich nicht die Solidarität mit orthodoxen Kosaken, sondern Landnahme – und soziale Stabilität. Die Anführer der Aufständischen wurden hingerichtet oder zur lebenslänglichen Zwangsarbeit verschleppt. Das war das Vorspiel zur Ersten Teilung Polens, mit der 1772 dann auch die rechtsufrige Ukraine dem Russländischen Reich angegliedert wurde.[19]

Mit dem Fall der polnischen Oberherrschaft und den historischen russischen Siegen über Schweden und Osmanen im 18. Jahrhundert entfiel auch ein Hauptmerkmal der ukrainischen Politik in der Frühneuzeit – die Pluralität der Optionen für die ukrainischen Eliten bei der Suche nach Verbündeten und Vorbildern sozialer Ordnung. Die russische Hochkultur und politische Ordnung wurden nun zum einzig verbliebenen Bezugssystem für ihre kulturellen und politischen Anstrengungen – eine Ausnahme waren nur das habsburgische Galizien und weitere periphere Gebiete, die durch die lange Zugehörigkeit zu Polen, zum Königreich Ungarn oder zur Moldau geprägt waren. Die allmählich ins Russische Reich integrierte Kosaken-Starschyna wurde staats- und zarentreu, blieb aber landespatriotisch und erinnerte sich nostalgisch der alten Freiheiten.

Es war dieses Milieu, das im romantischen 19. Jahrhundert eine neue Generation ukrainischer Erwecker, einen neuen Elitenaufwuchs hervorbrachte – aber auch jene Welt, aus der Nikolaj Gogols ukrainische Erzählungen kamen und in die russische Literatur eingingen. Gogol verarbeitete in seinem Dikanka-Zyklus Märchenstoffe und Milieubeobachtungen und erweckte so die Lebens- und Geisteswelt des alten »Kleinrussland« und seines Kosaken-Kleinadels zum Leben, aus der er selbst stammte. Die Ukraine wurde zur Zeit Gogols in der russischen Literatur zu einer exotisch-romantisch-humorvollen Welt, eine ideelle Ressource, aus der russische Intellektuelle sich ein »russisches Italien«, ein Residuum alter slawischer und familiärer Werte, aber auch ein Bild unbefleckter Natur und farbenprächtiger Folklore unter südlicher Sonne zurechtmachten – in einem Worte, ein Gegenbild zur verfeinerten, sich verwestlichenden russischen Adelskultur und zu den rapide sich entwickelnden Städten. Der Erfolg des Gogolschen Frühwerks beruhte auf diesem »Kleinrussland«-Boom der 1830er Jahre.[20]

Dieses Image nahm, genauso wie der Landespatriotismus und Loyalismus, der bald *malorossijstwo*, Kleinrussentum, genannt wurde, der Rückschau aber auch die Schärfe und den Konflikt. Das Kosakentum wurde in der staatstragenden Erinnerung des Russländischen Reiches, aber auch von konservativen ukrainischen Historikern nun zum Bild des edlen Rittertums, eines Kämpfers für Orthodoxie und Zarentum umgedeutet oder ins Burlesk-Exotische gezogen. Das Moment des Sozialprotestes wurde verhüllt oder nur als kultureller Gegensatz zur polnisch-jesuitischen oder osmanischen, nicht aber zur russischen Fremdherrschaft dargestellt. Das berühmteste russische Kosakenbild des späten 19. Jahrhunderts, Ilja Repins »Die Saporoger schreiben dem Sultan einen Brief«, nimmt diese Perspektive auf. Der Akt von Perejaslaw wurde gemäß der historischen zarischen Sichtweise als Heimholung russischer Erblande interpretiert. Die Ukraine wurde so in die russländische Geschichtserzählung der Kontinuität von Alt-Kyjiw bis nach Moskau eingeschrieben.

Doch in den ukrainischen Köpfen blieb der Mythos der Sitsch auch als soziales Versprechen bestehen: als Versprechen der Selbstbefreiung durch die Politik der Tat, durch militärische Gewalt. Die kurzzeitige Autonomie des Kosakenheeres, das seine eigene Außen- und Bündnispolitik machte, galt als Beleg für die Staatsbildungsfähigkeit des ukrainischen Volkes. Fügt man nun die Ereignisse in die großen Zusammenhänge der europäischen Geschichte ein, so fällt ins Auge, dass das ukrainische »1648« begann, als in Deutschland der Dreißigjährige Krieg, der auch als Staatsbildungskrieg interpretiert wird, mit einem Friedensabkommen endete – und das Land in einem ähnlichen Zustand zurückließ wie die Ukraine in den 1670er

Jahren: mit Gräbern bedeckt, verwüstet, durch Kriegszerstörungen und Seuchen dezimiert.

Der Akt von Perejaslaw wurde im ukrainischen Gedächtnis als Militärvertrag tradiert, nicht als Unterwerfung, und die Interpretation des Abkommens entzweit bis heute russische und ukrainische Historiker.[21] Man kann also zusammenfassen: Im ukrainischen historischen Gedächtnis waren der plebejische Faktor und der Sozialbanditenmythos des Kosakentums, daneben aber auch sein militärisches Element, weit wirkungsmächtiger als in der russischen Geschichtserzählung. Die affirmative Bewertung der Kosakenkriege trieb aber auch einen Keil zwischen die ländlichen Unterschichten der Ukrainer und der Juden, denn was die Ukrainer in ihren Familien als Befreiungskrieg überlieferten, war für die Tradition der Juden der schlimmste Massenmord an Juden vor der Shoa. Viele Juden zogen daher nach 1945 auch eine direkte Verbindungslinie von den Mordbrennern des »Chmiel« zu den ukrainischen Polizeikräften, die den Deutschen bei der Auslöschung der ukrainischen Juden zwischen 1941 und 1943 zur Hand gingen.[22]

Und was ist aus dem zentralen Ort der Kosaken geworden? Die Saporoger Sitsch wurde von den Truppen Katharinas II. zerstört, aber sie gab in der Sowjetunion der Stadt Saporischschja (bis 1921 Oleksandriwsk) ihren Namen. Eine andere Stadt, das alte Ploskyriw (russ. Proskurow) in Podolien, wo der Krieg besonders schwer gewütet hatte und das als Resultat der parallelen polnisch-türkischen Auseinandersetzung am Ende des 17. Jahrhunderts sogar für 27 Jahre unter osmanische Herrschaft geriet, erhielt in der Sowjetunion den Namen Chmelnyzkyj. Doch die Auenwaldlandschaft, die dem Kosakentum Rückhalt und Deckung gab, ist verschwunden. Seit den 1930er Jahren wurde der Dnipro dort zu einer Kette von Seen aufgestaut, um große Wasserkraftwerke zu versorgen. Die *Sitsch* versank in den Fluten der Sowjetmodernisierung. Eines der Wasserkraftwerke, die DniproHES, war das Herzstück des ersten sowjetischen Elektrifizierungsprogramms in den 1930er Jahren, geplant von einem amerikanischen Ingenieur, die mythenumwobene erste Großbaustelle der Stalin-Zeit, wo die Nachfahren der ukrainischen Kosaken mit primitiven Mitteln den ersten modernen Staudamm der Ukraine bauten. In den 1980er Jahren wurde am Kachowka-Stausee nahe Saporischschja das größte Kernkraftwerk Europas gebaut, das ebenfalls Saporischschja benannt wurde. Im März 2022 wurde es, genauso wie das im Juni 2023 gesprengte Wasserkraftwerk von Kachowka, von den russischen

Angreifern beschossen und besetzt – sozusagen als technische Geisel zur Absicherung der Kriegsfront. Man kann fast sagen, dass die Gegend eine Energielandschaft war und geblieben ist. Heute ein Zentrum der Stromerzeugung, das nun wieder in den Fokus militärischer Operationen und nuklearer Ängste gerät – in der Frühen Neuzeit eine Landschaft, die genug politisch-soziale Energie enthielt, um das Staatswesen Polen-Litauens in Stücke zu sprengen und in weiten Teilen Europas Angst und Schrecken zu verbreiten. Aber es ist auch diese Landschaft, die die europäischen Landkarten verändert hat. Aus dem Wilden Feld, hinter den Stromschnellen, erstand die moderne Ukraine.

5. Ikarusflüge in die Freiheit: das ukrainische 19. Jahrhundert

Als 1789 in Frankreich der Dritte Stand mit seinem vorher nie gehörten Ruf nach Freiheit, Gleichheit und Brüderlichkeit ganz Europa erschütterte, waren diese Werte für die einen, die etablierten Monarchien und Aristokraten, eine Bedrohung, für die anderen waren sie ein Versprechen. Auch in den nun ins Russländische und Habsburgerreich eingegliederten ukrainischen Ländern war die Sehnsucht nach Freiheit nie verschwunden gewesen – sie überwinterte vielmehr, um sich beim ersten Anstoß von außen wieder Raum zu verschaffen.

Der Ruf nach Freiheit und die frühnationalen Bewegungen

Dieser Anstoß waren die den ganzen Kontinent erfassenden napoleonischen Kriege, die wiederum Befreiungskämpfe ganz unterschiedlicher Ausrichtung auslösten. Sie stürzten die alte Ordnung Europas für zwei Jahrzehnte um. Im Marschgepäck der französischen Soldaten waren trotz des Rückfalls in eine selbsternannte Kaiserherrschaft die Ideen der Französischen Revolution: persönliche Freiheit, Menschenrechte, Judenemanzipation, der Gedanke, dass politische Machtausübung sich auf eine Verfassung gründen solle, Reformen des Zivilrechtes und des Wirtschaftslebens. Vor allem aber war es die Idee der Volkssouveränität und von der alle Stände umfassenden Nation, deren Willen mit den Instrumenten des Parlaments, aber auch der Massenerhebung und der Volksarmee durchgesetzt wurde. Diese Ideen elektrisierten alle – sowohl diejenigen, die ihre Niederlagen gegen die Franzosen auf ein veraltetes Regierungssystem zurückführten, wie die preußischen Reformer, als auch jene, die ihre Republiken und Verfassungen schon früher verloren hatten, nämlich die Polen und Ukrainer. Die wenigen gebildeten Ukrainer, die mit den Teilungen Polens zu österreichischen oder russischen Untertanen geworden waren, aber Polnisch, Russisch und häufig auch Französisch lasen, nahmen an den russischen und polnischen frühdemokratischen Debatten teil. Die ukrainischen Unterschichten wurden auf andere Weise in die napoleonischen Kriege hineingezogen, nämlich indem sie als Soldaten, Kosaken und Freischärler an den Feldzügen der russischen Armee gegen Napoleon teilnahmen. Freiheit, Befreiung und Krieg wurden wieder zusammengedacht, nur jetzt auf eine ganz andere Weise als in den Bauernaufständen und Kosakenkriegen ihrer Vorfahren.

Der polnische Adel hoffte auf eine Restitution der polnischen Staatlichkeit mit französischer Hilfe, diesmal aber unter demokratischen Vorzeichen. Nach der Ersten Teilung Polens 1772 hatte der König Stanisław August Poniatowski versucht, die Adelsrepublik zu reformieren und wieder handlungsfähig zu machen. Die polnische Konstitution vom 3. Mai 1791, die Polen zu einer parlamentarischen Monarchie machte und Gewalteilung und Volkssouveränität festlegte, war die erste moderne Verfassung Osteuropas. Allerdings bestand hier der Souverän nach wie vor lediglich aus Adel, Geistlichkeit und Städten. Die Bauern Polens – damit waren polnische und ukrainische Bauern gemeint – blieben auch unter der Verfassung leibeigen und ohne Repräsentanz. Die Maiverfassung wurde auf Druck Russlands, das mit Garnisonen, Bündnissen mit mächtigen Magnaten und Bestechung die polnische Innenpolitik steuerte, wieder kassiert, Polen in der Zweiten Teilung weiter dezimiert. Doch die Saat des Demokratismus war ausgebracht.

Als eigentliche Geburtsstunde der polnischen demokratischen Bewegung, in der zum ersten Male die polnische Nation nicht als Adelsverband, sondern als Kollektiv aller Polnisch sprechenden (und katholischen) Menschen verstanden wurde, gilt der Aufstand unter Tadeusz Kościuszko 1794. Kościuszko hatte als Offizier und Militäringenieur im amerikanischen Unabhängigkeitskrieg gekämpft und dehnte die Idee der Volkssouveränität auf die Bauern aus. In seinem Aufstandsheer kam es, wie es später in dem berühmten Vormärz-Gedicht des polnischen romantischen Dichters Zygmunt Krasiński hieß, zum »Wunder« einer Allianz des Adels und der polnischen Bauern: »Jakie jedyn tylko, jedyn cud, z polską szlachtą polski lud«.[1] Adel und »Volk«, gemeint war das plebejische Volk der Bauern, erhoben sich gemeinsam gegen die Fremdherrschaft der Teilungsmächte. Doch dieser polnische Befreiungskrieg scheiterte und resultierte in der letzten, dritten Teilung Polens 1795 sowie in der Liquidierung der polnischen Staatlichkeit.

Der Zusammenbruch der alten europäischen Ordnung infolge der französischen Expansion und die Koalitionskriege der Teilungsmächte Österreich, Preußen und Russland gegen Frankreich waren für den demokratisch gesinnten polnischen Adel nun ein erneuter Ansatzpunkt, die alte Republik wieder zu errichten. Frankreich erschien als natürlicher Verbündeter. Tatsächlich gab es in Frankreich zumindest theoretische Planungen zur Errichtung von Vasallen- und Pufferstaaten auf dem Territorium des alten polnischen States, die auch ukrainische Territorien einbezogen.[2] Doch das Bündnis der aufständischen Polen mit Napoleon mündete 1806 nicht in der Wiederherstellung Polens in den alten Grenzen, sondern nur in einer institutionellen Wiederkehr Großpolens mit Warschau als »Herzogtum«, das nach Napoleons Niederlage als Königreich Polen in Personalunion mit Russland neu geordnet wurde – ein Rückschlag für die polnische Freiheitsidee.

Auch war es bis zur wirklichen Formierung einer stabilen polnischen Identität, die alle Stände und Landschaften umfasste, noch ein weiter Weg. So verstanden sich die kleinpolnischen Bauern in den Regionen Krakau und Tarnów im österreichischen Teilungsgebiet bis zur 1848er Revolution, die die Politik auf die Dörfer brachte, noch gar nicht als »Polen«. Noch 1846, ein Jahr nach Krasińskis Einheitsgedicht, erhoben sich die polnischen Bauern Westgaliziens nach einem Aufstandsversuch des Adels gegen ihre polnischen Herren, steckten die Gutshäuser in Brand und lieferten die Revolutionäre der kaiserlichen Staatsgewalt aus. Naive Hoffnungen in den guten Kaiser – oder Zaren –, der die Bauern vor der Herrenwillkür bewahren könne und an den sie direkt appellierten, waren zu dieser Zeit eine durchaus übliche Begleiterscheinung von Sozialprotesten. Auch die ruthenisch-ukrainischen Bauern Galiziens pflegten durch das gesamte 19. Jahrhundert hindurch eine ausgeprägte Loyalität zum Haus Habsburg, das eher als Beschützer denn als Unterdrücker wahrgenommen wurde.[3] Das hatte auch einen handfesten Hintergrund, denn die theresianisch-josephinischen Reformen Ende des 18. Jahrhunderts hatten die soziale Position der ruthenischen Bauern und ihrer griechisch-katholischen Kirche gegenüber den polnischen Oberherren leicht gebessert.[4]

In Russland und Preußen war es wiederum der militärische Widerstand *gegen* die französischen Besatzer, der Vorstellungen von nationaler

Befreiung und politische Reformprojekte beflügelte. Auch in diesen restaurativen Gesellschaften, deren Herrscher nach 1815 die hergebrachte Ordnung wieder herstellten, gärten Ideen von einer nationalen Einheit aus Adel, Bürger und Bauern. Zur Hilfe kam die Erfahrung der Befreiungskriege 1813–1815, in denen Partisanenkriegführung und Volksmobilisierung neben regulären Armeen eine militärische Rolle gespielt hatten. In Russland wurden die Feldzüge daher auch als »Vaterländischer Krieg« bezeichnet, ein Hinweis auf erste Wirkungen der Nationalidee im absolutistischen Staat. In Preußen wurden Reformen und Befreiungskriege, durchgesetzt gegen ein zögerliches Königtum und eine konservative Adelsopposition, als Überlebensfrage des Staates wahrgenommen. In allen deutschen Territorien, ob sie auf Seiten der Franzosen gekämpft oder an der antifranzösischen Koalition teilgenommen hatten, keimte die nationale Idee auf.[5]

Die frühnationalen Ideen dort hatten, was den Polen und auch den Ukrainern fehlte: eine institutionelle Rahmung in bereits existierenden bzw. wiederhergestellten Staatswesen. Der deutsche und der russische Frühnationalismus stießen allerdings auf andere Hindernisse, nämlich die fehlende Kongruenz von Staatsgrenzen und Siedlungsgebieten der Adressaten nationaler Integrationsideen. Preußen war kleiner als das auch nach dem Wiener Kongress noch zersplitterte Deutschland. Das Metternich'sche Österreich war eine Status-quo-Macht, dem Demokratismus abhold, und umfasste überdies viele nichtdeutsche Territorien, in denen sich eigenständige Nationalideen bildeten. Im ungarischen Reichsteil mobilisierten die ungarische und die slowakische Bewegung die Menschen, in Böhmen die tschechische, und in Galizien bestimmte das polnische Element die Politik. Das Russländische Reich wiederum, dem Peter der Große den Namen *Rossija* gegeben hatte, war ein Imperium und weit größer als das ethnische Russland. Das schlug sich auch in den Begrifflichkeiten nieder: Während das Adjektiv *rossijskij* Reich und Staat bezeichnete, bezog sich *russkij* auf die russische Sprache und Kultur. Früh zeichnete sich also ab, dass die Nationalidee eine ungeheure Sprengkraft entwickelte, sobald man versuchte, nach französischem Vorbild Nation und Territorium deckungsgleich zu machen.

Betrachtet man Nationsbildung nach Ernest Rénan als ein »plébiscit de tous les jours«, eine alltäglich wiederkehrende und historischem Wandel unterliegende Volksabstimmung und kollektive Selbstverständigung über Art und Inhalt des Nationalen,[6] so mussten sich die Patrioten erst darüber verständigen, was die deutsche, polnische oder russische Nation sein sollte, wer dazugehörte und wer draußen blieb. Das brachte revolutionär denkende Deutsche, Polen und Russen in Frontstellung zu ihren Oberherren, die am konservativ-dynastischen Prinzip festhielten, das dem demokratisch-plebejisch-nationalen zuwiderlief – aber es brachte sie auch in Konflikt zu all jenen, die aus unterschiedlichen Gründen nicht dazugehören *wollten*. Und damit war im Falle der Polen und Russen auch das Leitmotiv ihres Verhältnisses zu den Ukrainern angeschlagen: Während die Ukrainer ebenfalls erste tastende frühnationale Gehversuche machten, bezogen die romantisch-national und demokratisch gesinnten Polen und Russen die Ukrainer selbstverständlich in ihr Kalkül mit ein, weil sie auf dieselben Territorien Bezug nahmen. Dies geschah ungeachtet der Unterschiede in den jeweiligen politischen Präferenzen, gleichgültig ob man sich an westlichen Mustern orientierte (wie die polnischen Demokraten und die russischen Dekabristen) oder ob man slawophil-osteuropäisch dachte. Das führte alsbald zu Konflikten und Friktionen – mit den Ukrainern, aber auch bei den Ukrainern untereinander.

Das soziale Koordinatensystem der ukrainischen Bauern

Doch bevor wir uns die Mobilisierungswege der Ukrainer im Russländischen Reich und im Habsburgerreich näher ansehen, muss vor dem Hintergrund der bisherigen Überlegungen noch einmal innegehalten werden, um eine Übersicht über das Ausmaß der Aufgabe zu gewinnen. Aus der Perspektive des »Höhenkamms« der analytischen Literatur über Nationalbewegungen und Nationsbildungen hört sich eine solche Erzählung häufig organisch und selbsterklärend an. In Wirklichkeit standen aber die wenigen ukrainischen Demokraten und Volksaufklärer in der ersten Hälfte des 19. Jahrhunderts vor schier unüberwindlichen Hindernissen, die vor allem mit der sozialen Lage ihrer Adressaten, der ukrainischen Bauern, zusammenhingen. Sie schlugen so viele unterschiedliche Wege ein, dass damals durchaus auch Alternativen zur ukrainischen Nationsbildung denkbar waren, etwa ein Aufgehen in der polnischen oder russischen Nation oder die Entstehung einer »ruthenischen« Nation auf der Grundlage der Schriftsprache der westlichen Rus, die in der Frühen Neuzeit auf dem Territorium von Ukraine und Belarus durchaus denkbar gewesen wäre. Um also zu verstehen, warum schließlich eine Richtung, die auf der Volkssprache der Bauern aufbaute, zur modernen ukrainischen Nationalbewegung heranwuchs, obwohl dies vor 1848 keinesfalls eine ausgemachte Sache war, müssen wir uns das Koordinatensystem der ukrainischen Bauern, ihre Werte und Weltvorstellungen noch einmal etwas genauer anschauen.

Nicht Nationalität, sondern Familienverband, Hof, Dorf, Landschaft, soziale Klasse und Glaube bestimmten im vornationalen Zeitalter die soziale Identität der Menschen. Diese Kategorien stifteten Zusammenhalt, emotionale Verbindung und machten auch die Erkennbarkeit einer sozialen Gruppe und deren Unterscheidbarkeit von anderen Gruppen aus.[7] Die Vorfahren der heutigen Ukrainer, die zu 90 Prozent Bauern waren, hatten also ein ganz anderes Koordinatensystem als die heutigen Ukrainer und prinzipiell alle Bürgerinnen und Bürger der heutigen, in Nationalstaaten organisierten Industriegesellschaften.

Müsste man dieses System mit drei Achsen beschreiben – einer sozialen, einer konfessionellen und einer räumlichen –, so waren die Ukrainer dreierlei: Bauern oder Landarbeiter, orthodoxe bzw. griechisch-katholische Christen und Dorfbewohner. Die Welt des Dorfes und seiner unmittelbaren Umgebung verließen die ukrainischen Bauern bis ins 20. Jahrhundert allenfalls zur Marktfahrt. Beim männlichen Teil der Bevölkerung kamen aber im Laufe der Zeit weiterreichende Formen von Mobilität hinzu: sporadische Feldzüge in kosakischen Verbänden, Militärdienst in regulären Armeen, Teilnahme an Aufstands- und Revolutionsstreitkräften. Mit der agrarischen Saisonarbeitsmigration nach Preußen und Russland in den zum Habsburgerreich gehörenden ukrainischen Ländern und schließlich mit der Überseemigration, sehr spät auch mit der Industriearbeit kamen dann ab dem Ende des 19. Jahrhunderts erste Veränderungen auf der Raumachse zum Tragen, die auch ganze Bauernfamilien einbezogen.

Auf der sozialen Achse ihrer osteuropäischen Lebenswelt waren die Ukrainer über Jahrhunderte hinweg fest und unverrückbar als Bauern verortet. Die Zugehörigkeit zum Bauernstand bedeutete auch eine sehr konkrete Vorstellung davon, zu wem und zu welchem Raum man *nicht* gehörte: Die Stadt wurde als fremd und feindlich, *»ne nasche«*, nicht unseres, empfunden, nicht zuletzt, weil in ihr, und damit auch an Schulen und vor Gericht, in Verwaltungen und Kasernen, nicht die Sprache der Bauern gesprochen wurde. Ukrainischsprachige Dorfschulen entstanden in größerer Zahl und flächendeckender Dichte erst mit dem Beginn des 20. Jahrhunderts im österreichischen Galizien, im Rest der Ukraine erst zu sowjetischen Zeiten.

Davor lernten Bauern häufig erst im Erwachsenenalter, beim Militär, Lesen und Schreiben, Bäuerinnen fast nie. »Städtisches« Schulwissen wurde in der traditionellen Welt des Dorfes lange Zeit auch nicht hoch bewertet; das galt übrigens sowohl für die christlichen als auch für die jüdischen Landbewohner in ihren *Schtetlech*. In der Welt der ukrainischen Bauern wurde Erfahrungswissen sehr geschätzt, weswegen sie fürchteten, »städtisches« Wissen könne die Kinder von den Eltern entfremden und sie die Ehrfurcht vor dem Alter vergessen lassen. Die traditionell eingestellten Juden wiederum fürchteten die weltliche Bildung, weil sie dem religiösen Cheder-Grundschulwesen, dem Talmud-Tora-Lehrhaus und der Autorität des Rabbiners Konkurrenz machte. Weil man Angst hatte, sie könne die Grundlage frommen Judentums untergraben, das Studium der Tora, dem sich die Männer in jeder freien Minute widmen sollten, stellte man sich auch in den provinziellen jüdischen Gemeinden gegen das moderne Schulwesen, bis jüdische Aufklärungsbewegungen wie die Haskalah, aber auch nichtreligiöse Aufklärer das Tor zur Welt aufstießen. Bei diesen beiden ländlichen Schichten der Ukraine, den Bauern wie den armen Juden, galt der Schulbesuch der älteren Kinder, die als Arbeitskräfte auf dem Bauernhof, in der Werkstatt, in der Schenke oder am Marktstand fest eingeplant waren, auch als Zeitverschwendung, ganz abgesehen von den Kosten für Schulgeld und Bücher. Das war, zumindest bei den Ukrainern, eine Konstante bis weit ins 20. Jahrhundert hinein. Fast alle heutigen Ukrainer mittleren Alters haben noch Familienmitglieder ihrer Großelterngeneration persönlich kennengelernt, die nicht lesen und schreiben konnten.

In den Städten herrschte das Polnische des römisch-katholischen Adels und Stadtpatriziats, das Deutsche oder Russische der Beamten, Gymnasialprofessoren und Advokaten, je nachdem, ob wir von den ukrainischen Gebieten im Habsburgerreich oder jenen im Russländischen Reich sprechen. Die städtischen Unterschichten – Handwerker, Fuhrleute und Arbeiter in den kleineren Fabriken – sprachen Jiddisch und in den größeren Städten Polnisch, in den kleinen Ukrainisch. Ab dem Ende des 19. Jahrhunderts hörte man in den ukrainischen Städten auch das proletarische Russische der zugewanderten Industriearbeiterschaft, der sich die Ukrainer nur sehr ungern beigesellten, wenn es nicht eine von jeher eingesessene ostslawische Handwerkerschaft gab, wie in vielen galizischen Kleinstädten.

Der Lemberger Historiker Yaroslav Hrytsak hat in seiner Globalgeschichte der Ukraine darauf hingewiesen, dass die Ukrainer, wenn sie migrierten und die Wahl zwischen Industriearbeit oder Landarbeit hatten, mehrheitlich letztere wählten und nicht in ukrainische Industriestädte abwanderten. Lieber zogen sie in Kolonisationsgebiete in Kanada, Südamerika oder auch Kasachstan und Sibirien, wo sie ihre Lebensweise auf eigenem Land beibehalten konnten. Russische Bauern jedoch, die sich in den kargen Regionen Zentralrusslands von alters her zusätzlich mit Gewerbe über Wasser halten mussten, kamen relativ früh in Kontakt zur entstehenden Industrie, wurden früher zu Industriebauern und daher von den Fabrikherren in den neu erschlossenen Industriegebieten der Ukraine gerne angeworben, da sie bereits mit der Industriearbeit vertraut waren – das war die erste größere Siedlungsbewegung ethnischer Russen in der Ukraine. Hrytsak geht sogar noch weiter, wenn er konstatiert, dass die größten Schriftsteller-Propheten der ukrainischen Emanzipation, Taras Schewtschenko (1814–1861) in der russländischen Ukraine und Iwan Franko (1856–1916) im habsburgischen Galizien, niemals in diese Rolle hineingewachsen wären, wären sie nicht als Waisen aus den immer gleichen Kreisläufen ihrer bäuerlichen Familien herausgerissen worden. Erst dank gebildeter Mentoren und Schulbesuch wurden sie zu jenen Figuren im kulturellen Pantheon, die die Ukrainer heute verehren.[8]

Doch auch innerhalb des Dorfes gab es soziale Antagonismen. Noch stärker als die Fremdheit der Stadt empfanden die Bauern die Grenze, die zwischen ihnen und der besitzenden Klasse, den Grundherren, gezogen war. *Panschtschyna*, Fronarbeit, kam von *pan*, Grundherr. Sie betrug vor der Bauernbefreiung je nach Gegend einen Zeitraum von drei bis zu sechs Arbeitstagen pro Woche, sodass den Bauern zur Bearbeitung ihrer eigenen kleinen Landstücke kaum noch Zeit blieb – oder die Arbeit musste zu ungünstiger Zeit und Witterung getan werden, weil die Ernte des Herrn immer vorging. Nur auf den kleineren Gütern in Galizien, die meistens nur eines oder mehrere Dörfer umfassten, bekamen die Bauern den *Pan* überhaupt zu Gesicht; häufig waren es auch die Frauen und Mädchen, die den Kontakt zum Gut hatten, weil sie dort Küchen- und Reinigungsarbeiten verrichteten. Auf den großen Gutswirtschaften in der rechtsufrigen Ukraine kam der Kontakt der Bauern zur Herrschaft, wie auch in der Frühen Neuzeit, nur durch polnische und jüdische, zunehmend auch russische Gutsbeamte zustande. Die linksufrige Ukraine wich von dieser Ordnung etwas ab, da hier die freien Bauern und Kosaken bei der Eingliederung in die russische Sozialordnung zu Staatsbauern geworden waren. Aber auch hier hatte sich die Leibeigenschaft durch Landvergabe an russische Adlige im ehemaligen Hetmanat stark ausgebreitet.

Auch auf der religiösen Achse schließlich gingen die Friktionen der ukrainischen Dorfwelt weiter. Die Bauern definierten ihre geistig-kulturelle Identität – neben vielen Ritualen und Glaubensformen, die aus vorchristlicher Zeit überkommen waren – über ihre Zugehörigkeit zu einer der Ostkirchen. Im viel länger zu Polen gehörigen Galizien wurde die Kirchenunion trotz des langanhaltenden Widerstandes der Lemberger Eparchie im 18. Jahrhundert schließlich durchgesetzt, unter österreichischer Herrschaft dann auch aufgewertet. Die unierte Kirche wurde unter Maria Theresia der römisch-katholischen Kirche gleichgestellt, die Gläubigen fortan »griechisch-katholisch« genannt und eine eigene Metropolie für sie begründet, Halytsch. In den russländisch beherrschten Gebieten der Ukraine und in Belarus jedoch wurde die Union 1839 als eine Folgemaßnahme nach der Niederschlagung des polnischen Novemberaufstands von 1830/31 aufgelöst, die unierten Kirchen und Klöster – das berühmteste war das in einem prachtvollen Barockgebäude untergebrachte Potschajiw in Wolhynien – der russisch-orthodoxen Kirche angegliedert. Die ukrainischen Bauern im Russländischen Reich gehörten nun alle derselben Konfession an wie der ferne Zar in Sankt Petersburg – was für konservativ-traditionalistische Ukrainer und russische Nationalisten als das einende Band der »Groß-, Klein und Weißrussen« galt.

Was man glaubte, bezeichnete man aber in den ländlichen Grundschichten nicht als Konfession – dieser Begriff hätte den Bauern nichts gesagt –, sondern als *ruska wira*, der »Glaube der Rus«. Denn genauso wie man wusste, dass man zum Bauernstand gehörte und, je nach Region, *chlop* oder *muschyk* genannt wurde, und so wie man wusste, dass dies die Bezeichnungen für die Niedrigsten auf der sozialen Stufenleiter waren, so hatte man auch von den Voreltern gelernt, dass man von der Kyjiwer Rus abstammte, womit lange Zeit ein Personenverband, kein Territorium gemeint war. *Rus* war ein Kollektivsingular für das gesamte Volk, als *rusyn* oder *rusytsch* bezeichneten sich die einzelnen Personen, was wiederum nicht mit der modernen Nationsbezeichnung der »Russen« verwechselt werden darf.[9] Denn für die hatten die ukrainischen Bauern des vornationalen Zeitalters eine weitere Bezeichnung: die Russen, die sie nur als aus dem Inneren Russlands stammende Militärs, Kleriker oder Beamte kannten, wurden *moskali*, Moskowiter, genannt, nach dem ehemaligen Großfürstentum Moskau als Kern des russischen Staates. Äußerte man sich abfällig, so nannte man die Russen – wegen der typischen Vollbarttracht russischer Bauern – auch *kazapy* (Ziegenbärte). Die ukrainischen Bauern trugen nach Kosakenart Schnurrbärte oder waren glattrasiert; wegen ihres Kosakenzopfes gab es auch für sie ein abfälliges Ethnonym, diesmal von Seiten der Russen: *chochol*.

Das Ethnonym *ukrajinez* bezog sich noch nicht auf die gesamte heutige Ukraine, sondern nur auf Bewohner der Landschaften am mittleren und unteren Dnipro. Für die russländische Bürokratie wiederum waren die ukrainischen Gouvernements »Kleinrussland«, *Malorossija*, während die Ende des 18. Jahrhunderts eroberten Steppengebiete nördlich des Schwarzen Meeres auf dem Territorium der heutigen Südukraine und des angrenzenden Südrusslands *Noworossija*, Neurussland, genannt wurden. Wie wirkmächtig die Rus-Selbstbezeichnung auch für nach Eigenständigkeit strebende Ukrainer in der ersten Hälfte des 19. Jahrhunderts noch war, zeigt auch die in den 1840er Jahren veröffentlichte, aber aus der Zeit um 1800 stammende Flugschrift *Istorija Rusow*, »Geschichte der Rus-Leute«. Sie zog eine Kontinuitätslinie vom Kyjiwer Mittelalter nicht nach Moskau und Petersburg, sondern bis zur Kosaken-Ukraine und forderte so das russische Staatsnarrativ heraus, ähnlich wie es später der Nationalhistoriker Mychajlo Hruschewskyj tun sollte.[10]

In zweierlei Hinsicht, sozial und religiös, zogen die ukrainischen Bauern eine Linie zwischen sich und den *schydy*, den Juden, mit denen sie gleichwohl am engsten zusammenkamen. Die ukrainischen Juden waren vor allem kleinstädtische Handwerker und Kleinhändler und übten in der rechtsufrigen Ukriane und Galizien nach wie vor die Funktionen einer Mittlerschicht zwischen Grundherren und Bauern aus. Mit der Einrichtung des sogenannten »Ansiedlungsrayons« für Juden im Russischen Reich wurde den Juden die Niederlassung in Innerrussland und der Zugang zu dortigen Lehranstalten versagt – der Ansiedlungsrayon umfasste aber fast die gesamte Ukraine, auch die linksufrigen Gebiete und »Neurussland«, was vielen Juden einen sozialen Ausweg aus der traditionellen Welt des rechtsufrigen Schtetls ermöglichte.

Mit den Juden kamen die Bauern vor allem auf dem Markt zusammen. Die Juden im Königreich Polen und seinen Nachfolgestaaten sprachen Jiddisch, eine Form des Oberdeutschen mit vielen hebräischen und einigen slawischen Einsprengseln. Diese Sprache hatten ihre Vorfahren aus dem Rheinland und anderen deutschen Territorien mitgebracht, aus denen sie vor den Judenverfolgungen der Pestzeit und späterer Jahrhunderte ins relativ tolerante Polen geflohen waren. Jüdische Aufsteiger in den russischen Teilungsgebieten Polens wandten sich rasch dem Russischen zu, das die Sprache von Bildung, Wissenschaft und Recht war. Aus demselben Grunde nahm die erste jüdische Generation, die dank weltlicher Bildung im habsburgischen Galizien in freie Berufe, die Wissenschaft oder das Unternehmertum aufstieg, das Deutsche an, nach der Autonomisierung und Polonisierung der Verwaltung 1867 zunehmend aber auch das Polnische.

Die Juden beherrschten aber auch genug Ukrainisch, um mit den Bauern Geschäfte zu machen und zu verhandeln. In Galizien lebten sie häufig in wenigen Familienverbänden auf dem ukrainischen Dorf und sprachen Ukrainisch. Ein weiterer wichtiger Kontaktraum der Juden mit den Bauern neben dem *basar* war die Schankwirtschaft. Der polnische Adel besaß neben dem Land auch das Propinationsrecht, also das Privileg, aus Getreide Alkohol zu destillieren. Dieses Recht verpachteten die Grundherren von alters her an Juden. Häufig betrieb der Schankwirt nebenbei auch noch ein Kleinkreditgewerbe zu horrenden Zinsen. Andere Formen von Kredit waren den Bauern nicht zugänglich.

So entstand ein ambivalentes Verhältnis an der Schnittstelle von bäuerlichem und jüdischem Leben. Der Alkoholrausch war für die Bauern eine Möglichkeit der Flucht aus dem harten Alltag, sodass sie ihr weniges Geld in der Kneipe ausgaben oder anschreiben ließen, und der Mikrokredit stürzte die Bauern häufig in die Verschuldung. Das Bestreben von Klerus und – seit der Jahrhundertmitte – auch Volksaufklärern, etwas gegen den Alkoholmissbrauch und die Verschuldung zu tun, bekam häufig eine antisemitische Note, wenn Juden von den Temperenzlern als teuflische Ausbeuter und Wucherer porträtiert wurden. Das sauer verdiente Geld der Bauern, für den Rausch ausgegeben, sollte nach Auffassung politischer Aktivisten nicht in den »jüdischen Taschen« landen, sondern in nützlichen Aufwendungen für Haus und Hof, Weiterbildung, Kirchenbruderschaft und Schulgeld.

Rekapitulieren wir: Während sich in Polen der nationalbewegte Adel erst sein Volk erwerben musste, um einen Staat neu zu errichten, und während bei den Russen noch nicht klar ausformuliert war, ob denn Reichsstaat und Volk zusammenpassten, war es bei den Ukrainern nochmals komplizierter: Sie waren eine plebejische Nation, die fast keine eigenen Eliten besaß und deren Volksmassen in einer statischen, durch soziale Schranken abgeschotteten Welt lebten. Hier musste sich also das Volk seine Eliten selbst entwickeln, bevor überhaupt nur über einen Staat nachgedacht werden konnte.

Das geschah auf drei Wegen, die miteinander eng verflochten waren und sich gegenseitig bedingten: durch historische Rückaneignung historischer Eliten aus Rus und Hetmanat; durch die Hinwendung überkommener Führungsschichten aus Aristokratie, Klerus und Kosakenelite zur Kultur und Sprache der einfachen Bauern; oder aber durch den sozialen Aufstieg ukrainischer Bauernkinder in neue Elitenschichten, z.B. die freien Berufe und die Wissenschaft, durch Bildung. Der erste Weg war ohne geschichtsbewusste Intellektuelle und Textproduzenten nicht zu machen, war also durch den zweiten Weg bedingt; der dritte Weg wurde ermöglicht durch eine Bildungsbewegung, die die Akteure des zweiten Weges anstießen.

Die nationalen Gehversuche der Ukrainer fanden nicht im Vakuum statt, sondern in Interaktion mit den Nichtukrainern, die denselben Raum bewohnten. Die polnische National- und Aufstandsbewegung in Österreich wie Russland beeinflusste das Schicksal der ukrainischen in vielerlei Weise; die habsburgischen Ruthenen interagierten mit den russländischen Ukrainern, die russländischen Ukrainer mit der großrussischen liberalen Intelligenz und ihren politischen Bewegungen von den Dekabristen bis zu den späteren Populisten (»Volkstümlern«), Anarchisten und schließlich Sozialisten – und mussten mit ihnen den Konflikt um den Ort der Ukraine in der allrussischen demokratischen Bewegung ausfechten. Denn die demokratisch oder revolutionär denkenden Russen bezogen die »Kleinrussen« zumeist selbstverständlich in ihr Konzept einer russischen Nation mit ein. Ähnlich dachten die meisten patriotischen Polen, welche die ruthenischen Bauern, wie auch die polnischen, als Teil eines künftigen demokratischen Polens eingemeinden wollten und daher ruthenischer Selbstorganisation kritisch gegenüberstanden. Sie unterstellten der ruthenischen Bewegung daher während der Revolution von 1848, sie sei vom Hauptfeind, der österreichischen Bürokratie und der galizischen Statthalterei, zwecks Schwächung der polnischen Bewegung erfunden worden.

Der zunächst überhaupt nicht existierende ukrainische Staatsbildungsanspruch schien Russen wie Polen recht zu geben. Wie bei den meisten anderen »staatslosen« Nationen des östlichen Europas war davon vor 1848 noch nicht die Rede. Wie der tschechische Historiker Miroslaw Hroch in seinen vergleichenden sozialhistorischen Studien der Mobilisierungsmuster vieler Nationalbewegungen »kleiner Völker« festgestellt hat, durchliefen sie alle dieselben Phasen: zunächst die kulturelle Phase, in der es um die »Wiederentdeckung« und »Wiedererweckung« verschütteter Quellen und Traditionen ging, in der ethnologische Erkundungen und »Gänge ins Volk« vorgenommen wurden und während der es darum ging, der Sprache des einfachen Volkes ein neues Prestige als Bedeutungsträger und Seele der Nation zuzuweisen. Darauf folgte die politische Phase, in der Rechte für die Volkssprache in Schule und öffentlichem Raum erstritten wurden und die soziale Mobilisierung und Selbstorganisation mit Anfängen eines nationalen Vereinswesens einsetzte; schließlich die Massenphase, in der aus Vereinen politische Parteien und Massenbewegungen wurden, die in Parlamenten für die Rechte ihrer Nationalität kämpften und Forderungen nach politischer Autonomie, schließlich auch Eigenstaatlichkeit stellten. Diese Entwicklungen liefen in ganz Europa parallel mit der Ausbildung »komplementärer« Nationsgesellschaften auch in den alten Staatsnationen, in denen Eliten und Unterschichten dieselbe Sprache sprachen, Regionalsprachen zugunsten der Nationalsprache zurückwichen, Standes- und regionale Identitäten von einer neuen nationalen Identität überwölbt wurden und ein nationaler Kommunikationsraum erschaffen wurde, zu dem Bildungsstrukturen und Wissenschaftsorganisationen, ein nationales Unternehmertum und ein nationaler Medienmarkt gehörten. Dieser Prozess machte auch aus den alten Staatsnationen erst jene modernen Nationen, die wir heute kennen.[11]

Die ukrainische Bewegung in Russland: zwischen Kosaken-Nostalgie und Politisierung

Die Nachfahren der ukrainischen Kosakeneliten waren im frühen 19. Jahrhundert stabil in das soziale und politische System des unter Peter I. und Katharina II. modernisierten Russlands eingegliedert. Die letzten administrativen Besonderheiten, die an das Hetmanat erinnerten, waren in den 1780er Jahren im Zuge einer allgemeinen russischen Verwaltungsreform abgeschafft worden, vor allem das Kosakenheer und seine Regimenter als Grundlage der Territorialverwaltung, die fortan wie überall in Russland in Gouvernements organisiert war. Das letzte Aufbäumen der ukrainischen Eliten gegen den Nivellierungsprozess waren die Anträge der Ukrainer an die Gesetzbuch-Kommission Katharinas der Großen 1767, in denen sie vergeblich für die Wiederherstellung von Autonomierechten plädierten, und die gescheiterten geheimen Sondierungen des Autonomisten Wasyl Kapnist bei Polen und Preußen über ein antizaristisches Bündnis im Jahr 1791. Viele gut ausgebildete Ukrainer aus dem Hetmanat hatten im Verlauf des 18. Jahrhunderts Karrieren als Diplomaten, Höflinge oder Kleriker in Russland gemacht und dabei westliche Philosophien, Theologien und Kunstbeflissenheit mitgebracht. Der Historiker Andreas Kappeler weist in seiner russisch-ukrainischen Beziehungsgeschichte darauf hin, dass diese ukrainischen Karrieren und Wissenstransfers sowohl zur Modernisierung und Westernisierung Russlands beigetragen haben als auch zur Provinzialisierung und Orientalisierung der Ukraine. Denn Karrieren ins imperiale Zentrum waren Wege ohne Wiederkehr, meist auch Wege in die Russifizierung. Im 19. Jahrhundert verlor die nun zur russischen Provinz abgesunkene Ukraine ihre Transfer- und Elitenrekrutierungsfunktion für das Zentrum; neue Denkweisen kamen nun über Vermittlung der neuen, der russischen intellektuellen Zentren in die Ukraine, über die glänzende Hauptstadt Petersburg und die neugegründeten Universitäten. Auch das bereits erwähnte exotisierende und orientalisierende Bild der Ukraine bei den russischen Eliten spiegelte diese neue Hierarchie. Die Russen erschienen in Gegenüberstellungen nun als das dynamische, moderne, rationale, erwachsene Element in der Gemeinschaft der Ostslawen, die »Kleinrussen« als das beharrend-rückständige, bäuerliche, kindliche, irrationale.[12]

Die Erinnerungen der Ukrainer an frühere politische Ordnungen waren nach 1815 zunächst also eher nostalgisch-lokalpatriotisch als wirklich politisch. Doch spielte die Freiheit eine bedeutende Rolle in ihnen. Man erinnerte sich an die Rechte und Freiheiten der Kosakenrepublik und an *slawa*, den Ruhm der kosakischen Schlachten. Gebildete Mitglieder des Kosakenadels hielten auf ihren Gütern die eigene Geschichte und die von den Großvätern ererbten Altertümer und Waffen in Ehren, sammelten Dokumente, schrieben Gedichte und Abhandlungen über die Geschichte der Saporoger Kosaken. Der amerikanisch-ukrainische Historiker Ivan Lysiak-Rudnytsky nannte diese Phase einen »historisch-antiquarischen Dilettantismus« und »Provinzialismus«.[13] Und diejenigen, die mit wachen Augen über die Dörfer fuhren, rührte und empörte die Lage der in die Leibeigenschaft herabgesunkenen Bauern.

Zu dieser Schicht des gebildeten Kosakenadels gehörte auch der Vater Nikolaj Gogols, Wasyl Hohol-Janowskyj, der Theaterstücke in der ukrainischen Volkssprache schrieb, aber damit noch nicht zu größeren literarischen Ehren kam. Das wiederum gelang dem aus einer Poltawaer Beamtenfamilie stammenden Iwan Kotljarewskyj (1769–1838), der als Offizier eines Kosakenregiments am russisch-türkischen Krieg 1802–1812 und dann am Vaterländischen Krieg teilnahm. Wie viele gebildete Russen und Ukrainer dieser Generation war auch Kotljarewskyj Freimaurer. Er versetzte mit seiner *Eneida* (1796/1809) Vergils *Aeneis* in die Welt der ukrainischen Kosaken. Die Verserzählung war auf zweierlei Weise revolutionär: Hier schrieb ein Mitglied der ukrainischen Elite nicht auf Russisch, Latein, Griechisch oder im Kirchenslawisch westruthenischer Redaktion, wie es vorher in der ukrainischen gelehrten und schönen Literatur der Fall gewesen war. Und hier wurde ein »hoher« literarischer Stoff des klassischen Literaturkanons genutzt, kein Motiv der traditionellen Folklore. Das war ein Meilenstein der ukrainischen Literaturgeschichte, passte aber noch ins Schema der russisch-imperialen kulturellen Hierarchie, denn der Gebrauch des Ukrainischen blieb im Rahmen der Parodie und Burleske. Noch war das kompatibel mit der herrschenden Vorstellung, dass die Bauernsprache allenfalls ein fürs komische und romantische Kolorit geeignetes Stilmittel sein könne, aber nicht die Verkehrs- und Schriftsprache des gebildeten Diskurses und der Wissenschaften. »Was auf Kleinrussisch geschrieben ist, hat etwas Künstliches und einen rein regionalen Charakter, so als wenn ein Deutscher im alemannischen Dialekt schreiben würde«, urteilte der Historiker und Folklorist Mychajlo Maksymowytsch über seine Landsleute, die diese Meinung zumeist teilten. Der kanadische Historiker Paul Robert Magocsi vermutet, dass dieses mangelnde Vertrauen in die Tragkraft und Reichweite der ukrainischen Volkssprache für ernste Themen wohl Mykola Hohol dazu brachte, als Nikolaj Gogol auf Russisch zu publizieren. Den nächsten großen Schritt wagte ein Generationsgenosse Kotljarewskyjs, der Charkiwer Gutsbesitzer und Jurist Hryhorij Kwitka-Osnowjanenko (1787–1843), der erstmals ernste Prosathemen in ukrainischer Sprache verfasste und die ukrainischen Bauern als vollwertige und komplexe literarische Charaktere darstellte. Das war die erste Attacke auf das koloniale Klischee vom fröhlichen, bunten, einfältigen, dem Schnaps und den Maultaschen zugetanen *chochol*.[14]

Den Abkömmlingen aus den Offiziersfamilien der ukrainischen Kosaken als frühen Trägern der ukrainischen Kulturbewegung gesellten sich in der rechtsufrigen Ukraine, in der die polnische Aristokratie ökonomisch nach wie vor das Sagen hatte, Söhne des polnischen Adels hinzu, die auf der romantischen Suche nach ihren familiären Wurzeln häufig feststellten, dass die Vorfahren eigentlich orthodoxe ostslawische Adlige gewesen waren. Die jungen Leute nahmen begierig alle Strömungen auf, die über gelehrte Zeitschriften und die – wenn auch zensierte – Presse in ihre heimatlichen Gutshäuser und Gymnasien kamen. Darin waren auch historische Abhandlungen über die Geschichte »Kleinrusslands« und des Kosakentums. Die jungen Intellektuellen hörten so auch von der großen frühnationalen romantischen Kulturbewegung, die ganz Europa erfasste: Überall entstand ein neues Interesse an der Sprache und den Überlieferungen der Grundschichten als eigentlicher Ausdrucksform des Volksgeistes. Auch Iwan Kotljarewskyj, der ukrainische Vergil, hatte in der Gegend von Poltawa Volkslieder und Sprichwörter gesammelt.

Dieses Interesse an der volkskulturellen Dichtung war bereits in der zweiten Hälfte des 18. Jahrhunderts durch die Werke des Weimarer »Sturm und Drang«-Philosophen Johann Gottfried Herder (1744–1803) geweckt worden, eines der einflussreichsten Intellektuellen dieser Zeit. Herder stammte aus Ostpreußen und hatte in seiner frühen Laufbahn in Riga als Pfarrer und Lehrer gewirkt. In dieser baltischen Lebensphase beschäftigte er sich mit estnischen und litauischen Volksliedern – ein Begriff, der von ihm erstmals verwendet wurde. Seine berühmte, erstmals 1775 erschienene Liedsammlung enthielt neben deutschen auch litauische, estnische und polnische Volkslieder. Herders Abhandlungen über Sprache, kulturelle Einzigartigkeit und den vom jeweiligen Landstrich geprägten »Genius« der Völker etablierten zwei wichtige Vorstellungen, die sich auf die frühnationalen Bewegungen des 19. Jahrhunderts auswirken sollten: erstens die von der Poesie als eigentlichem Ausdruck des Volksgeistes und zweitens die von der zivilisatorischen Verschüttung der eigentlichen, reinen Quellen dieses Genius. Aus dieser Perspektive war es eine wertvolle Unternehmung, diese Quellen wieder aufzudecken und die Ursprünge der Hochkulturen in der Volksdichtung zu suchen. In diesem Lichte erschienen auch die mündlichen Überlieferungen der elitenlosen osteuropäischen Bauernnationen den antiken Autoren ebenbürtig. Herders geschichtsphilosophische Gedanken über die Rolle der Slawen in Europa wurden von der osteuropäischen Intelligenz mit Begeisterung aufgenommen und inspirierten sie, sich mit ihrer eigenen Volkskultur und -sprache zu befassen.[15]

Doch die Erfassung und Aufzeichnung der Volkskultur in der Ukraine, das »Ins-Volk-Gehen« war nicht so einfach, wie man sich das heute vorstellen mag. Erinnerungen wurden mündlich tradiert, in den Erzählungen der Familienverbände und Dorfgemeinschaften, wenn man im Winter bei Gemeinschaftsarbeiten (*toloka*) zusammensaß – und in Liedern. Außenstehende, vor allem sozial Höherstehende, hatten es schwer, an dieser Kommunikation teilzunehmen.

Wer als Außenstehender, als Repräsentant der herrschenden Klassen in diese Welt kam, stand vor den Herausforderungen jedweder Feldforschung: Man musste Vertrauen aufbauen, Ansprechpersonen und Türöffner finden, um seine Beobachtungen und Aufzeichnungen machen zu können. Die Volkssprache war häufig nicht die Muttersprache der jungen Intelligenzler, auch wenn sie dank bäuerlicher Ammen, Kindermädchen und Spielkameraden mit ihr aufgewachsen waren. Kam es über das Projekt des Sammelns und Publizierens von Folklore nun zu weitergehenden Anstrengungen, etwa für Volksbildung oder gar politische Partizipation, zeigte sich häufig, dass die Koordinatensysteme der jungen Nationalbewegten und der Bevölkerungsmehrheit nicht zusammenpassten. Um sich ein Ziel der Befreiung durch Bildung, Wissenschaft und ökonomische Selbstermächtigung zu setzen, war es wichtig, sich darüber zu einigen, was man überhaupt unter Freiheit verstand. Während die Bauern damit vor allem den Traum vom freien Wirtschaften ohne Herren auf eigenem Land meinten, während Zar und Kaiser gerne an ihrem Platz bleiben konnten, so sie eine »gerechte« Regierung vertraten, träumten gebildete junge Adlige und Offiziere bereits ganz andere, größere Träume von einer großen allrussischen nationalen Befreiung und Umwälzung, von Parlamenten und Föderationen freier Völker.

Bereits an der gescheiterten Dekabristenverschwörung 1825 hatten überdurchschnittlich viele Offiziere aus der Ukraine teilgenommen, die zur Generation der Teilnehmer am »Vaterländischen Krieg« gehörten und enttäuscht über die Restauration nach dem Sieg über Napoleon waren. Sie bildeten die »südliche Gruppe« der Dekabristen in der podolischen Garnisonstadt Tultschyn und in Kyjiw, die mit einem radikalen Reformprogramm antrat und Russland in eine zentralstaatlich organisierte Republik umwandeln wollte. Auch eine Landreform, welche die Bauern befreien und mit Land ausstatten sollte, strebten die Dekabristen an. Die ukrainische Südgruppe war beim Ausbruch des Aufstandes auch die einzige, die es schaffte, wirklich loszumarschieren und zu kämpfen, während die Petersburger Revolutionäre sogleich festgesetzt wurden. Die wichtigsten Mitglieder der Südgruppe waren Pawel Pestel und die Brüder Murawjow-Apostol, letztere Söhne eines Diplomaten aus der Kosaken-Starschyna, auf dessen ukrainischem Gut sich die Dekabristen häufig trafen; auch zwei Brüder des Autonomisten Kapnist waren mit von der Partie. Doch besondere Anliegen oder Rechte der nichtrussischen Nationalitäten spielten in ihrem Programm keine Rolle, es dominierte der Gedanke der unteilbaren Republik: »Die ukrainischen Dekabristen fanden sich unter dem Kommando von russischen revolutionären ›Jakobinern‹ vom Typ Pestels wieder und kamen um, ohne dem Vaterland einen dauerhaften Nutzen bringen zu können«, urteilte Lysiak-Rudnytsky.[16] Wohl aber gab es Versprechungen an polnische Mitverschwörer, die Unabhängigkeit Polens wiederherzustellen.[17]

Wenige Jahre später erschütterte eine neue Adelsrevolte, der polnische Novemberaufstand von 1830/31, die rechtsufrigen ukrainischen Gouvernements. Was als Lehre aus beiden gescheiterten Aufständen hervorging, war: Militärisch war der Freiheitsgedanke nicht durchsetzbar, solange nur Offizierseliten oder Adel für ihn kämpften. Wenn die Voraussetzungen für eine Volkserhebung nicht geschaffen waren, konnte es auch keinen Befreiungskrieg gegen die Autokratie geben, egal ob unter russisch-republikanischen oder unter polnisch-demokratischen Vorzeichen. Gegen die ukrainischen Bauern konnte man keine Revolution machen. Doch zu den ukrainischen Bauern musste man in ihrer Sprache über ihre Interessen sprechen.

Dies aber wusste auch die Staatsgewalt, die nichts mehr fürchtete als ein Überspringen des revolutionären Funkens auf die ukrainischen Bauern. Auf beide Aufstände – den demokratischen und den Aufstand zur Wiederherstellung des historischen Polen – reagierte der russische Zar Nikolaus I. daher mit einer konservativen Offensive, die russisch-nationale Elemente (*narodnost*) mit der traditionellen Autokratie (*samoderschawie*) und Orthodoxie (*prawoslawie*) verbinden sollte. Es folgten weitere Schritte zur Eindämmung des polnischen Einflusses auf die Bauern: 1839 wurde die Kirchenunion auf russländischem Boden abgeschafft und die unierten ukrainischen Bauern in den Schoß der russischen Orthodoxie überführt. Überdies zeigte sich der Zarenstaat nun entschlossen, die immer noch starke Position der polnischen Eliten auch im Bildungsbereich zu schwächen. Wollte man den polnischen Adel aus seiner ökonomischen Dominanz und seinen angestammten Verwaltungsfunktionen verdrängen, musste man loyale Funktionsträger für die Staatsverwaltung ausbilden. Diese Funktion kam der schon 1804 gegründeten Universität Charkiw sowie der nach dem polnischen Aufstand 1834 neugegründeten Universität Kyjiw zu. Das »Startkapital« der Kyjiwer Hochschule stammte aus einer polnischen Institution, nämlich dem nach dem Novemberaufstand liquidierten Lyzeum im wolhynischen Kremenez. Dieses war wie die Charkiwer Universität eine Neugründung Alexanders I. gewesen und hatte als zentrale moderne Ausbildungsstätte des polnischen und polonisierten ukrainischen Adels in der rechtsufrigen Ukraine gedient. Während in Kremenez alle Fächer außer russischer Literatur und Geschichte auf Polnisch unterrichtet worden waren, war die Unterrichtssprache an der Kyjiwer Hochschule nun Russisch. Die neue Universität übernahm das Vermögen, die wissenschaftliche Ausstattung und die berühmte Bibliothek des Lyzeums, die vorher König Stanisław August Poniatowski gehört hatte. Mit diesem Schritt wurde eine weitere Angleichung der ukrainischen Länder an die russischen Reichsverhältnisse vollzogen, die Hegemonie der polnischen Elitenkultur im Bildungswesen gebrochen und durch eine russische Hegemonie ersetzt. Diese Tendenz setzte sich nach dem polnischen Aufstand von 1863 in verschärfter Form fort.[18]

Aber auch eine andere Tendenz blieb erhalten, allen Disziplinierungsmaßnahmen zum Trotz. An den neuen Universitäten sammelten sich Studenten und Gelehrte aus orthodoxen wie katholischen Familien, die sich in Herders Geist mit ukrainischer Ethnographie und Folklore befassten und so die »kulturelle Phase« der ukrainischen Nationalbewegung begründeten. Mehrere Absolventen des Kremenezer Lyzeums spielten eine bedeutende Rolle bei der Begründung der »ukrainischen« Schule der polnischen romantischen Literatur. Die Universität Charkiw wurde schon bald nach ihrer Gründung zu einem Zentrum der Forschung und des Publikationswesens über ukrainische Geschichte und Literatur.

An der Kyjiwer Universität kam es 1846 aber zu einer wesentlichen Neuerung: Erstmals begannen die ukrainischen Literaten und Gelehrten neben ihrer Sammlungs- und Herausgebertätigkeit sich auch für politische Programme zu interessieren, die sich nicht mehr nur auf die Demokratisierung Russlands oder die Wiederherstellung Polens bezogen, sondern einen expliziten Bezug zur Ukraine hatten. Sie gründeten in der Geheimgesellschafts-Tradition der Dekabristen einen demokratisch-planslawistischen Verein, die »Kyrill-Methodius-Gesellschaft«. Zu ihren Mitgliedern zählten der Historiker Mykola Kostomarow, Sohn eines russischen Grundbesitzers und einer ukrainischen Bauerstochter, die Schriftsteller Mykola Hulak und Pantelejmon Kulisch, die beide aus Kosakenfamilien stammten, und der Kunstmaler und Dichter Taras Schewtschenko.

Schewtschenko war Kind leibeigener Bauern. Im Alter von acht Jahren verwaist, musste er sich als Viehhirte und Tagelöhner, dann als Hausdiener auf dem Gut durchschlagen, bahnte sich aber, ausgestattet mit dem Rüstzeug einer einfachen Kirchenschule, als Autodidakt und begabter Maler einen dornigen Aufstiegsweg. Sein Grundherr Pawel Engelgardt, ein bildungsbeflissener Mann, bemerkte das Talent des Jungen und schickte ihn zur Kunstmaler-Ausbildung nach Sankt Petersburg – ein Leibmaler stünde ihm gut zu Gesicht, meinte Engelgardt. In der Hauptstadt wurde Taras Teil eines Intellektuellen- und Künstlerkreises. Der berühmte Historienmaler Karl Brjullow und der Schriftsteller Wasilij Schukowskij nahmen ihn unter ihre Fittiche und kauften ihn mit einer Aktion frei, die man heute als *crowd funding* bezeichnen würde: Brjullow portraitierte Schukowskij, und mit dem Verkaufserlös des Bildes wurde die Freilassungsprämie für Taras finanziert. So konnte Schewtschenko Kurse an der Kunstakademie besuchen, was nur Freien gestattet war.

In der Hauptstadt begann Schewtschenko zu schreiben, Tagebücher in russischer Sprache und Gedichte auf Ukrainisch. Schewtschenko verarbeitete in ihnen selbst Erlittenes und Gehörtes – und schmiedete damit die moderne ukrainische Literatursprache. Zu seinen Quellen gehörten zunächst die kirchenslawische Literatur, Evangelien und Psalter, die er als Junge auswendig gelernt und abgeschrieben hatte, aber auch die Erzählungen der alten Leute von der grausamen Kolijiwschtschyna, dem letzten großen Kosaken- oder Haidamaken-Aufstand von 1769. Dazu traten die Lieder der *kobsari*, fahrender, häufig blinder, zur Leier singender Sänger, die Taras gehört hatte. Diese *kobsari* sangen geistliche Lieder, Klagen über die Sklaverei, die als dunkler Schatten über der Erinnerung an die Bauern- und Kosakenkriege lag, und schließlich auch Lieder über Kosakenfeldzüge und Aufstände.[19] Ihre Motive gingen in seine, Schewtschenkos, genauso ein wie die selbst gehörten Klagen der Bauern über die Fron, die Härte und Gewalttätigkeit des Zwangsmilitärdienstes, über den es ebenfalls viele Rekrutenlieder gab, und die *krywda*, ein Schlüsselwort für die Bauern, mit dem sie Demütigung und Rechtsbeugung, die sie als Leibeigene erfuhren, beschrieben.[20]

Eine erste, kleine Sammlung der Gedichte Schewtschenkos kam 1840 unter dem Titel *Kobsar*, »Spielmann«, heraus; der Titel wurde ihm auch bald selbst als Ehrenname beigelegt: Taras, *der Kobsar*. Doch Schewtschenko war nicht nur Volkssänger mit literarischem Anspruch, er war ein politischer Dichter, Rebell, Prophet und Freiheitssänger – und aufgrund seiner Biographie selbst ein Symbol der Ukraine. Erstmals thematisierte er den Zusammenhang der alltäglichen Gewalterfahrung der Bauern mit der Herrschaft des Zarentums über die Ukraine – und er besang den Widerstand, das Sozialbanditentum der Haidamaken und anderer Aufständischer. Er schuf mit »Kateryna«, der von einem russischen Soldaten missbrauchten und sitzengelassenen ledigen Mutter, eine Allegorie auf seine geschundene Heimat, er spie Verachtung gegen die offizielle, bigotte Orthodoxie und deren Pfaffen, gegen die vom amtlichen Russland als Reichseiniger und Eroberer verehrten Zaren Peter I. und Katharina II., die er als die Haupt-Sklaventreiber der Ukrainer ansah. In seinem »Testament« formulierte der Dichter seine utopische Vision von einer freien Ukraine ohne Herr und Knecht in einer freiwilligen Föderation slawischer Nationen.

Genau hier setzte auch die Programmatik der Kyjiwer Kyrill-Methodius-Gesellschaft an, der sich Schewtschenko bei einem Aufenthalt in der Ukraine 1846 anschloss. Ihre Besonderheit war, anders als im eher religionsskeptischen und rebellischen Werk Schewtschenkos, die Rolle der Religiosität und die Einbindung des frühnationalen, panslawisch erweiterten politischen Programms in eine heilsgeschichtliche Erzählung, die Mykola Kostomarow in seiner Schrift »Genesis des ukrainischen Volkes«,[21] mit dem Untertitel »Das göttliche Gesetz«, in Worte fasste. Die literarische Form ähnelte tatsächlich dem Duktus der Mose-Bücher mit der Erzählung von den Anfängen der Welt bis zur Entstehung einzelner Nationen. Offensichtlich orientierte sich Kostomarow an einem Buch, das die zaristischen Ermittler später bei ihm konfiszierten: nämlich an dem in einem ähnlichen Stil verfassten »Buch des polnischen Volkes und der polnischen Pilgerschaft« des polnischen Nationaldichters Adam Mickiewicz.

Eingewebt in die »Genesis« war eine politisch-religiöse messianische Erzählung, derzufolge russisches Zarentum, westliches Königtum und Grundherrschaft sämtlich Formen ungerechter, antichristlicher Herrschaft seien. Die orthodoxe Kosakenrepublik der Sitsch jedoch habe dieses Prinzip der Gleichheit der Menschen untereinander unter der Oberherrschaft Christi neu verinnerlicht. Das Manifest schließt mit der Vision von der Befreiung und freien Konföderation der Slawen mit der Hauptstadt in Kyjiw, deren Impuls gerade von dem geringsten Volk, der staatslosen Ukraine, ausgehen werde: »Und dann werden die Völker auf die Stelle auf der Landkarte zeigen, wo die Ukraine ist, und untereinander sagen: Der Stein, den die Bauleute verworfen haben, soll der Eckstein werden.« Das Bild vom Eckstein entnahm der tief religiöse Kostomarow aus Psalm und Evangelium, ein weiterer Hinweis auf die Verarbeitung des polnischen »Christus der Nationen«-Motivs durch die Ukrainer, womöglich aber auch ein Bild des aus der *krywda*, der Demütigung zum europäischen Befreier erhöhten ukrainischen einfachen Volkes.[22]

Das war ein Affront für die zaristische Bürokratie, die in ihren Ermittlungsakten von der »Frechheit« und »Unverschämtheit«, von Aufrührertum und Untergrabung schäumte. Zar Nikolaus I. ließ die Kyrill-Methodius-Brüder verhaften, nach Petersburg schaffen und in Festungshaft setzen. Sie wurden ohne ordentlichen Prozess rasch zu Haftstrafen verurteilt, Schewtschenko wurde zum Zwangsmilitärdienst nach Sibirien und Mittelasien verbannt, wo er insgesamt zwölf Jahre lang zubringen musste. Es wurde ihm ein Schreib- und Malverbot auferlegt, das er aber umgehen konnte, als er wissenschaftlichen Expeditionen zur Landesaufnahme als Begleitung zugeteilt wurde. Diesem kolonialistischen Akt der Landesverzeichnung und -erforschung verdanken wir also auf Umwegen die Überlieferung seiner anti-kolonialen Botschaft, denn seine Gedichte und Aufzeichnungen schrieb Schewtschenko in winziger Schrift in Hefte, die er im Stiefel versteckte.[23] In die Ukraine durfte Taras Schewtschenko nie mehr zurück, aber seine Werke schafften, was ihm verwehrt geblieben war. Nachdem er 1861 in Petersburg verstorben war, sorgten seine Freunde für die Überführung seines Leichnams in die Ukraine und eine Bestattung nach der Art, wie er es in einem Testaments-Gedicht verfügt hatte: hoch über dem Dnipro, am rechten Ufer des Flusses in der Nähe von Kaniw, mit einem weiten Blick ins Land.

Der Ort wurde später zu einer nationalen Pilgerstätte, der Tag der Überführung, der 22. Mai, ist neben Schewtschenkos Geburts- und Todestag am 9. und 10. März bis heute ein wichtiger Gedenktag für patriotische Ukrainer. Rund um diese Gedenktage entwickelte sich bereits ab den 1860er Jahren eine Tradition der Schewtschenko-Feiern, die zum Kristallisationspunkt für die national-kulturelle Mobilisierung der Ukrainer wurde. Gedichte wurden gelesen, musiziert, Reden gehalten. Und bis in die allerjüngste Zeit wurde das Gedenken an den Freiheitssänger immer wieder zum Kristallisationspunkt von Widerständigkeit: ob es das in der Sowjetzeit war, wenn Jugendliche am 22. Mai, dem Tag der Überführung von Schewtschenkos Leichnam, am Kyjiwer Denkmal des Dichters Blumen niederlegten – eine zeichenhafte Aussage gegen das russisch-sowjetische Unterdrückungssystem, das auch Dissidenten der 1970er Jahre die Heimkehr in die Ukraine erst im Tod gestattete; oder ob es heute die heimlich abgelegten Blumen an den zu sowjetischer Zeit im Geiste der »sowjetischen Völkerfamilie« errichteten Schewtschenko-Denkmälern in Russland sind, die den stummen Protest der Wenigen gegen Putins Krieg in der Ukraine ausdrücken.[24]

Ukrainischer Aufbruch

Auch die anderen verbannten Kyrillo-Methodianer fanden sich zu Beginn der 1860er Jahre nicht in der Ukraine, sondern in Petersburg wieder zusammen, wo sie eine gelehrte Zeitschrift, *Osnowa* (»Basis, Grundlage«), gründeten. Kostomarow entwickelte seine politische Idee vom ukrainischen Sonderweg in seinem programmatischen Aufsatz »Zwei russische Nationalitäten« zu einer Kulturlehre weiter, indem er zwar regime-konform konzedierte, dass Russen wie Ukrainer Zweige einer Staatsnation seien, aber gleichzeitig die Ukrainer als demokratisch-individualistisch, die Russen als kollektivistisch- autoritär charakterisierte. Zur selben Zeit bildeten sich in der Ukraine rund um Universitätsstädte und Gymnasialstandorte Gemeinschaften progressiver, bildungsbeflissener Patrioten, sogenannte *hromady* (»Gemeinden«). Das waren lockere Zusammenschlüsse von Professoren, Studenten und Schülern, die sich für Alphabetisierung der Bauern, Einrichtung eines Sonntagsschulwesens auf den Dörfern und moderne Bildungsinhalte stark machten. Taras Schewtschenkos letzte Publikation vor seinem Tod war eine ukrainische Sonntagsschul-Fibel gewesen. Nach der räumlich-sozialen Bewegung, die die Intellektuellen vollzogen – von der Stadt ins Land, von der Elite ins Volk –, erhielten diese Gruppierungen den Sammelnamen *narodowzi*, von *narod*, Volk. Frühere deutschsprachige Publikationen haben diese Bewegung etwas unglücklich als »Volkstümler« übersetzt, doch Muffig-Volkstümelndes wie in den völkischen Bewegungen Deutschlands war ihnen fremd. Ein jüngerer Fachbegriff für diese eher linke Bewegung lautet »Populisten«, was nichts zu tun hat mit dem heutigen Rechts- oder Linkspopulismus. Auch in den russischen Landesteilen war der Populismus die erste große Zeit des »Gangs ins Volk« junger Revolutionäre, aber wie schon im Falle der Dekabristen war auch jetzt die Ukraine neben den russischen Metropolregionen ein Schwerpunkt der Mobilisierung.[25] Später gelangten in diese Kreise auch die Schriften von Marx, Engels und der im Exil befindlichen russischen Anarchisten Kropotkin und Bakunin, welche die jungen Leute elektrisierten und auch radikalisierten.

Die ukrainische Bewegung – wenn man bei den wenigen Hunderten von Aktivisten und überschaubaren Diskussionszirkeln bereits von einer Bewegung sprechen kann – machte nun den Schritt von der kulturellen Selbstvergewisserung zu sozialen und politischen Forderungen. Dazu gehörten politische Partizipation und Repräsentation und, als Voraussetzung für Erstgenanntes, Bildung in der Volkssprache. Zur Kyjiwer *hromada* gehörte auch der junge Historiker Wolodymyr Antonowytsch (1834–1908), der sich in einem programmatischen Aufsatz von seiner polnisch-aristokratischen Herkunft lossagte und sich dem plebejischen Ukrainertum verschrieb. Antonowytsch war der Anführer einer Gruppe von ukrainophilen jungen Polen, die Ukrainisch lernten, sich auf ukrainische Weise kleideten und als Lehrer auf die Dörfer gingen. Ihre aristokratische polnische Verwandtschaft verspottete sie als Chlopomanen (von *chłop*, Bauer)[26] und Renegaten, die russische Obrigkeit jedoch verdächtigte sie, Speerspitze einer polnischen Verschwörung zu sein.

Diese mal vorsichtigen, mal drängenderen Versuche der Ausformulierung neuer politisch-kulturell-sozialer Programme, in denen auch die ukrainische Eigenständigkeit eine Rolle spielte, wurden von geänderten politisch-normativen Rahmenbedingungen befördert. Statt dem reaktionären Nikolaus I., der für die Verbannung der Kyrill-Methodius-Brüder gesorgt hatte, war nun der »Zar-Befreier« Alexander II. auf dem Thron, der 1861 die Leibeigenschaft aufgehoben und eine Reihe von Reformen in Staatsverwaltung und Bildungswesen angestoßen hatte. Davon profitierte vor allem die linksufrige Ukraine, wo eine landständische kommunale Selbstverwaltung (Semstwo-Verfassung) eingerichtet wurde, die in der Folgezeit zum Entfaltungsraum proto-demokratischer und sozialreformerischer Bestrebungen von Stadtbürgern, Industriellen und lokalen Adligen wurden. Solche Gremien brachten mit Volkschullehrern und Semstwo-Beamten wiederum das Personal hervor, von dem die spätere ukrainische nationale Massenbewegung profitieren konnte.

Die ukrainischen Bauern gingen aus den Reformen zwar als Freie hervor, was ihre Loyalität zum Zarentum befestigte – aber auf der anderen Seite bewirkte die darauf folgende Grundentlastung, also die Ablösung der vormodernen Arbeitspflichten und Nutzungsrechte in Form einer Geldentschädigung für die Grundherren, auch eine Verkleinerung des bäuerlichen Grundbesitzes und eine Verschuldung der Bauern, die häufig ihr Land wieder an den Adel verloren und zu Landarbeitern wurden. Die Ursachen, an denen sich soziale Unruhe auf dem Dorf entzündete – die Landlosigkeit in einem landhungrigen Volk –, waren also nur in eine andere Gestalt gekleidet, aber nicht beseitigt.

Eine zweite Rahmenbedingung, unter der sich die ukrainischen Aktivitäten vor allem im Raum Kyjiw abspielten, war die latent revolutionäre Situation im Königreich Polen und der rechtsufrigen Ukraine in der Mitte des Jahrhunderts. Hier, wo der polnische Adel noch eine ökonomisch dominierende Rolle spielte, brach im Januar 1863 nach einer langen Kette von Konfrontationen zwischen Zarenstaat und unterschiedlichen Fraktionen der polnischen Bewegung erneut ein Aufstand los. Es war die letzte große, aber schlecht vorbereitete Anstrengung der Polen zur Wiederherstellung ihrer Staatlichkeit. Der polnische Partisanenkrieg erfasste, ausgehend von Warschau und dem Königreich Polen, auch die litauisch-belarussischen und ukrainischen Gebiete und strahlte bis ins österreichische Galizien aus. Diesmal traten die Adelsrevolutionäre unter der Losung an, die neu zu errichtende Republik Polen bestehe aus *drei* Nationen, der polnischen, der litauischen und – das war neu – der ruthenischen, womit die Erben der westlichen Rus gemeint waren, also Belarussen und Ukrainer unter russländischer wie habsburgischer Herrschaft. Den Bauern wurde Land und Freiheit versprochen. Doch die ukrainischen Bauern ließen sich nicht zur Beteiligung am Aufstand überreden; zu groß war der soziale Graben zwischen ihnen und dem polnischen Adel, zu übel die Erinnerungen an die Fron – und zu stark der von Behörden und Kirche propagierte Mythos von der Bauernbefreiung aus Zarenhand.

Russische Reaktion

Obwohl es zu keinem polnisch-ukrainischen Bündnis kam, erwies es sich wie schon in den Jahren nach dem Novemberaufstand für die frühe ukrainische Nationalbewegung als verhängnisvoll, dass die imperiale Regierung sie als ein polnisches Projekt beargwöhnte; die Programmatik der Aufständischen schien sie zu bestätigen. Die Jahre der russischen Ukraine-Romantik waren ohnehin vorbei. Nun, wo ukrainische literarische und geschichtswissenschaftliche Bestrebungen nicht mehr nur Humoresken und Eingeborenen-Kolorit bedeuteten, sondern politische Forderungen implizierten und wie in den Werken Schewtschenkos Rebellion verhießen, war Schluss mit der Mischung aus Toleranz und freundlichem Interesse, die zuvor bei russischen Intellektuellen vorgeherrscht hatte. In diese ohnehin angespannte Situation im ukrainisch-russischen Dialog brach der Januaraufstand hinein. Nun war es nur noch ein kleiner Schritt für russische Konservative, in der ukrainischen Selbstorganisation eine »polnische Intrige« zu erblicken, wie es der Publizist Michail Katkow formulierte – einen Versuch der verräterischen Polen, die Ukrainer zu instrumentalisieren, um Russland zu schwächen und zu spalten. Unschwer erkennen wir, aus welcher Tradition Wladimir Putin 2022 schöpfte, als er seinen Vorwurf an den »kollektiven Westen« formulierte, dieser rüste die Ukraine zu einem »Anti-Russland« auf: Dieser Vorwurf ist mindestens 160 Jahre alt, und die ganze Entrüstung der damaligen Russen über die freche Rebellion und die undankbaren Ukrainer, die sich auf die Seite der Erzfeinde schlügen, spricht auch aus den heutigen Aussagen russischer Politiker. Auch die russische Vorstellung, man müsse die Integrität Russlands gegen zersetzende Mächte »verteidigen«, stammt aus der Erfahrung von 1863.

Die Reaktion des russischen Staates erfolgte auf mehreren Ebenen: Der Aufstand wurde militärisch niedergeschlagen, die Aufständischen bestraft und ihre Güter eingezogen. Gleichzeitig nahm die politisch-militärische Kontrolle der Region zu, verbunden mit Anstrengungen zur wirtschaftlichen Hebung des Bauernstandes, um den sozialen Sprengstoff zu entschärfen. Hauptziel der zarischen Politik war es aber, die – nur imaginierten – Beziehungen zwischen der polnisch-aristokratischen und der ukrainisch-plebejischen Bewegung zu kappen. Dazu diente eine neu ausgerichtete Kultur- und Bildungspolitik (mit dem Ziel, die ostslawischen Bauern in den Gebieten der historischen Adelsrepublik auch sprachlich-kulturell den russischen Bauern anzugleichen, nachdem man sie schon aus der alten Kirchenunion in den Schoß der Orthodoxie zurückgeführt hatte. Gleichzeitig sorgte die 1863 in der rechtsufrigen Ukraine durchgeführte Landreform nicht nur für eine Zurückdrängung des polnischen Grundbesitzes, sondern auch für eine für die Bauern im Vergleich zum restlichen Russland günstigere Grundentlastung.[27]

Der kulturelle Kern der Eindämmungsmaßnahmen wurde 1863 in einem Rundschreiben des russischen Innenministers Pjotr Walujew formuliert, nachdem die Populisten nicht nur Schulbücher, sondern auch Bibelübersetzungen ins Ukrainische in Umlauf bringen wollten: »Vorherige Werke in der kleinrussischen Sprache waren nur für die gebildeten Klassen in Südrussland gedacht, aber nun wenden sich die Unterstützer der kleinrussischen Nationalitäten den ungebildeten Massen zu. [...] Eine kleinrussische Sprache gab es nicht, gibt es nicht und kann es nicht geben. In einem Worte, die allgemeine russische Sprache ist den Kleinrussen so verständlich wie den Großrussen [...]. Diejenigen, die das Gegenteil behaupten, werden von der Mehrheit der Kleinrussen selbst der separatistischen Absichten beschuldigt, die für Russland gefährlich und für Kleinrussland schädlich sind.«[28] Dem Ukrainischen war mit den Verordnungen des Zirkulars und mit dem noch schärferen Ukas von Ems 1876, der die »gefährlichen Aktivitäten der Ukrainophilen« geißelte, der Weg in Schule, Kirche, Gericht und Universität versperrt – kurzum, es durfte keine Sprache der Hochkultur und des sozialen Aufstiegs werden.

Nur in Gedichtbänden und Liedern durfte es gedruckt werden, aber auch das war mit Schwierigkeiten verbunden.[29] Die ukrainischsprachigen Sonntagsschulen der *hromady* waren schon 1862 verboten worden. Im aufzubauenden Schulsystem für die »Kleinrussen« sollte das Russische dominieren, was auch bedeutete, dass ein Bildungsaufstieg nur um den Preis der Russifizierung zu haben sein würde. Allerdings gab es selbst Schulen, in denen auf Russisch unterrichtet wurde, nur für einen Bruchteil der Bauernkinder, da die Regierung kaum Ressourcen in Volksschulbildung steckte und keine Schulpflicht durchsetzte. Die Analphabetenrate auf den ukrainischen Dörfern lag daher an der Schwelle des 20. Jahrhunderts bei über 90 Prozent. Das Fehlen eines flächendeckenden russischen Schulsystems verhinderte also ironischerweise genau das, was die Regierung eigentlich vorhatte, nämlich die Russifizierung der ukrainischen Bauern.

An den Formulierungen der russischen Sprachenerlasse des 19. Jahrhunderts erkennen wir eine Kontinuitätslinie von der russisch-imperialen bis hin zur putinistisch-nationalistischen Negierung der ukrainischen Nation – typisch für diese Gedankenoperation ist bei Putin wie Walujew die Kopplung des historischen mit dem normativen Argument. Weil es eine eigenständige Ukraine historisch nie gab, wie beide behaupt(et)en, dürfe und könne es sie auch in Zukunft nicht geben. Und daher bedurfte es gesonderter Maßnahmen, alle ukrainischen Bestrebungen nach kultureller und politischer Eigenständigkeit zu ersticken. Die einzig akzeptable Form des russisch-ukrainischen Verhältnisses war und ist in dieser Lesart ein paternalistisches Unterordnungsverhältnis zu den Russen. Der ukrainischen Kultur wird in einem solchen Verhältnis allenfalls ein subalterner Folklorestatus in einer von Russen angeführten kulturellen Hierarchie zugebilligt. Wenn man aber die Existenz einer eigenständigen ukrainischen Kultur verneint, ist der nächste Schritt rasch getan – dass man ukrainische Unabhängigkeitsbestrebungen als das Werk von ausländischen Feinden interpretiert. Im 19. Jahrhundert erfüllten Polen und Österreicher diese Funktion, im 20. und 21. Jahrhundert wurden Deutsche oder neuerdings die USA zu »Erfindern« des ukrainischen Nationalgedankens erklärt. Das war die feste Überzeugung der russischen Bürokratie ab 1863, und das ist auch die Überzeugung nicht nur der heutigen Moskauer Eliten, sondern sehr vieler Russen.

Die Aktivitäten der *hromady* wurden durch die antiukrainischen Maßnahmen ab 1863 empfindlich eingeschränkt, ihre Hauptstoßrichtung, das Schulwesen und die Produktion von Bildungsmedien in der Volkssprache, war nun versperrt. Weiter möglich waren aber eine rege Literatur- und Geschichtsforschung sowie ethnographisch-geographische Expeditionen in die Provinz, was für viele Aktivisten ein Ausweg war. Es gab auch eine in die Gegenwart und Zukunft gerichtete Institution, die zu einem Ersatzforum für die Ukrainophilen wurde – und zwar die Südwestliche Abteilung der Kaiserlich-Russischen Geographischen Gesellschaft. Hier wurden unter dem Banner der Landeskunde, der wissenschaftlich-exakten Landesaufnahme, der Geographie, Demographie und der Statistik, die der Landesentwicklung dienen sollten, auch wichtige Publikationen der ukrainischen Populisten verlegt. Wolodymyr Antonowytsch und Pawlo Tschubynskyj (1839–1884), der Dichter der heutigen ukrainischen Nationalhymne »Noch ist die Ukaine nicht gestorben« leiteten die Kyjiwer Abteilung der Geographischen Gesellschaft und schafften es sogar, die Zeitung *Kiewskij Telegraf* zu übernehmen und die ukrainische Idee einem breiteren, gebildet-liberalen Publikum nahezubringen.[30] Doch waren diese Aktivitäten den Behörden ein Dorn im Auge, und mit dem Emser Ukas 1876 wurde die Geographische Gesellschaft aufgelöst, Drahomanow und Tschubynskyj als »unverbesserliche Agitatoren, die gefährlich für die Region sind«, ins Exil gezwungen.[31] Ab den 1880er Jahren flossen die Anstrengungen der verbliebenen Populisten in die Gründung einer historischen Zeitschrift, die *Kiewskaja Starina* (Kyjiwer Altertum).

Eines der jüngeren *hromada*-Mitglieder war der Historiker Mychajlo Drahomanow (1841–1895), der aus dem Kosakenadel des Gebiets Poltawa stammte; einer seiner Onkel hatte zur Dekabristenbewegung gehört. Er war der kritischste, politisch am weitesten linksstehende, sicherlich auch am meisten über die ukrainischen Grenzen hinausdenkende Kopf unter den Ukrainophilen. Drahomanov begann mit einer panslawisch-demokratischen Programmatik, in der er der russischen Hochkultur als integrativem Faktor eine bedeutende Rolle zuwies, rückte aber unter dem Eindruck der Reformunfähigkeit Russlands davon wieder ab. Er formulierte in seinen Beiträgen für russische gelehrte Zeitschriften sozialdemokratisch-föderalistische Ideen für eine Reform des Vielvölkerreichs. Er war auch ein Vordenker der europäischen Einigung und nahm in seinen Überlegungen für die Integration kultureller Diversität in multiethnischen Territorien die Kulturautonomie-Ideen des Austromarxismus vorweg. Seit 1873 infolge der antiukrainischen Repression ins Genfer Exil gezwungen, organisierte er die ukrainische (und auch die russisch-sozialistische) Bewegung von außen. Dies bedeutete auch, dass er die Ideen und Schriften der europäischen Revolutionäre, die sich im Schweizer Exil sammelten, in die Heimat zurückvermittelte. Drahomanow fuhr häufig nach Galizien, wo er die dortige ukrainophile Bewegung unterstützte und vor allem die traditionalistisch-klerikal-russophilen Honoratioren, die dort zu dieser Zeit noch die ruthenische Bewegung dominierten, ätzender Kritik unterzog. Er versorgte das ukrainische Publikum im Russländischen Reich, das über Galizien nur rudimentär informiert war, unter Pseudonym mit sorgfältigen Analysen der dortigen politisch-sozialen Verhältnisse und trug so wesentlich zur grenzüberschreitenden Kommunikation in den ukrainischen Ländern bei.[32]

Von Ruthenen zu Ukrainern im Habsburgerreich: Bildung und ökonomische Selbstermächtigung

Während die ukrainische Bewegung im Russländischen Reich mit einem latenten Verratsvorwurf der »polnischen Intrige« konfrontiert war und sich angesichts der Repressionen in Ersatzforen neu organisieren musste, fand im österreichischen Teil der ukrainischen Gebiete eine gegenläufige Bewegung statt. In diesen alten Gebieten der ehemaligen galizisch-wolhynischen Rus, die nach der ersten Teilung Polens unter die Habsburger-Herrschaft gekommen war, wurden die Ukrainer nach der alten lateinischen Urkunden-Bezeichnung für die Rus-Bewohner »Ruthenen« genannt. Sie stellten die Bevölkerungsmehrheit im östlichen Teil des 1772 erschaffenen österreichischen Kronlandes »Galizien und Lodomerien«. Diese Bezeichnung war abgeleitet vom historischen Halytsch-Wolodymyr, das aus Sicht der Habsburger rechtmäßig von Polen »revindicirt« worden war, nämlich wegen eines Erbanspruchs der ungarischen Krone aus einer weit zurückliegenden Heiratsverbindung der galizischen Fürsten mit dem ungarischen Königshaus.

Und so tauchte auf der Landkarte das mythenumwobene kakanische Galizien auf, ein synthetisches Territorium, dessen Westteil das historische Kleinpolen mit Krakau umfasste – weswegen die westgalizischen Bauern polnisch sprachen –, während der Ostteil mit Lwiw-Lemberg als Hauptstadt aus den historischen Rus-Territorien stammte. Lemberg wurde zur Kronlandhauptstadt mit Statthalterei, großer Garnison und Oberlandesgericht, was im Verlauf des 19. Jahrhunderts wesentlich zu seinem Aufschwung zu einer modernen ostmitteleuropäischen Verwaltungs- und Handelsmetropole beitrug. In Lemberg tagte der galizische Landtag in einem prachtvollen klassizistischen Gebäude – heute ist dort die Lwiwer Universität untergebracht. Das ehemalige Jesuitenkolleg wurde zur modernen Universität umgebaut, später kam ein Polytechnisches Institut hinzu, das die Architekten, Ingenieure und Naturwissenschaftler für die auch in diesem Teil der Welt anbrechende wissenschaftlich-technisch-industrielle Revolution ausbildete. Banken, Versicherungen und große Handelshäuser prägten die Lemberger City. Ein Opernhaus und eine Ringstraße im Wiener Stil, moderne Parks entstanden am alten Stadtglacis rund um die mittelalterliche Altstadt. Und dann öffnete sich Ende des 19. Jahrhunderts in einem Neubauviertel im Nordwesten, an der Landstraße nach Horodok, schließlich Galiziens Tor zur Welt, der Hauptbahnhof, ein Prachtbau, der den Vergleich mit Wien nicht zu scheuen brauchte. Um ihn entstanden Industrie- und Handwerksbetriebe, viele von jüdischen Geschäftsleuten geführt. Und durch ihn gingen Zigtausende von jüdischen und ukrainischen Auswanderern, die aus den übervölkerten Dörfern und Schtetln Galiziens aufbrachen, um ihr Glück in Nordamerika zu suchen. Ihr Transfer zu den Auswandererhäfen Hamburg und Bremerhaven begann an diesem Ort.[33]

Doch war dieses boomende Lemberg vor allem *Lwów*, eine mehrheitlich von Polen und – deutsch-, jiddisch- und polnischsprachigen – Juden bewohnte Stadt, in der die Ruthenen-Ukrainer in der Minderheit waren. Sie hielten sich im Stadtzentrum, gleich in der Nachbarschaft zum alten jüdischen Viertel mit der Goldenen-Rose-Synagoge, in ihrem angestammten Viertel um die Ruska-Straße und den prachtvollen Korniaktturm, den ein orthodoxer Adliger ihnen gestiftet hatte. Dort waren ihre Stadtkirchengemeinden, wo auch die seit den Glaubenskämpfen des 16. Jahrhunderts berühmte orthodoxe Kirchenbruderschaft und die seit dem Mittelalter ununterbrochen tätige Stauropygian-Druckerei residierten, während etwas abseits, hoch über der Altstadt auf dem Sankt-Georgs-Berg, der griechisch-katholische Metropolit in einer herrlichen Barockkirche die Messe nach dem östlichen Ritus feierte.

Diese religiösen Orte waren auch die politischen Bezugspunkte der Ukrainer. Denn in Ostgalizien blieben, anders als unter russländischer Oberherrschaft, der soziale und der konfessionelle Antagonismus deckungsgleich. Trotz des prächtigen Sankt-Georg-Bergs war die Zugehörigkeit zur unierten Ostkirche immer noch ein soziales Kennzeichen für Subalternität in Galizien, das ökonomisch vom polnischen Adel, geistlich von der katholischen Kirche und politisch vom Adel und von dem zumeist deutschösterreichischen oder böhmischen kaiserlichen Beamtenkorps und Militär dominiert wurde. Unter Maria Theresia und Joseph II. war die unierte Kirche zwar rechtlich der römisch-katholischen Kirche gleichgestellt und so zur »griechisch-katholischen« Kirche transformiert worden, doch eine soziale Gleichberechtigung erwuchs daraus trotzdem nicht. Trotz der Abschaffung der persönlichen Leibeigenschaft blieben die Bauern den Gutsherren fronpflichtig, an ihren ökonomischen Verhältnissen änderte sich also nichts. Die Ruthenen waren ein Volk von »chłop i pop«, wie die Polen spotteten, von »Bauer und Pfaffe«. Nur in den Familien des Klerus – ein Zölibat gab es bei den Grekokatholiken nicht – gab es höhere Schulbildung, Bücherschränke, Zeitungen. Entsprechend verliefen die sozialen Aufstiegspfade der galizischen Ukrainer in die Institutionen weltlicher Bildung sowie in Intelligenzberufe in Politik, Rechtswesen, Wissenschaft und Medien bis ins letzte Drittel des 19. Jahrhunderts fast ausschließlich über die Herkunft aus dem ruthenischen Pfarrhaus. Womöglich war dieses für die Westukrainer von ähnlicher Bedeutung wie das evangelische Pfarrhaus für die Deutschen, das mit seiner Kombination aus Frömmigkeit, Innerlichkeit und Bildungseifer, aber auch als Reibungsfläche für gegen die Tradition rebellierende Pfarrerssöhne viele Dichter, Wissenschaftler, Philosophen und politische Feuerköpfe hervorbrachte.

Daher entstand die ukrainische Emanzipationsbewegung der Ukrainer im Habsburgerreich erst in den Pfarrhäusern und dann in den Bauernhäusern. Sie war zunächst eine Kleriker- und erst später eine Bauern(kinder)bewegung. Woran man sich orientieren sollte, war 1848, als der »Völkerfrühling« der Habsburgermonarchie plötzlich Türen für politische Betätigung öffnete, noch überhaupt nicht ausgemacht: sollte es das Leitbild einer überkonfessionellen polnischen Nation sein, wie es polnischen Demokraten vorschwebte, was aber für die Ukrainer einen Sprach- und Kulturverlust impliziert hätte (»gente ruthenus, natione polonus«)? Oder der traditionalistisch-orthodoxe Bezug auf Russland als

Schutzmacht aller Ostchristen? Sollte es, gemeinsam mit den Belarussen, eine Irredenta der westlichen Rus-mit russischer oder kirchenslawischer Schriftsprache sein, genährt vom Widerstand gegen die polnische Dominanzkultur? Oder sollte man sich auf Galizien beschränken und an der bislang gepflegten nativ-frommen Treue zum Haus Habsburg festhalten, das als Schiedsrichter der widerstreitenden Polen und Ruthenen auftreten würde? Letzteres war eine traditionalistisch-quietistische Haltung, die im Bauerntum und Teilen des Klerus durchaus verwurzelt war. Der plebejische ukrainische Nationalismus, der Sozial- und Landreform und Bildung in der Volkssprache in den Mittelpunkt stellte, war nur eine, und damals nicht einmal die erfolgversprechendste Option unter diesen vielen Möglichkeiten. Darum nannte der kanadische Historiker John Paul Himka diese Zeit auch »Icarian flights in almost all directions«.[34]

Als die 1848er Revolution, die Vollendung der Bauernbefreiung mit dem Ende der Fronherrschaft, vor allem aber der 1864 einsetzende Konstitutionalisierungs- und Parlamentarisierungsprozess das zuließen, bauten die Ruthenen gegen die Vereinnahmungsversuche des hegemonialen polnischen Adels sukzessive ein Netz von politisch-kulturellen Vereinen, Lesezirkeln und auch Parteien und Genossenschaften auf, das ihnen beim Aufbau einer modernen Nationalbewegung half. Mitten in Lemberg, auf dem Territorium der 1848 unter österreichischer Kanonade in Trümmer gelegten alten Universitätsbibliothek, errichteten sie nach dem Vorbild der tschechischen Nationalbewegung ein »Volkshaus«, *Narodnyj Dim*, mit Saal, Restaurant und Vereinsbüro, das fast ausschließlich durch Volksspenden finanziert wurde und der zentrale Veranstaltungsort der Ukrainer in der Stadt wurde. Ironischerweise war das Volkshaus in seinen Anfängen von deutlichen russischen Sympathien geprägt, weil sein Trägerverein von konservativen Klerikern beherrscht wurde, die sich von der polnisch-katholischen Vorherrschaft in Galizien distanzieren wollten und ihre Hoffnungen auf das – allerdings ihnen weitgehend unbekannte – orthodoxe Zarenreich setzten. Entsprechend ihrer konservativen und auf Kontinuität setzenden und religiösen Grundhaltung plädierten diese »Russophilen« für eine ruthenische Schriftsprache. Diese sollte auf der kirchenslawisch geprägten Hochliteratur und den Bibeltexten der Vorväter aufsetzen und nicht auf der Volkssprache der Bauern – also im Grunde eine Variante, wie sie auch im Gegensatz von Schriftdeutsch und Schwyzerdütsch in der Schweiz existiert. Doch das traf auf die erbitterte Kritik der jüngeren, populistischen Generation, die eine Bildung in der ukrainischen Volkssprache für unerlässlich hielt. Sie behielten schließlich die Oberhand – nicht nur, weil sie in ihrem Vereinswesen attraktivere Angebote für die Bauern machten, sondern auch, weil sie die österreichischen Behörden auf ihre Seite ziehen konnten, was in der Etablierung eines ukrainischsprachigen Volksschulsystems mündete. Dieser Trumpf stach die Älteren schließlich aus, die zwar über erhebliche Ressourcen in ihren überkommenen Vereinsstrukturen verfügten, zum Beispiel im Volkshaus, das sie den Jüngeren nicht überlassen wollten. Doch fielen sie zunehmend unter den Generalverdacht des Paktierens mit dem strategischen Gegner Russland und wurden daher politisch verfolgt.

Trotzdem legten die Russophilen wichtige strukturelle Grundlagen für die ukrainisch-populistische Massenbewegung, die sie später ablöste. Viele ihrer unerlässlichen Bildungs-, Mobilisierungs-, Medien- und Symbolpraktiken – Lesevereine, Kirchenbruderschaften, Ratgeberliteratur für die Bauern, Zeitungen, die typische galizische politische Festkultur mit ihren Volksversammlungen, Freiluftgottesdiensten und Rezitations-Konzerten – wurden von den Russophilen geschaffen. Doch hing ihnen in der von den nachrückenden Ukrainophilen dominierten Überlieferung im Grunde bis ins 21. Jahrhundert die Brandmarkung als Renegaten, gar als Verräter an, bis eine integrale Sicht auf die ukrainische Nationsbildung in Galizien zu einer Neubewertung ihrer Rolle führte. Festzuhalten bleibt eine wichtige Entwicklung, welche die ukrainische Nationalbewegung in den habsburgischen Gebieten prägte: nämlich die lange Auseinandersetzung zwischen einer beharrend-traditionalistischen, zum Teil auch sehr kaisertreuen älteren Schicht und einer progressiv-agrarsozialistischen Bewegung, die extrem produktive Intellektuelle wie Iwan Franko oder Mychajlo Drahomanow an sich band. Man kann diese Grundstruktur der ukrainischen Bewegung des Habsburgerreiches auch in ihrem russländischen Gegenstück wiederentdecken – hier waren die älteren, beharrenden Kräfte die *Malorossy*, lokalpatriotische, aber treu zu Zar und russisch-orthodoxer Kirche stehende Provinzhonoratioren, während die Jüngeren Agrarsozialismus, Antiklerikalismus und ukrainische Volksbildung propagierten.

Und noch ein wichtiges Strukturmerkmal – oder vielmehr ein Raum-Zeit-Merkmal – der ukrainischen Bewegung sollten wir festhalten: Obwohl ihre Anfänge, wie auch die Kodifizierung der ukrainischen Literatursprache, im Russischen Reich mit Kristallisationspunkten in Charkiw und Kyjiw lagen, überholten die Galizier ihre östlichen Landsleute bei der Institutionen- und Strukturbildung, je mehr letztere durch Repressionen an der politischen Entfaltung gehindert wurden. Das begründet auch den modernen Mythos der Westukraine mit Lwiw als Hochburg des ukrainischen Nationalismus, während die russophilen Anfänge gerade der Galizier lange Zeit verschämt verschwiegen wurden. Gleichzeitig wird heute in der westlichen Ukraine häufig unterschätzt, welche Rolle gerade die östliche, russländische Ukraine für die frühe Phase der modernen Nationsbildung spielte.[35]

Land, Weide, Wald, Gewalt

Diese Prozesse bestimmen das ukrainische 19. Jahrhundert, in dem die Nationsbildung nicht auf dem Schlachtfeld vorangetrieben wurde, sondern in den Schulen, Kirchengemeinden, Lese- und Schulvereinen und in den Genossenschaften. Dies bedeutete allerdings nicht, dass sie nur friedlich ablief. Gerade die Selbstbehauptung und Selbstermächtigung von Bauernnationen waren sehr häufig mit lokal aufflammender Gewalt verbunden. Die Geschichte der ukrainischen Emanzipation sowohl im habsburgischen Galizien, wo der Verfassungsstaat durch Möglichkeiten institutionalisierter Selbstorganisation solche Prozesse begünstigte, als auch im autokratischen Russland ist durchzogen von Gewalt. Nun waren es aber nicht mehr die großen, in die Geschichtsbücher eingegangenen Kosakenaufstände, sondern eine Vielzahl kleiner Unruhen und lokaler Rebellionen.

Die ukrainischen Lieder waren das Medium, in dem sich die Kunde von solchen Aufständen verbreitete; einer der eindrucksvollsten, weil erstaunlich »modern«, war der Aufstand von Turbajiw im Gebiet Poltawa 1789–1793, der sich an der Unzufriedenheit der Kosaken über eine verschleppte Klärung ihrer Besitzansprüche gegenüber den örtlichen Grundherren entzündete. Die Bauern stürmten einen Ortstermin des zuständigen Gerichts, vernichteten die Akten, erschlugen den Gutsherrn, verprügelten weitere Beamte, setzten das Gutshaus in Brand und organisierten eine Dorf-Selbstverwaltung und Umverteilung des Herrenlandes und -Viehbestandes. Erst 1793 beendete ein Militäreinsatz diese Mini-Republik, die Aufständischen wurden mit schweren Körperstrafen belegt, zur Zwangsarbeit verschickt, andere ins Gebiet Cherson zwangsumgesiedelt.[36] Allein in den rund 20 Jahren zwischen dem gescheiterten

Dekabristenaufstand und der Verbannung der Kyrill-Methodius-Brüder gab es in der Ukraine über 300 kleinere oder größere Bauernaufstände, deren Abläufe immer gleich waren: Die Wut der Bauern über eine Ausweitung der Arbeitslast oder die Übergriffigkeit des Guts auf Bauernland staute sich über längere Zeit an, ein kleinerer Anlass reichte als Zündfunke, dann brach sich die Gewalt spontan Bahn, aber ohne politische Ziele oder Planung, meist mit Brandstiftung und Gewalttaten gegen die Gutsbeamten. Dann folgte die Pazifizierung mittels Strafexpeditionen des Militärs. Die Bestrafung bestand im Niederbrennen von Bauernhäusern der Rädelsführer, in der Verschickung der Bauern in die sibirische Zwangsarbeit oder in den Zwangsmilitärdienst.[37]

Auch auf der anderen Seite der Grenze, im österreichischen Verfassungsstaat, konnte der politische Prozess die Gewalt nicht immer einhegen oder in institutionalisierte Konfliktaustragungsformen umwandeln. Überdies ergaben sich neue Konfliktfelder, die häufig ebenfalls mit gewaltsamer Konfliktaustragung einhergingen. Eine Quelle solcher Unruhen waren die Wahltage in Österreich. Zeitungen, Gerichtsakten und Vereinskorrespondenzen aus Galizien sind voller Hinweise auf die Behinderung von Wahlleuten der Bauerngemeinden, zur Abstimmung in der Kreisstadt zu gelangen, auf Bestechung und Wahlbetrug. Zum großen Kampfplatz der sozialen Antagonisten, der ruthenischen Bauern auf der einen Seite und des polnischen Adels und der österreichischen Behörden auf der anderen, wurde aber die Grundentlastung, für die Bauern die häufigste Quelle von Unzufriedenheit. Wie im Russländischen Reich kreisten alle Projekte und Emotionen der Bauern um das Land – Land, das man genutzt hatte und nun nicht mehr nutzen durfte; Land, das man besitzen wollte und nicht besaß; Land, das man besaß, aber durch Überschuldung verlor.

Die Aufhebung der persönlichen Leibeigenschaft und Umwandlung in eine Untertänigkeit mit Robot-Pflichten sowie die Regelung dieser Pflichten hatten bereits in den 1780er Jahren mit den josephinischen Reformen begonnen. Nun ging es um die Ablösung dieser Lasten und die Befreiung der Bauern aus der Untertänigkeit. Die Bauern im Habsburgerreich begrüßten die Bekanntgabe des Grundentlastungspatents im Frühjahr 1848 und seine bis in die 1850er Jahre erlassenen Folgepatente mit Jubel, vielerorts aber auch mit Versuchen wilder Landaneignung. Doch der Prozess der Landvergabe erwies sich als kompliziert und enttäuschte viele Erwartungen. Vermessungskommissionen schwärmten aus, um eine Aufnahme des Status quo vorzunehmen, also der aus der Zeit der Fronherrschaft herrührenden Ordnung mit ihren fraktionierten Flurstücken in Feld, Weide und Wald, an denen Nutzungsrechte und »Giebigkeiten«, d.h. Abgaben in Form von Geldzahlungen, Naturalien oder Arbeitsleistungen, gebunden waren. Diese Bestandsaufnahme wurde im Grundbuch festgehalten. Die Grundentlastung selbst war eine sich über mehrere Jahre hinziehende Prozedur, in der diese auf dem Land ruhenden Lasten dem Grundherrn entschädigt werden mussten und die Bauern im Gegenzug einen Teil des Landes zum Eigentum erhielten. In Österreich-Ungarn übernahm diese Entschädigungsaufgabe teilweise der Staat, zum Teil mussten die Bauern selbst den Grundherrn mit einer Geldleistung entschädigen, die als Hypothek abzuzahlen war. Die Vermittlerrolle in diesem Prozess übernahmen speziell gegründete Banken. Im Kern der Neuordnung stand die Neuvermessung des Landes, deren Resultat in einem Vertrag zwischen Landgemeinde und Herrschaft abgesichert wurde.

An dieser Stelle, der Vermessung und Umrechnung von feudalen Lasten in moderne Geldleistungen, entstanden Konflikte. Eine häufige Konfliktursache war der ungerechte Tausch – so strebten sowohl die Grundherren als auch die Bauern möglichst unzersplitterte Feldfluren im eigenen Besitz an, was nur durch den Tausch von Flurstücken mit der Landgemeinde, aber auch durch die Neuaufteilung von Bauernland bewerkstelligt werden konnte. Da der feudale Status der verschiedenen Landstücke und -sorten sehr komplex war, waren auch die Gelegenheiten für Übervorteilungen bei der Grundentlastung und Neuaufteilung vielfältig. Besonders umkämpft waren die Nutzungsrechte an Wald und Weide, die sogenannten »Servituten«, was zu langwierigen Rechtsstreitigkeiten mit den Grundherren und der Servitutenkommission im Zuge der Grundentlastung führte. Der Begriff der Servituten leitet sich ursprünglich von den feudalen »Dienstbarkeiten« ab und bezog sich auf die bäuerlichen Nutzungsrechte und Gemeinderechte an Wald und Weide, die im deutschsprachigen Raum als Allmende bezeichnet wurden. Diese Nutzungsrechte fielen aus der Sicht der Grundherren mit der Grundentlastung weg und sollten fortan bezahlt werden, was die Bauern naturgemäß ablehnten. Die Servitutenkommissionen waren spezielle Schiedsgerichte, die ab 1855 bis Ende des Jahrhunderts an den Bezirksgerichten aktiv waren und solche Konflikte klären sollten. Häufig wurden Sozialproteste, die sich an Servitutenstreitigkeiten entzündeten, dann durch religiöse oder konfessionelle Fragen überlagert: In mehreren Fällen drohten ukrainische Bauerngemeinden in Galizien, aber auch in Oberungarn, von der dem Vatikan unterstellten griechisch-katholischen Kirche zur Orthodoxie zu konvertieren.

Wenn dann noch angetrunkene Bauern in der Dorfschenke Reden schwangen und den Polen drohten, der Zar werde aus Russland kommen und alle Polen vertreiben, wurden die Konflikte politisch, begannen sich Geheimpolizisten für sie zu interessieren. Häufig kam es dann auch zu gewaltsamen Auseinandersetzungen. Regelmäßig übte der Staat Gewalt gegen die Bürger aus: Demonstrierende, die zusammengeschlagen oder mit Schüssen verletzt, als subversiv betrachtete politische Vereine, die aufgelöst oder von Schlägertrupps überfallen wurden. Russophile Kleriker, Gelehrte und Bauern-Aktivisten, die gewaltfrei gegen die polnische Dominanz protestiert hatten oder sich zu den Landstreitigkeiten äußerten, wurden mit Hochverrats- oder Spionageprozessen überzogen. Letzteres nahm vor allem am Vorabend des Ersten Weltkriegs in den grenznahen Landkreisen Galiziens und in den Gebirgsregionen zu, wo sich sozialer Protest häufig in spontanen Bekundungen von Sympathien mit Russland äußerte. Bei der großen Agrarstreikbewegung von 1902 kam es zu unzähligen bewaffneten Zusammenstößen mit Polizei oder Streikbrechertrupps. In den österreichischen Akten hießen solche Zusammenstöße *Excesse*, in den russischen »Unordnung« (*besporjadki*) oder »Aufruhr« (*mjatesch*).[38]

Übrigens waren derlei Auseinandersetzungen, in denen soziale Antagonismen sich an überkommenen Symbolen entzündeten, zudem mitunter religiös aufgeheizt und schließlich zum Politikum wurden, keinesfalls ein Exotismus aus dem Grenzland »Halb-Asiens«, wie die damaligen Galizien-Klischees besagten. Der Austro-Marxist Otto Bauer hat in seinem monumentalen Werk »Der Kampf um Wald und Weide« derartige Konflikte in den deutsch-österreichischen Landesteilen untersucht und das Schicksal der Allmende angesichts der agrar-kapitalistischen Umwälzungen seit der Mitte des 19. Jahrhunderts nachgezeichnet.[39] Der Umwelt- und Sozialhistoriker David Blackbourn hat ähnliche Konflikte im saarländischen Marpingen zur Zeit des Kulturkampfes untersucht. In diesem Industriebauern-Ort, der von Bergbau und Landwirtschaft gleichermaßen geprägt war, überlagerten sich ebenfalls Servituten-Konflikte mit den preußischen Forstbehörden um die Waldnutzung mit religiösen Programmen und Konflikten zwischen katholischen Untertanen und preußisch-protestantischen Behörden: Bauern berichteten von Marienerscheinungen, die sie just in diesem umstrittenen Waldgebiet hatten. Es kam zu wilden Pilgerfahrten und Sozialprotesten, die 1879 ebenfalls vor Gericht landeten.[40]

In Galizien gerieten die Juden häufig zwischen die Fronten der sozialen Konflikte auf dem Dorf. Denn nach wie vor waren sie es, die als Inhaber traditioneller Mittlerpositionen als Gutsverwalter oder Schankwirte die ersten greifbaren sozialen Antagonisten waren. Die ukrainischen Genossenschaften, die zur Aushebelung des jüdischen Kleinhandels, Kleinkreditgewerbes und Agrarzwischenhandels gegründet worden waren, bedienten sich häufig antisemitischer Anspielungen beim Werben für genossenschaftliches Engagement.

Etwas anders war es an der Wende zum 20. Jahrhundert in der russländischen Ukraine, wo sich der Schwerpunkt judenfeindlicher Ausschreitungen in die Städte verlagert hatte. In den kleineren Städten der rechtsufrigen Ukraine stellten die Juden zwischen 20 und 50 Prozent der Stadtbevölkerung, in Odessa und Kyjiw waren es ein Drittel bzw. ein Zehntel. Nach wie vor gab es eine hohe Korrelation zwischen jüdischer Konfession und Berufstätigkeit in den Handwerks-, Handels- und freien Berufen. Der Begriff *pogrom*, eigentlich »Krawall«, stammt aus der russländischen Ukraine des 19. Jahrhunderts und meint die Massengewalt gegen Juden, die allerdings meist nicht von ukrainischen Bauern, sondern von russischen Arbeitern oder Eisenbahnern in den Städten ausging. Bei den großen Pogromen von 1881 nach der Ermordung Alexanders II. und 1905 im Umfeld der Revolution lag die Aufstachelung zur Tat und zum organisierten »Volkszorn« in der Hand von professionellen Antisemiten, Staatsbeamten oder Klerikern, die in rechtsnationalistischen Organisationen, den sogenannten »Schwarzhundertern«, aktiv waren. Gleichzeitig trat eine völlig neue Form von Gewalt in der russländischen Geschichte auf, die Anschläge von – damals ein neues Wort – »Terroristen« und »Anarchisten«, die gegen Repräsentanten des Staates gerichtet waren und mit solchen Fanalen der Gewalt den Anstoß zum Massenaufstand geben wollten. Der Staat reagierte in Russland, aber auch in den österreichischen Gebieten der Ukraine mit organisierter Gewalt gegen vermeintliche oder tatsächliche »Hochverräter« und »Umstürzler«: die Gewalt der Gefängnisse, der Zwangsarbeit, des Zwangsmilitärdienstes und der Verbannung. Die Radikalen antworteten mit Gegengewalt. Gerade solche Attentate verschärften die Stimmungslage in allen ukrainischen Gebieten.[41]

Erst an der Wende zum 20. Jahrhundert, mit dem Aufkommen von Bildungsbewegungen, agrarsozialistischen und sozialdemokratischen ukrainischen Parteien, kam es besonders in der Westukraine, die zum Habsburgerreich gehörte, zu Versuchen, das latent gewalthaltige Verhältnis zwischen Juden und Ukrainern zu überwinden. Politische Bündnisse zwischen Ukrainern und Juden wurden hierbei im Bewusstsein einer Kooperation der Unterschichten und der marginalisierten ethnischen Minderheiten gegen Behörden und polnischen Adel geschlossen. Das funktionierte insbesondere dort gut, wo die Ukrainer Sozialisten und die Juden Zionisten waren. Zionisten und linke Ukrainer teilten den Traum vom Nationalstaat als Garanten einer sozialen und kulturellen Befreiung der unterdrückten Ethnien in den beiden großen europäischen Imperien, Österreich und Russland. Doch ahnten sie alle, dass der Preis für die Verwirklichung dieser Träume nur ein vermutlich gewaltsamer Zusammenbruch der Imperien sein konnte.

6. Nation der Extreme: die Ukraine 1918–1991

Der marxistische Historiker Eric Hobsbawm gab dem 20. Jahrhundert in seiner berühmten Weltgeschichte den Epochennamen »Zeitalter der Extreme«.[1] Damit meinte er, dass die Welt, nachdem sie aus dem Ersten Weltkrieg hervortrat, der gleichzeitig Ende des »langen 19. Jahrhunderts« und Urkatastrophe des 20. Jahrhunderts war, nicht nur extreme Massengewalt erlebte, sondern auch einen vorher nicht gekannten Schub der Demokratisierung und Liberalisierung von Industriegesellschaften, des Wohlstandszuwachses und der Dekolonisierung von imperialen Herrschaftsverhältnissen.

Gemeinhin wird die extreme Gewalt- und Diktaturerfahrung des 20. Jahrhunderts ohne großes Zögern mit der Geschichtsregion Osteuropa assoziiert; die zweite Erfahrung – ökonomischer Boom und Liberalisierung – wird in der westlichen Welt verortet. Nachfolgende Bücher über die Gewalterfahrungen Osteuropas, die sich stark an Raum-Metaphern anlehnten – so Snyders »Bloodlands« oder Schnells Schreckensräume, trugen zu dieser Wahrnehmung bei, auch wenn sie nun, im Lichte des grausamen Ukraine-Krieges der Gegenwart, recht zu behalten scheinen. Dabei wird übersehen, dass auch das östliche Europa nach dem Zweiten Weltkrieg eine Phase wenn nicht des Booms, so doch des vergleichsweise steilen wirtschaftlichen Aufschwungs und Massenkonsums erlebte. Auch eine Sonderform der Liberalisierung gab es unter der Ägide des Tauwetters und in den 1960er Jahren, verkörpert durch den Prager Frühling – der allerdings niedergeschlagen wurde. Dissidenz, Subversion und Demokratisierungstendenzen kamen vor dem Ende der Sowjetunion aus dem Inneren der sozialistischen Gesellschaften, wurden also nicht infolge einer Niederlage im Kriege durch Besatzungsmächte aufgeprägt, wie es in der Nachkriegs-Bundesrepublik der Fall war.

Vor dem Hintergrund der Hobsbawm'schen Interpretation könnte man die Ukrainer des 20. und auch noch des beginnenden 21. Jahrhunderts als Nation der Extreme bezeichnen. Die Ukrainer überraschten die Welt häufig: Gerade noch völlig ignoriert und ohne staatliche Strukturen – plötzlich präsent als imperien-stürzender Akteur der Geschichte; lange lagen sie in der Entwicklung zurück, dann durchliefen sie rapide Modernisierungsschübe. Alles war in der Ukraine auf engstem zeitlichen Raum zusammengedrängt: einerseits das Ende des Mangels, andererseits Hunger als Waffe; einerseits in Rekordzeit von der Alphabetisierung zur ideensprühenden Kulturblüte und futuristischen Utopie, andererseits in genauso atemberaubender Abfolge Bürgerkriegsgemetzel und staatlich organisierte Massenmorde, die tiefe demographische Kerben in die ukrainische Gesellschaft schlugen und gähnende Leerstellen in der kollektiven Erinnerung hinterließen. Die Ukraine war ein Laboratorium der Moderne, in dem alle ihre entsetzlichen und wunderbaren Aspekte durchexerziert wurden. Analog zu dieser Bilanz der Extreme liegen im 20. Jahrhundert auch die Anläufe und Rückschläge für die ukrainische Nationsbildung so eng beieinander wie in keiner anderen Epoche.

Vor dem Großen Krieg

Am Vorabend des Ersten Weltkriegs waren die Ukrainer stockend ins Zeitalter der politischen Massenmobilisierung eingetreten. Stockend, weil zwar etliche institutionelle Voraussetzungen sich gebessert hatten, ihr Nutzen aber noch lange nicht nach unten durchgestellt wurde. Zu Beginn des 20. Jahrhunderts waren die Ukrainer eine Gesellschaft, die bis zu 90 Prozent von der Landwirtschaft lebte, deren Wertesystem und Bezugsräume vom Leben in Dorfgemeinschaften geprägt waren. Die Landwirtschaft war technisch rückständig und erwirtschaftete daher wenig Überschüsse, die in Bildung, Schulbücher und Vereinswesen hätten gesteckt werden können. Die ukrainischen Dörfer waren immer noch kapital- und bargeldarm, abgesehen von den Geldsendungen der Überseemigranten und dem Kleinkreditwesen. An modernen Anbaumethoden im Getreide- und Zuckerrübenbau, die vor allem auf den großen Gütern eingeführt wurden, hatten die Ukrainer kaum Anteil, da sie entweder Kleinbauern waren, wie in der linksufrigen Kosakenukraine, oder Agrarproletariat, wie in Galizien und in der rechtsufrigen Ukraine.

Kennzeichnend für die ukrainische Situation war die große Diskrepanz zwischen den Lebensbedingungen in den russländischen und österreichischen Gebieten. Die Ukrainer im habsburgischen Galizien verfügten aller Kapitalnot zum Trotz über ein ausgebautes System von Bildungs- und Kulturvereinen unter dem Dach der Vereinigung *Proswita* (Aufklärung), seit 1873 auch über die Taras-Schewtschenko-Wissenschaftsgesellschaft, die die Aufgaben einer ukrainischen Akademie der Wissenschaften erfüllte. Das Genossenschafts-, Kredit- und Versicherungswesen ermöglichte erstmals unternehmungsfreudigen Bauern, abseits der traditionalen Guts- und Wucherkreditwirtschaft Land zu erwerben und zu expandieren, Raiffeisen-Sparkassen lösten den jüdischen Schankwirt als Mikrokreditgeber ab. Landhunger war immer noch der größte Treiber aller bäuerlichen Anstrengungen und auch der Anreiz zur Migration nach Übersee. Land bedeutete Freiheit, Land bedeutete Entscheidungsspielraum, Land bedeutete, den Kindern Bildung zu ermöglichen. Rund ein Drittel der Studierenden an der Universität Lemberg waren um 1910 ukrainischer Herkunft, zunehmend waren darunter nicht mehr nur Pfarrers-, sondern auch Bauernsöhne.

Sie trafen auf ein polnisch dominiertes Hochschulwesen. Zwar wurde an zehn Lehrstühlen für Geisteswissenschaften auf Ukrainisch unterrichtet, aber wer Natur- und Technikwissenschaften, Medizin und Jura studierte, konnte Vorlesungen nur auf Polnisch, bei den älteren Professoren auch auf Deutsch hören. Trotz der unübersehbaren Fortschritte bei Volksschul-, Gymnasial- und Hochschulbildung sowie bei der Ausbildung ukrainischer Lehrer waren um 1914 immer noch rund 60 Prozent der galizischen Ukrainer Analphabeten. Politische Kommunikation war also immer noch weit mehr als in anderen Nationsgesellschaften des Habsburgerreichs auf die mündliche Wissensweitergabe reduziert: so das Vorlesen der Zeitungen im Leseverein durch einen *hramotnyj* (Schriftkundigen), das Politpalaver in der Dorfschenke oder die Saal- und Straßenversammlung, wo politische Aktivisten zum Volk sprachen, oder bei Jahrmärkten, Wahlkämpfen und Festakten, die häufig religiös eingerahmt waren. Das Parteienspektrum der galizischen Ukrainer war schon relativ ausdifferenziert: Neben der ältesten Partei, den konservativen Russophilen, die vor 1914 unter dem Druck junger, radikaler Mitglieder in den Einzugsbereich eines russischen Anschlussnationalismus gerieten, gab es

Agrarsozialisten und Nationaldemokraten, eine Partei der politischen Mitte. Einer der Erfolge ukrainischer parlamentarischer Politik war der galizische »Ausgleich« zwischen Polen und Ukrainern, der 1914 nach langem Ringen ausgehandelt worden war und eine Teilautonomisierung Ostgaliziens ermöglichte, also jenes Teils Galiziens, in dem die Ukrainer die Bevölkerungsmehrheit stellten. Doch dieses Vorhaben wurde nicht mehr umgesetzt, weil es vom Kriegsausbruch überrollt wurde.[2]

In Russland hatten die Ukrainer ungleich schlechtere Voraussetzungen für eine Alphabetisierung. Die russische Volkszählung von 1897, die für die Forschung wichtigste Quelle über die Nationalitätenverhältnisse des späten Russländischen Reiches, vermeldete eine Analphabetenrate von 81 Prozent bei den Männern und von 95 Prozent bei den Frauen. Bei den in der Ukraine lebenden Russen, die vor allem in Städten lebten, lag die Analphabetenrate nur bei 60 Prozent – ein Unterschied, der auf die imperiale Hierarchie zwischen Russen und Ukrainern verwies und viele Russen veranlasste, auf die Ukrainer als ungebildete Bauern herabzusehen. Auch die ungeduldigen ukrainischen Aktivisten bezeichneten die national noch indifferenten Bauern damals häufig entnervt als »ethnographische Masse«, der man ein politisches Handeln aus eigenem Antrieb, aus eigener Idee, ohne gebildete Führer nicht zutraute.[3]

Trotz der schlechten Bildungsvoraussetzungen hatte der Aufschwung des (russischsprachigen) Schul- und Universitätswesens eine Gruppe von Menschen hervorgebracht, die sich eine solche Führung zutrauten. Es gab eine kleine zwei- oder (wenn ein polnischer Familienhintergrund gegeben war) dreisprachige ukrainische Elite, die sich, sobald mit der Revolution von 1905 das Parteien- und Vereinswesen legalisiert wurde, sofort zu organisieren begann, zumeist in linksorientierten Parteien. Zwischen 1905 und 1907, als die meisten liberalen Regelungen wieder kassiert wurden, konnte sie parlamentarische Erfahrungen auf Reichsebene in der russischen Duma sammeln. Doch sie machten zwei wichtige Erfahrungen: Erstens wurden alle ihre Bestrebungen, die soziale Lage der ukrainischen Bauern zu verbessern und die ukrainische Bewegung so auch auf eine breitere Basis zu stellen, in erster Linie ihre Anträge zur Einführung der ukrainischen Unterrichts- und Behördensprache, von einer russischen Duma-Mehrheit überstimmt. Zweitens wurden die wenigen Errungenschaften der Revolution, die ihnen zugutekamen, ab 1907 schrittweise wieder kassiert und ihre Vereine wieder in die Illegalität getrieben.

Die Schlussfolgerung lag also nahe, dass eine Änderung dieser Verhältnisse nur ohne die Russen, d.h. in einer autonomen oder sogar vollkommen unabhängigen Ukraine zu erreichen sei. Zum selben Schluss kamen auch die Ukrainer in Galizien, die auf einen viel längeren und stabileren parlamentarischen Vorlauf im galizischen Landtag und im österreichischen Reichsrat zurückblicken konnten und dort vor allem auf dem Wege der Koalition und Kooperation mit anderen Minderheiten versucht hatten, ihre politischen Ziele durchzusetzen. Was auf beiden Seiten der österreichisch-russischen Grenze fehlte, waren administrative Strukturen, die als ukrainisch erkennbar gewesen wären. Die Ukrainer lebten nach wie vor in einer Welt, in der kaum einer, der politische und ökonomische Macht ausübte, ihre Sprache sprach. Die immer wiederkehrende Konfrontation mit eigener Machtlosigkeit radikalisierte viele der ukrainischen Aktivisten, die sich teils von den ukrainischen, teilweise aber auch von den revolutionären russischen Parteien angezogen fühlten. Angesichts der sich mit den Balkankriegen seit 1908 allmählich aufbauenden kriegerischen Atmosphäre ließen sie den Gedanken zu, dass sich soziale Veränderungen nur auf gewaltsamem Wege durchsetzen könnten. Doch was den ukrainischen Intellektuellen und Bildungsaktivisten in aller Regel fehlte, waren militärische Erfahrung und praktische Erfahrung mit dem Ergreifen und Halten von politischer Macht, dem Aufbau wehrhafter politischer Strukturen. Diese Basiseigenschaften wiederum aber gab es in jener Schicht der ukrainischen Gesellschaft, die am wenigsten politisiert war – bei den Bauern. Mit der Einführung der modernen allgemeinen Wehrpflicht waren die Ukrainer sowohl in Russland als auch in Österreich-Ungarn in Kontakt mit einer mächtigen Sozialisations-, aber auch einer Bildungsinstanz gekommen, die sie weit weg von ihrer angestammten Lebenswelt führte: der Armee. Häufig lernten Bauern während ihres Wehrdienstes lesen und schreiben. Altgediente Soldaten genossen daher in den Dörfern ein hohes Sozialprestige, sie übten dort Ämter aus.[4] Mit der massenhaften Einziehung der Ukrainer in die Weltkriegsarmeen wurde der bewaffnete Bauer zum Massenphänomen. Auch viele gebildete Ukrainer leisteten Kriegsdienst als Offiziere und Unteroffiziere. Die Armee wurde zu einer riesigen Mobilisierungsmaschine, in der die nationale Bewusstwerdung »wie im Zeitraffer« ablief, wie Yaroslav Hrytsak treffend feststellte.[5]

Die bewaffnete Nation

Zu Beginn des Revolutionsjahrs 1917 waren in der kaiserlich-russischen Armee rund 12 Millionen Mann unter Waffen, fast alle Bauern – und ein Drittel davon Ukrainer. Die Kriegsfront zog sich von der Ostsee bis zum Schwarzen Meer, im Zentrum – die westliche Ukraine. Wer die Ukraine beherrschte, so das Kalkül sowohl der Mittelmächte als auch der russischen Regierung, verfügte über zentrale Ressourcen zur Aufrechterhaltung der Kampffähigkeit: Korn, Kohle, Stahl. Daher wurde um die Ukraine erbittert gekämpft. Der Frontverlauf wanderte auf dem Territorium des alten Fürstentums Galizien-Wolhynien hin und zurück, man könnte also sagen, im alten Grenzraum zwischen der lateinisch-katholischen Welt und der *Slavia Orthodoxa*. Zu Beginn des Krieges waren die russischen Truppen fast bis ins westgalizische Krakau vorgestoßen, Mitte 1915 waren sie tief ins eigene Territorium im Raum Riwne zurückgeworfen, Anfang 1917 verlief die Front nach einer erneuten russischen Offensive östlich von Lemberg.

Man schleppte sich ins dritte Kriegsjahr, gezeichnet von Nahrungsmittelknappheit, Teuerung, Epidemien. Auch auf der österreichischen Seite der Front kämpften Ukrainer, ungefähr 700.000 Mann »Ruthenen« – der Schriftsteller Joseph Roth hat ihnen in der Schlusssequenz seines Romans »Radetzkymarsch« ein Denkmal gesetzt.[6] Der Krieg stellte sie vor eine besondere Herausforderung, denn sie standen unter dem Generalverdacht, sie sympathisierten wegen ihrer »Stammesverwandtschaft« mit den »Kleinrussen« jenseits der Grenzen mit dem Feind. Schon bei Kriegsbeginn wurden die Ukrainer Galiziens mit verstörenden Gewalterfahrungen konfrontiert, die auf diesen Generalverdacht zurückgingen. Befeuert von der kollektiven Hysterie des Kriegsbeginns und des raschen russischen Vormarsches, geschürt von polnischen und deutschösterreichischen Denunziationen, wurden Tausende ohne Gerichtsverfahren wegen angeblicher Spionage hingerichtet oder deportiert. Letzteres traf vor allem die russophilen Intellektuellen und ihre Familien, die im steirischen Lager Thalerhof interniert wurden. In Przemyśl kam es zu einem furchtbaren Pogrom an gefangenen Russophilen, die durch die Stadt geführt wurden.

Alle Soldaten ohne Ansehen ihrer Herkunft machten dieselben elementaren Erfahrungen: Erstens erlebten sie das Grauen des modernen, technisierten, aber gleichzeitig barbarischen Massenkrieges, das Gemetzel im Nahkampf, die Belagerung der Festung Przemyśl, die Entbehrungen des

Winterkrieges in den Karpaten, die Vorstöße ins »Feindesland«, die Panik der Rückzüge, die Evakuierungen, das Elend der Zivilbevölkerung, besonders der aus dem Frontgebiet vertriebenen Juden, die Seuchen und den Hunger. Daneben machten die ukrainischen Soldaten aber auch eine weitere Erfahrung: die Landbevölkerung im jeweiligen Feindesland sprach ihre eigene Sprache. Und die Gefangenen, die sie machten, sprachen Ukrainisch und waren Bauernsöhne wie sie selbst.[7]

Da brach ein Gedanke sich Bahn: Warum kämpfen wir gegen Landsleute? Was, wenn man gar nicht mehr für Kaiser und Zar kämpfen würde, sondern nur das eigene Land verteidigen müsste – das Land, das nun vom Krieg fremder Mächte zerfetzt wurde? Was, wenn das Land in diesem Land denen gehörte, die es seit Jahrhunderten bearbeiteten, aber nicht besaßen? Was wäre, wenn in diesem Land die eigenen Leute die Regierungsämter besetzten? Schon in der ersten russländischen Revolution 1905 im Kontext der Kriegsniederlage gegen Japan waren diese Gedanken von einem grundlegenden Umsturz der Verhältnisse hochgekommen und dann in den Reaktionsjahren wieder niedergedrückt worden. Nun, 1917, lag eine ähnliche historische Situation vor. Von der Erkenntnis, dass die Fremdherrschaft nicht ewig währen musste, von diffuser Kriegsmüdigkeit bis zu konkreten Forderungen der ukrainischen Soldaten, sobald sich eine politische Gelegenheit ergab, war es dann nur noch ein kurzer Schritt. Der erste Auslöser war die russische Februarrevolution 1917, der zweite Zünder die Novemberrevolution 1918 in Deutschland und Österreich sowie der militärische Zusammenbruch des Habsburgerreiches. Diese Umwälzungen eröffneten neue Perspektiven: eine politische auf Demokratie, eine soziale auf Landreform – für die Bauern sicherlich die wichtigste Forderung – und eine nationale auf Autonomie.

Kriegsmüde Bauern-Soldaten waren von Anfang an eine tragende Schicht der Revolution in Russland. Sie hatten ein Ziel, und sie wussten, wie man mit Waffen und Logistik umging. Das zeigte sich schon bei der Februarrevolution in Petrograd, als sich die Massenstreik-Bewegung der hungernden Arbeiter mit Reservisten und Soldaten gemeinsam in einem Arbeiter- und Soldaten-Rat – auf Russisch »Sowjet« – organisierte, um den Forderungen der kriegsmüden Unterschichten nach Frieden, Landreform, (Räte-)Republik und industrieller Selbstverwaltung Nachdruck zu verleihen. Schon 1905 war diese neuartige Idee, die man später als »Rätekommunismus« bezeichnete, aus Massenstreiks der Petersburger Arbeiter hervorgegangen. Die spontane, naturgewalthafte Selbstorganisation der Streikenden an der Schnittstelle von Politik und Ökonomie, von politischer Gestaltung und Produktion hatte nicht nur das russische politische System erschüttert, sondern auch die europäische Linke elektrisiert, die bis dahin ihr Heil in den mühsam aufgebauten Partei- und Organisationsstrukturen der Sozialdemokratien und Gewerkschaften und im Parlamentarismus gesucht hatte.[8] Der Petrograder Sowjet hatte Zugriff auf die bewaffnete Macht und war somit von Beginn an ein mächtiger Gegenspieler der sozialliberalen provisorischen Regierung, die aus bürgerlichen Zivilisten bestand und der Idee der spontanen Umkrempelung der Verhältnisse feindlich gegenüberstand. Sie wollte weder den Krieg sofort beenden noch die Fabriken und Großgrundbesitzer enteignen, und sie beabsichtigte auch nicht, den Weg der geregelten Machtübergabe mittels Wahlen und Verfassunggebender Versammlung zu verlassen. Im Ergebnis kam es daher zu einer Situation, die Historiker als »Doppelherrschaft« bezeichnen.[9]

Analog zu den neuen Formen revolutionärer Selbstorganisation in der Hauptstadt formierten sich auch in den ukrainischen Großstädten, vor allem in den Industriegebieten, Arbeiter- und Soldatenräte. Doch anders als im russischen Kernland überlagerte hier die nationale Frage die soziale und die politische Agenda. Die Ukrainer waren in der Industriearbeiterschaft fast nicht vertreten. Sie waren Bauern, die danach dürsteten, auf eigenem Land frei von Herrenwillkür zu wirtschaften. Mit dem in den Industriestreiks entstehenden Rätekommunismus konnten sie wenig anfangen – *ihre* Selbstorganisation hatte in der Vergangenheit zumeist die Form des gewaltsamen, spontanen und daher auch rasch wieder niedergeschlagenen Aufstands angenommen, vor 1905 allerdings zunehmend auch die Form von massenhaften Agrarstreiks, besonders im Habsburgerreich. Ukrainische Sozialisten hatten deshalb von jeher die Bauern im Blick, weniger die Industriearbeiter, und entwickelten agrarsozialistische Ideen von freien, selbstverwalteten Bauerngemeinden; ein Vorreiter solcher Konzepte war Mychajlo Drahomanow gewesen.

Die ukrainische Linke organisierte also einen weiteren Rat – auf Ukrainisch: *Rada* – in Kyjiw. Dieser Ukrainische Zentralrat (*Ukrajinska Zentralna Rada*) konnte vor allem auf die Unterstützung der ländlichen Bevölkerung hoffen. Seine Führer waren, wie so häufig in revolutionären Bewegungen, keine Bauern oder Arbeiter, sondern sozialistische Intellektuelle mit bürgerlichem Habitus, wie der damals schon renommierte Historiker Mychajlo Hruschewskyj und der Schriftsteller Wolodymyr Wynnytschenko. Die Kyjiwer Rada, die aus einem nach der Abdankung des Zaren einberufenen ukrainischen Volksdelegiertenkongress gewählt worden war, beabsichtigte, die Staatsgeschäfte in den ukrainischen Gouvernements bis zur Einberufung einer allrussischen Konstituante zu führen. Allerdings handelte es sich hier keinesfalls um eine geordnete Kontrolle des riesigen Hinterlandes. Wie sich bald herausstellen sollte, war die Aufrechterhaltung staatlicher Institutionen und eines Gewaltmonopols die größte Herausforderung für jeden politischen Akteur in den Revolutionsjahren. Die Macht kam in jenen Jahren aus den Gewehrläufen, folglich musste man sich bewaffnen oder die existierenden bewaffneten Akteure für sich gewinnen.

Gleichzeitig war es das erklärte Ziel der Rada, die Autonomisierung und Ukrainisierung der zu einem Verwaltungsgebiet zusammengefassten ukrainischen Gouvernements voranzutreiben. Die Ukrainisierung beschränkte sich nicht nur auf das Volksschulwesen, sondern diesmal wollte man alle Sphären einbeziehen, Hochschulen, Behörden, Justiz – und die Armee. Zeitgenossen erstaunte die rasche Aufstellung des ukrainischen Autonomieprogramms und der für die damaligen Verhältnisse zunächst recht gut funktionierenden Selbstverwaltungsstrukturen. Ermöglicht wurde das auch vor allem durch die Tatsache, dass die ukrainische Nation nun – in Gestalt der Millionen von Bauernsoldaten an der ukrainischen Front und in der Etappe – bewaffnet war. Politische Autonomieforderung und der Ruf nach der Institutionalisierung einer ukrainischen bewaffneten Macht gingen daher Hand in Hand.

Wie schon im 19. Jahrhundert waren die Polen vorausgeeilt und hatten auf russischer wie auf deutsch-österreichischer Seite polnische Militärverbände gegründet, die Legionen. Die Ukrainer sahen mit Sorge, dass diese Einheiten sich strategisch günstig auch in der gesamten rechtsufrigen Ukraine zu verteilen begannen – zur Vorbereitung des Versuchs, Polen in seinen Grenzen von 1772 wiederherzustellen. Wolodymyr Wynnytschenko beschrieb in seinen Erinnerungen diese Besorgnisse im April 1917. Damals taten sich in Kyjiw 3.000 ukrainische Reservisten zu einem ukrainischen Regiment nach polnischem Vorbild zusammen, das sie nach dem antipolnischen Aufstandsführer des 17. Jahrhunderts, Bohdan Chmelnyzkyj, benannten. Sie ergänzten die Forderungen nach ukrainischer Autonomie um eine militärische Komponente: Die Millionen Ukrainer in der russländischen Armee sollten in eigenen, territorialen Einheiten zusammengefasst werden und ihr Militärdienst fortan nur noch in der Ukraine stattfinden. Die Petrograder Regierung und die russischen Zeitungen sprachen sich überaus kritisch gegenüber diesen ukrainischen »Spaltungsversuchen« aus. Im Mai organisierten die Ukrainer einen Kongress der ukrainischen Soldatendeputierten: »Diese 700 [Deputierten] waren nicht alle nationalbewusst, gebildet, organisiert«, erinnert sich Wynnytschenko, »manche konnten nicht mal richtig Ukrainisch. Ihre Seele, ihr Bewusstsein, ja auch ihre Sprache waren vom Zarismus verkrüppelt. Aber gerade diese Leute brannten für die Sache [...] gerade diese Neophyten waren oft die Extremsten.«[10]

Was Wynnytschenko da beschrieb, war die Massenmobilisierung durch die Kriegsmaschine, die auch vorher kaum nationalbewusste Menschen einbezog. Doch rasch wurden die Ukrainer gewahr, dass sie es bei ihren Selbstständigkeitsbestrebungen mit zwei Gegnern zu tun haben würden: den Russen, die ihr Imperium und ihre Privilegien in die demokratische Zeit hinüberretten, und den Polen, die auf Kosten der Ukraine ihre Staatlichkeit wiederherstellen wollten. Im Juni 1917 versuchte eine Delegation der Zentralrada in Petrograd vergeblich, den konkurrierenden Petrograder Machtzentren, dem Sowjet und der Provisorischen Regierung, wenigstens eine prinzipielle Zustimmung zur Autonomisierung der Ukraine abzuringen – nicht zuletzt mit dem Hinweis, dass die ungeduldigen ukrainischen Bauern-Soldaten sonst die Politik in die eigene revolutionäre Hand nehmen und womöglich viel radikalere Schritte einleiten würden. Auf dem Lande war nach dem Zusammenbruch der zaristischen Bürokratie die bäuerliche Selbstermächtigung bereits im vollen Gange – Bauern und desertierte Soldaten zogen vor die Gutshäuser, verbrannten die Gutsakten, teilten das Land spontan auf, häufig begleitet von Gewalttaten und Morden an den Herren. An der Front kam es im Frühsommer zu Auflösungserscheinungen, weil die Soldaten nach Hause strebten, um die Landverteilung nicht zu verpassen. Die Brisanz der ukrainisch-agrarischen Frage dämmerte den Petrogradern auch auf einem allrussischen Bauernkongress, auf dem besonders die ukrainischen Delegierten mit ihrem obstinaten Ruf nach Föderalisierung auffielen: »*... i chwederatywna!*« – »...und eine föderale [Republik]!«, das »f« in dem Fremdwort wurde nach ukrainischer Art falsch ausgesprochen, was die russischen Gebildeten damals zum Spott über die einfachen Bauerndelegierten reizte.[11]

Während der Petrograder Sowjet sich für nicht zuständig erklärte, verlegte sich die provisorische Regierung – Liberale und Konservative gleichermaßen – auf eine Hinhaltetaktik und verwies auf die Wahlen zur geplanten Verfassunggebenden Versammlung im November. Das beantwortete die Zentralrada mit einer einseitigen Erklärung der ukrainischen Autonomie am 10. Juni 1917, was Petrograd im Juli schließlich zum Nachgeben bewog.[12]

Das war ein vorläufiger Sieg für die Zentralrada, die nun als Körperschaft anerkannt wurde, die das ukrainische Volk vertrat. Doch im Herbst 1917 trat mit dem Putsch der kommunistischen Bolschewiki ein neuer Faktor auf den Plan: Eine radikale, revolutionäre Minderheit mit unbedingtem Willen zur gewaltsamen Machtergreifung und Machterhaltung löste nun die Doppelherrschaft in Petrograd ab. Strategisch geschickt traten sie mit einer Forderung auf, die die Bauern in ganz Russland mehr elektrisierte als alles andere: Land und Frieden. Das hob sie von den Bürgerlichen ab, die Landreform und Waffenstillstand herauszögerten. Weil die Führer der »Roten«, Lenin und Trotzki, den Völkern Russlands auch die nationale Selbstbestimmung versprachen, erschienen die Bolschewiki den meisten Ukrainern zunächst nicht als Feinde. Allerdings obsiegten bei den November-Wahlen die ukrainischen Rada-Sozialisten unterschiedlicher Parteien, während die Bolschewiki in Städten und Industriesiedlungen nennenswerte Wahlerfolge verbuchen konnten. Die Zentralrada ließ den vollendeten Tatsachen der Bolschewiki in Petrograd eigene folgen und rief am 7. November die Ukrainische Volksrepublik (*Ukrajinska Narodna Respublika*, UNR) aus – noch als Teil einer Föderation mit Russland, aber bald schon, von den Ereignissen getrieben, gegen Russland.

Ein knappes Jahr später brach auch Österreich-Ungarn in einem revolutionären Geschehen zusammen. Das bereicherte den Konflikt in der Ukraine um einen weiteren Akteur, nämlich die von den galizischen Ukrainern ausgerufene Westukrainische Volksrepublik (*Sachidno-Ukrajinska Narodna Respublika*, SUNR). Die galizischen Ukrainer hatten zwei Ziele: Erstens versuchten sie, Ostgalizien den Polen zu entwinden, die dieses Territorium als polnisch betrachteten und in der Landeshauptstadt Lemberg, auf polnisch Lwów, auch die Bevölkerungsmehrheit stellten, nicht aber im riesigen Hinterland. Zweitens strebten sie eine Vereinigung mit den Kräften der »großen« Ukraine jenseits der alten Grenze an. Daher etablierten sie in Lwiw eine provisorische Regierung, die sich ihren Sitz im »Volkshaus« der Ruthenen nahm, einem massigen, gut zu verteidigenden Gebäude in der Altstadt. Wie die russländischen Ukrainer stützten auch sie sich auf nationale Einheiten, die Sitsch-Scharfschützen, die aus österreichischen Verbänden gebildet worden waren. Wie die Kyjiwer

Soldatendeputierten bezogen sie sich in der Symbolik ihrer bewaffneten Einheiten also auf die Dnipro-Ukraine und die Kosaken. Bald wurden sie in Kämpfe mit den gut gerüsteten polnischen Legionen verwickelt. Die Ukrainer mussten in Lwiw der wohlgerüsteten polnischen Übermacht bald weichen, die zudem aus dem Inneren der Stadt durch bewaffnete polnische Reservisten, Studierende und auch Schülerinnen und Schüler unterstützt wurden. Nach wenigen Tagen war der ukrainisch-polnische Krieg um Lwiw zugunsten der polnischen Seite beendet, die ukrainisch-galizische Armee zog sich nach Osten zurück, wo sie versuchte, sich mit den Kräften der UNR zu vereinigen.

Doch die siegreichen Polen tränkten den Beginn ihrer Herrschaft in Lwiw sogleich in Blut und Unrecht. Sie verwüsteten und plünderten das jüdische Viertel und ermordeten bis zu 150 Jüdinnen und Juden. Damit wollten sie die jüdische Bevölkerung und deren Selbstverteidigungsmilizen für ihre neutrale, teilweise auch pro-ukrainische Haltung abstrafen. Die vorsichtig-proukrainische Haltung vieler Juden war möglich geworden, weil ukrainische Linke und Zionisten in der Vorkriegszeit recht auskömmlich miteinander Minderheiten-Interessenpolitik in Ostgalizien gemacht hatten und weil die SUNR, genauso wie die UNR, den Juden weitreichende Autonomierechte versprach. Tatsächlich gab es in den von den SUNR-Truppen kontrollierten Gebieten weit weniger Ausschreitungen gegen Juden als in den Operationsgebieten sämtlicher anderer Konfliktparteien der Folgekonflikte des Ersten Weltkrieges auf ukrainischem Territorium.[13]

Die neue polnische demokratische Regierung in Warschau versuchte diese schlimme Vorbelastung für das Ansehen der jungen Zweiten Republik durch eine Untersuchung der Lemberger Vorfälle und die strafrechtliche Verfolgung der Täter zu bewältigen. Doch es überwog eine patriotisch-affirmative Erinnerung. Die jungen polnischen Patrioten wurden später als »Lemberger Adlerjungen« (*lwowskie orlęta*) hoch geehrt, den Gefallenen des ukrainisch-polnischen Krieges auf dem Lemberger Stadtfriedhof eine pompöse Gedenkstätte errichtet. Das Gedenken an die »Verteidigung Lwóws« wurde in der Zwischenkriegszeit zu einem der wichtigsten patriotischen Feiertage in der Stadt, der aber die multiethnische Bevölkerung spaltete: Was die Polen als Befreiung feierten, war für die Ukrainer eine bittere Niederlage in ihrem gescheiterten Befreiungskrieg, für die Juden ein Trauma in einer Kette von Pogromen aus der Zeit zwischen 1914 bis 1920. Die polnische Mehrheit staffierte in den 1930er Jahren mit einer spezifischen, militarisierten Erinnerungskultur die eigentlich lebenslustige, humorvolle, diverse und offene Stadt zur »immer treuen« Bastion der Polonität in einem unsicheren Grenzland aus. In dieser Erinnerungskultur war kein Platz für die ukrainischen und jüdischen Stadtbewohner.[14] Diese zunehmende Segmentierung und Entsolidarisierung sollte sich bitter rächen, als ab 1939 der nächste Krieg des Zeitalters der Extreme über die Stadt hinwegrollte.

Revolution, Staatszerfall, Staatsbildungsversuche

Zwischen 1917 und 1920 ging es in der Ukraine vor allem darum, wem die ukrainischen Massen am meisten zutrauten, ihren Landhunger und ihren Freiheitswillen zu befriedigen, keinen Herren mehr über sich zu haben – aber auch, wer von diesen Akteuren ihnen Frieden, Gesetz und Ordnung bringen konnte. Die Ukraine wurde ein Hauptschauplatz jenes Folgekonflikts des Ersten Weltkrieges, der gemeinhin als »Russischer Bürgerkrieg« bezeichnet wird, aber genauso als Ukrainische Revolution oder als Ukrainischer Bürgerkrieg bezeichnet werden kann. Ukrainerinnen und Ukrainer wurden als Zivilisten und auf Seiten vieler bewaffneter Formationen in diesen Konflikt hineingezogen – häufig wurden sogar ein und dieselben Menschen nacheinander von gegnerischen Armeen (zwangs-)rekrutiert. Kyjiw wechselte in der Zeit zwischen Frühjahr 1917 und 1920 nicht weniger als neunmal den Besitzer bzw. Besatzer.[15]

In der Ukraine kämpften deutsche und österreichische Besatzungstruppen, eine (allerdings erfolglose) französische Expeditionsarmee sowie die russischen bürgerlichen »Weißen« unter dem General Denikin, die versuchten, von der Südukraine und Südrussland aus die bolschewistischen Machthaber zu kippen. Es kämpfte eine erstarkende und zunehmend besser organisierte bolschewistische Rote Armee, die in der Eroberung der industriell-agrarisch potenten Ukraine eine Voraussetzung für das Überleben Sowjetrusslands erblickte und deshalb dort, wo sie herrschte, gnadenlos die Bauern kujonierte und Lebensmittel requirierte, was sie ähnlich verhasst machte wie vorher die deutschen Besatzer oder die Weißen. Es kämpften die Truppen der Ukrainischen Volksrepublik, die ihren Herrschaftsanspruch und ihr agrarsozialistisches Programm mangels Machtmitteln – und das hieß in den damaligen Tagen vor allem, mangels Munition und Lebensmittelnachschub – nicht durchsetzen konnten und daher an Rückhalt unter den Bauernmassen verloren. Es kämpfte ihre konservativ-ukrainische Konkurrenz, der Anhang des von den Deutschen protegierten Hetmans Skoropadskyj, ferner die mit der Volksrepublik verbündete westukrainische galizisch-ukrainische Armee der Westukrainischen Volksrepublik und schließlich die ukrainischen Bauern-Anarchisten unter Nestor Machno, der unter grünen Fahnen als Erkennungszeichen eine Art moderne Sitsch im südostukrainischen Huljajpole errichtet hatte.

Doch das waren nicht alle Waffenträger: Dazwischen operierten mehrere Dutzend Warlords, nach den alten Kosakenzeiten *otamany* genannt, mit ihren Banden, die wiederum eigene ephemere und extrem gewalttätige Mikro-Herrschaften errichteten, die manchmal nur wenige Dörfer umfassten. Sie waren neben den antisemitischen »Weißen« die Haupturheber der entsetzlichen Judenpogrome, denen wohl 40.000 Menschen zum Opfer fielen. Aber auch UNR-Truppen verübten Pogrome, den größten mit 2.000 Opfern in Proskuriw, dem heutigen Chmelnyzkyj; der verantwortliche Kommandeur wurde allerdings zur Rechenschaft gezogen und standrechtlich erschossen.[16] Der spätere sowjetukrainische Bildungskommissar Wolodymyr Satonskyj, erst Mitglied eines Soldatenrates an der Südfront und dann eine Führungsfigur in der ukrainischen Roten Armee, beschrieb in seinen Erinnerungen die Urgewalt der politisch-militärischen Mobilisierung unter den ukrainischen Bauern, wie sie sich überall entfaltete, wo Bauern zu Bürgerkriegskämpfern wurden, so auch in den Reihen der Roten Armee: »[…] gleichzeitig revolutionär und reaktionär, beängstigend in ihrer Grausamkeit, aber auch naiv und kindlich-hilflos, eine Mischung aus revolutionärem Sentiment, Abenteurertum, selbstloser Tapferkeit, aber auch feiger Gier.«[17] Was Satonskyj da beschrieb, war das auch bei den Roten gefürchtete Umschlagen der ukrainischen bewaffneten Selbstermächtigung in den totalen Zerfall jeglicher Ordnung, bei der das ehemals staatliche Gewaltmonopol pulverisiert wurde. In ihren eigenen Reihen versuchten die Roten, die freiwillig kämpfenden oder zwangsrekrutierten Bauern durch harte Disziplinarmaßnahmen zu kontrollieren, was diese mit Massendesertion beantworteten.

Fast kann man in diesen Ereignissen die alten Flucht- und Entziehungsbewegungen der frühneuzeitlichen ukrainischen Bauern in die Rand- und Steppengebiete nachvollziehen, weg vom Zugriff der Staatsgewalten, hinein in eine elementare und brutale Freiheit, in der nichts lange gesichert war, und die immer wieder in Aufständen verteidigt wurde, sobald die Staatsgewalt nachrückte. Und wie im 17. Jahrhundert waren die Hauptleidtragenden der entfesselten Gewalt neben den *pany*, den Grundbesitzern, ein weiteres Mal die Juden und andere Minderheiten, die von den Bauern als fremd, »nicht Unsrige« und als soziale Gegenspieler wahrgenommen wurden. Während Juden überdurchschnittlich oft der *otamanschtschyna* und den Soldaten der »weißen« und der UNR-Armee zum Opfer fielen, deren Operationsgebiet die besonders dicht mit jüdischen Gemeinden besiedelten zentralukrainischen Gebiete waren, häuften sich in der Südukraine Übergriffe insbesondere der *Machnowzi* gegen deutsche Kolonisten.[18] Dies alles stand in krassem Gegensatz zu der progressiven und minderheitenfreundlichen Gesetzgebung der Kyjiwer Rada, die jüdische und polnische Minister hatte und den nichtukrainischen Minderheiten Nationalautonomie gewährte, diese aber mangels Gewaltmonopols nicht durchsetzen konnte. Ihre Feldkommandeure traten ohnehin den Gewaltausbrüchen gegen Minderheiten häufig nur halbherzig entgegen.[19]

Die Bolschewiki, deren Rote Armee ihrem urban-industriellen Rückhalt auch eine gute Versorgung mit Waffen, Munition und kriegswichtigen Medikamenten verdankte, wurden in diesem Strudel der Gewalt zu den härtesten Konkurrenten der Zentralrada-Armee, aber auch zu einem Ordnungsfaktor eigener Art. Sie versuchten, auch in der Ukraine ähnliche Fakten zu schaffen wie in Petrograd, riefen in den südöstlichen Industriegebieten und Charkiw die »Volksrepublik Donbas – Krywyj Rih« aus und marschierten auf Kyjiw zu.[20] Die Rada reagierte auf den Vormarsch der Roten am 25. Januar 1918 mit einer Unabhängigkeitserklärung – und mit einem Pakt mit wieder anderen Gewaltakteuren, die helfen sollten, den Vormarsch der Bolschewiki zu stoppen. Dieser neue Verbündete waren die Deutschen und Österreicher, die an der Front ja tief in der westlichen Ukraine standen.

Mit ihnen schloss die Zentralrada Ende Januar 1918 einen Separatfrieden. Sie bezahlte den militärischen Beistand mit Lebensmittelrequirierungen – daher ist dieser Friedensvertrag als »Brotfrieden« in die deutsche Geschichte eingegangen. Brot für die deutsche Heimatfront bedeutete aber auch fehlendes Brot in der Ukraine. Es kam zu erbittertem Widerstand der Bauern gegen die Zwangsabgaben, woraufhin deutsche und österreichische Truppen in den Folgemonaten unter dem Vorwand der Vertragserfüllung die gesamte Ukraine besetzten. Die Geister, die sie gerufen hatte, wurde die Rada nun nicht wieder los. Sie verlor bei ihrem bäuerlichen Anhang rapide an Ansehen.

Schließlich ersetzten die Deutschen die UNR durch ein ihnen genehmeres Regime aus konservativen Adligen und Bürgerlichen, das sie in eine historisierende Form kleideten: das war die Stunde des »Hetmans« Pawlo Skoropadskyj, eines russifizierten konservativen Großgrundbesitzers und Generals kosakischer Abstammung, der kulturell und politisch eher den russischen Weißen zugetan war. Die Hetman-Regierung erzielte dank einer Einbeziehung der traditionellen russischen Eliten in ihre Verwaltungsstrukturen und dank der deutschen Besatzungsmacht einige Erfolge bei der Wiederherstellung von Recht und Ordnung. Da sie aber die gerade wild enteigneten Großgrundbesitzer wieder in ihr Recht setzte, trat sie neue Bauernaufstände los, an dessen Spitze sich wiederum ehemalige UNR-Führer als »Direktorium« setzten. Nun rückte ein ukrainischer Führer neuen Typs in den Fokus der Aufmerksamkeit: Symon Petljura, ehemaliger linker Journalist und Berufsrevolutionär mit Untergrund- und Gefängniserfahrungen, im Brotberuf Buchhalter und Semstwo-Angestellter, im Krieg zum Kommandeur wider Willen gereift, im Grunde eine Art ukrainischer Egon Erwin Kisch.[21] Petljura war militärisch versiert und hing einem zwischen Nationalismus und Sozialismus changierenden Programm an. Er rief mit dem Direktorium am 22. Januar 1919 die Vereinigung der UNR mit der Westukrainischen Volksrepublik SUNR in Galizien aus, die sich nach der Novemberrevolution für unabhängig erklärt hatte. Diese Ereignisse lähmten wiederum die deutschen Besatzer, die den Hetman Skoropadskyj fallenließen und die Ukraine aufgaben. In den Wirren des Jahres 1919 und wegen der Kurzlebigkeit der Direktoriums-Regierung in Kyjiw entging den Zeitgenossen, dass mit dem Einigungsakt erstmals seit dem Niedergang der Kyjiwer Rus fast alle ukrainischen Länder vereint waren – wenngleich in einem fragilen, unter dem Ansturm der Feinde sofort wieder zusammenbrechenden Herrschaftszusammenhang.[22]

Am Ende obsiegten nach einer Reihe weiterer Kämpfe, in die sich 1920 überdies noch die mit Petljura zeitweise verbündeten Polen einschalteten, die Bolschewiki. Sie konnten der völlig erschöpften Landbevölkerung, aber auch den exponierten und verängstigten Juden, den russischsprachigen Städtern und anderen Minderheiten ein Programm anbieten, das mangels besserer Alternativen, häufig aber nur noch aus Sehnsucht nach einem Ende von Chaos und Mordbrennerei angenommen wurde: die Verteilung des Landes an die Bauern, kulturelle Autonomie für die Nationalitäten und

Wiederherstellung der Ordnung. Übers Jahr 1919 hatten die Bolschewiki überdies aus Fehlern gelernt und gegenüber den ukrainischen Bauern einen moderateren Ton angeschlagen: Sie ließen nun ab von ihrem bisherigen Bild der Bauern als konterrevolutionären Massen und beendeten die kriegskommunistische Politik der Zwangskollektivierung und Zwangsrequirierung. Auch das ließ den Widerstand gegen sie erlahmen. Der linke Flügel der ehemaligen UNR-Parteien und viele westukrainische Linke schlossen sich in Anerkennung dieser Sachlage nun den Bolschewiki an.

Eine neue Form von Staatlichkeit

Dieser Akt markierte das Ende der ukrainischen Revolution, die für die Weltgeschichte einige bemerkenswerte Entwicklungen und Erfahrungen mit sich brachte: erstens die Erfahrung, dass ein, wenn auch kurzlebiger, ukrainischer demokratischer Staat begründet worden war; zweitens, dass die rapide nationale Mobilisierung einer vorher staatslosen Nation ganz wesentlich das Produkt einer Massenbewaffnung und Militarisierung gewesen war; drittens, dass aber selbst eine bewaffnete Massenerhebung eines »kleinen Volks von 25 Millionen« (Andreas Kappeler)[23] nicht von Erfolg gekrönt war, wenn man nicht auch das Personal und die politische Erfahrung hatte, Verwaltungsstrukturen in der Tiefe des Raumes zu organisieren, und wenn man keine mächtigen Verbündeten hatte; viertens, dass Zustände archaischer Gewaltausübung aller gegen alle, wie sie zuletzt das 17. Jahrhundert gekennzeichnet hatten, auch in der Industriemoderne möglich waren, wenn Staaten zerfielen – nur in der Westukraine mit ihren seit dem 19. Jahrhundert etablierten, sich mäßigend auswirkenden politischen Strukturen hatte die zivile Ordnung mehr oder weniger standgehalten. Fünftens brachte die Ukraine den »ersten Krieg der Geschichte zwischen zwei sozialistischen Staaten« hervor (Yaroslav Hrytsak über den Konflikt zwischen Ukrainischer Volksrepublik UNR und Sowjetrussland), dem viele weitere folgen sollten.[24] Sechstens und letztens verzeichnen wir am Ende einer Zeit der Wirren das Aufkommen einer zwar so von niemandem erstrebten, aber doch Tatsachen schaffenden neuen Form von längerlebiger Staatlichkeit für die Ukraine, die sich ebenfalls mit Waffengewalt durchsetzte.

Dieser Staat – die erste staatliche Form für die ukrainischen Gebiete seit dem Ende des Hetmanats im 18. Jahrhundert – war die Ukrainische Sozialistische Sowjetrepublik, die mit ihrer Republikhauptstadt Charkiw ab 1922 Gliedstaat der Union der sozialistischen Sowjetrepubliken wurde. Historiker im deutschen Sprachraum bezeichnen sie mit russischem Präfix als »Sowjetukraine«[25], nicht als »Rada-Ukraine«, und das ist kein Zufall. Denn eine historische Kontinuität aus vorgängigen ukrainischen national-demokratischen Bewegungen konnte eher die sozialdemokratische Zentralrada-UNR beanspruchen als die Sowjetukraine, die allerdings in der Sowjetunion selbst meistens *Radjanska Ukrajina* genannt wurde; nur eingefleischte Gegner nannten sie *Sowitska Ukrajina*, um sie bloß nicht als ukrainisches Projekt erscheinen zu lassen.[26] Formell befand sich die Ukraine in einem Bundesstaat mit Sezessionsrecht, ohne aber souverän zu sein und dieses Recht ausüben zu dürfen. In der UdSSR waren, wie auch im Russländischen Reich, die Russen die hegemoniale Gruppe; in der Ukrainischen Kommunistischen Partei, die die Republik allein beherrschte, gab es 1920 kaum Ukrainer, dafür aber überdurchschnittlich viele Russen und Juden russischer Muttersprache – ein Repräsentationsmangel, der erst in den Folgejahren adressiert wurde.

Osteuropa trat 1918 aus dem imperialen in das nationalstaatliche Zeitalter ein. Aber den Ukrainern war es trotz ihrer Zahl, anders als Polen, Tschechen und Slowaken, Rumänen, Litauern, Letten oder Finnen, nicht vergönnt, einen unabhängigen Staat zu erfechten – dafür fehlte ihnen neben eigenen Machtressourcen auch der externe Rückhalt, nachdem die Entente-Mächte, die auf die Weißen gesetzt hatten, ihnen die kalte Schulter zeigten. Man hatte die Unabhängigkeit verloren, kaum dass man sie proklamiert hatte, und es war nicht gelungen, das ukrainisch besiedelte Ostgalizien der »großen« Ukraine anzugliedern. Doch was nun erstand, war trotz aller Mängel immerhin eine territoriale und institutionelle Form, die den Namen »Ukraine« trug. Sie war ein Gefäß, in das ukrainische Aktivisten nun alle ihre Hoffnungen gossen. Das – darüber sind sich die meisten ukrainischen Historiker heute einig – war für die ukrainische Nationsbildung im 20. Jahrhundert ein Schlüsselereignis. Die Entstehung der Sowjetukraine war nicht nur ein Werk Lenins und Trotzkis, auch keine reine Fremdherrschaft, wie viele bis heute vermuten, sondern auch ein Erbe der unvollendeten ukrainischen Revolution und ein Werk der Ukrainer selbst. Denn Lenin und Trotzki optierten – gegen Stalin übrigens – für die territorial-politische Organisationsform

»Ukrainische SSR« vor allem angesichts der Tatsache, dass man mit der wenn auch unfertigen ukrainischen Nation zu rechnen hatte und die Sowjetmacht nicht gegen sie, sondern nur mit ihr aufbauen konnte. Diese Nation steckte nun in einem ihr nicht so recht passenden Kleid, aber auch in diesem Kleid entwickelte sie sich weiter.

Alternativen zum Kommunismus

Damit waren aber auch andere, in der Revolutionszeit angelegte ukrainische Staatsideen für die Ukraine erst einmal vom Tisch. Die Option einer ukrainischen parlamentarischen Demokratie nach zentraleuropäischem Muster mit einer sozialdemokratischen Regierung und fein ausgestalteten Minderheitenrechten, die sich unter günstigeren Bedingungen aus der Zentralrada und der UNR hätte entwickeln können, war gescheitert. Symon Petljura, der charismatische Führer der ukrainischen Revolution, ging ins Exil, zunächst zu seinen Verbündeten nach Polen, später nach Paris. Dort wurde er 1926 von einem Attentäter ermordet, der vorgab, den Mord aus Rache für die Pogrome verübt zu haben, die er der UNR und Petljura zuschrieb. Der anschließende Prozess endete mit Freispruch, unter anderem auch aufgrund öffentlichen Drucks unter massiver Einmischung der sowjetischen Propaganda, die, unterstützt von westeuropäischen Linken, mit dem Ziel der Diskreditierung der UNR und der antisowjetischen ukrainischen Emigration eine regelrechte Kampagne über den »Antisemiten Petljura« organisierte, die das Image der ukrainischen Freiheitsbestrebungen 1917–1920 nachhaltig beschädigte und bis heute nachwirkt. Für eine differenzierte Betrachtung der Mitschuld der schwachen UNR-Regierung an den Pogromen in Territorien, die sie kaum kontrollierte, war damals kein Platz.[27]

Genauso gescheitert und ins Exil getrieben war das kurzlebige konservative Projekt des Hetmans Skoropadskyj, das den ukrainischen Staat als Elitenprojekt betrieb, das von oben nach unten aufgebaut werden musste und für Wohlstand und Frieden durch Recht und Ordnung stand. Seine kulturelle Ausrichtung lag nahe am *malorossijstwo*, dem zaren-loyalen, aber ukrainisch-patriotischen »Kleinrussentum«, dem viele Nachfahren der Kosakeneliten anhingen. Eine modernisierte Form dieser Ukraine als Elitenprojekt formulierte die sogenannte »ukrainische Staatsschule«, deren Anhänger und Theoretiker aus dem Umfeld des Skoropadskyj-Regimes stammten. Die Staatsschule, die von Wjatscheslaw Lypynskyj theoretisch begründet wurde, hatte ein fundamental anderes Geschichtsbild als die populistisch-sozialistischen Historiker, die in der ersten Hälfte des 20. Jahrhunderts die Diskurshegemonie hatten. Sie bewertete die revolutionäre Sprengkraft der ukrainischen Unterschichten, die sich in Aufständen und anarchistischer Selbstermächtigung manifestierte, als destruktiv für den Aufbau eines Staates und betonte vielmehr die Rolle der Eliten. Ihre Kontinuitätslinie durch die ukrainische Geschichte war nicht ethnisch-kulturell-sprachlich wie bei den Populisten, sondern dynastisch-funktional und reichte von den Kyjiwer Fürsten über den polonisierten und russifizierten ukrainischen Hochadel zu den Funktionseliten des russländischen Reiches auf ukrainischem Territorium. Lypynskyj verwarf den auf die bäuerlichen Massen ausgerichteten Populismus und Agrarsozialismus der UNR, den Kommunismus und die Wiederherstellung der russischen Hegemonie gleichermaßen. Er befürwortete einen Ständestaat mit einer Elite aus Wirtschaftsbürgertum und grundbesitzendem Adel, der nicht notwendig Ukrainisch können musste, aber dem ukrainischen Staatswesen treu zu sein hatte. Das wäre ein attraktives Angebot an konservative Ukrainer, aber auch an alle bürgerlichen Nichtukrainer in den ukrainischen Städten gewesen, die den revolutionären Bolschewiki gegenüber feindlich eingestellt waren.[28] Doch war dieses Angebot mit der Errichtung der Sowjetmacht in allen ukrainischen Gebieten außer in Ostgalizien, das in mehreren Wojewodschaften der Zweiten Republik Polen aufging, nicht mehr realistisch. Die Bürgerlich-Konservativen und Liberalen waren entweder umgekommen oder emigriert; manche versuchten auch, sich anzupassen und sich eine Zukunft im kommunistischen Staat aufzubauen, der, wie sie meinten, ja auch militärische, technische und wissenschaftliche Funktionseliten brauchte.

In den 1920er Jahren zeichnete sich also folgendes Bild ab: Dort, wo Ukrainer zumindest in Grenzen Einfluss auf die Staatsbildung hatten, in der Sowjetukraine, fand das unter den Rahmenbedingungen einer kommunistischen Diktatur statt – und dort, wo Ukrainer in einer parlamentarischen, wenn auch zunehmend autoritären Demokratie lebten, im zu Polen geschlagenen Ostgalizien, hatten sie keinen Einfluss auf die Staatsgeschäfte, sondern waren allenfalls geduldete Minderheit. Die im weitesten Sinne bürgerlich-demokratischen Alternativen zum Sowjetkommunismus befanden sich nicht mehr im Lande, sondern im Exil –

die UNR-Führung unter Symon Petljura hatte in Warschau und Paris Zuflucht gefunden, die Skoropadskyj-Leute waren nach Berlin zu ihren ehemaligen Mentoren geflohen.

In den der polnischen Zweiten Republik angegliederten Gebieten wuchs der Druck der Polonisierung mit jedem Jahr, vor allem in den 1930er Jahren. Er manifestierte sich nicht nur im Bildungswesen und in der Amtssprache, sondern auch in einer staatlich geförderten Militärkolonisation ukrainischer Territorien in Wolhynien und in brutalen Pazifizierungsaktionen gegen ukrainische politisch-soziale Proteste, in der polnische Polizei- und Militärkommandos ganze Dörfer terrorisierten. Diese Art der Regierungsführung in den mehrheitlich ukrainisch besiedelten Gebieten entfremdete vor allem die junge Generation vom polnischen Staat. Polnische Alternativmodelle einer behutsamen Förderung der Ukrainer, die vor allem von den Anhängern des »Prometheismus« favorisiert wurden, konnten sich letztlich nicht durchsetzen. Die Prometheisten glaubten, dass eine Förderung von Freiheitsbestrebungen der unterdrückten Völker im neo-russischen Imperium der Sowjetunion letztlich auch die Fackel der Freiheit in Russland entzünden könne. Der bekannteste polnische Fürsprecher dieser Politik, der aus der rechtsufrigen Ukraine stammende wolhynische Wojewode Henryk Józefski, einstmals sogar polnischer Minister in der UNR, konnte sich letztlich gegen die unitaristische Wende im Polen der 1930er Jahre nicht durchsetzen.[29]

Die politische Reaktion der polnischen Ukrainer war unterschiedlich. Während es vor allem in den 1920er Jahren in den vorher zum russländischen Reich gehörenden wolhynischen Gebieten unter den verarmten Bauern deutliche Sympathien für agrarsozialistische und kommunistische Bewegungen gab, weil die Sowjetukraine nahe war und die sowjetische Propaganda alles daran setzte, sie als Bauernparadies darzustellen, sah die Situation im alten Galizien fragmentierter aus. Zu den älteren Sozialisten gesellten sich demokratisch-liberale Politiker, die versuchten, im Rahmen des polnischen parlamentarischen Systems das Beste für die ukrainische Bevölkerung herauszuholen: Sie kooperierten mit anderen Minderheitenpolitikern, schmiedeten parlamentarische Bündnisse und suchten das Gespräch mit liberalen und linken polnischen Kräften, die den Minderheitenrechten positiv gegenüberstanden. Auch versuchten sie durch Verhandlungen mit der Regierung in Warschau Verbesserungen der sozialen Lage der Ukrainer zu erreichen.

Die Wende nach rechts: ukrainischer integraler Nationalismus als Gewaltprojekt

Diese etablierten Strömungen bekamen ab dem Ende der 1920er Jahre Konkurrenz durch eine junge, radikale Bewegung ukrainischer Nationalisten, die der kapitalistischen Demokratie der Zweiten Republik Polen den Fehdehandschuh, anders als die Sowjetkommunisten, nicht von links, sondern von rechts hinwarfen: nationaler Kampf statt Klassenkampf. Die einzige neue politische Bewegung, die sich neben dem Kommunismus *auf ukrainischem Territorium* etablieren konnte, war also der epochale Antagonist des Kommunismus: der extreme Nationalismus und Faschismus. Er hatte in Form des »integralen Nationalismus« seine Basis besonders in der polnisch beherrschten Westukraine unter der frustrierten, chancenlosen und daher für radikale Problemlösungen empfänglichen ukrainischen Jugend. Ihre sozialen Aufstiegsmöglichkeiten waren in der latent ukrainophoben und strukturell diskriminatorischen polnischen Gesellschaft begrenzt.[30]

Der demokratische Sozialismus der UNR war durch sein Scheitern in den Augen der jungen Radikalen diskreditiert und war ihnen überdies zu minderheitenfreundlich. Der Kommunismus war ihnen zu internationalistisch – und seine sowjetische Variante zu russisch. Anders als die ältere Generation ukrainischer Aktivisten, die in Weltkrieg und Revolutionskriegen gekämpft und zumindest eine kurze Zeit selbstständiger ukrainischer Staatlichkeit mitgestaltet hatten, konnten sie nicht einmal auf dem Mythos des alten Kämpfers eine eigene soziale Identität aufbauen.

Ihre Identität wurde daher die totale Hingabe an die Idee der Nation. *Nazija nad usé* (»Nation über alles«) war der Schlachtruf des integralen Nationalismus, der mit der Gründung der »Organisation ukrainischer Nationalisten« im Jahr 1929 institutionalisiert wurde und in vielen Aspekten Anleihen beim italienischen, französischen (Action française) und deutschen Faschismus machte. Zu seiner Programmatik gehörten neben dem Primat der Nation ein ausgeprägter Kult des charismatischen Führers sowie das Bekenntnis zur Gewalt und zur illegalen Aktion als Mittel zum Zweck.

Das ordnungspolitische Ideal der Nationalisten war der Ständestaat; Minderheiten hatten sich der ukrainischen Idee vorbehaltlos anzuschließen und in der Nation aufzugehen – oder wurden als Feinde betrachtet. Das hielt zwar theoretisch Integrationswege für Nichtukrainer offen, war aber angesichts der aus Deutschland übernommenen rassistischen Rhetorik im Grunde nur ein Feigenblatt für ein biologistisch-kulturalistisches Konstrukt der ukrainischen Nation. Auch die Feinderklärung und die Kultur der Gewalt entstammten den totalitären Denkmodellen des europäischen Faschismus. Die griechisch-katholische Konfession, die in der westukrainischen Mobilisierung vorangegangener Generationen ein wichtiger Identitätsanker gewesen war, spielte bei der OUN kaum eine Rolle. Ihre Theoretiker – der wichtigste unter ihnen war der aus Russland stammende Dmytro Donzow – waren dezidiert antiklerikal und verachteten das Christentum mit seinem Nächsten- und Feindesliebegebot wie alle damaligen Faschisten als weichlich und weibisch. Vor allem empfanden sie den Klerus und die der Kirche verbundenen Politiker als verbürgerlicht, altmodisch und polnischen Einflüssen gegenüber viel zu konziliant. Daher war es insbesondere die Kirche in Gestalt des charismatischen und von Ukrainern wie Polen respektierten griechisch-katholischen Lemberger Metropoliten Andrij Scheptyzkyj, die der Programmatik der OUN in den folgenden Jahren die deutlichste Kritik entgegensetzen sollte. Grund dafür gab es gerade in Galizien genug, wo die OUN bald mit zahlreichen Gewalttaten auftrat.

Die Organisation verstand sich als Untergrundbewegung und baute aus vorgängigen militanten nationalistischen Gruppen eine über die ukrainischen Territorien hinausreichende Organisation auf. Diese umfasste sowohl die Exilanten in Europa und Nordamerika als auch die Aktivisten in den ukrainischen Territorien. In Galizien und Wolhynien, also den zu Polen gehörigen ukrainischen Gebieten, begannen diese Vor-Ort-Aktivisten, eine hierarchische Organisation von regionalen Leitungsorganen bis hinunter auf die Ebene der Landkreise und Dörfer aufzubauen. Die Führung der OUN bestand vor allem aus älteren Exil-Nationalisten mit Kriegserfahrung, die ihre Hoffnungen auf eine langfristige Zusammenarbeit mit Gegenspielern der Staaten setzten, die die ukrainischen Territorien besetzt hielten. Mit der Machtergreifung der Nationalsozialisten in Deutschland erschien daher vor allem Deutschland als ein solcher Partner. Die OUN-Führung unterhielt Beziehungen zu deutschen Geheimdiensten.

Währenddessen schritten die jungen westukrainischen Nationalisten vor Ort zur Tat. Die Bereitschaft, in den Untergrund zu gehen, war hoch. Das Aktionsspektrum reichte vom Boykott des staatlichen Alkohol- und Tabakmonopols und Protestaktionen an Gymnasien und Hochschulen über Post- und Bankraub zur Auffüllung der Kriegskasse bis zu Mordanschlägen auf polnische Politiker und ukrainische Honoratioren, die sich für eine Verständigung mit dem polnischen Staat einsetzten. Es waren vor allem die Akte des Basis-Widerstands gegen die Fremdherrschaft, die die Attraktivität der OUN ausmachten, während die Gewaltanwendung gegen Politiker die ukrainische Gemeinschaft spaltete – meist verlief diese Trennlinie zwischen den Älteren und den Jungen. Bald füllten sich die polnischen Gefängnisse mit ukrainischen Terroristen, die in Haft nicht nur ihren Groll gegen den polnischen Staat, sondern auch gegen das OUN-Establishment nährten. Die OUN-Führung in Rom unter dem konservativ-diplomatischen Ex-Offizier Andrij Melnyk war den Radikalen zu abwartend. Einer ihrer Wortführer war ein Pfarrerssohn, der schon als Student der Agrarwissenschaften zum nationalistischen Berufsrevolutionär geworden war und seit 1936 als Mitorganisator mehrerer Mordanschläge lebenslänglich einsaß. Sein Name war Stepan Bandera, und er sollte in den folgenden Jahren als Führungsfigur des integralen ukrainischen Nationalismus Karriere machen.[31]

Die erschossene Moderne: die Sowjetukraine 1922–1939

Während sich in Galizien die politische Energie junger Ukrainer mangels systemkonformer Entwicklungsmöglichkeiten auf Illegalität und gewaltsame Aktion konzentrierte, schien den Zeitgenossen die Entwicklung in der frühen Sowjetukraine Hoffnung zu machen. Die Zeit von der Etablierung der Sowjetmacht bis zum Ende der 1920er Jahre brachte eine rapide Modernisierung des Landes hervor, die aber diesmal nicht mehr an den ukrainischen Bauern vorüberging.

Das Städte- und Industriewachstum in der Ukraine hatte bereits im Russländischen Reich begonnen, als der Donbas und das Gebiet am Unterlauf des Dnipro zur bedeutendsten Schwerindustrie- und Maschinenbauregion des Landes aufstieg. Er hatte aber ein transnationales Gesicht und eine russische Aussprache. Die Schwerindustriestadt, die wir heute unter dem Namen Donezk kennen, hieß bei ihrer Gründung Jusowka (Jusiwka), benannt nach einem britischen Unternehmer, John Hughes, der hier eine metallurgische Fabrik bauen ließ, um die sich bald eine Werkssiedlung bildete. Britisches und französisches Kapital und Know-how spielten eine entscheidende Rolle in dieser Aufbruchszeit der russländischen Industrialisierung und des Eisenbahnbaus, die auch für den Transport ukrainischer Agrarprodukte zu den Schwarzmeerhäfen eine zentrale Rolle spielte. Der Schwerpunkt dieser frühen Industrialisierung befand sich im Dnipro-Donbas-Gebiet – dort liegt auch die Geburtsstadt des aktuellen ukrainischen Präsidenten Selenskyj, die Stahlstadt Krywyj Rih, und Dnipro, das frühere Katerynoslaw, ein wichtiges Zentrum der Metallindustrie.[32] Die ukrainischen Bauern, die die ländlichen Gebiete dieser Industriezone in der Südostukraine bewohnten, die Nachfahren der Saporoger Kosaken, mieden jedoch die Städte und Fabriken. Wohlhabendere ukrainische Bauern hingen an ihrem Land; die Masse der Landlosen suchte in dieser Zeit ihr Glück eher in der Kolonisation neuer Agrargebiete in Sibirien und Südrussland.[33]

Mit dem sowjetischen industriellen Sprung nach vorne – bei dem Jusiwka seinen kapitalistischen Namen an den sowjetischen Personenkult verlor und ab 1924 bis 1961 den Namen Stalino trug – wurden immer mehr Ukrainer als Industriearbeiter in die Städte gezogen, häufig um den Preis des Sprachwechsels vom Ukrainischen zum Russischen. Doch bedeutete dies trotzdem eine Stärkung des ukrainischen Faktors in den Städten, der so seit der Frühen Neuzeit nie dagewesen war.[34] Gleichzeitig waren die Bemühungen der herrschenden Bolschewiki nach der Gründung der Sowjetunion auf das Lenin'sche Konzept der *korenisazija* gerichtet, also auf die »Einwurzelung« der Sowjetmacht in den Titularnationen der Sowjetrepubliken, die größtenteils die Landbevölkerungen stellten. Das bedeutete nicht nur die Einführung einer Art Quotenregelung für ukrainische Mitglieder der Kommunistischen Partei, sondern auch eine konsequente Einführung des Ukrainischen als Amts-, Schul- und Fachsprache ebenso in den Industrieregionen und der damaligen Republikhauptstadt Charkiw, also sozusagen eine Re-Ukrainisierung der ukrainischen Stadt von unten und von oben zur gleichen Zeit. Von unten wirkten vor allem die Alphabetisierungsoffensive und die Ukrainisierung des Volksschulwesens, von oben die Gründung einer Ukrainischen Akademie der Wissenschaften, in der bedeutende Persönlichkeiten wie der Historiker Mychajlo Hruschewskyj, der Geologe Wolodymyr Wernadskyj und der Orientalist Ahatangel Krymskyj wirkten. Wernadskyj ist (zumeist unter seiner englischen Namensschreibung Vernadsky) heutigen Anthropozän-Forschern ein Begriff als Begründer der Geochemie und Vordenker des Konzeptes der Biosphäre und der Noosphäre.[35]

Der US-amerikanische Historiker Terry Martin hat die Sowjetunion dieser Zeit in Anlehnung an die US-Förderpolitik für benachteiligte

Minderheiten in der Nachkriegszeit als »affirmative action empire« bezeichnet.[36] Der gelernte Physikdozent Wolodymyr Satonskyj, den wir oben schon einmal zitiert haben, hatte 1922 nach seinen Kriegsjahren mit der Roten Armee als einer der Beauftragten der Ukrainischen Sowjetrepublik den Gründungsakt der Sowjetunion mitunterzeichnet und wurde nun Volkskommissar für Bildung. Er stammte aus Podolien, sprach fließend Ukrainisch, hatte sich aber in seiner frühen politischen Karriere nie für die ukrainische Bewegung interessiert, sondern sich an die russischsprachigen Sozialdemokraten in den städtischen Zentren, später an die Bolschewiki gehalten. Nun betrieb er eine eher zurückhaltende, teilweise sogar tendenziell anti-ukrainische Kulturpolitik, mit dem Argument, die russische Kultur sei »proletarisch« und damit fortschrittlich, die ukrainische »bäuerlich«. Doch er entwickelte auch eine deutliche Initiative für die Ukrainisierung der Parteikader, um die ukrainischen Massen an die Sowjetmacht zu binden. Seine Vorstellung von Zentralisierung war sowjetisch, aber nicht russisch.[37]

Neben Satonskyj gab es in der ukrainischen KP aber schon früh sehr dezidierte Kritiker des großrussischen Chauvinismus in der bolschewistischen Bewegung, so Serhij Maslach und Wasyl Schachraj.[38] Die Führungspersönlichkeiten der Ukrainischen KP der 1920er Jahre, Oleksander Schumskyj und Mykola Skrypnyk, waren *korenisazija*-Anhänger mit Feuer und Flamme. Sie förderten nach Kräften alles Urbane und Moderne in ukrainischer Sprache. Diese frühsowjetische Ukrainisierung ermöglichte eine Blüte ukrainischer kultureller Experimente und avantgardistischer Umbrüche.

Charkiw wurde zu einem Zentrum moderner Kunst und Literatur in ukrainischer Sprache, der Schriftsteller Mykola Chwyljowyj zum experimentellen literarischen Propheten des Futurismus und Nationalkommunismus. Junge Ukrainer, kaum der Welt der Dörfer entwachsen, begeisterten sich für Naturwissenschaften und Technik und besangen die Elektrifizierung der Ukraine in Romanen, Gedichten, Fotografien und Bildern. Die ukrainischen 1920er Jahre waren auch der Beginn einer Welle phantastischer Science-Fiction-Literatur, einige davon sehr weitsichtig, wie die Erzählung *Idut robotjari* von Vladko über die Robotertechnik oder der Roman *Atom u saprjasi* (»Atom im Zaumzeug«), der mutmaßlich von einem Physiker stammt. Der Autor malte sich unter Pseudonym frei phantasierend, aber ziemlich treffsicher die zukünftige Rolle der Kernenergie aus, knapp zehn Jahre bevor Otto Hahn und Lise Meitner überhaupt der Nachweis einer Kernspaltung gelang.[39]

Die Rolle der Ukrainischen SSR als Schwerpunkt der sowjetischen Industrialisierung und Infrastrukturentwicklung erschuf neue Symbole, an denen die jungen Ukrainerinnen und Ukrainer ihre Identität als Sowjetukrainerinnen und -ukrainer festmachten. Der melancholische Blick zurück auf die Leiden und Heldentaten des ukrainischen Volkes in unzähligen Aufständen und Kosakenfeldzügen wich jetzt einem wild-aufstrebenden, kraftvollen Futurismus, in dessen Zentrum Industrieanlagen, moderner Städtebau, Traktoren und Stromleitungen standen – und Abstraktionen tätiger Menschen auf den Feldern und in den Fabriken, beim Sport und bei der schöpferischen Arbeit. »Unter den jungen Ukrainern entstand ein völlig neues Ethos des modernen Ukrainertums«, konstatiert Yaroslav Hrytsak, »bestickte Hemden als Symbol der traditionellen Ukraine waren ihnen fremd, sie gehörten ihrer Meinung nach ins Museum. Ihre Ukraine war eine Industrie-Ukraine, die durch ukrainischsprachige Ärzte, Mathematiker, Physiker, Metallurgen repräsentiert wurde«.[40] In Charkiw bauten konstruktivistische Architekten ganze Stadtviertel und die Universität, Regisseure inszenierten experimentelle Theaterstücke. Die Ukrainer der 1920er und frühen 1930er Jahre schufen jene Bildsprache und visuellen Codes, die sie durch die gesamte Sowjetunion begleiten sollten. Sie reichte von den frühen Werken des Elektroorganismus bis zu den Monumentalskulpturen und -mosaiken in der Atomstadt Prypjat der 1980er Jahre.[41] Die vermeintliche »Russische Avantgarde« in der sowjetischen Kunst war in vielerlei Hinsicht genauso eine ukrainische: Einige ihre bedeutendsten Vertreter wie Kasimir Malewytsch oder der berühmte Filmregisseur Oleksander Dowschenko stammen aus der Ukraine und verarbeiteten in ihrer Kunst ukrainische Themen.[42]

Die Technikeuphorie hatte ihr reales Gegenstück in der harten und primitiven Arbeit auf den ersten »Großbaustellen des Stalinismus« in der Sowjetukraine, die das Gesicht des Landes zu verändern begannen. Kohleschächte wurden abgeteuft, Stahlwerke errichtet, Talsperren geplant. Wo einst die gefährlichen Stromschnellen des Dnipro gelegen hatten, entstand nun das erste Großwasserkraftwerk der Ukraine, die *DniproHES*. Das Know-how und der Bauleiter kamen aus den Vereinigten Staaten. Überhaupt hatten das sowjetische Energieprogramm und die New-Deal-Bauten der nordamerikanischen Tennessee Valley Authority einiges gemeinsam, nämlich den Glauben an den Staat als beste Planungs-

und Modernisierungsinstanz und an die Zähmung der Naturkräfte im Namen des Fortschritts. Die Erdarbeiten für die *DniproHES* wurden mit Pferdefuhrwerken und Schubkarren ausgeführt, Zehntausende von Arbeiterinnen und Arbeitern waren auf der Baustelle beschäftigt – aber das Bild des Staudamms, seiner Elektroanlagen, der riesigen Turbinen, der ersten aufleuchtenden Glühlampen wurde zu einer der bekanntesten Chiffren der ukrainischen Sowjetmoderne und zu einem Symbol der Aufklärung. Das berühmte Lenin-Wort »Kommunismus ist gleich Sowjetmacht plus Elektrifizierung des ganzen Landes« war den Zeitgenossen kein abgehobener theoretischer Slogan. Kommunismus, Sowjetmacht, Elektrifizierung wurden in der Ukraine tatsächlich in greifbare Gegenstände gegossen.[43]

Doch den Preis für die sowjetische Modernisierung zahlten die Ukrainer mit der vom Stalin-Regime ins Werk gesetzten, aus heutiger ukrainischer Sicht genozidalen Hungerkatastrophe zwischen 1931 und 1933, dem Holodomor. Er war genaugenommen die logische Folge des stalinistischen Regimes auf ukrainischem Boden. Seit sich Stalin 1929 als Alleinherrscher etabliert hatte, verfolgte die Sowjetführung das Konzept des »Sozialismus in einem Land«, d.h. des Aufbaus des Kommunismus in der Sowjetunion, ohne gemäß klassischer marxistischer Auffassung auf die Weltrevolution in den entwickelten kapitalistischen Staaten zu warten. Die brachiale Industrialisierung der Sowjetunion war Teil dieses Entwicklungsplans.

Für dieses Projekt mussten die sowjetischen Bauern Überschüsse an Agrarprodukten erwirtschaften, mit denen die Industrieansiedlungen versorgt und mit deren Export das Industrieprogramm finanziert wurde – die meisten der komplexeren Industrieanlagen wurden im Ausland gekauft. Gleichzeitig beendete die Führung ihre liberalere Agrarpolitik der 1920er Jahre und verfolgte nun eine Politik der gewaltsamen Kollektivierung und Getreiderequirierung. Prinzipiell identifizierte Stalin die gesamte bäuerliche Klasse aller Sowjetrepubliken, die ihren alten Traditionen, ihrer Religiosität und vor allem ihren Landbesitzansprüchen anhing, als potenziellen Widerstandsherd gegen die Errichtung des Kommunismus. Seit dem Ende der 1920er Jahre nahm der Druck auf die Bauern zu, der Kollektivierung der Landwirtschaft zuzustimmen. Die wohlhabenderen unter ihnen, die sogenannten »Kulaken« (auf Ukrainisch *kurkuly*), wurden enteignet und in Massen in den Norden Russlands oder nach Sibirien deportiert. Bereits auf den grausamen Transporten in Viehwaggons, ohne ausreichende Vorräte an Wasser und Nahrungsmitteln, kamen Zehntausende Bauern ums Leben.

Der Widerstand der ukrainischen Bauern gegen den von Moskau auferlegten Modernisierungs- und Zentralisierungspfad war besonders ausgeprägt und manifestierte sich in unzähligen lokalen Bauernunruhen. Diese wurden von der kommunistischen Parteiführung im Zentrum als Bedrohung für das eigene Machtmonopol, ja womöglich für den Bestand der gesamten Sowjetunion wahrgenommen – und auch als ukrainischer nationaler Widerstand. Man verdächtigte »Petljura-Leute« oder »Piłsudski-Agenten«, die Ukrainer gegen die Sowjetunion aufzuwiegeln. Damit bezog man sich auf den gescheiterten ukrainischen Staatsbildungsversuch der UNR sowie auf das Militärbündnis des UNR-Führers Petljura mit dem späteren polnischen Staatschef, aber auch die »prometheistischen« Bestrebungen in Polen und die Aufklärungsaktivitäten des polnischen Geheimdienstes in der Sowjetukraine, die es tatsächlich gab. Die zu Polen gehörigen westukrainischen Gebiete betrachtete Moskau als Aufmarschplatz ukrainischer Nationalisten, versuchte aber gleichzeitig, die dort ebenfalls aktiven kommunistischen Gruppen zu unterstützen. Stalin befürchtete, die Ukraine zu verlieren – und beabsichtigte, dies mit allen Mitteln zu verhindern. Der tatsächliche Widerstand der Ukrainer war weniger ein nationaler als ein sozialer und richtete sich mit Subversion, Sabotage und Rebellion vor allem gegen die Kollektivierung der Landwirtschaft. Mancherorts wurden Parolen über die Wiederherstellung der freien Ukraine gerufen, doch das wurde nicht zur Massenbewegung.[44]

Übersetzt bedeutet Holodomor »Tötung durch Aushungern«. Es gibt immer noch einige Kontroversen über die Frage, ob man den Holodomor als Genozid bezeichnen kann – der Deutsche Bundestag verabschiedete im Jahr 2022 eine entsprechende Resolution, die den Holodomor so dem Genozid an den Armeniern gleichstellt.[45] In der Geschichtsforschung wird allerdings zwischen strengen völkerrechtlichen Definitionen des Völkermords und den historischen Befunden unterschieden und vor allem betont, dass es sich genau genommen um zwei Hungersnöte handelte: eine in den Jahren 1931/32, die alle Getreideüberschussgebiete erfasste und nicht nur die Ukraine, sondern auch die untere Wolga, Westsibirien und Kasachstan traf, und eine von 1933, die aufgrund gezielter Maßnahmen gegen Ukrainer nur auf dem Territorium der Ukraine stattfand.

Der bäuerliche Widerstand, der unbedingt gebrochen werden musste, wurde vom Regime nämlich nicht nur als Widerborstigkeit einer feindlichen Klasse, sondern auch als ukrainisch-nationales Attribut wahrgenommen. Es waren tatsächlich die Ukrainer als Volk, die von Stalin als Gefährder markiert wurden und die daher bestraft und für immer ruhiggestellt werden sollten. Diese Feinderklärung, aber auch die Verwendung des Hungers als Waffe rechtfertigt die Bewertung des Holodomor als Genozid.[46] Die Form der Strafe war die Konfiszierung jedweder Nahrungsmittel durch Geheimdienst-Trupps und Parteiaktivisten, die größtenteils keine Ukrainer waren. Der in Kyjiw aufgewachsene sowjetisch-jüdische Schriftsteller und Dissident Lew Kopelew, der in den 1970er Jahren in die Emigration gezwungen und zunächst von dem Schriftsteller Heinrich Böll in Köln aufgenommen wurde, beschreibt die Teilnahme an den Requirierungsaktionen als junger Komsomolze in seinen Erinnerungen als seinen Sündenfall.[47] Zu den Maßnahmen gehörte nicht nur das gezielte Aushungern der Opfer, sondern auch die drakonische Bestrafung von »Dieben« und anderen »Volksschädlingen« und die Abriegelung der Hunger-Landkreise, sodass kein Entkommen in die Städte und andere, besser versorgte Gebiete möglich war. Der Hungerkatastrophe fielen schätzungsweise dreieinhalb bis vier Millionen Ukrainer zum Opfer, die Hälfte der insgesamt in der Sowjetunion im »Großen Hunger« ums Leben gekommenen Menschen. Es war eine demographische Katastrophe, die einen tiefen Einschnitt in die Bevölkerungsentwicklung der Ukrainer bedeutete und die soziodemographischen Verhältnisse des Landes zugunsten der russischsprachigen städtisch-industriellen Ballungszentren verschob.[48]

Die Begleitung der Hungerkrise durch eine Säuberung der ukrainischen Kommunistischen Partei, die fast übergangslos in die grausame Massenliquidierung ukrainischer Nationalkommunisten im »Großen Terror« ab 1934 überging, vervollständigten dieses Bild und geben einen weiteren wichtigen Hinweis, dass die mörderischen Repressionen mit genozidaler Absicht gegen das ukrainische Volk als soziale Einheit gerichtet waren: Bauern und neue sowjetische Eliten, die in verzweifelten Berichten nach Moskau versuchten, die vernichtenden Nahrungsmittel-Konfiskationen aufzuhalten, wurden gleichermaßen angegriffen.[49]

Mit den Verfolgungen, denen die gerade herangezogenen sowjetukrainischen (Partei-)Eliten fast vollständig zum Opfer fielen, wurden die Errungenschaften der davorliegenden Ukrainisierung und »Einwurzelung« zu großen Teilen rückgängig gemacht und abgewickelt , die Verwaltungssprache und die Kulturpolitik wieder in Richtung Zentralisierung und Russifizierung ausgerichtet. Nur ganz wenige Schriftsteller und

Parteipolitiker überlebten diesen Vernichtungssturm, der im Jahr 1937 in den sowjetunionsweiten Repressionen – ein mit dem Wort »Säuberungen« nur notdürftig camouflierter weiterer Massenmord – fortgesetzt wurde. Auch der Bildungskommissar Wolodymyr Satonskyj, der nicht einmal ein echter Nationalkommunist gewesen war und Repressionen gegen »Abweichler« und zu eifrige ukrainische Patrioten im Bildungssektor selbst gutgeheißen hatte, fiel dieser Repressionsphase schließlich zum Opfer. Ende 1937 wurde er verhaftet und im Sommer 1938 hingerichtet.[50]

Neben ihm, mit ihm, vor ihm ihm starb fast die gesamte ukrainische Kulturelite. Zu denen, die die Repressionen nicht überlebten, gehörten Schriftsteller wie der Neoklassiker und begnadete Übersetzer antiker Autoren Mykola Serow oder der Futurist Mykola Chwyljowyj, der Sänger der ukrainischen Wiedergeburt unter sowjetischen Vorzeichen, der schon 1933 infolge Verleumdungen als ukrainischer Nationalist als letzten Ausweg den Suizid gewählt hatte. Es starben Wissenschaftlerinnen und Wissenschaftler, Künstlerinnen, Ingenieure, Ärztinnen, Offiziere – die der Roten Armee später bei der Verteidigung gegen Nazideutschland bitter fehlen sollten. Es verschwanden sich gerade entfaltende Talente und etablierte Persönlichkeiten, ostukrainische und westukrainische Kommunisten; häufig wurden auch Ehepaare verhaftet, erschossen oder in die Lager verschickt, deren Kinder verwaisten und verwahrlosten, in Kinderheime gesteckt oder notdürftig bei Verwandten untergebracht wurden. Wer sie aufnahm, war zum Schweigen verurteilt. Überleben war möglich, wenn man sich beugte, wie im Falle von Pavlo Tytschyna (1891–1967), der sich vom genialen Symbolisten zum sowjetukrainischen Kulturfunktionär entwickelte. Häufig war es auch nur Glückssache, so im Falle des bedeutendsten neoklassischen Dichters Maksym Rylskyj (1895–1964), dessen Vater, ein polnischer Gutsbesitzer, zum Kreis der Kyjiwer *hromada* gehörte und eine ukrainische Bauerntochter geheiratet hatte. Rylskyj wurde während der Säuberungen des Jahres 1931 verhaftet, aber nach einigen Monaten freigelassen und wandelte fortan auf einem schmalen Grat zwischen Selbstkritik, Selbstzensur und immer wieder angedrohter Bestrafung. Er entkam dem Massenmord an den ukrainischen Intellektuellen 1937 dem Vernehmen nach nur, weil Stalin einige seiner Gedichte gefallen hatten. Doch wurde Rylskyj, nach dem Krieg hoch geehrtes Akademiemitglied und Vorsitzender des ukrainischen Schriftstellerverbandes, genauso wie Tytschyna dank seines Überlebens und seiner Kompromisse auch zum Bindeglied zwischen der vor- und frührevolutionären ukrainischen Literaturblüte und der sowjetischen Periode und beeinflusste viele jüngere Schriftsteller.[51]

Über die Massenverbrechen an den Ukrainern wurde bleiernes Schweigen gebreitet. Erst nach dem Tode Stalins, im Falle des Holodomors sogar erst mit der Perestrojka Gorbatschows, durfte an das Geschehen erinnert werden. Erst dann konnten Berichte und Bestandsaufnahmen der betroffenen Gebiete systematisch gesammelt und publiziert werden.[52] In meiner eigenen Familie wurde der erste Brief mit einem Selbstzeugnis über die Kulaken-Deportation erst 1989 geschrieben, von einem Großonkel meines Mannes, der die Leidensfahrt von der heimatlichen Kosakensiedlung im Gebiet Krasnodar (Kuban-Gebiet) in die Wälder von Archangelsk beschrieb, wo die ukrainischen Steppenbewohner Zwangsarbeit in der Forstwirtschaft leisten mussten.[53]

Man hat diese Phase in der ukrainischen Geschichte zunächst nur mit Bezug auf den Blutzoll unter den Intellektuellen *sastrelene widrodschennja* (die »erschossene Renaissance«) genannt. Ein großes Verdienst, diese vernichtete Literaturgeneration im Gedächtnis gehalten zu haben, kommt der polnischen Nachkriegs-Emigration rund um die Pariser Exil-Zeitschrift *Kultura* und deren Herausgeber Jerzy Giedroyc zu, die bereits 1959 für die Veröffentlichung einer Anthologie unter diesem Namen sorgten.[54]

In Wirklichkeit war es eine erschossene und durch Hunger ermordete Renaissance – und auch eine erschossene und ausgehungerte Moderne, in die die Sowjetukraine so hoffnungsvoll und voller Elan aufgebrochen war. Die damaligen Ukrainer einte die Hoffnung, den Horror der Kriegszeiten hinter sich zu lassen und sich mit der Sowjetmacht arrangieren zu können. Doch die Verschnaufpause der ukrainischen Wiedergeburt dauerte, wie wir heute wissen, nicht einmal ein Jahrzehnt. Die Opfer waren wehrlos, unbewaffnet, aufgestört aus dem Schlaf bei den Verhaftungen zu früher Morgenstunde; die Bauern abgemagert bis auf die Knochen, irrsinnig vor Hunger. Die Täter waren bewaffnet, gut genährt und schlagkräftig organisiert. Das war die Erfahrung der Ukrainer mit der Sowjetunion vor Ausbruch des Zweiten Weltkriegs. Die Überlebenden, aber auch die Zeitzeugen in der Westukraine, zu denen die die Schreckensnachrichten über die polnisch-sowjetische Grenze drangen und die wenigen Flüchtlinge entkamen, mussten zu dem Schluss kommen, dass man sich gegen eine solche brutale Form von Herrschaft nur gewaltsam wehren konnte – und dass man bei der Suche nach Verbündeten nicht zimperlich sein durfte.

Kernland der »Bloodlands«: die Ukraine im Zweiten Weltkrieg

Der Ausbruch des Zweiten Weltkriegs wurde vor allem aufgrund der vielfältigen Diskriminierungs- und Gewalterfahrungen, welche die Ukrainer beiderseits der polnisch-sowjetischen Grenze in den 1930er Jahren erlitten hatten, von vielen nicht nur als die nächste Katastrophe wahrgenommen, die über das Land rollte, sondern auch als Ermöglichungsraum. Der deutsche Überfall auf Polen bedeutete für patriotische Westukrainer erstens den Zusammenbruch der verhassten polnischen Oberherrschaft und zweitens die Ankunft einer anderen Oberherrschaft, mit der man meinte, verhandeln zu können (so die Gemäßigten), oder der man (so der Plan der radikalen Nationalisten) nun, im zweiten Anlauf nach 1917, die ukrainische Staatlichkeit auf Kosten Polens und der Sowjetunion abtrotzen konnte. Man hatte die deutschen Besatzer des Ersten Weltkriegs noch als erst Verbündete, dann als Besatzer und Ausbeuter in Erinnerung, aber nicht als jene Vernichtungsmaschine, als die sich Nazi-Deutschland in der Ukraine bald erweisen sollte.

Der erste Schock kam schnell, mit dem Molotow-Ribbentrop-Pakt, in dem Nazideutschland und die Sowjetunion im August 1939 Polen und das Baltikum unter sich aufteilten. Die ostgalizischen Wojewodschaften Polens wurden von der Sowjetunion annektiert und der Sowjetukraine zugeschlagen – im Sowjet-Sprech »wiedervereinigt«, nachdem man eine Pseudo-Versammlung kommunistischer Aktivisten um »brüderliche Hilfe« hatte bitten lassen. So wurde der Plan der aufständischen Ukrainer von 1918, die Vereinigung von West- und »Großukraine«, in die Tat umgesetzt – aber nicht unter souveränen und demokratischen Vorzeichen, sondern unter Hammer, Sichel und Stalin-Terror. Die Karpato-Ukraine fiel nach der Zerschlagung der Tschechoslowakei dem deutschen Verbündeten Ungarn zu, die Bukowina war 1918 zu Rumänien geschlagen worden, das ebenfalls mit Deutschland verbündet war.

Trotz einer Ukrainisierung des Schul- und Kulturlebens in Ostgalizien, mit der Moskau die Bevölkerung zu gewinnen trachtete, war sehr bald schon klar, worauf die Entwicklung unter den »ersten Sowjets« hinauslief, wie man die sowjetische Besatzungsmacht zwischen 1939 und 1941 nannte. Bereits 1940 wuchs der Kollektivierungsdruck auf die Bauern, traditionelle Elitenvertreter – Lehrer, Wissenschaftler, Kleriker – wurden in Massen verhaftet, ins Innere der Sowjetunion deportiert oder in die Gefängnisse der Geheimpolizei NKWD gesperrt. Gleichzeitig strömten russischsprachige Militärs, Geheimdienstler und Verwaltungsbeamte aus der östlichen Ukraine nach Galizien, um die Sowjetmacht zu befestigen. Auf lokale kommunistische Ukrainer wollte man sich nicht verlassen; diese wurden bald selbst Opfer von Verhaftungen. Diese Entwicklung löste eine Fluchtbewegung ins deutsch beherrschte Generalgouvernement aus, wo vor allem in Krakau die Vertreter der demokratischen Vorkriegsparteien versuchten, das kulturelle und soziale Leben der Ukrainer im Generalgouvernement, im Gebiet Chełm und in den Karpaten, zu retten und Hilfsstrukturen für die Geflüchteten aufzubauen. Dafür musste das ukrainische Komitee unter dem Geographen Wolodymyr Kubijowytsch mit den Nazis kooperieren. Die deutschen Besatzer wiederum betrachteten die Ukrainer als Werkzeuge im Kampf gegen Polen und die Sowjetunion und bevorzugten sie daher gegenüber den massiv unterdrückten Polen. Die OUN-Aktivisten im Untergrund warteten ab und waren sich uneinig: in alter Tradition mit den Deutschen und ihrer Abwehr kooperieren – das meinte die Melynk-Fraktion – oder auch Verbindung mit den Westalliierten aufnehmen, um einen künftigen Staat gegen die Sowjetunion aufzubauen? Letzteres war die Tendenz bei den Radikalen um Bandera, die seit 1940 eine eigene OUN-Gruppierung aufbauten, die OUN-B.[55]

Mit dem Überfall Nazideutschlands auf die Sowjetunion im Juni 1941 kamen diese Überlegungen von Neuem auf den Tisch. Die OUN witterte ihre Chance, jetzt mit Waffengewalt die Unabhängigkeit durchzusetzen. Man wollte im Kielwasser der in der Sowjetukraine einmarschierenden Wehrmacht schwimmen und vollendete Tatsachen schaffen. Beide OUN-Fraktionen bildeten Marschgruppen, die in den von den Sowjets geräumten ukrainischen Ortschaften die Macht übernehmen und vorläufige Verwaltungsstrukturen aufbauen sollten. In Lwiw rief die Bandera-OUN den ukrainischen Staat aus – und verband diesen Akt mit einer von den Deutschen ermöglichten mehrtägigen Hetzjagd auf Juden, die man als *schydokomuna* (»Judenkommune«) beschimpfte und denen man unterstellte, Zuarbeiter des verhassten Sowjetregimes gewesen zu sein. Die Öffnung der sowjetischen Geheimgefängnisse der Stadt, in denen sich die Leichen der Hingerichteten und Gefolterten stapelten, wirkte als Verstärker für die entgrenzte Massengewalt von ukrainischen und polnischen Tätern gegen Juden, wie sie die Stadt auch im Ersten Weltkrieg nicht erlebt hatte. Deutsche Einsatzgruppen gingen nach diesen als »spontaner Volkszorn« dargestellten Mordtaten zur systematischen Massenerschießung von Juden über. Ende Juli 1941 folgte eine zweite Pogromwelle durch ukrainische Nationalisten und Lemberger Stadtbewohner, die von den Besatzern aufgehetzt und instruiert wurden. Hier beteiligten sich auch viele Ukrainer aus dem Umland, die mit Messern und Äxten auf ihre Opfer losgingen. Der Julipogrom wurde als Vergeltung für den Petljura-Mord dargestellt, weil der Attentäter jüdischer Herkunft gewesen war. 5.000 bis 8.000 Juden sind diesen beiden Lemberger Mordaktionen zum Opfer gefallen, die Überlebenden, ungefähr 120.000 Menschen, wurden in das im November 1941 eingerichtete Getto und ins Arbeitslager Janiv gepfercht, von wo aus man die meisten später zur Ermordung ins Vernichtungslager Bełżec verschleppte. Aus Sicht der Juden war nun wieder ein Versuch ukrainischer Emanzipation mit einem Menschheitsverbrechen verbunden – wie im 17. Jahrhundert unter Chmelnyzkyj, im 18. Jahrhundert in der *Kolijiwschtschyna* und wie 1917–1920 im Revolutionskrieg.[56]

Allerdings währte der Staatsaufbau auf eigene Rechnung der OUN-Marschgruppen nicht lange, denn die Deutschen hatten nicht die Absicht, im Hinterland ihrer Front eine Institution zu dulden, die nicht deutschen Interessen diente. Was die Nazis mit der Ukraine vorhatten, spiegelte sich in der territorialen Aufteilung der ukrainischen Gebiete, die mitnichten in einem Verwaltungsbereich zusammengeführt wurden, wie es die Nationalisten erhofft hatten. Galizien wurde weiter als Teil Polens beherrscht und dem Generalgouvernement als Distrikt untergeordnet. Die Sowjetukraine mit Ausnahme des von Rumänien besetzten Südwestens wurde zum Reichskommissariat ernannt, in dem Hitlers Statthalter Erich Koch ein Terrorregime errichtete. Die Funktion der Ukrainer und ihres Landes im deutschen Rassekrieg war die Bereitstellung von Zwangsarbeitskräften, Nahrungsmitteln und Energieträgern; besonders in der westlichen Ukraine rekrutierte man zudem noch Hilfspolizisten. In einem Satz, die Ukraine wurde als Kolonie angesehen.

Gleichzeitig war das Land aber zwischen 1939 und 1944 auch Kriegs- und Frontgebiet. Die Ukraine wurde zu hundert Prozent von den Deutschen besetzt (zum Vergleich: die Russische Sowjetrepublik war zu drei Prozent ihrer Fläche besetzt) und zahlte dafür einen ungeheuren Blutzoll: Rund 1,6 Millionen von 6 Millionen ukrainischen Rotarmisten kamen in Kriegsgefangenschaft um; 2,5 Millionen Ukrainerinnen und Ukrainer wurden zur Zwangsarbeit deportiert, von denen rund 450.000 den Krieg nicht überlebten. 4,1 Millionen ukrainische Zivilisten kamen durch Hunger, Kriegshandlungen und deutsche Strafaktionen ums Leben. 1,5 Millionen ukrainische Juden wurden ermordet, rund 50.000 Menschen wurden in den »verbrannten Dörfern« in den Partisanengebieten im Norden und Westen durch deutsche Einsatzgruppen gegen Partisanen umgebracht. Fast vergessen war in der Sowjetunion das Schicksal der 6.700 Einwohner von Korjukiwka im Gebiet Tschernihiw, des »ukrainischen Oradour«, die von den Deutschen als Vergeltung für einen sowjetischen Partisanenüberfall ermordet wurden. Am Ende des Krieges waren die ukrainischen Großstädte, die die Nazis systematisch ausgehungert hatten, auf zwischen 50 und 25 Prozent ihrer Vorkriegs-Einwohnerschaft geschrumpft; von den zu Friedenszeiten über 900.000 Einwohnern Kyjiws harrten nur noch 180.000 in ihrer Stadt aus. Erst 1960 erreichte die Ukraine mit 42 Millionen Menschen wieder die Einwohnerzahl, die sie vor dem Krieg gehabt hatte.[57] Diese Zahlen sollten in jeder Debatte um die »historische Verantwortung« Deutschlands in dieser Geschichtsregion immer vor Augen stehen.

Doch das ist eine Bilanz im Nachhinein. Als die Deutschen vorrückten, äußerte sich die Erleichterung der Ukrainer über den fluchtartigen Rückzug der repressiven Sowjets vielerorts in freundlicher Begrüßung der Besatzer und auch in der Bereitwilligkeit, in deutsche Dienste zu treten, als Hilfspolizisten (ca. 80.000 Mann), als kooperative Ortsvorsteher, als (noch) »freiwillige« Ostarbeiter oder auch in von Deutschen aufgestellten ukrainischen Wehrmachts-Hilfstruppen, den Bataillonen »Roland« und »Nachtigall«. Viele der Kooperationswilligen waren Kriegsgefangene, denen unter den mörderischen Zuständen in den von Deutschen eingerichteten Gefangenenlagern nur die Alternative zwischen Kollaboration und Tod blieb. All das erschien den Ukrainern zunächst noch normal und legitim, hatte es ähnliche ethnische Legionen ja auch im Ersten Weltkrieg gegeben. Doch stellte sich bald heraus, dass der Dienst für die Deutschen auch bedeutete, Vernichtungslager zu bewachen, sich an Massenerschießungen von Juden zu beteiligen (wie im Falle der Hilfstruppen, die bei der Ermordung der Juden von Winnyzja teilnahmen), das Hab und Gut der Opfer zu plündern oder in Kampfgruppen zur Partisanenbekämpfung eingesetzt zu werden, d.h. gegen eigene Landsleute oder gegen Belarussen, denen man sprachlich eng verbunden war. Die deutsche Besatzung trieb die Ukrainer, die sich Freiheit und Vorteile durch Kollaboration erhofften, also in einen Krieg gegen die eigenen Nachbarn, den viele willig führten. Die meisten Angeworbenen verweigerten sich nicht den Beihilfe-Aufgaben, die ihnen von den Deutschen als Haupttäter zugewiesen wurden, doch ein Teil desertierte und schloss sich Partisanengruppen an. Bei der Bilanzierung der ukrainischen Kollaboration darf nicht vergessen werden, dass sie erstens nicht einzigartig war – es gab ähnliche Formen von Zusammenarbeit auch unter Russen und Balten – und dass sie im Vergleich zu den ukrainischen Soldaten, die Dienst in der Roten Armee oder der polnischen Armee taten, ein Minderheitenphänomen war.

Während die Nationalsozialisten den Ukrainern zumindest ein erbärmliches Lebensrecht als Arbeitssklaven und Hilfswillige zubilligten, die zu Millionen in die deutsche Landwirtschaft und Rüstungsindustrie deportiert wurden, sprachen sie den ukrainischen Juden das Recht auf Leben ab. Die ukrainische jüdische Gemeinde, die seit dem Mittelalter Teil der Landesgeschichte gewesen war, wurde von den Nazis fast vollständig ausgelöscht – die galizischen Juden im Vernichtungslager Bełżec, die jüdische Bevölkerung der Sowjetukraine im »Holocaust der Kugeln«. Ihre Ermordung fand nahe ihrer Wohnorte statt, in Wäldern und Schluchten, vor den Augen der entsetzten, aber aus Angst gelähmten oder aus Indifferenz sich abwendenden christlichen Nachbarn. Die größten zusammenhängenden Mordaktionen waren das Massaker von Odessa mit 25.000 Opfern und die Erschießung von über 33.000 Kyjiwer Juden Ende September 1941 in Babyn Jar, damals noch eine wilde Schlucht außerhalb der Stadtgrenze, heute ein stiller Park der Erinnerung mitten im Verkehrsbrausen des gewachsenen Stadtgebiets. Es überlebten nur jene Jüdinnen und Juden, die es als Angehörige der Roten Armee oder der vielen evakuierten sowjetukrainischen Institutionen und Betriebe noch aus der deutschen Besatzungszone herausschafften.

Die OUN-Führung mit Stepan Bandera wurde verhaftet und als – in mancher Hinsicht privilegierte – »Sonderhäftlinge« im Zellenbau des Konzentrationslagers Sachsenhausen festgesetzt. Somit waren die ukrainischen Nationalisten gezwungen, sich umzuorientieren und ihre Führungsstrukturen aus dem Untergrund neu aufzubauen. Die OUN entwickelte in den folgenden Jahren eine Strategie des Partisanenkrieges, der sich gemäß der Feindeshierarchie der Nationalisten vor allem gegen konkurrierende sowjetische Partisanen und Rote Armee sowie gegen die polnische Zivilbevölkerung richtete, in zweiter Linie gegen die deutschen Besatzer. Im Kriegsverlauf gründete die OUN mit weiterem nichtsowjetischen Partisanengruppen die »Ukrainische Aufstandsarmee« (*Ukrajinska powstanska armija*, UPA), wofür die OUN ihr integral-nationalistisches Programm teilweise aufgab, um auch bei den sowjetisch beeinflussten

Ostukrainern Unterstützung zu finden, ohne die der erträumte Staat nicht würde aufgebaut werden können.

Doch unter dem Druck des sowjetischen Gegenstoßes ab 1943 kam es immer häufiger zur Eskalation ethnisch motivierter Gewalt, mit der die ukrainischen Partisanen demographische Fakten schaffen wollten: In Wolhynien brachten sie 1943/44 50.000 bis 80.000 polnische Zivilisten um, die dort seit alters her lebten oder in den Kolonisierungsaktionen des polnischen Staates in den 1930er Jahren dort angesiedelt worden waren. Diesen Kolonisten galt der besondere Hass der Ukrainer. Die Mordtaten, an denen sich neben den Partisanen auch einfache ukrainische Bauern beteiligten, zeichneten sich durch besondere Brutalität aus – häufig wurden die Opfer mit Messern, Äxten oder Sensen umgebracht und vor der Ermordung gefoltert. Augenzeugen erschien der Blutrausch wie eine Wiederauflage der frühneuzeitlichen Massaker während der Bauernaufstände. Die ebenfalls in Wolhynien operierende polnische Heimatarmee, die Armia Krajowa, vergalt diese Morde wiederum an unschuldigen ukrainischen Zivilisten.[58]

Diese Gewalt und Gegengewalt, ukrainisch-nationale und ukrainisch-sowjetische Partisanengewalt und deutsche Anti-Partisanenaktionen machten die Ukraine, insbesondere ihre nördlichen und zentralen Gebiete, zum Kernland der »Bloodlands«, dieses von Hitler und Stalin gemeinschaftlich erschaffenen Gewaltraums, den Timothy Snyder in seinem gleichnamigen Buch beschrieben hat und der die Ukraine zu einem exemplarischen Land des Zeitalters der Extreme machte. Als die Rote Armee in den Jahren 1943 und 1944 Schritt für Schritt die Ukraine zurückeroberte, stellte sich derselbe Effekt ein wie auch im Jahr 1920: In einem Land der verbrannten Erde, kreuz und quer umgepflügt vom Partisanenkrieg aller gegen alle, zweimal durch den Fleischwolf der deutsch-sowjetischen Kriegsfront gedreht, gezeichnet nicht nur vom industrialisierten totalen Krieg, sondern auch von einer archaischen Gewalttätigkeit, die mit allen greifbaren Mitteln in die Tat umgesetzt wurde, mit Gewehren, Feuer, Äxten, Messern, Knüppeln – in diesem Land waren die Überlebenden schließlich bereit, jedwede Macht willkommen zu heißen, brachte sie nur Sicherheit und Frieden und Brot.[59]

Schweigeraum und Sowjetstolz: Nachkriegs-Ukraine und Kriegserinnerung

Die Sowjetverwaltung versuchte mit eisernem Griff, das Gewaltmonopol im Land wieder herzustellen, aber das bedeutete kein Ende der Gewalt. Ein weiteres Mal richtete sich der Terror gegen die Unbewaffneten – nun gegen jene Landbewohner und überlebenden ländlichen Eliten wie Lehrer oder Priester, die man als soziale Basis des nationalistischen Untergrundes wahrnahm. Die sowjetische Geheimpolizei NKWD durchstreifte mit Strafexpeditionen die westliche Ukraine, die mit der Nachkriegsordnung von Jalta nun fester Bestandteil der Sowjetukraine geworden war. Rund 150.000 Westukrainer fielen Strafaktionen und Erschießungen zum Opfer, rund 66.000 Familien mit 200.000 Menschen wurden in Lagerhaft gesteckt und in die Verbannung deportiert. Dort trafen sie auf Vertreter anderer Sowjetnationalitäten, denen ebenfalls pauschal »Kollaboration« vorgeworfen wurde, unter anderem die Krimtataren. Die wegen des Vorwurfs des ukrainischen Nationalismus Verhafteten wurden aus den beiden Amnestien nach Stalins Tod 1953 und 1958 ausgeschlossen und erfuhren erst 1965 eine Rehabilitierung. Das offizielle Feindbild des Klassenfeindes aus der Vorkriegszeit mutierte nun zum Feindbild des Kollaborateurs und ukrainischen Nationalisten. Einige nationalistische Partisanengruppen überlebten trotzdem bis zum Ende der 1950er Jahre in Verstecken in unwegsamen Regionen.[60]

Dann breitete sich Schweigen über die »Bloodlands« – das Schweigen der überlebenden Opfer, der entkommenen Täter, der Angehörigen der Deportierten, der beschämten und verfemten Kollaborateure, der neuen Täter aus den Reihen der Staatsgewalt. Es blieb eine diffuse, kaum bearbeitete, fragmentierte Erinnerung. Das Schweigen wurde gelegentlich durchbrochen vom Raunen der Menschen über die Bluttaten, die in ihrem eigenen Blickfeld geschehen waren – über den Wald, in den man die Juden des Ortes zur Hinrichtung geführt hatte, über den Fluss, an dem die Partisanen ihr Lager hatten, bevor sie von der SS aufgestöbert wurden, über das Gebüsch, aus dem der NKWD den letzten *banderowez* gezogen hatte, über geheime Waffenverstecke in den Bergen, die *kryjiwky*, und über die angeblich vergrabenen Schätze der ermordeten jüdischen Nachbarn.[61]

So endete der zweite Versuch ukrainischer Selbstbefreiung im 20. Jahrhundert. Die Sieger etablierten ihr Narrativ: Demnach war jeder Versuch einer solchen Selbstbefreiung bourgeoiser Nationalismus, und, nun noch schlimmer – er war Faschismus und Kollaboration mit dem Feind. Mit den *banderowzy*, den »Bandera-Leuten«, die dank zufälliger Alliteration auch mit »Banditen« und »Bandenwesen« gleichgesetzt wurden, erschuf die Sowjetpropaganda erst den »Bandera«-Mythos in der sowjetischen Ukraine. Die nordwestliche Ukraine bekam ihr Etikett als Partisanenland – offiziell in Würdigung der vielen sowjetischen, mit Kampfaufträgen aus Moskau ausgestatteten Partisanen, die den NS-Besatzern in Polesien das Leben schwer gemacht hatten, inoffiziell als »Bandera-Land«. Dieses Image lebte bis tief in die 1970er und 1980er Jahre fort, als die Kriegskinder-Generation begann, die Sümpfe zu meliorieren, die Dörfer umzuformen und Kernkraftwerke in die Flussauen zu bauen. Das Wort vom Bandera-Land schreckte auch in dieser Zeit noch die zugereisten russischen Spezialisten, die dieses Land als erobertes Feindesland wahrnahmen. Mit dem Mythos »Bandera-Land« erkannte die Staatsgewalt aber implizit auch an, wie ernst sie die ukrainische Aufstandsbewegung nahm und dass sie sie als ernste Bedrohung für die Wiederherstellung der sowjetischen Staatlichkeit in der Ukraine wahrnahm.[62]

Es war ein Negativmythos, der aber nach 1989, als das Schweigen über diese Zeit allmählich endete, in einer reaktiven Umkehr bei vielen Westukrainern zu einem positiven Erinnerungsort wurde. Viele verehrten Bandera nun als Freiheitskämpfer und errichteten der OUN-UPA Gedenkhügel und -kreuze: Diese »Jungs« hatten wenigstens für ihr Vaterland gekämpft, so meinte man, ohne sich näher mit den tatsächlichen Aktivitäten der UPA und auch mit ihren Massenmorden an Zivilisten auseinanderzusetzen. In Lemberg entstand ein Bandera-Denkmal in unverhohlen italofaschistischem Stil. Unter der Regierung Juschtschenko (2006 bis 2011) wurde die Aufstandsarmee auch in der offiziellen Erinnerungskultur den im Weltkrieg kämpfenden Rotarmisten und Sowjetpartisanen gleichgestellt, ein geschichtspolitischer Akt, der die Ukrainer spaltete. Seit Beginn des russisch-ukrainischen Krieges 2014 nutzt die Kreml-Propaganda die aus der stalinistischen Mottenkiste hervorgeholte Bandera-Zuschreibung nach Kräften, um die gesamte Ukraine als Naziland zu diffamieren. Die wortgewitzten Ukrainer reagierten mit ironischen Selbstbezeichnungen wie *schydobanderowzy* (»Judenbanderas«), eine Verballhornung der alten antisemitischen Schmähungen von der »Judenkommune« (*schydokomuna*) oder der »Judenfreimaurer« (*schydomasony*), nun gemünzt auf die grobschlächtigen russischen Versuche, der pluralistischen ukrainischen Nationsgesellschaft der Gegenwart den Faschismus der OUN von 1930 anzuhängen. Wir können also konstatieren, dass ohne russisches Zutun das Gedenken an Stepan Bandera sich wahrscheinlich bald auf Münchner Emigrationskreise beschränkt hätte, wo Bandera bis zu seiner Ermordung durch einen sowjetischen Agenten im Jahr 1959 wirkte. Erst Moskau machte Bandera groß.[63]

Doch gleichzeitig formte der Zweite Weltkrieg einen ganz einfachen, tief empfundenen sowjet-ukrainischen Patriotismus unter jenen Menschen, die die Rückeroberung durch die Rote Armee tatsächlich als Befreiung wahrnahmen. Wie der US-Historiker Amir Weiner feststellte, der den Wandel der ukrainischen Identitäten im Übergang von den Terror-Jahren zur Nachkriegszeit untersuchte, wurden das Leiden unter deutscher Besatzung und der Rückeroberungsmythos zum zentralen Bezugspunkt ukrainischen Patriotismus nach 1945. Dieses Gefühl einte die der Shoa entkommenen sowjetukrainischen Juden und jene Millionen von Ukrainern, die den Krieg als Rotarmisten oder als Spezialisten der nach Osten evakuierten Industrien erlebt bzw. überlebt hatten. Die Ukrainer mit Sowjetpartisanen-, Militär- und Kriegsindustrie-Hintergrund wurden zu den neuen Eliten jener Generation, die nach dem Krieg das verwüstete Land wiederaufbaute und die dezimierten Kader der KP wieder auffüllte. Die ukrainischen Bauern, die sich zu Zeiten der Zwangskollektivierung und des Holodomor in einem Antagonismus zum Sowjetstaat befunden hatten, wuchsen nun auf dem Umweg über das Soldatentum in eine sowjetukrainische Identität hinein, die von den Intellektuellen besungen wurde. Schriftsteller wie Wolodymyr Sosjura, der die Sehnsucht der Evakuierten nach einer Rückkehr in die Ukraine in Gedichte fasste, trugen zu dieser Haltung bei. Für sie alle war die schrittweise erkämpfte Wiedereroberung der Sowjetukraine allem Terror und aller Propaganda zum Trotz ein Befreiungskrieg, wenn auch keiner im Sinne einer Nationalidee.

Stolz trugen die Häuser der Veteranen in den ukrainischen Dörfern – auch in den westukrainischen – die Ehrenplaketten, stets geschmückt waren die Kriegerdenkmäler aus mit Bronzefarbe bemaltem Betonguss, die zu Zigtausenden von den Skulpturen-Fließbändern der sowjetischen Gedenkindustrie rollten. Wenn Brautpaare dort ihre Hochzeitssträuße niederlegten, war das keine leere Geste. Allerdings war das Kriegsgedenken am 9. Mai zu Lebzeiten der Veteranen ein Tag der stillen Trauer um die vielen im Krieg gefallenen oder ermordeten Angehörigen und Kameraden, der vor allem in den Familien begangen wurde. Die Erinnerungen aus der Knochenmühle der stalinistischen Roten Armee, wo ungeheure Opfer allein aufgrund sinnloser Befehle oder dilettantischer Befehlshaber gebracht worden waren, boten keine Grundlage für prahlerisch-heroische Erzählungen – man war ein Zufallsüberlebender. Viele Veteraninnen und Veteranen erzählten nie Details aus dem Krieg, außer, dass er entsetzlich gewesen sei. Bis in die Breschnew-Zeit war der »Tag des Sieges« kein Tag grandioser Fanfaren und Paraden, und mit den heutigen pompöspatriotischen Inszenierungen des Putin-Regimes hatten die früheren Maifeiertage nichts gemein.[64]

Was jedoch bis zur Perestrojka völlig im Dunkeln blieb, das war die Erinnerung an die ermordeten Juden als erste und erklärte Opfer des deutschen Nationalsozialismus. Sie wurde in einer verschwurbelten Formulierung über ermordete »sowjetische Zivilisten« versteckt. Über die unzähligen kleinen Mordorte wuchsen Gras und Waldgehölze, bis sich in den 1990er Jahren jüdische Bürgerrechtler, häufig unterstützt von Shoa-Überlebenden im Ausland, aufmachten, um die Erschießungsstätten zu identifizieren, und dort Gedenkzeichen errichteten – die aber von der örtlichen Bevölkerung doch gemieden wurden. Die Vorstellung, hier seien nicht »die Unsrigen« gestorben und folglich sollten sich die Anderen – die aussterbenden jüdischen Gemeinden oder die einmal im Jahr einfliegenden Verwandten aus dem Ausland – darum kümmern, war weit verbreitet. Diese Grundhaltung hat sich eigentlich erst mit der Herausbildung eines Staatsbürger-Patriotismus und dem gesellschaftlichen Zusammenrücken in der von einem neuen Krieg gebeutelten Ukraine seit 2014 geändert. Einen weiteren wichtigen Beitrag zu diesem Wandel leisteten auch die inzwischen Früchte tragende ukrainische Holocaust-Forschung und die Initiativen für Schul- und Erwachsenenbildung und *Citizen Science*, wie sie etwa das Holocaust-Forschungszentrum *Tkuma* in Dnipro oder das Stadtforschungszentrum *Lvivcentr* in Lemberg unternehmen.

Chruschtschow und die Ukraine

Es gab aber neben dem Mythos der Befreiung vom Faschismus auch noch eine andere Basis, auf der der spezifische sowjetukrainische Alltagspatriotismus der Nachkriegszeit beruhte. Es war die Wiederaufbauleistung des zerrütteten und zerstörten Landes, die überdies parallel zur vorsichtigen, aber immer wieder von repressiven Rückfällen durchzogenen »Tauwetter«-Liberalisierung der Sowjetunion in der Chruschtschow-Ära lief. Erstmals in der Geschichte der Sowjetunion hatten die Ukrainer den Eindruck, die Epoche von Hunger, Blut und Stahl hinter sich gelassen zu haben und einen nahbaren Menschen an der Staatsspitze zu haben statt des Mythos Lenin und des menschenfressenden Gott-Diktators Stalin. Und erstmals waren nun, mit Ausnahme des zu Russland gehörenden Kuban-Gebietes, alle mehrheitlich ukrainisch besiedelten Territorien in einem Staat, der Ukrainischen Sozialistischen Sowjetrepublik, vereinigt. Im Rahmen der Sowjetunion hatte das Land also an Gewicht und Einfluss zugenommen – und das nationalbewusste westukrainische Element war jetzt nicht mehr außen vor, jenseits der Staatsgrenzen, sondern Teil der gesamtukrainischen Gesellschaft. Die Nachkriegsordnung von Jalta und die Sowjetukraine in ihren Grenzen nach 1945 legten den Grundstein für eine neue Etappe in der Geschichte der ukrainischen Nationsbildung.

Diese Etappe ist so eng mit der Person des »Tauwetter«-Parteichefs Nikita Chruschtschow (1896–1971) verbunden, dass viele ihn für einen Ukrainer halten. Doch war Chruschtschow ein Kind des ukrainisch-russischen Grenzlandes, ein Russe aus dem Gebiet Kursk. Er hatte seine Parteikarriere als Bergarbeiter im Donbas begonnen und war von 1938 bis 1949 Erster Sekretär der Ukrainischen KP gewesen, einen Posten, den er erhalten hatte, weil es ihm in den Strudeln der Säuberungen gelungen war, als loyaler Stalin-Anhänger das Vertrauen des Diktators zu behalten oder diesem zumindest nicht negativ aufzufallen. Er begann seine ukrainische Amtszeit in der noch laufenden Exekutionswelle des »Großen Terrors« und musste die durch die Liquidierungen völlig entkernte Ukrainische KP neu aufbauen, was vor allem durch eine Entsendung russischer Kader in die Ukraine geschah. In seine Amtszeit fielen weitere bedeutende Ereignisse der ukrainischen Geschichte wie die Annexion der westukrainischen Territorien, Evakuierung, Kriegsjahre und Wiederaufbau, die ukrainische Nachkriegs-Hungersnot von 1947/48, die er, womöglich in Erinnerung an den Holodomor, unter hohem Risiko, den Zorn Stalins auf sich zu lenken, zu lindern versuchte.

Chruschtschow war also der Ukrainischen Sowjetrepublik besonders verbunden und griff auf die ukrainischen (aber nicht notwendig ethnisch-sprachlich ukrainischen) Netzwerke zurück, die ihn vorangebracht hatten. Die Entscheidung, die Halbinsel Krim 1954 aus der RSFSR auszugliedern und der Ukrainischen SSR anzuschließen, war jedoch keiner wodkaseligen Ukrainophilie geschuldet, wie häufig kolportiert wird, sondern eine vom Ministerrat der Sowjetunion beschlossene Infrastrukturentscheidung, um die kriegsgebeutelte, durch die Deportation der Krimtataren und Krimdeutschen zerrüttete Krim landwirtschaftlich wieder auf einen grünen Zweig zu bringen. Zu den Maßnahmen gehörte nicht nur die Ansiedlung von ukrainischen Bauern auf der Halbinsel, sondern auch die Einbettung der Krim in die damalige Großraum-Infrastrukturplanung. Die 1950er Jahre waren in der Sowjetunion eine Zeit weitgespannter Zukunftsplanungen für eine überregionale Energie- und Wasserversorgung. Im Lichte dieser Infrastrukturprojekte für Bewässerung und Elektrifizierung der Krim, zu denen auch der Bau des Kachowka-Staudamms und mehrerer Kanäle gehörte[65], erschien es als opportun, die Halbinsel verwaltungstechnisch in die Ukraine zu integrieren, wo sich die Wasservorräte und Kraftwerke befanden, welche die Krim versorgen sollten. Die Angliederung war also eine der rationalen und auch erfolgreichen Entscheidungen der Chruschtschow-Ära, während der Parteichef mit anderen seiner von oben dem Lande aufgedrückten ökonomischen Reformprojekte kläglich scheiterte, etwa bei der Einführung neuer Anbaumethoden und bei der Umorganisation der Verwaltung in der Landwirtschaft und Industrie.

Der Anschlussakt der Krim 1954 wurde mit einem historisierenden propagandistischen Kontext versehen, nämlich den Feiern zum 300-jährigen Jubiläum der »Wiedervereinigung« der ukrainischen Länder mit Russland durch den Vertragsschluss von Perejaslaw. Die Propaganda schlug damit auch gleich den Bogen zur »Wiedervereinigung« der ukrainischen Länder in der Nachkriegsordnung von Jalta. Hier versuchte Moskau den Appell an den ukrainischen Patriotismus mit einer loyalistischen Botschaft zu verbinden – einer Art Wiederauflage des *malorossijstwo* in sowjetischem Gewand. Den Entscheidungen Chruschtschows und seines Apparates war anzusehen, dass die Ukraine ein Eckstein der Nachkriegs-Sowjetunion sein sollte, aber das geschah weniger aus besonderer Zuneigung zu den Ukrainern, sondern in Anerkennung des ukrainischen ökonomischen und strategischen Potenzials.[66]

Damit waren auch die Rahmenbedingungen für die weitere Entwicklung der Sowjetukraine und der in ihrem Rahmen ablaufenden Modernisierung der ukrainischen Gesellschaft gesetzt. Chruschtschows Regierungszeit, wenn sie auch schon 1964 mit seinem Sturz und seiner Ablösung durch Leonid Breschnew endete, erleichterte die Herausbildung »nationalkommunistischer« Tendenzen in der Ukraine der 1960er Jahre, die sich durch vier Merkmale auszeichneten: erstens die Vertretung von Wirtschaftsinteressen der Ukrainischen SSR im Gesamtverband der Sowjetunion durch die ukrainische Parteiführung; zweitens die Kombination von kommunistischer Orthodoxie mit (allerdings sorgsam eingehegten) Tendenzen kultureller Ukrainisierung; drittens eine harsche Reaktion auf Versuche ukrainischer Dissidenten, diese nationale Fahrt mit angezogener Handbremse auf eigene Faust zu beschleunigen; und viertens eine allgemeine soziale Mobilisierung und Urbanisierung der nach dem Ende des Zweiten Weltkrieges noch vorwiegend agrarischen ukrainischen Bevölkerung, die sowohl in einer Hebung ihres Wohlstands als auch in langfristig wirkenden Veränderungen kultureller Identitäten und Sprachpräferenzen resultierte.[67]

Die Ukraine der Nachkriegszeit war nach wie vor eines der industriellen und wissenschaftlich-technischen Zentren der Sowjetunion. Wichtige Hochschulen und Bildungsinstitutionen, ein bedeutender Teil der sowjetischen Rüstungs- und Atomindustrie befanden sich in der Ukrainischen SSR. Es war vor allem die Wiederaufbauzeit nach dem Zweiten Weltkrieg, die den wohl bedeutendsten Urbanisierungs- und Industrialisierungsschub der ukrainischen Geschichte auslöste. Man kann also analog zu den westlichen Gesellschaften im Zeitalter der Extreme auch hier von einem sowjetischen Boom sprechen, der sich in mehreren Indikatoren manifestierte – Urbanisierungs- und Bildungsgrad, Lebenserwartung, Konsum. Der Sowjetboom erfasste nun nicht mehr nur die industriegewohnte östliche und südliche Ukraine, sondern das gesamte Land – einschließlich der von Polen abgetrennten, bislang fast ausschließlich agrarischen westukrainischen Gebiete. Hier wurden seit Ende der 1950er Jahre nun Elektro-, Erdöl-, Chemie- und Nahrungsmittelindustrie etabliert, was ehemalige Landbewohner als Industriearbeiter in die westukrainischen Städte führte. Diese waren unmittelbar nach dem Krieg infolge des deutschen Judenmords und der Deportation der polnischen Stadtbevölkerung durch die Sowjets entvölkert und zerrüttet – nun erlebten sie eine nachhaltige Transformation. Aus den polnisch-jüdisch-ukrainisch geprägten Städten der Zwischenkriegszeit wurden ukrainische Städte mit einer signifikanten russischsprachigen Minderheit, die vor allem aus der Ostukraine stammte und in der Verwaltung, dem Militär und den Führungsposten der Industrie stark vertreten war – die Nomenklatura, die in die Bürgerhäuser der vertriebenen Polen und ermordeten Juden einzog.

Das sowjetische Wirtschaftswunder hatte nicht nur eine Landflucht zur Folge, sondern auch das Ende des Hungers, der in der Nachkriegszeit noch die Geißel der Bevölkerung gewesen war, und einen Baby-Boom. Die Städte wuchsen rasch und veränderten ihr Gesicht. Nun schossen die für Osteuropa typischen Neubauviertel wie Pilze aus dem Boden: erst die fünfstöckigen, aus Ziegelsteinen errichteten »Chruschtschowky«, später dann die Plattenbau-Hochhäuser in transnationaler Formensprache, die seit Ende der 1960er Jahre, wie im Westen, den industrieförmigen Städtebau beherrschten. Insbesondere der Donbas zog nicht nur ukrainische Landbewohner in Bergbau und Schwerindustrie, sondern wurde zur neuen Heimat für Kriegsentwurzelte aus der gesamten Sowjetunion auf der Suche nach Arbeit. Arbeitsmigranten und speziell Angeworbene, aber auch frisch ausgebildete junge Leute füllten die durch Hungersnot, Stalin-Terror und Kriegsverluste gelichteten Reihen der Facharbeiter und Ingenieure.[68]

In der gesamten Ukraine führte der Weg der ukrainischen Landbevölkerung in die Stadt nun nicht über den Hunger, wie das noch in den 1930er Jahren der Fall gewesen war, sondern über die technischen Fachschulen und Hochschulen. Es war die Zeit, in der man in Anlehnung an Eugen Webers Diktum über die französische Nationsbildung, »Peasants into Frenchmen«[69], von einer ukrainischen Entwicklung »Peasants into Engineers« sprechen könnte. Während laut dem Frankreich-Historiker Weber die Nationsbildung der regional fragmentierten Franzosen dank der normierenden Kraft von Kommunikation und Schulbildung erfolgte, kann man den Wandel der Ukrainer von der Agrar- zur Industrienation vor allem an den massenhaften Bildungs- und Karrierewegen der Facharbeiter, Technikerinnen und Ingenieure nachvollziehen, die in dieser Zeit aus den ländlichen Gebieten in die Städte migrierten.[70]

Die sowjetukrainischen Eliten in Politik, Wirtschaft und Wissenschaft förderten diese Entwicklung und bemühten sich, gegenüber dem Moskauer Zentrum, wo über die Ressourcenverteilung entschieden wurde, die Interessen ihrer Republik zu stärken und Kompetenzen auf die Republikebene zu ziehen. Die Angehörigen dieser Elite entstammten ebenfalls einer nach dem Zweiten Weltkrieg allmählich das Ruder übernehmenden Generation von Spezialisten, die in ihrem durch den sozialistischen Konformismus beschränkten Handlungsrahmen ihre Gestaltungmöglichkeiten suchten, aber ihre Prägung in der Stalin-Zeit erhalten hatten. Geradezu archetypisch stehen dafür die Biographien der beiden bedeutendsten ukrainischen KP-Chefs der Nachkriegszeit: des »Nationalkommunisten« Petro Schelest (1908–1996)[71], der seit 1963 Erster Sekretär der Ukrainischen KP war, und des loyalen, gut mit den zentralen Institutionen vernetzten Technokraten Wolodymyr Schtscherbyzkyj (1918–1990), der ihn 1971 ablöste und bis 1989 im Amt war.[72]

Beide stammten – genauso wie der Ukrainer Efim/Juchym Slawskyj (1898–1994), der den mächtigen militärisch-industriellen sowjetischen Atomkomplex *Minsredmasch* beherrschte – aus ostukrainischen Bauernfamilien, Schelests Familie hatte einen kosakischen Stammbaum.[73] Schelest und Schtscherbyzkyj begannen ihr Berufsleben als kleine Mechaniker bei der Eisenbahn und in der Schwerindustrie, konnten sich dann auf dem sowjetischen zweiten Bildungsweg zu Ingenieuren weiterbilden und durchliefen Werks- und Parteikarrieren in der Maschinenbau- und Rüstungsindustrie, bevor sie hauptamtliche Parteiführer wurden. Sie gehörten also trotz ihrer ukrainischen Wurzeln der vorwiegend russischsprachigen Welt der Städte und der Industrie an. In ihrer politisch-kulturellen Agenda unterschieden sie sich grundlegend. Schelest vereinte doktrinären Autoritarismus mit einem tief empfundenen ukrainischen Patriotismus und wurde als Autor des Buches *Ukrajino nascha radjanska* (»O unsere Sowjetukraine«) zur Zielscheibe der Breschnew'schen Bemühungen um Eindämmung von Alleingängen an der Peripherie, was wesentlich zu seinem Sturz und zur Säuberung der ukrainischen KP 1972 beitrug. Wenn Schelests Ukraine »unsere« war, so argwöhnte man in Moskau, bedeutete das eine Distanzierung vom »nicht Unseren«, also dem russisch-imperialen Zentrum.

Schtscherbyzkyj hingegen bekämpfte ukrainische Dissidenz innerhalb und außerhalb des Parteiapparates mit aller Härte und setzte dem sowjetischen Programm zur Russifizierung der Ukraine wenig Widerstand entgegen, ließ aber von der wirtschaftspolitischen Linie seines Vorgängers nicht ab.[74] Beide KPU-Chefs betrieben, anders als es die in der ukrainischen Erinnerungspolitik häufig verbreiteten Opfernarrative »vom Holodomor bis Tschernobyl« nahelegen, mal im Zusammenspiel, mal im Konflikt mit Moskau eine Industriepolitik, die auf eine Vermehrung und Autonomisierung der ukrainischen Ressourcen zielte. Anders als in der Stalin-Zeit wurde aber nun auch ein stärkerer Wert auf die Entwicklung der Lebensmittel- und Konsumgüterindustrie gelegt, wenn auch die Schwer- und Rüstungsindustrie in der Ukraine weiter eine beherrschende Rolle spielten. Das wiederum ermöglichte eine Hebung des allgemeinen Wohlstandes, die sich auch in den Lebenswelten von Bauern wie Städtern bemerkbar machte: Auf dem Land hielten elektrisches Licht, Kühlschränke und Radio Einzug, und in den städtischen Haushalten wurden nun Konsumgüter angesammelt, die den vorigen Generationen vorenthalten gewesen waren, wie Waschmaschinen, Fernseher oder Fotoapparate.

Reaktoren, Raketen, Dissidenten: Nationsbildung in der Atom-Ukraine

Die mit Nachdruck durchgeführte kerntechnische Selbstkolonisierung der Ukraine, die zur Errichtung mehrerer großer Kernkraftwerke führte, war Teil dieses Programms. Saporischschja, das im März 2022 von den Russen besetzte größte Kernkraftwerk Europas, ist aus dieser Atomindustriepolitik ukrainischer Eliten entstanden, genauso wie die Anlagen Tschornobyl, Riwne, Chmelnyzkyj und Pivdennoukrajinsk in der rechtsufrigen Ukraine. Die ukrainischen Atom- und Wasserkraftwerke waren imperiale, von Moskau aus dirigierte Projekte, Knotenpunkte einer neuartigen Infrastruktur, welche die Sowjetunion mit ihren Nachbarstaaten im östlichen Europa verband. Überregionale Hochspannungsnetze und technische Kooperation bei der Produktion von Anlagen und Ausrüstung waren ein wichtiges Integrationsmoment in der spätsowjetischen Epoche, und die Ukraine spielte eine zentrale Rolle bei dieser Integration.[75] Die Stromversorgung behielt daneben weiterhin ihre wichtige symbolische Bedeutung, die sie schon seit dem sowjetischen Elektrifizierungsplan der 1920er Jahre innehatte. Die Elektrifizierung der Ukraine seit den 1960er Jahren sorgte überdies für eine Anbindung und Entwicklung des ländlichen Raumes, nicht zuletzt auch durch den Ausbau und die Elektrifizierung der Eisenbahn. Nun erst wurde der Unterschied zwischen

Stadt und Land wenn auch nicht nivelliert, so doch wenigstens verringert. Strom bedeutete in jenen Jahren Licht, Mobilität, Entwicklung, Bildung und die Etablierung neuer Lebensrhythmen.

Die Nuklearisierung der Ukraine, die von der ukrainischen KP-Führung als Stärkung der ukrainischen Position im Verbund der Sowjetunion wahrgenommen wurde, erfolgte in einer Umbruchszeit, als in der Ukraine nicht nur absehbar wurde, dass die traditionellen Kohle- und Wasserkraftressourcen nicht reichen würden, um den Stromhunger einer aufstrebenden Sowjetrepublik zu stillen, sondern auch, als über Platz und Bestimmung der Ukraine in der Sowjetunion gestritten wurde. Im Jahr 1965, als gerade über die Ausstattung eines lange geplanten Großkraftwerksstandorts in der Nähe des ukrainisch-jüdischen Städtchens Tschornobyl mit Kernreaktoren nachgedacht wurde, schickte sich der linksreformistische Dissident Iwan Dsjuba mit seiner programmatischen Schrift »Internationalismus oder Russifizierung?« an, die Geschäftsgrundlage der sowjetisch gerahmten russisch-ukrainischen Beziehungen, nämlich die autoritäre Familienordnung mit Russland als älterem Bruder, mit leninistischen Argumenten anzufechten. Dsjuba wurde offiziell gebrandmarkt, die sowjetische Ordnung untergraben zu haben, und mit einem Strafverfahren überzogen, aber inoffiziell hatte sein Werk einen großen Einfluss. Nach Aussage seines Sohnes Witalij war der ukrainische Parteichef Petro Schelest einer der eifrigsten – und empörtesten, aber ganz offensichtlich innerlich berührten – Leser des Manifests von Dsjuba: »Das Buch lag bei ihm praktisch ständig auf dem Tisch. Er las es, schimpfte, sagte, dass das so nicht ginge, und ich antwortete, dass es Tatsachen gäbe, über die man nachdenken müsse.«[76] Der Schriftsteller Oles Hontschar stellte wenig später mit seinem zunächst in Zeitschriften erschienenen, dann verbotenen Roman *Sobor* (Die Kathedrale) die bittere Frage nach Traditionsabbruch, Sprach- und Heimatverlust als Kollateralschaden der industriellen Modernisierung. Diese Infragestellungen nicht hinreichend eingedämmt zu haben, war einer der Hauptvorwürfe Moskaus an den »nationalkommunistischen« ukrainischen Parteichef Petro Schelest bei seiner Absetzung im Mai 1972.[77]

Diese gleichzeitig ablaufenden Prozesse der sowjetukrainischen Integration, der autoritären Modernisierung von oben und des Widerstands gegen die Schattenseiten der Modernisierung von einzelnen Intellektuellen waren typisch für die Ambivalenz der ukrainischen Moderne. Diese Ambivalenz betraf auch die ethnisch-nationale Konnotation, die den Produkten dieser Moderne zugeschrieben wurde. So waren die prestigeträchtigen Leittechnologien des Sowjetstaates, die Atomwaffen und Atomkraftwerke, keinesfalls nur sowjetische oder gar russische Fremdkörper auf ukrainischem Boden. Vielmehr reklamierten die Ukrainer nach dem Zerfall der Sowjetunion ihre Verantwortung und Gestaltungskraft für diesen Teil des sowjetischen militärischen und zivilen Nuklearpotenzials für sich. Strategische Bomber und nukleare Interkontinental- oder Mittelstreckenraketen waren, anders als später im Rückblick auf die Geschichte der ukrainischen Denuklearisierung häufig dargestellt, keine russischen Waffen auf ukrainischem Territorium, sondern sowjetische Waffen, an deren Konstruktion, Herstellung und Wartung ukrainische Spezialisten wesentlich beteiligt waren.

Die Rüstungsindustrie für die ballistischen Trägerraketen mit dem Konzern *Juschmasch* begründete die intellektuell-technologische Potenz der Stadt Dnipropetrowsk (heute Dnipro), die aber auch schon vor der Raketenzeit ein dynamisches wissenschaftliches und geistiges Zentrum der südlichen Ukraine gewesen war. Dnipro war auch einer der Ausgangspunkte für den Aufstieg der Sowjetukraine zur »Secunda inter pares« bei der Beherrschung der Sowjetunion: Parteichef Leonid Breschnew und sein Clan stammten aus der *Juschmasch*-Parteiorganisation und zogen in Moskau so erfolgreich ihre Strippen, dass patriotische Russen nach dem Zerfall der Sowjetunion gerne von einer Ukrainer-Herrschaft sprachen, die die Sowjetunion auf den Hund gebracht habe. Allerdings war das nur eine rein netzwerktechnische Herrschaft; auf die Sprachen- und Kulturpolitik gegenüber den Ukrainern wirkte sich die angebliche Ukrainisierung des Apparates nicht aus. Im Gegenteil galten vor allem die späten Breschnew-Jahre in der Ukraine als eine Zeit des russifizierenden *Rollbacks*, das etliche Besitzstände der Schelest'schen 1960er Jahre wieder zunichtemachte. Nun wurde das Zusammenwachsen der Sowjetmenschen zu einem »Sowjetvolk« propagiert, dessen Sprache selbstverständlich Russisch sein sollte. Die Dissidenten wurden grausam verfolgt, in den Suizid getrieben, in Lager und psychiatrische Anstalten eingewiesen, der ukrainische KGB galt als eines der härtesten Exekutivorgane in der Sowjetunion.

Gleichwohl hatte sich zu diesem Zeitpunkt längst jene kritische Masse an gebildeten, wenn vielleicht auch nicht immer ukrainischsprachigen Ukrainern gebildet, deren Bezugsraum und Identitätsanker die Sowjetrepublik, aber nicht die Sowjetunion war und die sich in den 1970er Jahren zunehmend Sorgen um die Stagnation der sowjetischen Politik und Wirtschaft, aber auch um die zunehmende Zerrüttung der Industrie sowie die Zerstörung der Umwelt machten. Auch und gerade die industrielle Ostukraine brachte immer wieder Vordenker der ukrainischen Widerständigkeit hervor, das berühmteste Beispiel ist neben Iwan Dsjuba der Dichter Wasyl Stus, der im ostsibirischen Straflager starb, als schon Gorbatschow die Macht übernommen hatte. Diese Generation von Aufsteigern bildete mit ihren Familien das soziale Reservoir, aus dem 1991 die »Generation Unabhängigkeit« entstand. Zu ihr gehört wiederum der bekannteste Schriftsteller der heutigen Ukraine und Chronist der 1990er Jahre und des heutigen Krieges, Serhij Zhadan, der seine Karriere in Charkiw als querköpfiger Anarchist und Pop-Poet begann. Zu ihr gehören aber auch unzählige Ukrainer in Industriestädten wie Dnipro, das trotz der erzwungenen Abschottung wegen seiner Rüstungsbetriebe schon zu Sowjetzeiten eine ausgeprägte Identität als Wissenschafts- und Technologiestadt, aber auch als Ort einer rebellischen popkulturellen Avantgarde entwickelte.[78]

Die ukrainische Nationsbildung durch technische Integration und ihre Ambivalenzen kann man besonders gut dort beobachten, wo die Kernenergie in alte westukrainische Kulturlandschaften einwanderte. Einerseits wurden die Atomanlagen im Zuge einer Art technischen *korenisazija* mit der Zeit zu einem Bezugspunkt regionalen und nationalen Stolzes, der ältere Identitätsanker ergänzte. Das Kernkraftwerk Chmelnyzkyj war mit seiner modernen Atomstadt Netischyn fast schon ein Vorort des altehrwürdigen Ostroh, wo der Fürstenhof der Ostroskyjs mitsamt Druckerei und Kollegium die frühneuzeitliche ukrainische kulturelle Renaissance angestoßen hatte. Chmelnyzkyj war wie die Anlage Rivne, die 300 Kilometer westlich von Tschornobyl in der nordwestukrainischen Wald- und Sumpflandschaft Polesien lag, schon zu sowjetischen Zeiten ein zweisprachiger Betrieb – in der Bauzeit sogar ein dreisprachiger, da viele polnische Vertragsarbeiter an der Anlage mitbauten.

Andererseits waren die Atomprojekte imperiale Zeichen in einem eroberten Land, die nicht in der Ukraine geplant wurden, sondern in Moskau und Sibirien, wo die Reaktorprojektierer und Kernforschungsinstitute saßen. Die imperiale Botschaft konnte man auch an der Namensgebung festmachen: Kusnezowsk, die zur Anlage Rivne gehörige Atomstadt, war nach einem NKWD-Offizier benannt, der in derselben Gegend den sowjetischen Partisanenkrieg organisiert hatte und in einem Hinterhalt der ukrainisch-nationalen UPA erschossen wurde. Während die anderen Atomstädte in der Ukraine unpolitische Namen bekamen, war das ein

Markstein der Sowjetmacht im eroberten Land. 2016 wurde Kusnezowsk in Warasch umbenannt, nach der ursprünglichen Ortschaft, auf deren Gemarkung die Stadt entstanden war.

Dass die Atomprojekte aber auch erfolgreich Wurzeln schlugen, hatte vor allem mit der Rekrutierung der Mitarbeiterschaft zu tun. Hier kamen etablierte nukleartechnische Fachleute aus Russland mit jungen Absolventen der Polytechnischen Hochschulen Kyjiw, Odessa und Lwiw zusammen – letztere blickte auf eine polnisch-habsburgische Vergangenheit zurück und unterrichtete ihre Energiefachleute ausschließlich auf Ukrainisch. In den Maschinenhäusern und Schaltanlagen der Kraftwerke arbeiteten Turbinenschlosser und Elektriker, Kinder der Kriegs- und Partisanengeneration, die den polesischen Dialekt der Region sprachen. Nach der Unabhängigkeit der Ukraine, als das Ukrainische zur Staatssprache wurde, entwickelten sich die beiden AKW rasch zu Identitätsankern ihrer Regionen – auch, weil sie als Staatsbetriebe sehr vielen Menschen sichere Arbeitsplätze und Sozialleistungen boten, was während der postsowjetischen ökonomischen Krise der 1990er Jahre nur wenigen Ukrainern vergönnt war.[79]

Mit den Atomkraftwerken entstanden die jüngsten Städte der Ukraine, Werksstädte neuen Typus, sozusagen nukleare Jusiwkas. Sie waren gleichzeitig auch Mikrokosmen der ukrainischen Moderne, in denen man auf kleinem Raum die großen Transformationen jener Zeit betrachten konnte – die Migration der Ukrainer vom Land in die Städte, den damit verbundenen Sprachwechsel, die Interaktion mit aus anderen Sowjetrepubliken Zugewanderten, aber auch die bleibende Rückbindung an die Dörfer, wo Eltern und Großeltern nach wie vor lebten. Die Bewohnter dieser nuklearen Monostädte, der *atomogrady*, entwickelten soziale Identitäten als Kolonisten der inneren Peripherie, als rustikale Pioniere, die die unwegsame Natur der Sumpfgebiete urbar machten – und als Wissenschaftler, die stolz den Nimbus der nuklearen Hochtechnologie der Sowjetunion repräsentierten. Die Bauarbeiter, die in den Atomstädten das soziale Versprechen des sozialistischen Städtebaus in die Tat umsetzten, das in den Werksstadt-Komplexen der 1930er Jahre wie in Magnitogorsk nie eingehalten worden war, blickten stolz auf das Werk ihrer Hände, standen aber auch in Konkurrenz zu den bessergestellten und -besoldeten Atomexperten. Die sozialistische Musterstadt der späten Sowjetunion war keinesfalls eine klassenlose Gesellschaft.

In den Atomstädten trafen nicht nur verschiedene sowjetische Arbeitsmigranten aufeinander, sondern hier entstanden auch ukrainisch-russische und andere binationale Ehen. Natürlich waren die Atomstädte auch Agenturen der Russifizierung, denn Russisch war die imperiale Sprache von Wissenschaft und Technik. Das empfanden die Betroffenen auch selbst so. Der Generationswechsel ging häufig mit einer freiwilligen Selbstrussifizierung einher. Ukrainische Eltern vertraten hier wie auch im Rest des Landes die Meinung, dass eine russischsprachige Schulausbildung der Karriere ihrer Kinder förderlich sein könne – während die sowjetukrainische Bildungspolitik dieser Haltung strukturell nachhalf, indem sie formell die »Wahlfreiheit« betonte, aber schleichend die Anzahl der ukrainischsprachigen Schulen reduzierte und die der russischsprachigen Schulen erhöhte und diese besser ausstattete. Auf der anderen Seite erzeugte der hohe Bildungsgrad in den Spezialistenstädten eine ähnliche kritische Masse an Intelligenzlern, wie sie auch in Kyjiw, Odessa oder Dnipro anzutreffen war, was immer auch eine Neigung zur Dissidenz und zum Unterlaufen der staatlichen Kontrolle mit sich brachte.[80]

Afghanistan und Tschernobyl: die letzten sowjetukrainischen Kriege

Möchte man die Bilanz der ukrainischen Geschichte im Zeitalter der Extreme ziehen, so kann man eine von Krieg, Bürgerkrieg, Terror und Hunger geprägte erste Phase 1918 bis 1953 von einer zweiten Phase 1953 bis 1991 unterscheiden, die von Konsolidierung und Entwicklung, später auch von Stagnation und Infragestellung geprägt war. Das bezieht aber in jeder Phase auch Elemente der jeweils anderen Substanz mit ein: Die erste, blutige Phase der Gewaltextreme enthielt auch die kurz aufflammende Hoffnung auf eine demokratische, unabhängige Ukraine und die kulturellen Höhenflüge und den Enthusiasmus der ersten sowjetischen Aufbaujahre. Und die Konsolidierungs- und Mobilisierungsphase der (sowjet-)ukrainischen Nation seit Stalins Tod war mit Bruchzonen versehen, aus denen böse Erinnerungen an das gewaltsame Extrem dieses Zeitalters hervorquollen, etwa der KGB-Terror gegen ukrainische Dissidenten in den frühen 1970er Jahren, der Krieg in Afghanistan, der eine ganze Generation ukrainischer Wehrpflichtiger bedrohte, oder die Erfahrung der Nuklearkatastrophe von Tschernobyl.

In Afghanistan lernte die Sowjetunion die historische Lektion, die den USA und Frankreich in Indochina und Vietnam und in Algerien erteilt worden war und die womöglich Russland in der Ukraine nochmals erleben wird: Eine hochgerüstete Atommacht kann einen Krieg gegen ein kleines, minder gerüstetes Land verlieren, wenn sie seine Menschen und seine Natur gegen sich hat, und wenn dieses Land Unterstützung von anderen Staaten erfährt. So erging es 1979 auch der sowjetischen Armee, deren von KGB-Hardlinern vorangetriebene Unterstützungsexpedition für einen kommunistischen Vasallen, den man in Afghanistan an die Macht putschen wollte, in einem neunjährigen Krieg eskalierte. Man kämpfte gegen ein Land, dessen schroffe Gebirge und abgelegene Täler man nie richtig kontrollieren konnte und die ein idealer Rückzugsort für Partisanen, Clan-Kämpfer und von den USA mit Waffen versorgte islamistische Milizen waren. 160.000 Mann der insgesamt bis zu einer Million in Afghanistan engagierten sowjetischen Truppen waren Ukrainer, über 3.000 von ihnen fielen. 8000 Ukrainer wurden teils schwer verwundet und blieben ihr Leben lang vom Krieg traumatisiert – vom Erlebnis des Erleidens und Zufügens von Gewalt, von der ungeheuren Brutalität, mit der der Partisanenkrieg geführt wurde. Viele der Heimkehrer begingen Suizid oder konnten nicht mehr in der friedlichen, aber bereits von der spätsowjetischen Wirtschaftskrise heimgesuchten Gesellschaft Fuß fassen. Doch andere *Afganzy*, die das Kriegshandwerk im besetzten Land gelernt hatten, blieben beim Militär und halfen nach 1991, die Armee der unabhängigen Ukraine aufzubauen. Zusammenschlüsse von Veteranen spielten ab 2014 eine wichtige Rolle bei der spontanen Organisation der Landesverteidigung und bei Hilfstransporten an die Front. Vor allem aber hielten sie die Erinnerung an den Krieg wach, der von der Regierung gerne verschwiegen und an den in der harten postsowjetischen Zeit kaum mehr erinnert wurde. Sie errichteten Denkmäler für ihre gefallenen Kameraden in den ukrainischen Städten und gestalteten Erinnerungs-Ecken in den Stadtmuseen.[81]

So wie sich die sowjetukrainische Nachkriegsmoderne mit ihren Ambivalenzen und Bruchzonen besonders gut im Mikrokosmos der Atomstädte beobachten ließ, so war es auch nicht reiner Zufall, dass ein ukrainischer Atomstandort, Tschornobyl-Tschernobyl, zu einem exemplarischen Erinnerungsort geworden ist, der mit dem Ende der sowjetischen Epoche verbunden ist. Die Forschung ist sich immer noch nicht ganz einig, ob Tschernobyl nun der Mitverursacher oder nur der Katalysator ohnehin laufender

Entwicklungen war, die schließlich zum Zusammenbruch der Sowjetunion führten. Doch kann man ziemlich sicher sagen, dass in Tschernobyl Missstände des sowjetischen Systems zum Tragen kamen, die auch das Ende des Sowjetstaates besiegelten und somit für die Ukraine neue Möglichkeitsräume eröffneten – »from Chernobyl to Sovereignty«, wie es ein US-Forscher einmal formulierte.[82]

Nicht von ungefähr nannte ich zwei Ortsnamen: Es gibt ein *Tschernobyl* und ein *Tschornobyl*. *Tschernobyl* ist ein Erinnerungsort im Weltgedächtnis der Moderne, eine Wegmarke im Anthropozän, der schwerste Reaktorunfall in der Geschichte der zivil genutzten Kernenergie. *Tschornobyl*, die ukrainische Form des Ortsnamens, war ein Landstädtchen an der Mündung des Flüsschens Usch in den Prypjat, rund einhundert Kilometer nördlich von Kyjiw in der Wald- und Sumpflandschaft Polesien. Das alte Tschornobyl war eine Dampferstation auf der Dnipro-Prypjat-Flussroute von Kyjiw nach Pinsk, jüdisch-ukrainisch geprägt, Sitz eines berühmten Tora-Gelehrten-Geschlechts. Dieses alte Tschornobyl, in dem Juden, Ukrainer, polnische und deutsche Minderheit zusammenlebten, ging 1941 und 1942 unter, als die deutschen Besatzer die gesamte jüdische Bevölkerung der Stadt und ihres Umlandes in zwei Erschießungsaktionen ermordeten.[83]

Ende der 1960er Jahre tauchte das neue Tschernobyl auf, nun in russischer Sprache und als Standort des ersten ukrainischen Atomkraftwerks. Genaugenommen entstand dieses Tschernobyl 18 Kilometer nördlich des Städtchens, in Form der riesigen Atomanlage und der modernen Kerntechnikerstadt Prypjat, die am Ufer des gleichnamigen Flusses aus dem Boden gestampft wurde. 1977 ging der erste Block ans Netz. Prypjat galt als ambitioniertes architektonisches Projekt, in dem Wald, Fluss und Stadt harmonisch integriert wurden, Tschernobyl, das AKW, war der Musterbetrieb der Sowjetukraine in den 1970ern und 1980er Jahren. Die Kyjiwer Filiale des Ukrainischen Schriftstellerverbands hatte die Patenschaft über den Betrieb inne und hielt dort regelmäßig Lesungen und Begegnungen mit Kulturschaffenden ab. Broschüren, Filme und Zeitungsbilder präsentierten das Kraftwerk als technologische Idylle in einer unberührten Naturlandschaft, in der akademisch gebildete, weiß gekleidete Spezialisten ihren Dienst taten.[84]

Doch dieser Traum von der sauberen, naturkompatiblen und friedlichen Atomkraft ging in der Nacht des 26. April 1986 in die Brüche. Ein Funktionstest an den elektrischen Anlagen des vierten, neuesten Blocks im

Kraftwerk brachte durch eine unglückliche Verkettung von Umständen die Anlage außer Kontrolle. Eine nukleare Leistungsexkursion zerstörte den Reaktor samt dem umgebenden Gebäude. Das hochradioaktive Reaktorinventar verteilte sich mit den Luftströmungen einer frühsommerlichen Großwetterlage über ganz Europa, später über die gesamte nördliche Hemisphäre. Damit wurde der Unfall zur Globalkatastrophe. Weit weg von der Ukraine löste er politische Verwerfungen aus, weil Regierungen und Wissenschaftler angesichts einer grenzüberschreitenden, ungewissen Bedrohung keine eindeutigen Antworten auf die Fragen und Sorgen der Bevölkerung hatten.

Über 50 Menschen starben in den ersten Tagen und Wochen nach dem Unfall qualvoll an akuter Strahlenkrankheit. Die meisten waren Kraftwerks-Mitarbeiter und Feuerwehrleute, die durch selbstlosen Einsatz vermutlich weit Schlimmeres verhüten halfen. Die Weltgesundheitsorganisation rechnet als Spätfolge mit rund 4.000 vorzeitigen Todesfällen durch Krebserkrankungen. Ein Gebiet von 2.600 Quadratkilometern im Nordwesten des Verwaltungsbezirks Kyjiw, das zusammen mit ausgedehnten Gebieten im südlichen Belarus und westlichen Russland am stärksten vom radioaktiven Fallout betroffen war, wurde zwischen April 1986 und 1995 evakuiert, insgesamt 170.000 Menschen verloren für immer ihr Zuhause und fast alles, was sie besessen hatten. Der volkswirtschaftliche Gesamtschaden des Unfalls wird auf rund 170 Milliarden Euro geschätzt.

Für die Ukrainer war Tschernobyl ein Einschnitt ihrer Geschichte, der dem des Zweiten Weltkriegs vergleichbar war: Viele teilten die Zeit in ein »vor Tschernobyl« und »nach Tschernobyl« und nahmen auch das Frühjahr und den Sommer 1986, als die gesamte Sowjetunion den Kampf mit dem Unfallreaktor aufnahm, als Kriegsmonate wahr. So viele Dinge ähnelten sich ja auch: die spontane Selbstevakuierung der Großstadt Kyjiw, die Nöte der Eltern, die zumindest ihre Kinder aus der Stadt schaffen wollten, und auch die organisierte Evakuierung aus der unmittelbaren Unfallzone.

Die evakuierten Dorfbewohner wurden vorwiegend in Dörfern in der Waldsteppe des Großraums Kyjiw angesiedelt, wo aber die lebensweltlichen Bedingungen ganz andere waren als in der Wasserlandschaft Polesien. Die Bürger von Prypjat kamen größtenteils in Neubauvierteln Kyjiws unter. Die Evakuierten trafen auf Ablehnung und Vorurteile ihrer Landsleute, die etwa befürchteten, dass radioaktive Belastung ansteckend sei, oder neidisch waren auf vorrangig zugeteilten Wohnraum. Viele Evakuierte kämpften mit einem posttraumatischen Belastungssyndrom, Verlusterfahrungen und stressbedingten Krankheiten.

Doch genauso gab es Solidarität und Selbstaufopferung, welche die Menschen an die Schicksalsjahre 1941 bis 1944 erinnerte. Die »Liquidierung« des Unfalls war der letzte Krieg der Sowjetunion, die letzte große Mobilisierung aller Kräfte, aber diesmal gegen einen unsichtbaren Feind. Rund 600.000 Menschen aus allen Teilrepubliken der Sowjetunion kamen in das ukrainisch-belarusische Grenzgebiet, an dieselben Orte, in denen der Partisanenkrieg gegen die Deutschen getobt hatte. Und so wurde Tschernobyl auch zu einem postsowjetischen Erinnerungsort, auf den sich bis heute alle Ex-Sowjetbürger einigen können. Keine Großstadt in Russland, Belarus, der Ukraine, Mittelasien, dem Baltikum, in der nicht auch Tschernobyl-Liquidatoren wohnten; in vielen Städten gibt es Tschernobyl-Gedenkorte.

Und wie ein Krieg wurde die Reaktorkatastrophe auch in der Erinnerungskultur behandelt. Es wurde zuerst gar keine ukrainische, sondern eine sowjetische Geschichte von Tschernobyl geschrieben, die mit der symbolischen Sprache und Ikonographie der Weltkriegserfahrung vermittelt wurde: der verunfallte Reaktor als Kriegsfront, die »Liquidatoren« als heldenhafte Partisanen und Soldaten, die einem unsichtbaren Feind zu Leibe rückten. Die Rolle der Bösewichte fiel in dieser Erzählung dem Kraftwerkspersonal zu, dem Pflichtverletzung und Verantwortungslosigkeit angekreidet wurden. Erst Jahre später benannte eine Untersuchungskommission die Hauptursache des Unfalls und entlastete die Belegschaft: Der Unglücksreaktor war in seiner Konstruktion fehlerhaft ausgelegt, die Betriebsmannschaften am Ende der Befehlslinien waren jedoch systematisch vom Informationsfluss über diese Mängel und über mögliche Abhilfemaßnahmen ausgeschlossen worden. Diese Befunde, aber auch die anfängliche Verheimlichung der Unfallausmaße zerstörten das Vertrauen der Menschen in Staat und Atomexperten. Der sonst so eloquente Michail Gorbatschow, der Vater der Glasnost-Parole, ging erstmal 14 Tage auf Tauchstation. In Kyjiw wurden Schüler zur traditionellen Maiparade geschickt, als sei nichts geschehen, obwohl der Wind zu dieser Zeit vom Kraftwerk auf die Stadt zuwehte. Gleichwohl wurde Tschernobyl zur ersten öffentlichen Katastrophe der sowjetischen Geschichte, von der sogar Bilder gezeigt wurden, wenn auch zensierte.[85]

Die nationale ukrainische Geschichte von Tschernobyl ist zuerst mit einer ähnlichen Geradlinigkeit und Verteilung der Rollen von Gut und Böse geschrieben worden. Ambivalenzen wie die Verwurzelung der sowjetischen Atomanlagen in der ukrainischen Provinz und die breite Beteiligung von Ukrainern an der sowjetischen Nukleargeschichte hatten in solchen Erzählungen keinen Platz mehr. Nun wurde die Ukraine als passives Opfer der Moskauer Technokraten dargestellt, die Kernkraftwerke wurden vor allem als Russifizierungsagentur und Fremdkörper wahrgenommen. Der Tschernobyl-Unfall war in dieser öko-nationalen Lesart der Sargnagel der Sowjetunion und der Ansatzpunkt für die ukrainische Unabhängigkeitsbewegung.

Doch kaum wurde die Ukraine unabhängig, entdeckten die ukrainischen Eliten die Kernenergie neu. Ein 1990 verhängtes AKW-Baumoratorium wurde 1993 vom Parlament kassiert. Heute hat die Ukraine einen Atomstromanteil von rund 50 Prozent, der größtenteils auf Kapazitäten beruht, die nach Tschernobyl errichtet wurden. Tschernobyl rückte derweil aus der Erinnerung der Mitlebenden allmählich in den Status eines fernen historischen Ereignisses und ritualisierten Gedenktages, ähnlich wie der »Große Vaterländische Krieg«. Zahlreiche Denkmäler und ein zentrales Museum in Kyjiw erinnern heute in der Ukraine an die nationale Katastrophe. Ein florierender Katastrophentourismus entwickelte sich rund um die Tschernobyl-Zone, der paradoxerweise auch zu ihrer Normalisierung beitrug.

Tschernobyl und Afghanistan produzierten in der Ukraine neue Formen von Kriegserinnerung, neue Kriegerdenkmäler, neue Veteranen: die letzten der Sowjetukraine. Aber sie transportierten keine Befreiungs-, sondern eine Bewältigungsbotschaft. Es waren aber auch Denkmäler des imperialen Versagens, die den Ukrainern ins Gedächtnis riefen, wer Schuld an den Opfern trug. Es waren Denkmäler für den Bankrott der sowjetischen Atomwirtschaft mit ihrem militärischen Gehorsam, ihrer Geheimhaltungsmanie und ihrer mangelnden Fehlerkultur; es waren Denkmäler für die Täter-Opfer eines Kolonialkriegs. Ihre Bildsprache thematisierte, wie die Kriegerdenkmäler davor, Kämpfen und Leiden, und stets lagen frische Blumen vor ihnen. So sehr hatten sich die Ukrainer nach dem Zweiten Weltkrieg gewünscht, dass wenigstens den nächsten Generationen keine solche Denkmäler mehr errichtet werden müssten. Solches nicht mehr erleben zu müssen, nicht in Moskaus Kriege und Moskaus Katastrophen geschickt zu werden, war auch bei russischsprachigen Ukrainern ein wichtiges Motiv für das Entstehen der Forderung nach staatlicher Unabhängigkeit ab 1989. Der Wunsch wurde nicht erfüllt

– nicht der Nachkriegsgeneration des Zweiten Weltkriegs, deren Söhne nach Afghanistan geschickt wurden, und auch nicht der Generation Tschernobyl, die samt ihren eigenen Kindern nun in den aktuellen Krieg Moskaus verwickelt wird. Insofern scheint das Zeitalter der Extreme in der Ukraine noch anzudauern.

7. Kriege um die Unabhängigkeit: die Ukraine 1991–2023

Als die Ukraine am 24. August 1991 ihre Unabhängigkeit ausrief, kam das für viele sowohl innerhalb der Sowjetunion als auch im Westen überraschend. Bei den Initiativen zur *perestrojka* (»Umbau«) des 1985 ins Amt gekommenen Reformkommunisten Michail Gorbatschow, der die Modernisierungskrise der Sowjetunion lösen wollte, stand der ukrainische Parteiapparat, ganz zu schweigen vom KGB in Kyjiw, als Bremser im Weg. Während die Esten, Letten und Litauer bereits auf dem Weg zu Souveränitätserklärungen waren und die Russen mit dem damaligen Moskauer Stadtparteichef Boris Jelzin einen vorwärtsstürmenden Reformer erlebten, galt die ukrainische KP mit ihrem alternden Parteichef Wolodymyr Schtscherbyzkyj und seinem seit September 1989 amtierenden Nachfolger Wolodymyr Iwaschko als letzte Bastion der Stagnationsära.

Auf der anderen Seite bildeten sich auch in der Ukraine seit 1989 einige wichtige Gegenströmungen zur offiziellen Staatlichkeit, die von unten Reformdruck ausübten: eine post-Tschernobyler soziale Bewegung, die beim zunehmend klammen Staat Sozialmaßnahmen einklagte und die den Unmut breiter Bevölkerungsmassen über Staatsversagen und Versorgungsengpässe thematisierte; eine Streikbewegung der Arbeiter, besonders in der ostukrainischen Montanindustrie, die ebenfalls soziale Forderungen vorbrachte und die Alleinherrschaft der Parteibürokratie in den Betrieben in Frage stellte; und schließlich eine national-demokratische Bewegung, die von der ukrainischen Intelligenz, von Studierenden sowie der Bevölkerung der Hauptstadt Kyjiw und der westlichen Landesteile getragen wurde. Diese Entwicklung lief parallel mit einer Liberalisierung der Zensur und einem Aufflammen politischer Debatten in der ganzen Sowjetunion. Für die Ukraine bedeutete dies, dass Tabuthemen wie der Holodomor, die stalinistischen Verfolgungen, die Vertuschungen der Obrigkeit nach Tschernobyl oder die schleichende Russifizierung des ukrainischen Bildungssektors erstmals offener diskutiert werden konnten.

Abschied von der Sowjetukraine

Die nationaldemokratische Strömung gründete nach baltischem Vorbild eine »Volksbewegung zur Unterstützung der Perestrojka« (*Narodnyj ruch sa perebudowu*, kurz *Ruch*), während sich die soziale Bewegung vor allem in Streikkomitees, ersten Versuchen zur Gründung von unabhängigen Gewerkschaften und Selbsthilfe-NGOs manifestierte. Die Tschernobyl-Hilfsvereine waren auch diejenigen, die als erste Verbindungen zu westlichen Ländern aufbauten, als die Öffnung der Sowjetunion Initiativen zur Tschernobyl-Kinderhilfe zuließ. Der *Ruch* hatte vor allem die Verteidigung der ukrainischen Kultur und Sprache im Blick, die in der bleiernen Zeit unter den Parteichefs Breschnew und seiner kurzlebigen Nachfolger Andropow und Tschernenko immer weiter zugunsten des Russischen zurückgedrängt worden waren. Außerhalb der Westukraine drohte das Ukrainische zu einer *Underdog*-Sprache des ländlichen Raums zu werden, während der Zugang zu Hochschulbildung und beruflicher Karriere nur noch über das Russische verlief. Schulen mit russischer Unterrichtssprache waren besser ausgestattet als die mit ukrainischer Unterrichtssprache, eine Schein-Wahlfreiheit im Schulgesetz nötigte die ukrainischen Eltern zur Entscheidung für das Russische, damit ihre Kinder optimale Chancen bekamen. Die ukrainische Kultur litt zunehmend an einer von oben auferlegten Provinzialisierung und Folklorisierung. Urbanität, Bildung, Weltläufigkeit und Modernität wurden anders als in den 1920er und 1960er Jahren wieder nur mit der russischen Sprache assoziiert.[1]

Beide Bewegungen verbanden sich an einer Schnittstelle: der Hoffnung, dass die Situation sich durch eine Autonomisierung (von Sezession sprach damals noch niemand) der Ukraine bessern würde. Das Zauberwort von 1990 war »Souveränität«. Alle Ukrainer teilten die ökonomischen Sorgen: man wollte nicht mehr vor leeren Läden stehen, weil die meisten Erzeugnisse der Produktion nach Moskau geschickt wurden. Ein signifikanter Teil wollte die Rechte der ukrainischen Sprache stärken. Das Trauma von Afghanistan begünstigte eine weitere Forderung: Die wehrpflichtigen ukrainischen jungen Männer sollten ihren Militärdienst fortan in der Ukrainischen SSR ableisten. Daraus ergab sich ganz organisch auch die Forderung, dass die Ukraine betreffende Entscheidungen in der Ukraine getroffen werden sollten – und dass die *Werchowna Rada*, der Oberste Sowjet der Ukraine, kein Scheinparlament mehr sein, sondern in freien, gleichen und geheimen Wahlen bestimmt werden sollte. Anfang 1990 wurde das Ukrainische von der noch kommunistischen Rada zur Staatssprache erhoben. Im März 1990 zogen erstmals oppositionelle Abgeordnete bei bedingt freien Wahlen in die Rada ein, in der aber den Kommunisten eine feste Sitzzahl vorbehalten war. Die Opposition konnte etwa ein Viertel der Mandate besetzen. Im Juli desselben Jahres erklärte das Parlament die Souveränität der Ukraine. Ermöglicht wurden alle diese Schritte durch ein Zweckbündnis nationaldemokratischer Oppositioneller und patriotisch gestimmter Kommunisten, die sich von den autoritären Wächtern des Status quo vorsichtig abzusetzen begannen.

Der Überraschungsstaat

Im März 1991 stimmten die Ukrainer auf eine für die damalige Zeit und für die Trägergruppen-Koalition der Reformer durchaus typische, kompromissorientierte, nicht disruptive Weise in einem Referendum für den Erhalt der Sowjetunion, aber eine Umwandlung des Bundesstaates in einen Bund souveräner Staaten. Die ukrainische Öffentlichkeit begann sich erst allmählich an den Gedanken heranzutasten, dass Souveränität tatsächlich bedeutete, eine eigene Außenpolitik zu machen und Republikgesetze zu verabschieden, die Vorrang vor Unionsgesetzen hatten.

Aber die eigentliche Revolution, die zur Unabhängigkeit führte, fand nicht in Kyjiw statt, sondern in Moskau. Dort schlug eine mutige Menschenmenge unter Führung Boris Jelzins Ende August 1991 einen Putsch reaktionärer Parteifunktionäre, KGB-Beamter und Generäle gegen Michail Gorbatschow nieder, der in seinem Feriendomizil auf der Krim festgesetzt worden war und selbst gar nicht ins Geschehen eingreifen konnte. Nur kurz lag lähmende Angst über Kyjiw, Panzerkolonnen unter dem Befehl des Putschkomitees rollten auf die Stadt zu, die sich nach dem Umschwung der Ereignisse in Moskau dann aber wieder in die Kasernen zurückzogen. Der Putschversuch endete in der Ausrufung der staatlichen

Unabhängigkeit in der Russischen Föderation, Belarus und der Ukraine, nachdem die baltischen Staaten schon vorher einseitig ihren Austritt aus der Sowjetunion erklärt hatten.

Die Werchowna Rada stolperte also am 24. August 1991 mehr in die Unabhängigkeit, als dass sie sie systematisch vorbereitet hätte. Die Unabhängigkeit kam überraschend – gleichwohl fiel sie nicht vom Himmel, wie Yaroslav Hrytsak formulierte: »Sie kam als Ergebnis eines Kompromisses verschiedener Kräfte, von denen keine stark genug war, die Macht in der Ukraine zu monopolisieren. In gewisser Weise ähnelte also das Ende der Ukrainischen SSR ihrem Anfang.«[2] Für die Oppositionsabgeordneten aus dem *Ruch* waren es Tage unbändiger Freude, andere sahen eher mit Bangen in eine ungewisse Zukunft ohne den Rahmen, der drei Generationen lang das Land zusammengehalten hatte. Andreas Kappeler hat betont, dass genau diese Bruchzone zwischen den um ihrer selbst zur ukrainischen Staatlichkeit stehenden Patrioten und den Indifferent-Abwartenden auch eine Problematik barg: »Im Gegensatz zu den Litauern, Esten oder Georgiern fiel [den Ukrainern] der neue Staat fast kampflos in den Schoß. Für die Staatsbildung fehlte ihnen deshalb die integrative Wirkung des gemeinsamen Befreiungskampfes.«[3]

Doch an Befreiungskampf oder Befreiungskrieg mochte kaum jemand damals denken – man war stolz darauf, dass die Sowjetunion, anders als Jugoslawien, weitgehend ohne Gewaltexzesse auseinanderging. Kaum einer dachte bei Destabilisierungsängsten an die Landesgrenzen der Ukraine oder sah ein Problem mit Russland heraufziehen. Es dominierten die Sorgen um den rapiden Verfall der Wirtschaft, die Inflation, die Auflösung der Lieferbeziehungen zwischen den Betrieben, die durch einen mühsamen Tauschhandel durch gegenseitiges Verrechnen von Warenlieferungen ersetzt wurden. So mussten die ukrainischen Kraftwerke statt Geld Warenlieferungen ihrer Stromkunden akzeptieren, die sie dann wiederum bei Dritten gegen Ersatzteile und Ausrüstung eintauschten. Trotzdem war eine deutliche Mehrheit der Ukrainer überzeugt, als unabhängiger Staat besser zu fahren als mit der alten Union. Am 1. Dezember 1991 wurde der Unabhängigkeitsakt in einem Referendum vom Wahlvolk eindrucksvoll bestätigt. Auch in der Ostukraine gab es Zwei-Drittel-Mehrheiten für die Unabhängigkeit, auf der Krim stimmten 54 Prozent der Wähler für die Souveränität, allerdings bei geringer Wahlbeteiligung. In dieser unabhängigkeitsskeptischen Minderheit bildete sich das Wählerpotenzial für spätere Parteien mit einer russland-kooperativen und sowjetnostalgischen Ausrichtung, vor allem Kommunisten, Sozialisten und ostukrainische Regionalparteien.

Vier Tage nach dem Referendum erklärte die Ukraine ihren Austritt aus der Sowjetunion. Der Russe Boris Jelzin, der Ukrainer Leonid Krawtschuk und ihr belarussischer Kollege Stanislau Schuschkewitsch, die Staatsführer des ostslawischen Kerns der Sowjetunion, lösten diese am 8. Dezember 1991 auf einem denkwürdigen Dreiertreffen im Belowescher Wald auf, indem sie den Gründungsvertrag der Sowjetunion von 1922 außer Kraft setzten. Sie schmiedeten stattdessen die »Gemeinschaft Unabhängiger Staaten«, der daraufhin die meisten ehemaligen Teilrepubliken beitraten. Der letzte sowjetische Staatschef Michail Gorbatschow trat am 25. Dezember 1991 zurück. Keine Revolution, kein Krieg, kein Blutvergießen besiegelten das Ende der Sowjetunion und somit auch der Sowjetukraine.

Atommacht wider Willen

Allerdings kamen schon bald militärische Dinge auf die Tagesordnung – und ein erstes Wetterleuchten in den russisch-ukrainischen Beziehungen flackerte am Horizont auf. Es ging um das Schicksal der in der Ukraine stationierten Atomwaffen, um die Frage der Festlegung der Grenzen, um die Aufteilung der Schwarzmeerflotte, und schon in dieser frühen Phase deutete sich das Schema russischer Politik gegenüber der Ukraine an, das die 1990er Jahre bestimmen sollte. Russland begann zur Erreichung seiner politischen Ziele mit dem Instrument der Erdgaslieferungen Druck auf die Ukraine auszuüben; es nutzte die Unerfahrenheit und mangelnde Präsenz der Ukrainer auf dem internationalen diplomatischen Parkett und in der Weltöffentlichkeit aus; und es war bestrebt, Vereinbarungen mit westlichen Partnern, die die Ukraine betrafen, über die Köpfe der Ukrainer hinweg zu führen.

Die ukrainischen Kernwaffen – rund 4.000 taktische Sprengköpfe, 40 Bomber mit Marschflugkörpern und 176 in Silos stationierte Interkontinentalraketen mit bis zu rund 2.000 Sprengköpfen – waren ein Erbe der Sowjetunion, die große Teile ihrer Nuklearstreitmacht an der westlichen Peripherie stationiert hatte. Mit der Erklärung der Unabhängigkeit waren sie wie alles andere bewegliche und unbewegliche sowjetische Gut auf dem Territorium der Ukrainischen SSR an die Ukraine gefallen. Anders als es im Westen häufig dargestellt wurde, waren diese Waffen keinesfalls russische Fremdkörper auf ukrainischem Boden, mit denen die lokale Bevölkerung nichts anzufangen wusste. Es handelte sich vielmehr um Hochtechnologie, die von russischen wie ukrainischen Ingenieuren und Rüstungsbetrieben konstruiert und gefertigt worden war. In der Ukraine stationierte Raketentruppen betreuten die Waffen. Diese Soldaten schworen 1992 ihren Fahneneid auf die Ukraine. Allerdings befanden sich die Steuerungen und Codes für die Abschussmechanismen in russischer Hand. Dies nährte Befürchtungen in der Ukraine und im Westen, ob die Nuklearwaffen durch die neuen Besitzer in sicherem Zustand aufbewahrt oder ob sie gar unbeabsichtigt abgeschossen werden könnten. Diese Bedenken entkräfteten sich teilweise, als sich herausstellte, dass es zur Verhinderung einer solchen Entwicklung technische Vorkehrungen gab.

Die USA und Russland bildeten in dieser frühen Phase der ukrainischen Unabhängigkeit eine Interessenkoalition. Die Amerikaner wollten den kurz vor dem Ende der Sowjetunion geschlossenen START-I-Vertrag zur Verringerung strategischer Kernwaffen umsetzen, sie drängten also darauf, auch die Nachfolgestaaten einzubeziehen. Russlands Interesse war es wiederum, die russische Dominanz auch in das postsowjetische Machtgefüge in Osteuropa hinüberzuretten. Die Ukraine, die von einer schweren Wirtschaftskrise heimgesucht wurde, war durch ökonomischen Druck erpressbar, aber auch für Anreize empfänglich. Russland versuchte während der Verhandlungen immer wieder, die Ukraine mit der Androhung, die Waffen nicht mehr zu warten, unter Druck zu setzen. Doch stellte sich heraus, dass auch in Russland stationierte Atomwaffen von der Wartung durch ukrainische Spezialisten abhängig waren. Das widerlegt die damalige westliche und auch die russische, vom imperialen Überlegenheitsdenken geprägte Wahrnehmung, die Ukrainer seien technisch nicht in der Lage, Atomwaffen zu sichern und zu warten, weswegen diese so schnell wie möglich nach Russland verbracht werden müssten. Letzteres konvergierte mit dem US-Interesse an einer Konzentration des Problems auf einen – statt auf vier – Nachfolgestaaten der Sowjetunion, auf deren Territorium es Raketensilos und nukleare Sprengköpfe gab. Neben der Ukraine waren auch Kasachstan und Belarus zu temporären Atommächten geworden.

Die alt-neuen ukrainischen politischen Eliten in der Regierung des 1991 gewählten Staatspräsidenten Leonid Krawtschuk stammten fast alle aus der nach dem Augustputsch aufgelösten Kommunistischen Partei und hielten Russland, den ehemaligen »großen Bruder«, nicht für einen strategischen Gegner der Ukraine. Die Vorstellungskraft, Russland könne jemals gegen die Ukraine Krieg führen, fehlte ihnen, entsprechend erschienen Sicherheitsgarantien nicht besonders dringlich. Als ehemalige KP-Funktionäre waren die damaligen Entscheider es überdies gewohnt, Direktiven aus Moskau zu befolgen, was sie dabei behinderte, eigene Interessen zu formulieren und in eine eigenständige ukrainische Sicherheitsstrategie zu gießen.

Allerdings gab es eine gewichtige Gruppe von »Falken« im ukrainischen Parlament der ersten Legislaturperiode sowie in den ukrainischen Streitkräften und bei Vertretern des militärisch-industriellen Komplexes. Die einen waren aus grundsätzlichem Staatspatriotismus gegen die Abgabe der Atomwaffen, die anderen plädierten als statusbewusste Fachleute für einen souveräneren Umgang mit ihnen. Diese Position manifestierte sich vor allem in einer selbstbewussten Haltung der Ukraine beim Ratifizierungsprozess des Atomwaffensperrvertrags und des Lissaboner Zusatzprotokolls zum US-sowjetischen START-I-Vertrags, in dem die Nachfolgestaaten der Sowjetunion die Abrüstungsverpflichtungen unter sich aufteilten und ihren Beitritt zum Sperrvertrag versprachen. Eine parlamentarische Arbeitsgruppe zur Vorbereitung der Ratifikationsdebatten wurde zum Zentrum der »Falken«. Das Gremium bereitete Daten über die im Lande befindlichen Atomwaffen auf, hörte Experten an und entwickelte Konzepte für die Ausgestaltung der Atomabrüstung.

Einig waren sich die »Falken« mit den Moskau-orientierten »Tauben« über das Ziel der Nuklearwaffenfreiheit und Neutralität der Ukraine. Die Absichtserklärung, einen neutralen Status anzustreben, war noch zu sowjetischen Zeiten in die Unabhängigkeitserklärung vom 16. Juli 1990 aufgenommen worden, wurde allerdings später nicht in die ukrainische Verfassung übernommen.[4] Doch über den Weg zur nuklearen Abrüstung gab es große Differenzen. Während das KP-Establishment die Atomwaffen als Ballast und Belastung für auskömmliche ukrainisch-russische Beziehungen wahrnahm und sie möglichst schnell loswerden wollte, beabsichtigten die »Falken«, sie als Startkapital und Unterpfand für die Entwicklung eines starken ukrainischen Nationalstaats zu nutzen. Sie bestanden darauf, dass die Ukraine für die wertvollen Nuklearmaterialien angemessen entschädigt würde, und forderten von den USA, der Ukraine robuste Sicherheitsgarantien gegenüber einer eventuellen Aggression Russlands zu geben. Dass diese Befürchtungen nicht gegenstandslos waren, zeigten sowohl frühe Anspruchserklärungen Russlands auf die Krim-Metropole Sevastopol' und die Schwarzmeerflotte als auch der Einsatz von Gaslieferstopps als Druckmittel. Die »Falken« nahmen auch Verhandlungen mit westlichen Kerntechnik-Firmen auf, um die Möglichkeiten für eine Verschrottung der Waffen auf ukrainischem Boden und eine Weiterverwertung des Nuklearmaterials für zivilen Kernbrennstoff zu sondieren. Im November 1993 setzten sie im Parlament eine Verschiebung der Ratifizierung des Atomwaffensperrvertrags durch, um diese Fragen zu klären.

Die russische Seite wiederum versuchte, diese Position beim Verhandlungspartner USA zu diskreditieren. Russische Medien verbreiteten Ängste über die angebliche ukrainische Unfähigkeit im Umgang mit dem Nuklearmaterial und trafen damit eine sensible Stelle im Westen, nämlich die dort einflussreichen friedensbewegten und nuklearkritischen nationalen Öffentlichkeiten. Gleichzeitig stellte die Jelzin-Administration die Ukrainer als Hemmnis auf dem Weg der Welt zur Atomabrüstung dar, während Russland sich als Garant von Frieden, Stabilität und Nonproliferation präsentierte. Dabei griff Moskau auf seinen aus Sowjetzeiten übernommenen international vernetzten Presse- und PR-Apparat zurück, während die ökonomisch gebeutelte Ukraine fast keinen Einfluss auf ausländische Öffentlichkeiten ausüben konnte – ein Schema, das sich 2014 bei Ausbruch des russisch-ukrainischen Krieges dann wiederholen sollte.

Unter dem Druck einer galoppierenden Wirtschaftskrise, die für den ukrainischen Staat auch eine Existenzkrise bedeutete, lenkte die Werchowna Rada Ende 1994 schließlich ein. Sie ratifizierte den Sperrvertrag und machte den Weg zur Abgabe aller Atomwaffen frei, was weit über die im START-Vertrag festgelegten Verpflichtungen hinausging, die der Ukraine durchaus eine Hintertür gelassen hätten, gut die Hälfte ihres Arsenals zu behalten. Im Gegenzug bekam die Ukraine Brennelemente für ihre Atomkraftwerke – und das 2014 von Russland in Stücke gerissene Budapester Memorandum, in dem die Atommächte der Ukraine Schutz zusicherten, ohne aber robuste Garantien auszusprechen.

Die Zerstrittenheit und Unerfahrenheit der Ukrainer bei der Definition ihrer Sicherheitsinteressen machten der russischen Seite die Durchsetzung ihrer Interessen leicht. Die USA gerierten sich als Zuckerbrot-und-Peitsche-Dompteur, der zwar auch den ukrainischen Falken sein Ohr lieh, aber Wirtschaftshilfe letztlich von der Fügsamkeit der Ukrainer in der Atomfrage abhängig machte. Der amerikanische Präsident Bill Clinton scheute sich auch nicht, die Ukrainer zu demütigen, um zu seinem Ziel zu gelangen: Bei einem Zwischenstopp in Kyjiw im Januar 1994 ließ er seinen ukrainischen Amtskollegen Krawtschuk eine Stunde lang auf dem eisigen Vorfeld des Boryspoler Flughafens warten, um seinem Unmut über den Widerstand des ukrainischen Parlaments Ausdruck zu geben.[5] Dies war eine Schlüsselszene für die Beziehungen des jungen ukrainischen Staates zum Westen und eine Bestätigung für die wenigen ukrainischen Hardliner, dass man sich am besten auf eigene Kräfte verlassen sollte.

Ambivalenz als Strategie

Was bei den Verhandlungen um die ukrainischen Atomwaffen bereits aufschien, war symptomatisch für die Innen- wie Außenpolitik der unabhängigen Ukraine vor dem Majdan: Ihre Kontinuität war ihre Ambivalenz. Das begann bei der Sprachen- und Kulturpolitik, zog sich durch die Erinnerungs- und Geschichtspolitik und endete bei der Außen- und Verteidigungspolitik. Ukrainische Politologen nannten diese Strategie auch »Multivektoralität«, und Historiker können in dieser Strategie durchaus die Traditionen ukrainischen Lavierens zwischen verschiedenen Mächten wiedererkennen, die auch die erste ukrainische Staatlichkeit im 17. Jahrhundert prägte.

Die Ambivalenz als Strategie – und ihre Nachteile – lassen sich besonders augenfällig am Beispiel der Haltung zur Halbinsel Krim illustrieren. Ganz im Sinne einer kompromissorientierten Haltung regelte Kyjiw im Kontext der Atomwaffen-Abtretung auch den Status der Schwarzmeerflotte mit einem ukrainisch-russischen Abkommen. Die russische Seite behielt ihren Marinehafen Sevastopol und pachtete ihn von der Ukraine, die kleine ukrainische Marine wurde in Mykolajiw und Odessa stationiert. Die ukrainische Militärpräsenz, ja überhaupt die Staatspräsenz auf der Krim blieb daher schwach. Seit der Autonomisierung der Republik, die eine maximale Entfaltungsfreiheit für die russische Sprache garantierte, übernahmen zunehmend lokale Oligarchenclans die Krim-Politik, die von Kyjiw aus kaum mehr beeinflusst wurde. Politisch-kultureller Einflussnahme durch Russland wurde nichts entgegengesetzt – die mehrheitlich nach 1945 auf die Halbinsel gekommene russische Bevölkerung schaute russisches Staatsfernsehen, lauschte den Live-Konzerten russischer Popstars und kaufte Bücher und Zeitschriften russischer Verlage. Die starke Dominanz des russischen Medien- und Verlagssektors sowie russischer Telekommunikationsunternehmen war bis 2014 auch im Rest der Ukraine vorhanden, aber nirgends wirkte sie sich so monopolisierend aus wie auf der Krim.

Diese kommunikative Abkopplung der Krim von der restlichen Ukraine sollte sich in späteren Jahren als fataler Nachteil für die Ukraine erweisen, der die Indifferenz vieler Krim-Bürger zum ukrainischen Staat förderte. Die Wahrnehmung, gar nicht richtig zur Ukraine zu gehören, weil das Festland außer an der touristischen Ausbeutung der Halbinsel nicht an ihnen interessiert sei, wurde durch ein Gefühl der Vernachlässigung der Halbinsel durch den ukrainischen Staat in den wirtschaftlichen Verwerfungen der nachsowjetischen Zeit noch verstärkt. Aus eigener Überzeugung loyal waren vor allem die ethnisch ukrainischen Krimbewohner, die besonders im ländlichen Raum wohnten, und die unter Stalin deportierten muslimischen Krimtataren (*qirimli*), deren Wiederansiedlung in der alten Heimat der ukrainische Staat förderte. Obwohl die Rücksiedlung nicht mit einer Restituierung von ehemaligem Grund- und Wohneigentum der Tataren einherging, betrachteten die Russen, die die leerstehenden Höfe übernommen hatten, die tatarische Wiederbesiedlung als latente Bedrohung. Die Loyalitätsprobleme hatten also eine Reihe von Ursachen, aber eine von Seiten Moskaus immer wieder behauptete Angst der *krymtschane* vor der Zwangs-Ukrainisierung der russischen Bevölkerung gehörte sicher nicht dazu.[6]

Die Ambivalenz und auch das mangelnde Selbstbewusstsein bei der Durchsetzung gesamtstaatlicher Interessen waren eine Spiegelung der zwar weit fortgeschrittenen, aber noch nicht vollendeten ukrainischen Nationsbildung. Sie war aber, obwohl patriotische Zeitgenossen sie als störend wahrnahmen, ironischerweise auch das konsolidierende Element in einem Staatswesen mit unterschiedlichen historisch-politischen Erinnerungskulturen und Bezugsräumen. In einem solchen Staatswesen war es wichtig, dass keine der unterschiedlich geprägten Regionen die Oberhand gewann und den anderen ihre Politik aufzwingen konnte – nicht die Westukrainer mit ihrer Religiosität, ihren divergierenden Kriegserinnerungen und ihrem brennenden Nationalstolz, aber auch nicht die Bewohner der südöstlichen Industrieregionen mit ihrem Anliegen, die kulturellen und ökonomischen Bindungen zu Russland zu erhalten. Nochmals verkompliziert wurde die Lage durch die Tatsache, dass die »zwei Ukrainen«, die der Publizist Mykola Rjabtschuk archetypisch in den Städten Lwiw und Donezk verkörpert sah, sich keinesfalls territorial-regional so voneinander abgrenzen ließen, wie es Deutungen vom »gespaltenen Land« wahrmachen wollten. Im Grunde, so Rjabtschuk, säßen die »zwei Ukrainen« in unterschiedlichen Anteilen in jedem ukrainischen Bürger[7] – wer für Westbindung und NATO war, konnte aber gleichzeitig den aus der Sowjetunion und Armeedienstzeit erlernten heteronormativen Stereotypen starker, bewaffneter Männer und schöner, schwacher Frauen anhängen. Wer zu Hause Ostern nach ukrainischen Traditionen feierte, pflegte im Betrieb dieselbe raubeinige sowjetische »Produktionssprache« wie auch die Kollegen in der Ostukraine; wer christliche Orientierung in den wieder legalisierten Kirchengemeinden suchte, hatte aber auch nichts gegen die fortdauernde Präsenz sowjetischer Symbolik im öffentlichen Raum; wer kleine Betriebe gründete und den ehemaligen Kolchos nun als selbstständiger *fermer* beackerte, konnte sich trotzdem nach der sozialen Sicherheit der Sowjetunion zurücksehnen.

Ähnlich verhielt es sich mit der Sprachensituation: Es gab keine klaren Grenzen zwischen reiner Ukrainisch- oder Russischsprachigkeit, sondern gerade in den Städten eine komplexe Gemengelage aus situativen Entscheidungen, etwa dass zu Hause Ukrainisch gesprochen wurde, im Betrieb aber Russisch, oder dass man mit den Eltern und Geschwistern Ukrainisch sprach, mit den Schul- oder Armeekameraden aber Russisch. Ukrainisierende Maßnahmen des Staates wie die Durchsetzung ukrainischer amtlicher Dokumente, die Befehlssprache der Armee, Firmenschilder, Reklametafeln und Straßenschilder trafen auf die Alltags-Russophonie der Stadtgesellschaften: »Einerseits dominiert die ukrainische Sprache im Parlament, wo sogar die russischsprachigen Abgeordneten die Dokumente in Ukrainisch ausfertigen müssen und auf Ukrainisch zitieren müssen [...]. Auf der anderen Seite dominiert das Russische unangefochten im Geschäftsleben, im Sport, in der Massenkultur und, natürlich, in der kriminellen Welt, die die Sprachenhierarchie immer exakt abbildet«, konstatierte Rjabtschuk 2003, um aber gleich zu ergänzen, dass auch die russischsprachigen Eltern es mehrheitlich für selbstverständlich hielten, dass ihre Kinder die ukrainische Staatssprache fließend beherrschten und sie daher in der Schule lernen sollten: »Diese Daten zeigen, dass sich die Mehrheit der Russen in der Ukraine bewusst oder unbewusst mit der ukrainischen Staatlichkeit identifiziert und die

Zukunft der Kinder als ukrainisch wahrnimmt – nicht im engen ethnischen Sinne, sondern im staatsbürgerlichen Sinne. Gleichzeitig sind nur wenige bereit, ihre eigene sprachlich-kulturelle Identität preiszugeben, schon gar nicht für eine Identität, die traditionell mit einem niedrigeren Sozialstatus assoziiert wurde.«[8]

Gerade letzteres – der Sozialstatus und das Sozialprestige des Ukrainischen – stieg aber mit jeder *affirmative action*. Sollte man also eine archetypische Stadt für die ukrainische Situation benennen, wäre das nicht Lwiw oder Donezk, sondern eben die im vorigen Kapitel vorgestellte Atomstadt Kusnezowsk, in der sich aufgrund der ethnisch-demographischen Verhältnisse, die aus der sowjetischen Migrations- und Mobilisierungsgeschichte technischer Spezialisten herrührten, westukrainische und russische Elemente verbanden. In dem Moment, wo der städtebildende Faktor, das als Staatsbetrieb organisierte Atomkraftwerk, in seinen offiziellen Dokumenten und seinen öffentlichen Verlautbarungen zum Ukrainischen überging, war das Signal des hohen Sozialprestiges für das Ukrainische gesetzt – auch wenn die Betriebshandbücher wegen des hohen Übersetzungsaufwandes russischsprachig blieben. Gerade aus dieser Ambivalenz und Fragmentierung der postsowjetischen Orientierungen in der Ukraine ergaben sich aber auch die politischen Machtverhältnisse.

Da aber die östlichen, stärker russischsprachigen Gebiete mit ihrer hohen Verstädterung die Ukraine wahldemographisch dominierten, sorgten sie bei Wahlen stets für das Obsiegen von Kandidaten, die zwar zur ukrainischen Souveränität standen, aber auch das freundschaftliche Verhältnis mit Russland nicht in Frage stellten, wie Leonid Krawtschuk, Leonid Kutschma oder der als dezidiert pro-russisch in die jüngere Nationalgeschichte eingegangene Wiktor Janukowytsch. Auch der heutige Kriegspräsident Wolodymyr Selenskyj war ursprünglich der Favorit der russischsprachigen Bevölkerung in der Ost- und Südukraine gewesen, bevor er in seine Rolle als ukrainscher Churchill hineinwuchs, der seine Reden auf Ukrainisch hielt.

Solang der Kreml keine offen expansiven Projekte verfolgte, standen die West- und Zentralukrainer, die bei Präsidentschaftswahlen häufig für die unterlegenen nationaldemokratischen Kandidaten gestimmt hatten, zähneknirschend loyal auch hinter zentristischen Präsidenten wie Krawtschuk und Kutschma, weil sie sie letztlich doch auch als Repräsentanten der ihnen teuren Staatlichkeit betrachteten. Wer aber das labile Gleichgewicht störte und versuchte, die Ukraine allein nach seinem Bilde zu gestalten, der traf auf Widerstand. Das musste vor allem der pro-russische und korrupte Präsident bzw. Ministerpräsident Wiktor Janukowytsch erfahren, der das Land zur Spielwiese für russische Oligarchen, Polittechnologen und Geheimdienstler machte und der 2004 nicht davor zurückschreckte, seinen Gegenkandidaten Wiktor Juschtschenko vergiften und die Wahlen fälschen zu lassen. Das war der Auslöser für die »Orangene Revolution«, die in einer Wahlwiederholung und im Sieg Juschtschenkos resultierte.

Der Ökonom Juschtschenko war ein typischer postsowjetischer Reformer – vor 1991 war er loyales KP-Mitglied, und als ukrainischer Nationalbankchef und schließlich Ministerpräsident war er federführend bei der Einführung der ukrainischen Währung Hrywna gewesen. Kulturpolitisch förderte er die Ukrainisierung des Kulturbetriebs und eine geschichtspolitische Wende hin zur Würdigung der UPA-Kämpfer und zur Etablierung des Holodomor-Gedenkens als Genozid. Die posthume Auszeichnung »Held der Ukraine« für Stepan Bandera brachte die jüdische Gemeinde, die polnische Regierung und sehr viele Ukrainer gegen Juschtschenko auf. Viele Bewohner der Zentral- und Ostukraine wollten diesen Schritt nicht mittragen, da sie das sowjetische »Banderaland«-Klischee der Westukraine verinnerlicht hatten und die Hungersnot – obwohl der Schatten des Holodomor häufig über der eigenen Familienerinnerung hing – als einen sowjetischen Exzess, aber nicht als Genozid des russischen Zentrums an den Ukrainern ansahen.[9] Auch Juschtschenkos Pro-NATO-Kurs stieß bei rund einem Drittel der ukrainischen Bevölkerung auf Ablehnung, was es dem atlantischen Bündnis, vor allem aber der deutschen Bundeskanzlerin Angela Merkel erleichterte, 2008 einem raschen Beitrittsprozess eine Absage zu erteilen.

Da Juschtschenko die versprochene Demokratiedividende in Form wirtschaftlicher Erholung und Korruptionsbekämpfung nicht einlösen konnte, wurde er abgewählt und Janukowytsch sein Nachfolger, allerdings diesmal als ein legitimer, in freien Wahlen bestimmter. Weil Janukowytsch aber genau dort weitermachte, wo er aufgehört hatte, mit illegalen Übernahmen von Unternehmensstrukturen durch seinen Donezker Clan, der Verfolgung politischer Gegner und dem Brechen des EU-Assoziierungsversprechens, brachte er auf diese Weise wiederum die liberaldemokratischen Akteure und neuen Mittelschichten des Zentrums und des Westens gegen sich auf.

In all diesen Kontroversen bemerken wir einige Konstanten: Das ist erstens die große Bedeutung des regionalen Faktors in der ukrainischen Politik, der aber mehr von Außenstehenden als von den Ukrainern selbst als Spaltung des Landes wahrgenommen wurde. Für westliche Beobachter, die sich mit der historisch gewachsenen Ambivalenz der Ukraine nicht gut auskannten, war das auf vielen suggestiven Karten reproduzierte Spaltungsbild, am besten längs des Dnipro, eine willkommene Komplexitätsreduktion. Für russische Politstrategien war es ein Mittel, die gewünschten Bilder einer zerrissenen Gesellschaft zu produzieren, um imperiale Schutzmachtansprüche über einen Teil der ukrainischen Bevölkerung anzumelden, den man als »Russischsprachige«, »Landsleute« oder schlicht »Russen« vereinnahmte. Weil gerade der Kreml immer wieder eine Föderalisierung der Ukraine als Abhilfe propagierte, war diese Idee im Land selbst nachhaltig diskreditiert, obwohl sie angesichts der landschaftlich-historischen Vielfalt zumindest diskussionswürdig hätte erscheinen müssen. Doch trug die föderale Idee an der schweren Hypothek, dass sie von Seiten Moskaus missbraucht wurde, in der Hoffnung, auf dem Umweg über autonome Gebiete in der östlichen Ukraine, aber auch in Transkarpatien, wo ungarische, rusynische und russische Identitäten mit der ukrainischen konkurrierten, direkten Einfluss auf die Kyjiwer Innen- und Außenpolitik nehmen zu können. Was hingegen bei den Ukrainern sehr gut ankam, war die administrative Dezentralisierung auf Ebene der Landkreise, die ab 2015 mehr Entscheidungsbefugnisse und bessere Finanzierungsgrundlagen erhielten.

Zweitens gab es – im Gegensatz zu Russland, Belarus und den mittelasiatischen Staaten, die aus der Sowjetunion hervorgingen – bis ins Jahr 2014 gewaltfreie und durch korrekt durchgeführte Wahlen legitimierte Machtübergaben. Geschah dies einmal nicht, wie 2004 im Falle der Attacke auf Juschtschenko und der gefälschten Präsidentschaftswahl, wirkten Massenproteste als Korrektiv.

Drittens machte sich bemerkbar, dass die regionale und politische Differenzierung strukturelle Ursachen hatte, vor allem fehlende soziale und räumliche Mobilität zwischen dem Ostrand der Ukraine und dem restlichen Land sowie sprachlich segregierte Kommunikationsräume. Diese waren größtenteils nicht ausgeprägter als der Unterschied zwischen Ost- und Westdeutschen einer bestimmten Generation. Doch wenn es zu politischen Krisen kam, konnte sich dieses strukturelle Merkmal stark auswirken, wie sich sowohl 2004/05 als auch 2013/14 zeigte. Auf der anderen

Seite entstand inmitten der Ambivalenz auch eine neue Tendenz: Die politischen Präferenzen koppelten sich zunehmend von den sprachlich-regionalen ab. Wenn Druck von außen die Ukrainer zusammenschweißte, konnte ein neuer Kommunikationsraum entstehen, in dem die vorherigen Mobilitätsbarrieren aufgehoben wurden: ein übersprachlicher Staatspatriotismus, der die ukrainische Nation konsolidierte.

Der Majdan: Agora und Widerstandsraum

Politik wurde in der Ukraine nicht nur im Plenarsaal der Rada, in den Ministerien und Parteizentralen gemacht, sondern auch draußen auf der Straße. Der Ort, wo sich in Kyjiw seit den Tagen der Perestrojka und des *Ruch* die Protestierenden versammelten, war der Platz der Oktoberrevolution *(Ploschtscha Schowtnewoji Rewoljuziji)*. Bis 1977 hatte er noch Kalinin-Platz geheißen, ein Erbe der Stalin-Zeit. Er erstreckt sich zwischen dem Hauptpostamt, dem Gewerkschaftsgebäude mit dem modernen Uhrenturm auf der einen Seite und dem monumentalen, inzwischen demontierten Oktoberrevolutionsdenkmal auf der anderen, in der Mitte geteilt vom Chreschtschatyk, der Kyjiwer Prachtstraße, die im Krieg völlig zerstört und im Stil des stalinistischen Neoklassizismus wiederaufgebaut wurde. Auf dem Platz befindet sich eine Metrostation, in seinem Rücken führen Wohnstraßen mit Geschäften und Büros bergauf zum Sophienplatz. Dort oben, im Schatten der goldbekuppelten Sophienkathedrale und des Chmelnyzkyj-Denkmals, im Herzen des alten Kyjiw, hatten noch 1918 die Volksversammlungen stattgefunden. Damals war der Chreschtschatyk noch eine wenig bebaute Schlucht am Rand der Altstadt. Nicht weit ist es auch zum Schewtschenko-Boulevard und zur Universität mit ihrem markanten roten Hauptgebäude. Auch Richtung Petschersk, dem Regierungsviertel in der Gegend des berühmten Höhlenklosters, mit den Ministerien und dem Parlamentsgebäude, ist es nur eine Viertelstunde zu Fuß.

In sowjetischen Zeiten war der Revolutionsplatz der Kulminationsort der Mai- und Oktoberrevolutionsparaden, wo das ukrainische Politbüro von hohen, mit rotem Stoff verkleideten Tribünen auf die vorbeiziehenden Betriebs- und Schulgruppen blickte. Nach dem Ende der Sowjetunion war der Platz ein Ort des Flanierens und gemütlichen Eisschleckens auf den Bänken am Brunnen, wo die Verkäufer von Büchern, Broschüren und Anstecknadeln auf Kunden warteten. In unruhigen Zeiten vor dem Siegeszug des Internets und der sozialen Netzwerke war er ein idealer Platz, um sich zu vernetzen, zu demonstrieren, sich zu verproviantieren, mit der Metro Anhänger heranzuschaffen und politische Forderungen öffentlich zu machen. 1989 tauchten bei den Abzeichen-Verkäufern die ersten ukrainischen Staatssymbole auf: der Trysub, der Dreizack des ukrainischen Wappens der UNR von 1918 und die blau-gelbe Flagge. Mehrmals war der Oktoberplatz Schauplatz von langanhaltenden Protesten, so im Herbst 1990, als Studierende mit einem Zeltstadt-Hungerstreik ihre Forderungen an Parteichef Krawtschuk und seinen Regierungschef Masol vorbrachten: Rücktritt des unbeliebten Regierungschefs Masol, Nichtunterzeichnung des neuen Unionsvertrags, Neuwahlen der Rada mit Zulassung eines Mehrparteiensystems, Wehrdienst im eigenen Land. Diese auch »Revolution auf dem Granit« genannte Bewegung taufte den Platz um in *Majdan Nesaleschnosti* (Platz der Unabhängigkeit).

Als die Unabhängigkeit dann im August 1991 real wurde, wurde der Platz offiziell umbenannt. Der Begriff *Majdan* ist tatarisch und von der Steppengrenze in die Ukraine eingewandert und bedeutete »freie Stelle, freier Platz«. In der frühneuzeitlichen Ukraine war damit der Platz vor der Hauptkirche einer Stadt gemeint, auf der auch die Versammlungen der Bürger und Kosaken stattfanden. Anders als der Begriff *ploschtscha*, der eng mit dem russischen *ploschtschadj* verwandt ist, trägt *majdan* die Kontextdetermination des besonders Ukrainischen und markiert eine Absetzbewegung vom Russischen, wie sie in der Unabhängigkeitsbewegung der 1990er Jahre stark ausgeprägt war. In Kyjiw sprach man bald nur noch von »dem Majdan«.

Im Winter 2000/01 beherbergte der Majdan die Proteste der Bewegung »Ukraine ohne Kutschma«, als der damalige Präsident wegen seiner korrupten Amtsführung und seiner mutmaßlichen Verwicklung in den Mord an dem investigativen Journalisten Heorhij Gongadze in der Kritik stand. Im Winter 2004/05 versammelten sich die Demonstrierenden der Orangenen Revolution auf dem Platz. Der Majdan war das Korrektiv zu den geschlossenen, intransparenten und korrupten Innenräumen der ukrainischen Politik und der symbolische Fluchtpunkt aller öffentlichen Proteste der nachsowjetischen Zeit, obwohl natürlich auch in vielen anderen Gebietshauptstädten der Ukraine immer wieder machtvolle Demonstrationen abgehalten wurden. Der Platz stand auch symbolisch für die junge ukrainische Demokratie, in der das vorwärtsdrängende, kritische Volk den beharrenden Regierenden immer wieder in Erinnerung rief, wer der Souverän war. Er war die Agora der demokratischen Nationsbildung in der Ukraine und behielt diese Funktion auch in den Zeiten der elektronischen Kommunikation und der sozialen Netzwerke. Der Majdan als Agora war auch der Schrecken des russischen Präsidenten Wladimir Putin, der in spontanen Volksversammlungen eine Gefahr für sein eigenes Regime sah. Majdan – das bedeutete Kontrollverlust, und nichts fürchtete Putin mehr, als dass das anarchisch-demokratische Modell Ukraine auf das autoritär regierte Russland ausstrahlen könne.

Kyjiw im Schnee, März 2013

Die Bedeutung von Umweltbedingungen und Raumordnungen für die Geschichte der ukrainischen Nationsbildung ist nicht zu unterschätzen, weil sie die Rahmenbedingungen herstellten, in denen sich die historisch-politischen Ereignisse dann auf besondere Weise entfalteten – von den Sümpfen Polesiens bis zur Steppe als enviropolitische Bedingungen ukrainischer Lebensformen über die Atomstädte als Mikrokosmos der krisenhaften Sowjetmodernisierung bis zum Kyjiwer Majdan als Widerstands-Raum.

Doch bevor der Kyjiwer Majdan im Winter 2013/14 zu »dem Majdan« wurde, der die Ukrainer und ihren Widerstandsgeist weltbekannt machte, gab es in der Stadt ein Ereignis, das Grundkonstanten des Majdans vorwegnahm: die Schneekatastrophe vom März 2013. Die Hauptstadtbewohner waren eigentlich schon auf Frühling eingestellt, als am 22. März ein mehrtägiger Schneesturm über der nördlichen Ukraine einsetzte der das öffentliche Leben zusammenbrechen ließ. Der Flug- und Eisenbahnverkehr wurde eingestellt, unzählige Menschen blieben in ihren eiskalten Autos stecken, ein Vorankommen in der Stadt war nur noch zu Fuß, am besten auf Skiern möglich. Die Kyjiwer fluchten über die Unfähigkeit der Janukowytsch-Regierung und der Sicherheitsorgane, die Wettersituation zu bewältigen. Aber das Strom- und Mobilfunknetz hielt stand, und so konnte etwas Neues entstehen, was die Stadt vorher noch nicht erlebt hatte: eine selbstorganisierte schnelle Hilfe von Freiwilligen, die sich per Mobiltelefon und Facebook aus dem Nichts aufbaute. Den Gestrandeten wurden Schlafplätze oder Aufwärmmöglichkeiten in der Nähe ihrer feststeckenden Autos angeboten, Bürger kochten Tee, organisierten Decken, Lebensmittel und Möglichkeiten, die Handys aufzuladen. Menschen, die sich nach dem Scheitern der Juschtschenko-Regierung und der korrupten Übernahme der Ukraine durch die Janukowytsch-Seilschaften, die »Donezker«, politisch desillusioniert ins Private zurückgezogen hatten, lebten wieder auf. Sie machten die Erfahrung, dass man ohne den Staat auskam und sich zusammen mit wildfremden Menschen selbst organisieren und Dinge ins Rollen bringen konnte. Dieses Ereignis war die Geburtsstunde der digital selbstorganisierten Bürger-Freiwilligen, der *wolontery*.[10]

Racket und Revolte: die »Revolution der Würde«

Genauso spontan und lawinenartig wie die Selbstorganisation in der Schneekatastrophe war im Winter darauf die Protestbewegung gegen die Regierung Janukowytschs, der im letzten Moment ein fertig ausgehandeltes Assoziierungsabkommen mit der Europäischen Union doch nicht unterzeichnete und stattdessen vom russischen Präsidenten Putin eine üppige Wirtschaftshilfe – seine Feinde sagten, ein Handgeld – annahm. Am 21. November 2013, nach Bekanntwerden der Nachricht über den Bruch mit der EU, schrieb der junge afghanischstämmige Journalist Mustafa Najjem auf seine Facebook-Seite (auf Russisch übrigens): »Wir treffen uns um 22 Uhr 30 am Unabhängigkeitsdenkmal. Zieht euch warm an, nimmt Schirme, Tee, Kaffee, gute Laune und Freunde mit.«[11] Ein weiterer Aktivist opferte 600 Dollar, um den Aufruf auf der Internet-Plattform zu bewerben, der so rasche Verbreitung fand. Das war der Auslöser einer beispiellosen Mobilisierungswelle, in der sich Wut und Frust der jüngeren, gut ausgebildeten, gut vernetzten und medial versierten Mittelschichtgeneration der 2000er Jahre entluden. Es war das Gefühl, in einer verkehrten Welt zu leben, das die Leute auf die Straße trieb. »Wir sind zu lange auf dem Kopf gelaufen statt auf den Füßen und haben uns eingeredet, das sei normal«, schrieb mir damals einer meiner Bekannten und meinte damit die endemische Korruption, die Etablierung und Normalisierung der kriminellen Spielregeln von Janukowytschs Donezker Clan in der gesamten Ukraine, das allmähliche Abgleiten des Landes in den Zustand eines *failed state* nach russischem Muster, in dem eine Gruppe von Gewaltakteuren aus bewaffneter Macht und organisierter Kriminalität ein Staatswesen allmählich von innen her zersetzt.

Tatsächlich ähnelte das System Janukowytsch dem, was Historiker und Soziologen der Frankfurter Schule einmal als »Racket-Kapitalismus« bezeichnet haben, einer Wirtschafts- und Regierungsform, die wesentlich auf der Anwendung von Gewalt beruht und in der sich Elemente der organisierten Kriminalität, insbesondere der Schutzgelderpressung (aus dem amerikanisch-Englischen *racket*), mit politischen Programmen verbinden, Parteien und Organisationen durchdringen und durch Bestechung oder Bedrohung von staatlichen Bediensteten und Polizei den Staat schleichend übernehmen.[12] Janukowytsch, der aus dem Kleinkriminellen-Milieu seiner Heimatstadt Donezk stammte und dem nachgesagt wurde, dass er im Gefängnis als KGB-Spitzel rekrutiert worden sei, pflegte einen Habitus, der an die russischen Oligarchen angelehnt war. Der Präsident residierte, von Leibwächtern abgeschirmt, in einem kitsch-überfrachteten Luxusanwesen mit ausgedehntem Park und Golfplatz in der Nähe von Kyjiw, von wo aus er die Regierungsgeschäfte führte, wenn er sich nicht gerade mit seiner Geliebten, seiner Sammlung von Luxusautomobilen oder seinen Sportaktivitäten vergnügte. Doch die eigentlichen Machtträger waren Funktionäre seiner Regierung, Mitglieder seines Clans, die gut mit russischen staatlichen Stellen vernetzt waren. Schon Janukowytschs Wahlkampf war von russischen Beratern, sogenannten »Polittechnologen«, geführt worden. Viele Funktionäre der Janukowytsch-»Partei der Regionen« besaßen russische Zweitpässe, allen voran der damalige Verteidigungsminister, der während seiner Amtszeit sehr viel dazu beitrug, die ukrainische Armee durch Veruntreuung von Haushaltsmitteln zu schwächen. Die ukrainischen Sicherheitsbehörden waren durchsetzt mit Agenten des russischen Geheimdienstes FSB und kooperierten auch offen mit dem russischen Partnerdienst.[13]

Die neue Verbindung mit Putin-Russland, so waren sich die Protestierer auf dem Majdan sicher, würde diesen Regierungsstil verewigen und die Ukraine zu einem Vasallenstaat Russlands machen. Aber auch andere, langfristigere Entwicklungen seit dem Amtsantritt Janukowytschs sprachen dafür, dass seine Regierung eine Angleichung an russische Verhältnisse betrieb. Indizien waren steuerrechtliche Diskriminierungen der ukrainischen Selbstständigen und Zwangsübernahmen kleiner, erfolgreicher Betriebe durch Strukturen des Janukowytsch-Clans, aber auch außenpolitische Festlegungen wie die Verlängerung des Pachtvertrags für die russische Schwarzmeerflotte bis zum Jahr 2042, was in den Augen von Kritikern den kolonialen Status der Ukraine festschrieb. Die Assoziierungsverhandlungen mit der EU hatten mehrere Jahre gedauert und waren von der Regierung Janukowytsch, hier ganz in der Tradition der ukrainischen historischen Schaukelpolitik, selbst zum Abschluss gebracht worden. Doch in letzter Sekunde sprang Janukowytsch auf russischen Druck und finanzielle Lockmittel hin ab, was den ukrainischen Bürgern den demütigenden Eindruck eines Ausverkaufs an den Meistbietenden machte. Aber auch die schleichende Russifizierung der Staatsmedien durch aus Russland stammende Medienprodukte und Akteure sowie die Zurückdrängung ukrainischsprachiger oder in der Ukraine produzierter Medienformate und die Dominanz russischer kultureller Codes bei Feierlichkeiten im öffentlichen Raum trugen dazu bei: »Alles voller Bären, Samoware, Balalajkas und Matrjoschkas«, wie sich eine der patriotischen Parteien beschwerte.[14] Diesmal, so fühlten die Demonstranten, ging es für die Ukraine um die Wahl, auf den Status eines Vasallen in einem russisch dominierten eurasischen Raum zurückzufallen oder einen eigenen Weg zu finden, der eine Westbindung einschloss. Diesmal ging es ums Ganze. Es war eine revolutionäre Situation, der die Demonstranten bald einen Namen gaben: *revoljuzija hidnosti* – Revolution der Würde. Auch etablierte sich die Bezeichnung »Euromajdan«, weil die Demonstranten nicht nur unter der blau-gelben ukrainischen Flagge, sondern auch mit der EU-Symbolik auftraten. Doch war ihre Forderung, das Assoziierungsabkommen zu unterzeichnen, eher ein Symbol als ein Programm. Man demonstrierte nicht für ein Abkommen, sondern gegen das gesamte System Janukowytsch.

So sah das auch die andere Seite, die Regierung, die sich längst entschlossen hatte, den Weg des ökonomischen und kulturellen Anschlusses der Ukraine an Russland zu gehen und die EU-Verhandlungen als Druckmittel zu benutzen, um die Forderungen gegenüber dem Kreml hochzutreiben. Nun sah sie sich durch die Mobilisierung akut bedroht. Deshalb kam, anders als bei den Majdan-Protesten der vorangegangenen Wellen, ein neuer Faktor ins Spiel: die Bereitschaft zur Gewaltanwendung gegen die Bürger, auf die diese schließlich mit Gegengewalt reagierten. Zunächst versuchte das Regime zwei bewährte Formen der Einschüchterung und der Schließung der eigenen Reihen, die in der Politik der Rackets verbreitet sind. Das Organisieren von Gegendemonstrationen, sogenannten »Antimajdans«, zu denen vor allem die Belegschaften von Staatsbetrieben in

Bussen und eigens angeworbene Demonstranten gebracht wurden und die unter den Symbolen der Präsidenten-»Partei der Regionen« stattfanden, erwies sich als nur mäßig erfolgreich, denn den Veranstaltungen war ihre Künstlichkeit und Gezwungenheit anzusehen. Die zweite Methode war die direkte Gewaltausübung.

Am 30. November löste die Polizei die noch überschaubare, vorwiegend studentische Majdan-Demonstration auf. Gleichzeitig mobilisierte das Regime Angehörige obskurer privater Sicherheitsdienste und gedungene Schläger, »sportliche junge Männer«, wie es hieß, die sich Regimegegner oder Demonstranten griffen, wenn diese sich nicht im Schutz der Masse bewegten oder sich vom Majdan entfernten. In der Ukraine hießen diese Rollkommandos *tituschky*, benannt nach einem verhafteten Rädelsführer, dem Kampfsportler Wadym Tituschko.[15] Ihr Einsatz markierte auch insofern eine Zäsur, als sie das staatliche Gewaltmonopol der Polizei, der Einheiten des Innenministeriums und des Militärs aushöhlten. Dieses war, auch wenn die Polizei korrupt war, bislang allseits akzeptiert worden. Nun legte die Regierung selbst die Axt an die Wurzel der staatlichen Ordnung. Die in den Dezembertagen öffentlich werdenden Verschleppungen und Folterungen von Majdan-Demonstranten brachten nun immer größere Bevölkerungskreise gegen die Regierung auf. Das war die Geburtsstunde des eigentlichen Majdans, der an Masse und Beteiligung zunahm, den ganzen Winter über ausharrte und überall im Land, in jeder Gebietshauptstadt, kleinere oder größere Ableger hatte. Am 1. Dezember, dem Jahrestag des Unabhängigkeits-Referendums von 1991, nahmen Hunderttausende, die auch aus den Regionen nach Kyjiw strömten, an einer Demonstration teil. Am 8. Dezember wurde im Rahmen einer noch größeren Demonstration das Kyjiwer Lenin-Denkmal gestürzt, eine Granitskulptur des berühmten Bildhauers Sergej Merkurow aus dem Jahr 1946, die all die postsowjetischen Jahre in Anerkennung ihres künstlerischen Werts unbehelligt an ihrem Platz gestanden hatte. Das Denkmal verkörperte in diesem Moment das Sowjeterbe und die Zurückwendung nach Moskau, die man verhindern wollte.

Im ganzen Land kam es in der Folgezeit zu solchen nachholenden Denkmalsstürzen, die 1991 nach der Erlangung der Unabhängigkeit allenfalls im Westen der Ukraine stattgefunden hatten. Die Menschen nannten es ironisch *Leninopad* (»Lenin-Fall«), eine Wortbildung in Analogie zum herbstlichen Blätterfall, der auch im ukrainischen Monatsnamen für den November, *lystopad*, vorkommt. Der Lenin-Fall in der ukrainischen

Provinz vollzog sich mal unspektakulär als administrative Maßnahme von Stadtverwaltungen, mal im Kontext von Demonstrationen als ekstatischer Götzensturz. Am Kyjiwer Leninopad schieden sich die Geister. Was die einen als notwendige symbolische Befreiung von jenem kulturellen Ballast ansahen, der die Ukraine trotz aller Revolten immer wieder zurück in den »russischen Sumpf« ziehe, empfanden andere, dem Majdan skeptisch gegenüberstehende Ukrainer als Exzess einer stadt- und kulturfernen Hassmeute. Sie verkannten dabei freilich die soziale Basis der Majdan-Bewegung, die vor allem aus der gebildeten, zweisprachigen Mittelschicht stammte. Wie ein Wiedergänger aus den knapp ein Jahrhundert zurückliegenden Revolutions- und Bürgerkriegszeiten äußerte sich hier ein Vorurteil russischsprachiger Gebildeter gegenüber dem »ukrainischen Dorfpöbel«, der mit dem urbanen Raum nichts anzufangen wisse und künstlerisch wertvolle Denkmäler im nationalen Rausch zertrümmere. So wurde der Leninopad ein Symbol dafür, dass die Ukrainer eigentlich erst jetzt einen revolutionären symbolischen Akt nachholten, die eigentlich 1991 hätte geschehen können – und dass auch Bruchlinien aus früheren Revolutionen sich wieder abzeichneten.

Je mehr der Majdan an Zulauf gewann, desto klarer kristallisierten sich die Forderungen der Opposition heraus, und desto umfangreicher wurden sie. Neben der Unterzeichnung des EU-Assoziationsabkommens verlangten die Demonstrierenden auch, Gesetzesentwürfe für ein repressiveres Demonstrationsrecht und eine Verfassungsänderung zu kassieren. Die Regierung sollte abtreten und Neuwahlen ermöglichen. Barrikaden wurden errichtet, und bis in den Februar 2014 hinein war der Majdan eine einzige große Dauer-Demonstration, die sich bald eigene soziale Regeln gab. Das Ausharren bei Minusgraden unter freiem Himmel war nur möglich dank einer beispiellosen Unterstützung durch die Kyjiwer Bevölkerung, kleine Betriebe, Apotheken, Ärztinnen und Ärzte und Tausende von Autofahrerinnen und Autofahrern, die Transportdienste übernahmen – der sogenannte *Automajdan*, der sich ursprünglich aus Protest gegen die Strafzettel-Wegelagerei korrupter Verkehrspolizisten gebildet hatte. Auf dem Platz selbst und im angrenzenden Gewerkschaftshaus bildeten sich selbstverwaltete Sektoren, Presse- und Diskussionsgruppen, eine Volksküche, aber auch eine militante Selbstverteidigungsgruppe. Die Selbstorganisation wies deutliche Parallelen sowohl zu westeuropäischen Protestformen wie etwa den Platzbesetzungen der westdeutschen Anti-AKW- oder Anti-Startbahn-West-Bewegung auf. Doch vor allem nahm sie Bezug auf historische ukrainische Vorbilder: die Basisdemokratie der Witsche-Volksversammlungen und die Kosakendemokratie der Saporoger Sitsch. Soziodemographisch dominierten auf dem Majdan Aktivisten aus der Zentral- und Westukraine, zunehmend auch Kriegsveteranen, Handwerker, Facharbeiter und Kleinunternehmer, die Barrikaden bauen und mit Waffen umgehen konnten. Menschen aus dem Osten und Südosten der Ukraine, wo Janukowytschs Partei der Regionen ihre Hochburgen hatte, waren weniger vertreten. Die Bewohner dieser Regionen beobachteten das Geschehen zunächst abwartend und skeptisch.

Die Phase des friedlich-phantasievollen Protests wurde von der Regierung ab dem 18. Februar beendet, als Sondertruppen und Scharfschützen begannen, mit gepanzerten Fahrzeugen und Schusswaffen gegen die Demonstrierenden vorzugehen, um sie von der befürchteten Stürmung des Präsidialamts abzuhalten. Die wütende Reaktion der Platzbesetzer auf die ersten Todesopfer, denen offensichtlich durch Scharfschützen gezielt in Kopf und Hals geschossen worden war, führte zu einem mehrtägigen Aufstand, in dem die Aktivisten mit selbstgemachten Holzschilden und Helmen, Steinen, Zwillen und Molotow-Cocktails, vereinzelt auch mit Handfeuerwaffen kämpften. Mehr als 100 Menschen fielen dem Feuer der Berkut-Sonderpolizeieinheiten zum Opfer. Das Gewerkschaftshaus, in dem die Majdan-Gruppen ihr Hauptquartier aufgeschlagen hatten, ging in Flammen auf. Auch die Gegengewalt des Majdan trat in diesem Aufstand in eine neue Phase, die in der ukrainischen Opposition seit 1989 neu war. Organisierte Verteidigung und Gegengewalt benötigt Erfahrung, und Erfahrung brachten vor allem militante, teilweise rechtsextreme ukrainische Nationalisten mit, die auf dem Majdan den sogenannten »Rechten Sektor« besetzten. In den schlachtenartigen Auseinandersetzungen mit den Sicherheitskräften standen sie an vorderster Front.

Nun war das ganze Land unter Schock und in Aufruhr. In vielen Gebietshauptstädten folgten die Menschen dem Beispiel des Majdans und begannen Besetzungen der Gebietsverwaltungen, die Funktionäre der Janukowytsch-Partei der Regionen wurden aus den Ämtern gejagt, viele verließen auch aus Protest gegen die Gewaltanwendung die Partei. Ein Vermittlungsversuch von Seiten Frankreichs und Deutschlands, deren Vertreter auf ein Verbleiben des Präsidenten, aber die Vorbereitung von Neuwahlen und eine geregelte Machtübergabe drängten und ein Abkommen zwischen Opposition und Regierung erwirkten, kam zu spät. Am 22. Februar erklärte eine Mehrheit der Abgeordneten der Werchowna Rada Janukowytsch für abgesetzt; der amtierende Parlamentspräsident trat zurück und wurde durch Oleksander Turtschynov abgelöste, der in Abwesenheit eines gewählten Staatsoberhaupts die Amtsgeschäfte führen sollte. Janukowytsch, der sich vor strafrechtlichen Konsequenzen des Schießbefehls für die Sonderpolizeieinheiten fürchtete, entschloss sich zur Flucht nach Russland. In Kyjiw übernahm eine provisorische Regierung das Ruder, die Neuwahlen für das Präsidentenamt vorbereiten wollte und sich bemühte, die Kontrolle über das Land herzustellen.

Die Revolution wird zum Krieg

Doch diese Kontrolle war keinesfalls gegeben, da sich auf der Krim und in mehreren ost- und südukrainischen Städten Gegenkräfte gegen die dort weniger zahlreichen Majdan-Anhänger organisierten. Sie bestanden aus Parteigängern Janukowytschs, aus der Klientel lokaler Oligarchen und Angehörigen der Sicherheitsbehörden, die sich nicht der neuen Regierung unterstellen wollten. Doch der entscheidende Faktor war, dass sie Unterstützung von außen erhielten: Sie wurden bereits in den letzten Februartagen von aus Russland einsickernden rechtsextremen paramilitärischen Gruppen und Soldaten ohne Hoheitsabzeichen unterstützt, die in Donezk, Luhansk und auf der Krim die Gebäude von Gebietsverwaltungen und Sicherheitsbehörden besetzten und russische Flaggen hissten.

Die Schwäche des ukrainischen Interregnums und die Angst vor einem Übergreifen Majdan-ähnlicher Proteste nach Russland, wo die Putin-Regierung ebenfalls in einem Umfragetief steckte, wurden zum Auslöser für Putins rasches Handeln. Er nutzte eine Gelegenheit, die sich bot, die jedoch längst als Option zur Befriedung der innerrussischen Konflikte vorgedacht und vorbereitet worden war: Nichts eint eine unzufriedene Bevölkerung so wie ein erfolgreicher Krieg gegen einen schwachen Gegner mit geringen Kosten. Das war auf der Krim der Fall, und die Russen ergaben sich der warmen und selbsttäuschenden Vorstellung, nun die Schmach des zerbrochenen Imperiums von 1991 tilgen zu können. Gerechtfertigt und vorbereitet wurden die russischen Aktionen von einer Propagandawelle über die angeblich bevorstehende Zwangsukrainisierung der Krim und der Ostukraine, gar den »Genozid« an der russischsprachigen Bevölkerung; Banderowzy-Marschgruppen seien schon in Sonderzügen auf die Krim unterwegs. Natürlich entbehrten diese Vorwürfe jeder Grundlage. Ein kurz nach dem Umsturz in die Kyjiwer Rada eingebrachtes Sprachengesetz, das eine dezidiert antirussische Stoßrichtung hatte, hatte der Interims-Parlamentspräsident Turtschynow mit seinem Veto zu Fall gebracht, um Druck aus der Situation zu nehmen. Es war also nach wie vor das Sprachenrecht der Ära Janukowytsch in Kraft.

Binnen weniger Tage schwärmten Angehörige der auf der Krim stationierten russischen Garnisonen auf die gesamte Halbinsel aus. Sie wurden wegen der fehlenden Hoheitsabzeichen auch als »grüne Männchen« bezeichnet, von Putin in euphemistischer Weise als »höfliche Leute«, die zusammen mit lokalen, russisch gesteuerten Bürgerwehren die Macht übernahmen. Das Krim-Parlament stimmte unter vorgehaltenen Maschinenpistolen für einen Anschluss an Russland, bereits am 16. März wurde, ebenfalls unter Androhung von Gewalt, ein Scheinreferendum über den Anschluss durchgeführt, dessen Zustimmungsrate bei angeblich 98 Prozent lag. In Wahrheit dürfte der Anteil der Ja-Stimmen knapp über 50 Prozent gelegen haben, aber vor der Durchführung eines Referendums nach internationalen Standards, was das Einverständnis Kyjiws vorausgesetzt hätte, schreckte Putin zurück. Der gesamte Anschlussprozess dauerte vom Sturz Janukowytschs bis zur Bitte der Krim-Vertreter um brüderliche Hilfe Russlands, die freundlich gewährt wurde, knapp drei Wochen, was auf sorgfältige Vorbereitung und Planung Moskaus für einen »Tag X« auf der Krim schließen lässt. Den pro-ukrainischen Bewohnern, darunter vielen Krimtataren, blieb nur die Möglichkeit, aufs Festland zu gehen. Bald schon sorgte die Zwangsverteilung russischer Pässe dafür, dass jeder, der den Anschluss missbilligte und sich weigerte, auf die ukrainische Staatsbürgerschaft zu verzichten, den Behörden bekannt gemacht wurde und Repressalien gewärtigen musste. Wer laut protestierte, riskierte langjährige Haft unter dem Vorwand des »Terrorismus« – die berühmtesten unter den politischen Gefangenen von der Krim waren der Filmemacher Oleg Senzow und der linke Aktivist Oleksander Koltschenko, die zu 20 Jahren Haft verurteilt wurden, aber 2019 im Rahmen eines russisch-ukrainischen Gefangenenaustauschs freikamen.

Die Übernahme der Krim von den schwachen und eingeschüchterten Soldaten der ukrainischen Armee verlief rasch und aufgrund fehlenden Widerstandes und freiwilliger Übertritte zur russischen Armee auch ohne größere Gewaltexzesse, was die russischen *silowiki*, die Vertreter von Streitkräften und Sicherheitsdiensten, dazu verleitete, zu glauben, es würde ihnen auf ähnliche Weise die gesamte südöstliche Ukraine bis nach Odessa in den Schoß fallen, die sie in der Diktion des vorrevolutionären Russlands *Noworossija* (»Neurussland«) zu nennen begannen.

Doch damit hatten die Russen die Ukrainer unterschätzt. Das rasche Abgleiten der Auseinandersetzungen in kriegsähnliche militärische Gewalt bedeutete keinesfalls, dass es in den südostukrainischen Hochburgen Janukowytschs keine Anhänger einer Reform gegeben hätte – oder mächtige Wirtschaftsakteure, die sich Vorteile von einem Zusammengehen mit den pro-europäischen Kräften in Kyjiw ausrechneten. Das war der Fall in mehreren Städten, in denen die russische Seite eine ähnliche Übernahme durch informelle Gewaltakteure geplant hatte wie in Luhansk und Donezk, so in Charkiw, Saporischschja oder Odessa. Hier entschieden sich lokale Oligarchen und ihre in Verwaltung und Polizei hineinreichenden Netzwerke für den ukrainischen Staat – teilweise sogar unterstützt von den Vertretern der organisierten Kriminalität, die keine Lust auf eine dominante Stellung des Donezker Clans oder gar russischer Strukturen hatten und kurzerhand die fremden Eindringlinge in ihrer Stadt entwaffneten.

Der schillernde ukrainisch-jüdische Bankier Ihor Kolomojskyj, aus dessen Umkreis auch der spätere Präsident Selenskyj stammte, entschied sich früh für Kyjiw und finanzierte eine schlagkräftige Armeeeinheit. Doch war die Machtbalance im Frühling 2014 äußerst labil. In Odessa kam es am 2. Mai zu einer tragischen Brandkatastrophe in einem von Anti-Majdan-Demonstranten besetzten Gewerkschaftshaus, vermutlich ausgelöst durch Molotow-Cocktails, die von ihren Gegnern vom Platz aus in die Fenster geworfen wurden, vielleicht aber auch durch das fahrlässige Entzünden von ähnlichen Benzinbomben, welche die Besetzer vorbereitet hatten. Vorausgegangen waren Massenausschreitungen zwischen pro-ukrainischen Fußballfans und pro-russischen Demonstranten, die von russischen Provokateuren – immer gleich aussehenden bewaffneten Männern in Zivil, an deren Sprache und Verhalten die Einheimischen erkannten, dass sie fremd in der Gegend waren – angeheizt wurden. Die lokalen Behörden, selbst im Ruf der Korruption stehend, unternahmen nichts zur Eindämmung der Gewalt, die Polizei blieb tatenlos, die Feuerwehr kam viel zu spät. Doch gelang es in Odessa, die Lage zu stabilisieren. Ein »Komitee 2. Mai« bildete sich aus Bürgern beider Lager, um die Ereignisse aufzuklären und die Kontrahenten zu versöhnen.

Als die ukrainische Regierung, unterstützt von den patriotischen Kräften des Majdan und den ihr zugeneigten Oligarchen, die eigene Armee, Sicherheitskräfte und eine neu aufgebotene Nationalgarde aus Freiwilligen gegen die russische Intervention entsandte, kam es zum Krieg, der allerdings nicht so genannt wurde – von keiner Seite. Russland sprach weiterhin von verirrten Soldaten, Unbekannten oder russischen Freiwilligen, die ihre Militärausrüstung im Outdoor-Laden gekauft hätten; die ukrainische Seite bezeichnete ihre Gegenoperation als ATO (antiterroristische Operation). Doch bekämpfte sie keine Terroristenbanden, sondern eine Atommacht, die die sogenannten »Separatisten« mit schweren Waffen, Logistik, Lebensmitteln und Finanzmitteln unterstützte. Während die ukrainische Armee in den Janukowytsch-Jahren zerrüttet und unterfinanziert war, reichten die Nachschub- und Befehlslinien vom russischen Verteidigungsministerium direkt zu den aus dem Racket aufgestiegenen lokalen Machthabern in den neuen, selbsternannten »Volksrepubliken« Donezk und Luhansk (DNR und LNR). Augenfällig wurde das mit dem Abschuss eines malaysischen Verkehrsflugzeugs über dem Kampfgebiet, der durch eine aus Russland herangeführte Buk-Flugabwehrbatterie unter russischem Kommando verschuldet wurde, die mit Billigung des Kremls entsendet worden war. Die 298 Opfer des Fluges MH 17 waren die ersten ausländischen Opfer dieses nicht erklärten russisch-ukrainischen Krieges.

Die Kämpfe – oder Schlachten – auf dem Boden, insbesondere am Flughafen Donezk und in Ilowajsk, nahmen an Erbitterung und Grausamkeit zu, und es galten in ihnen nicht die Konventionen des modernen Krieges. Ukrainische Kriegsgefangene wurden gedemütigt und gefoltert, abgesprochene Evakuierungskorridore unter Feuer genommen. Eine Rückeroberung der besetzten Gebiete im Donbas und eine Vertreibung russischer Milizen gelang den Ukrainern angesichts der Ungleichheit der Waffen nur in einigen Fällen und unter hohen Verlusten im Raum Slowjansk. Große Teile der Gebiete Luhansk und Donezk sowie die Krim gingen fürs Erste verloren, rund 10.000 Ukrainer, zumeist Militärangehörige, starben in den Auseinandersetzungen, rund eine Million Ostukrainer befand sich auf der Flucht. Der Vermittlungsversuch Frankreichs und Deutschlands, der in den für die Ukraine in höchster Not geschlossenen unvorteilhaften zwei Minsker Abkommen von 2015 endete, konnte zumindest dazu beitragen, dass der russische Vormarsch gestoppt wurde. Womöglich war diese Entwicklung aber auch der noch nicht hundertprozentigen Entschlossenheit Putins zu verdanken, alles auf die Eroberungskarte zu setzen. Das verschaffte den Ukrainern die Zeit, Schlüsse aus den Gebietsverlusten von 2014/15 zu ziehen und sich auf die nächste erwartbare Konfrontation vorzubereiten. Diese Vorbereitung erfolgte an einer Demarkations- und Frontlinie, die in all den Jahren seit 2014 nie stabilisiert und befriedet, sondern beständig von Kampfhandlungen und zivilen Opfern – zumeist Minenopfern – geprägt war. In diesen Jahren wurde die ukrainische Armee aber auch zu einer erfahrenen Truppe, die vor allem mit US-amerikanischer und britischer Beratung reorganisiert, ausgebildet und mit Waffen unterstützt wurde.

Russlands Kriegführung als Herrschaft der Gewaltgemeinschaften

Häufig wird behauptet, das Abgleiten der Ukraine von der Majdan-Revolte in einen Krieg im Jahr 2014 sei das Resultat einer inneren Entwicklung des Landes, eines Bürgerkrieges zwischen pro-ukrainischen und prorussischen Kräften, in den Russland nur sporadisch eingreife. Doch in Wirklichkeit verhielt es sich anders: ohne die systematische Injektion von Gewalt durch die russische Seite wäre der Konflikt zwischen Majdan-Regierung und Majdan-Gegnern mit hoher Wahrscheinlichkeit im Rahmen der ukrainischen Verfassung friedlich lösbar gewesen. Betrachtet man die politischen Analysen und Umfrageergebnisse in den Gebieten Luhansk und Donezk vor dem Kriegsbeginn 2014, so ist der eindeutige Befund, dass es in der Bevölkerung kaum Rückhalt für separatistische und russisch-anschlussnationalistische Programme gab; die Zustimmung zu solchen Ideen lag im niedrigen einstelligen Prozentbereich. Um einen Separatismus, gar separatistische Pseudostaatsgebilde zu kreieren, bedurfte es also eines massiven gewaltsamen Anstoßes von außen, der die Mehrheitsmeinung erstickte und marginalisierte, und es bedurfte neuer Trägergruppen, die die »DNR« und »LNR«-Strukturen bildeten.[16]

Was das Geschehen im Donbas auszeichnet, war die rasche Etablierung von intensiv gewalttätigen Akteursgruppen und deren Übernahme der administrativen und politischen Macht. Entgrenzte Gewalt war das bevorzugte Mittel eines Amalgams aus lokalen Akteuren, russischen Milizen und des russischen Militärs mit dem Ziel, jedweden Widerstand gegen eine Übernahme durch die pro-russischen Kräfte zu brechen. Die ersten in der Reihe der unzähligen zivilen Opfer dieser Form von Gewaltanwendung waren der Abgeordnete des Donezker Regionalparlaments Wolodymyr Rybak und der 18-jährige Student Jurij Poprawka. Die beiden wurden im März 2014 von russischen rechtsextremen Söldnergruppen, vermutlich unter Führung der heute noch aktiven Kriegsverbrecher Igor Besler und Igor Girkin, bestialisch ermordet. Ihre Leichen fand man im Flüsschen Kasennyj Torez in der Nähe von Slowjansk. Rybak hatte versucht, in Horliwka auf einer Demonstration die Fahne der selbsternannten »Donezker Volksrepublik« einzuholen und die ukrainische Flagge wieder an ihren Platz zu setzen. Poprawka, der auch auf dem Kyjiwer Majdan gewesen war, wurde nach Aussagen eines Mitgefangenen ermordet, weil er sich weigerte, im Verhör auf Russisch zu antworten und den Milizen zu bestätigen, dass er in die »richtige« Kirche, die des Moskauer Patriarchats, gehe. Die beiden gehörten zu den ersten Kriegsopfern in der Ostukraine und werden heute als Märtyrer verehrt – posthum bekamen sie den Orden »Held der Ukraine«.

In diesen Morden waren die Grundkonstanten von Tausenden Taten vereint, die noch kommen sollten: Haft, Folter und die Ermordung von Menschen wegen kleiner symbolischer oder regulärer staatsbürgerschaftlicher Akte, fürs Andersdenken und Anderssein, ob das patriotische ukrainische Tattoos waren, das Bekenntnis zu einer baptistischen Kirche oder ein früherer Dienst in der ukrainischen Armee. Folter und Tod waren das Strafinstrument der als »Separatisten« auftretenden, zu großen Teilen aus Russland stammenden Milizen und Besatzer für die Zugehörigkeit und Loyalität zur ukrainischen Kultur oder einfach nur für eine zustimmende Aktion (»Like«) unter einem Facebook-Eintrag, dass der Donbas Teil der Ukraine sei. Bei Rybak und Poprawka entsetzte die Augenzeugen der Sadismus der Täter, von dem sie sagten, er trage »kaukasische Züge«. Die Opfer wurden durch Feuer verletzt, ihnen wurden Gliedmaßen abgeschnitten, schließlich wurden die noch Lebenden ertränkt.[17]

Doch es war nichts »Kaukasisches«, mit dem die russischen und ukrainischen Sprecher hilflos versuchten, die entgrenzte Gewalt zu orientalisieren, es war eine russische Gewalt, die sich explizit auf eine »russische Welt« berief. Als »kaukasisch« konnte man allenfalls eine der Wurzeln der exzessiven Gewalt identifizieren, die Vorgeschichten der Täter in Putins Kriegen und »Spezialaktionen« in Tschetschenien, wo derartige Folter- und Mordpraktiken schon lange aktenkundig waren.

Die russische Journalistin Anna Politkowskaja und die tschetschenische Menschenrechtlerin Natalja Estemirowa bezahlten 2006 und 2009 mit dem Leben für ihre Recherchen und Dokumentationen dieser Gewalttaten und der dortigen Verstrickung der russischen Regierung. Das geschah in Zeiten, als Wladimir Putin noch ein geschätzter und respektierter Partner deutscher Bundesregierungen war.[18]

Die russischen Söldnertruppen, ob damals die von Besler und Girkin, die Kadyrow-Milizen oder heute die »Wagner«-Truppe des Jewgenij Prigoschin, sind Gewaltgemeinschaften[19] eines Zuschnitts, die in der deutschen Geschichte in Gestalt der Freikorps und der Rechtsterroristen der Weimarer Republik auftraten; auch hier kam es zu Karrieren, die bei Kriegsheimkehrern und Söldnern begannen und im Apparat staatlich sanktionierter Gewalt, in der SS, endeten.[20] Die Merkmale dieser Gewalttäter waren neben der entgrenzten Gewalt gegen ihre wehrlosen Opfer auch ein geschlossenes rechtes Weltbild, ausgeprägte Misogynie in Kombination mit einer eklektischen, vor allem auf Äußerlichkeiten abzielenden ultrakonservativen Frömmigkeit – daher die vielen Ikonen, mit denen sich die Kämpfer im Donbas präsentierten oder die zur Schau gestellte Korantreue und islamistische Kleiderordnung der Kadyrow-Milizen.

Die russischen Gewaltgemeinschaften des Donbas bestanden aus ehemaligen Soldaten und und Mitgliedern von Gruppen der Organisierten Kriminalität, die im Afghanistan-Krieg und in den Tschetschenienkriegen sozialisiert worden waren. Sie hatten, in den 1990er Jahren nach Krieg oder Lagerhaft nie so richtig den Sprung ins zivile Leben geschafft und ihr Glück in Sicherheitsfirmen und Privatarmeen versucht, die in diesen unsicheren, von Gewaltkriminalität zerrissenen Jahren insbesondere in Russland entstanden. Die Anführer der irregulären Einheiten rekrutierten sich häufig aus ehemaligen Offizieren der russischen Geheimdienste, die ihrerseits eine lange Tradition der Kooperation mit dem organisierten Verbrechen pflegten. An der Spitze der Befehlslinien standen russische Ministeriale und Militärs. Die Söldnergruppen entfalteten ihre Gewalt unter Randbedingungen, die wir aus vielen anderen Beispielen in der Weltgeschichte kennen: die Täter wähnten sich in einem rechtsfreien Raum, wo Grausamkeiten vor allem aus Nihilismus und Sadismus begangen wurden – nicht, weil man damit etwas erreichen oder erbeuten konnte, sondern einfach weil man es konnte, weil man straffrei blieb, weil man so unbegrenzte Macht über Schwächere ausüben und das eigene Bild von Männlichkeit stabilisieren konnte. Gerade der letztgenannte Aspekt

– die Eskalation der Grausamkeit, der kein staatliches Gewaltmonopol (und sei es das eines siegreichen russischen Besatzers) Grenzen setzt – erinnert auch an die Perioden des Ordnungszerfalls in der ukrainischen Geschichte in der ersten Hälfte des 20. Jahrhunderts, sei es der Krieg aller gegen alle zwischen 1917 und 1920, seien es die Massenmorde in Wolhynien 1943.[21]

Damals, als man die beiden ersten Opfer des Donbas-Krieges auffand, schockierte die Grausamkeit noch, die Opfer hatten Namen und Gesichter. Die gezielte Injektion von Gewalt – durch extremistische Milizen, durch einsickernde Bewaffnete ohne Hoheitsabzeichen – konnte in Tagesfrist ganze Städte umkippen lassen. Mit einer Gruppe von einigen hundert Bewaffneten, die zu jeder Grausamkeit bereit sind, lassen sich große Menschenmengen auch langfristig kontrollieren – oder auch ein riesiges Kernkraftwerk mit vielen Tausenden Menschen Belegschaft als Geisel nehmen, wie es im März 2022 in Enerhodar geschah, als das KKW Saporischschja besetzt wurde. Häufig reichte schon die Ankündigung, die »Tschetschenen« oder »Kadyrow-Leute« kämen in die Stadt, um die Menschen in Angst und Schrecken zu versetzen.

Doch es wäre verfehlt anzunehmen, dass die Entgrenzung der Gewalt die Abwesenheit von Ordnung und Struktur bedeute. Es war und ist keine anarchische Gewalt, die seit 2014 von Russland in der östlichen Ukraine ausgeübt wird. Der Journalist Stanislaw Asejew, ein Bürger der Stadt Donezk, beschrieb den Alltag der von den Separatisten gegründeten »Volksrepublik Donezk« mit seinen kritischen Blogs unter Pseudonym, bis er 2017 aufflog und zwei Jahre lang in den Folterkellern und Verhörräumen des DNR-Sicherheitsdienstes, der sogenannten »Isoljazija« (Isolierung), misshandelt wurde. Er überlebte an Leib und Seele versehrt, weil er 2019 im Zuge eines Gefangenenaustauschs freikam. Seine Erlebnisse hat er in einem Lagertagebuch geschildert, ein weiterer Meilenstein in der reichen Literatur zu den Lagern und Gefängnissen der »russischen Welt« seit Zarenzeiten.[22] Asejews Bericht zeigt die Systematik, mit der die Gewaltkultur etabliert wurde. Er schildert, wie aus harmlosen ukrainischen Fabriken oder Finanzämtern russische Folterzentren werden, wie in lichten Büros mit Elektroschocks mit einer Routine gefoltert wird, als handele es sich um die Bearbeitung einer Steuererklärung. Seine Schlussfolgerung gilt auch für den heute noch andauernden Krieg: Das Netz von Repressionsorten, die Termini technici von »Filtration«, »Isolation« und »Liquidierung« etablieren wie im Stalinismus ein Regime der Gewalt und der Angst. Das ist der Kern russischer Herrschaft in den besetzten Gebieten der Ukraine.[23]

Warum der Donbas? Soziale Ermöglichungsräume des Krieges

Auch wenn also feststeht, dass die Genese des Krieges und der Gewalt in der Ukraine wesentlich auf externe Faktoren zurückgehen, so muss gefragt werden, warum die Etablierung des Terrorregimes gerade im Donbas gelang. Die geographische Nähe zur russischen Grenze alleine oder die Russischsprachigkeit und kulturelle Orientierung der Menschen sind keine hinreichenden Erklärungen, da es auch andere Gebiete gab, die diese Voraussetzungen erfüllen und die stabil blieben. Doch nur im Donbas trafen zwei Bedingungen aufeinander: eine genügend große kritische Masse an feindlichen Bewaffneten, und ein zu geringer Widerstandswille der lokalen Verwaltung und Bevölkerung. Letztere stand unter dem Einfluss russischer Medien, die den Majdan als Faschisten- und US-Putsch verunglimpften, und verhielt sich abwartend und kritisch zu den Ereignissen in Kyjiw. Die lokale Staatsgewalt wiederum ergab sich den einmarschierenden Gewaltakteuren entweder aus Angst, oder weil Polizisten, Richter und Staatsanwälte sich von einer Allianz mit den russischen Kräften Vorteile erhofften. Viele sympathisierten mit der Pro-Janukowytsch-Partei und waren durch Korruptionsbeziehungen von lokalen Oligarchen abhängig, die sich in den Wirren der Majdan-Revolte ebenfalls gegen Kyjiw positionierten. Zu ihnen gehörte der Großunternehmer Rinat Achmetow, einer der reichsten Ukrainer und Eigner des Stahlwerks Asowstal, der seine halb kriminelle, halb schwerindustrielle Basis im Donbas hatte. Er hat mit seiner Schaukelpolitik in den Märztagen des Jahres 2014 vermutlich wesentlich zum Verlust weiter Teile des Donbas an russische Milizen und verdeckt operierende russische Truppen beigetragen. Erst als es zu spät war, schlug er sich auf die Seite Kyjiws und machte Mariupol zu seinem neuen Zentrum.

Die sozialen Ursachen des Verlusts von Luhansk und Donezk lagen tiefer. Das Netz der Korruption und Klientelwirtschaft im Donbas war dicht und historisch gewachsen. Es ging auf die kommunistischen Schwerindustrie- und Bergbaubosse und ihre Parteikader zurück und wurde in den wilden 1990er Jahren von Akteuren mit teilweise krimineller Vorgeschichte wie Wiktor Janukowytsch und Rinat Achmetow übernommen, die dann ihr eigenes Beziehungsnetz über den Donbas legten und zu Oligarchen aufstiegen. Mit Janukowytschs Flucht und der Injektion der Gewalt in den Donbas zerriss dieses Netz und machte den Netzwerken konkurrierender Krimineller oder Hooligans Platz, die in der Folge kleine, aber meist kurze Karrieren als Gewaltunternehmer und »Minister« der »Volksrepubliken« machten; wer aus der Reihe tanzte oder sich gegenüber den eigentlichen Herren zu sehr aufspielte, wurde rasch ersetzt oder physisch beseitigt.[24] Heute haben die Ostukrainer in den erst von irregulären, dann regulären Truppen Russlands besetzten und schließlich im September 2022 annektierten Gebieten nichts mehr zu sagen: Sie haben ihre Schuldigkeit als Separatisten-Darsteller getan, und sind nur noch gut als Kanonenfutter für die Front. Ironischerweise gehören auch diese zurückgewiesenen Separatisten nun, in später Reue, zu den Informanten der ukrainischen Menschenrechtsgruppen über Gewalttaten, Zwangsrekrutierung von männlichen Bewohnern in die russische Armee und Massendeportation und Zwangsadoptionen ukrainischer Kinder – ein Akt, der wiederum zum Katalog genozidaler Gewalt in diesem Krieg gehört.[25]

Yaroslav Hrytsak bemerkte in einer Aussage über die Zentren sozialer Unruhe und Dissidenz in der Ukraine zu Sowjetzeiten, es habe immer drei Schwerpunkte gegeben: Lemberg mit seiner lebendigen Erinnerung an eine galizische, nichtrussische, nichtsowjetische Vergangenheit, die den Andersdenkenden ein Gegenmodell war; Kyjiw mit seiner Konzentration an intellektuellen und wissenschaftlichen Kräften, die immer anfällig für das Weiter- und Andersdenken waren – und den Unruheherd Donbas, wo die Arbeit hart und die Arbeiter selbstbewusst waren, wo aber auch die Verwerfungen der sowjetischen Flugsandgesellschaft die Gesellschaft gärend und aggressiv machten, allein wegen der vielen entlassenen Strafgefangenen, die man gerne in die Kohlebergwerke schickte. Dazu gehörte auch die Skepsis gegenüber allem, was aus dem Zentrum kam – zu Sowjetzeiten wurde gegen Moskau gestreikt und zu ukrainischen Zeiten gegen Kyjiw.[26] Jene Teile der lokalen Bevölkerung, die den Majdan und seine neue Regierung ablehnten, meinten in den »Separatisten« zunächst eine Zielsetzung zu erkennen, die ihrer eigenen entsprach. Viele sehnten sich nach dem Donbas der nachträglich verklärten sowjetischen Stagnationsjahre zurück, als die Bergleute die Könige der Stadt waren, Ordnung auf den

Straßen herrschte und rote Rosen in gepflegten Blumenrabatten blühten. »Die Leute wollten die Sowjetunion der 1970er zurück, mit billigen Würstchen und Eis, aber was sie bekamen, war das Jahr 1937«[27], sagte der Journalist Stanislaw Asejew nach seiner Befreiung aus dem Folterzentrum.

In diesem rebellisch-devianten Kontext sind auch die Sonderstellung des Donbas während der Majdan-Ereignisse und die Frontstellung zu Kyjiw zu sehen. Fest steht, dass die Durchdringung der Donbas-Gesellschaft mit Waffen und die Etablierung von Gewalt- und Beutegemeinschaften der Vorkriegszeit einen günstigen Nährboden für die totale Entfesselung der Gewalt unter russischer Oberherrschaft bildeten; wir können hier auf beiden Seiten von Merkmalen des Staatszerfalls sprechen. Auf dem Boden der Ukraine waren das 2013/14 vor allem die von Wiktor Janukowytsch geförderten Parallelstrukturen aus Schlägertrupps und *Agents provocateurs*, die der Einschüchterung politischer Gegner und der Zerschlagung von Demonstrationen durch provokative Gewaltakte dienten, die dann ein Eingreifen der Polizei nach sich ziehen sollten. Andere Gewaltträger höhlten das Gewaltmonopol des ukrainischen Staates nicht aus, sondern versuchten es gleich zu beerben, wie im Falle korrupter Polizeistrukturen im Donbas oder auf der Krim, die zu den russischen Invasoren überliefen.

Der Ukraine-Krieg: eine Krise Russlands

Insgesamt beobachten wir beim Staatszerfall im Donbas 2014 eine Spiegelung der Verhältnisse in Russland im Kleinen, von denen viele Fachleute sagen, hier handele es sich nicht um einen Staat mit einer Mafia, sondern hier halte sich die Mafia – nämlich Putins Kleptokratie mit ihren Wurzeln in Geheimdienst und Organisierter Kriminalität – einen Staat.[28] Dass sich in Russland seit geraumer Zeit Parallelstrukturen bilden, die das staatliche Gewaltmonopol in Frage stellen, ist seit Jahren zu beobachten. Neben der »Wagner«-Truppe Prigoschins, die mit Billigung staatlicher Stellen in russischen Gefängnissen Häftlinge gegen Straferlass als Kanonenfutter für die ukrainische Front rekrutierte und mit ihrem Eintags-Putsch am 23./24. Juni 2023 das fragile Machtgefüge konkurrierender Gewaltträger erschütterte, gibt es weitere Söldnergruppen oder bandenartige Formationen. Truppe, so die nationalistische Gruppe »Rusytsch«, sodann die Privatarmee des Ramsan Kadyrow, in dessen Teilrepublik Tschetschenien der russische Zentralstaat nichts mehr zu sagen hat, und die Söldnergruppe »Patriot« des russischen Verteidigungsministers Schojgu. Inzwischen halten sich auch Konzerne wie Gazprom eigene schwerbewaffnete Armeen, was an die bewaffneten Konkurrenzen unterschiedlicher Oligarchengruppen im Russland der 1990er Jahre erinnert.[29]

All diese Truppen konkurrieren mit weiteren bewaffneten Machtzentren im Geheimdienst, in der von Putin neu geschaffenen Nationalgarde, der regulären Armee und der Polizei. Allerdings ist ihr Potenzial umstritten. Während westliche Beobachter insbesondere seit dem »Wagner«-Sölderaufstand dazu tendieren, sie wegen der exzessiv angewendeten Gewalt zu überschätzen, verweisen ukrainische und russische Analysen auch auf die Grenzen dieser Gewaltunternehmer; der intransparente Neutralisierungs-Deal zwischen dem Kreml, dem belarussischen Machthaber Lukaschenka und Prigoschin ist ein Beleg für die prekären Machtverhältnisse, die allerdings seit Ende Juni nun auch den Kreml-Herrscher selbst betreffen, der während des Putsches dabei zusehen musste, dass sich Armee, Polizei und auch das russische Volk keinesfalls für ihn als den rechtmäßigen Präsidenten einsetzten. Der russische Oppositionspolitiker Wladimir Milow vermutet, dass die Söldnerführer maximal 20.000 Mann unter Waffen hätten; am Marsch Prigoschins auf Moskau waren einige tausend Kämpfer beteiligt. Keines der aktuellen Machtzentren hat genügend bewaffnete Kräfte und politischen Einfluss, um nach der alleinigen Macht zu greifen; mit einem aktualisierten Blick auf Putin ist aber auch zu ergänzen, dass die Sicherung bestehender Macht immer prekärer wird. Eine Radikalisierung des russischen Systems »nach Putin« hält Milow daher für unwahrscheinlich, auch weil die staatstragenden russischen Eliten insgesamt zynisch und opportunistisch, aber nicht ideologisch auf das imperialistisch-völkische Programm Putins verpflichtet seien. Auch bei der Revolte der »Wagner«-Truppe ging es, trotz offener Worte Prigoschins über den Charakter des Krieges, nie um eine Beendung der Aggression gegen die Ukraine, sondern um die Verbesserung der militärisch-finanziellen Verhältnisse des Aggressors.[30]

Alle diese Akteure, ob Putin selbst oder seine Gewaltakteure und -entrepreneure, haben eines gemeinsam: Ihnen gilt das Leben des einzelnen russischen Soldaten nichts. Das mag neben technisch-logistischen Problemen den hohen Blutzoll der russischen Truppen erklären. Hier kann man im Grunde schon von einem Stadium des Staatszerfalls sprechen, in dem rivalisierende Gewaltzentren um die Gunst des Alleinherrschers Putin werben, um sich in eine günstige Ausgangsposition für einen erwartbaren Machtkampf zu bringen. Nach Einschätzungen des britischen Geheimdienstes hat das Steckenbleiben der russischen Offensive bei Bachmut im Februar 2023, die auf russischer Seite einen ungeheuren Blutzoll kostete, vor allem damit zu tun, dass konkurrierende Heerführer unerfüllbare Erwartungen Putins erfüllen wollten.[31] Erwartbar ist, dass die Gewalt, die heute gegen Ukrainer ausgeübt wird, auch gegeneinander verübt werden wird: Kadyrow brüstete sich immer schon, in den Tschetschenien-Kriegen Russen umgebracht zu haben. Historiker erkennen hinter diesen Gewaltstrukturen auch ältere sowjetische bzw. russische Kontinuitätslinien: So gelobten um die Gunst Stalins buhlende – oder auch nach den Säuberungen ihn fürchtende – Militärs, zu sowjetischen Feiertagen bestimmte Stellungen erreicht zu haben, um den Oberbefehlshaber zu erfreuen, wie bei der Schlacht um Kyjiw und beim Übersetzen über den Dnipro im November 1943, wo an einem Tag über 20.000 Rotarmisten im deutschen Abwehrfeuer umkamen.[32]

Aber auch weiter zurückliegende Strukturen kommen in den Sinn, wie die *Opritschnina* unter Iwan IV. Grosnyj 1565–1572, als der »schreckliche« (in korrekter Übersetzung der »gestrenge«) Zar mitten im Livländischen Krieg große Regionen des damaligen Moskauer Staates administrativ abtrennte, den dort ansässigen Erbadel deportieren oder ermorden ließ und eine Söldnerarmee gründete, die gefürchteten *opritschniki*, die als eine Art Sonderpolizei die eingesessenen Bojaren terrorisierten und mit Dienstgütern aus dem »Abgetrennten«, der *opritschnina*, unterhalten wurden. Diese Phase gilt nicht nur als Meilenstein bei der Konsolidierung der russischen Autokratie durch Beseitigung konkurrierender, regional verwurzelter Machtträger, sondern auch als eine der großen Krisen in der russischen Geschichte, die mit Staatsterror-Erfahrungen verbunden waren. Eine solche Krise Russlands herrscht ohne Zweifel auch heute.[33]

Putin begründet seinen Krieg

Auch der russische Diktator Wladimir Putin beschäftigt sich obsessiv mit russischer Geschichte, wenn auch nicht mit der Geschichte der *Opritschnina*, die ihm eher hätte in den Sinn kommen können statt des Schicksalsjahrs 1917, mit dem er im Juni 2023 den Prigoschin-Putschversuch gleichsetzte. Putin, seine Eliten und seine Staatsmedien haben in beiden Phasen des russisch-ukrainischen Krieges, sowohl beim Beginn 2014 als auch bei der Ausweitung zur Totalinvasion und Annexion weiterer Gebiete, stets viel Sorgfalt auf historische Begründungen der Aggression und Expansion gelegt, die man natürlich nicht als solche bezeichnete, sondern in euphemisierende und affirmative Begriffe kleidete. Die Aggression figurierte hier als Akt der Selbstverteidigung. 2014/15 gab es mehrere historisierende Leitmotive, so den Rückgriff auf »Neurussland«, das allerdings von dem historischen Vorbild Katharinas II. abwich, das nur die Gebiete nördlich der Schwarzmeerküste umfasst hatte, und nun zu einem unscharf abgegrenzten Containerwort für die moderne Ostukraine wurde. Überhaupt legte man großen Wert darauf, den Namen »Ukraine« verschwinden zu lassen oder die Ukraine als solche für nichtexistent zu erklären. Neben solchen toponymischen Operationen spielte der Begriff des »russischen Frühlings« eine Rolle – gemünzt auf die »Befreiung« der Krim und der besetzten Ostgebiete, wo die »Landsleute« nun vom Joch der Ukrainisierung erlöst seien. Ein weiterer Zentralbegriff war die »russische Welt«, die viel mehr umfasste, aber je nach politischer Opportunität verschieden definiert wurde. Mal bezog er sich auf die »Landsleute« jenseits der neuen russischen Grenzen von 1991, manchmal auch auf alle Menschen, die Russisch sprechen oder sich der russischen Kultur verbunden fühlen, was den Vertretungsanspruch auch auf russischsprachige Gruppen jenseits der Nachfolgestaaten der Sowjetunion ausdehnt. Dieser Anspruch wurde mit mannigfachen Beeinflussungsversuchen russischstämmiger Bundesbürger auch gegenüber Deutschland angemeldet.[34]

Im Sommer 2021, während unter dem Vorwand von Manövern ein massiver russischer Truppenaufbau an den ukrainischen Grenzen begann, veröffentlichte Russlands Präsidialverwaltung Wladimir Putins programmatischen Text »Über die historische Einheit der Russen und Ukrainer«, in dem Putin seine Sichtweise auf die Geschichte der Beziehungen Russlands und der Ukraine darlegte.[35] In diesem Schlüsseltext sowie zwei umfangreichen Reden kurz vor Kriegsbeginn und am Morgen der Invasion im Februar 2022, die ebenfalls viele historische Einlassungen enthalten,[36] entfaltet sich eine russisch-nationale Lesart der Beziehungen Russlands zum Nachbarland, die man in den Denktraditionen des 19. Jahrhunderts verorten kann. Die Ukrainer figurierten hier als ein unter westlichen – damals polnischen, deutschen und österreichischen, heute amerikanischen – Einflüssen degenerierter Zweig der dreieinigen russischen Nation aus Großrussen, Kleinrussen (also Ukrainern) und Weißrussen. Putin sprach ihnen die Fähigkeit zur Staatsbildung und die Subjekthaftigkeit als Kultur und Nation ab, weswegen sie nur unter dem Dach der russischen Nation und russländischer kultureller und staatspolitischer Hegemonie gedeihen könnten.

In seiner Rede vom 21. Februar 2022 anlässlich der Anerkennung der »Volksrepubliken« Donezk und Luhansk durch Russland, die den Auftakt zur Invasion des 24. Februar bildete, brach Putin überdies mit der auch in den russischen Eliten lange praktizierten affirmativen Haltung zum sowjetischen Erbe. Die gültige Lesart war bislang stark von der sowjetischen Erzählung geprägt, dass es ein freiwilliges Einvernehmen der Völker gegeben habe, unter dem gemeinsamen Dach der Sowjetunion zu leben. Nun erklärte der Präsident im Gestus des Chefhistorikers auch die Geschichte der Ukrainischen Sowjetrepublik für nichtig. Die ukrainische Staatlichkeit in sowjetukrainischer Form bezeichnete Putin abfällig als »Lenin-Ukraine«. Die Sowjetukraine verdanke ihre Staatsgrenzen nicht eigenen Anstrengungen und selbst geführten Kriegen, sondern sei das bloße Produkt der Russen Lenin und Stalin, die dieses Konglomerat aus Territorien erst zusammengefasst hätten.

Dass dies auf die modernen Grenzen der Russländischen Föderation ebenso zutrifft und dass in den Kriegen des Russländischen Reiches und der Sowjetunion Millionen Ukrainer gekämpft haben, ignorierte Putin genauso wie die Tatsache, dass Lenin – gegen Stalin – mit der Etablierung der Republikstruktur und somit der Erschaffung »ukrainischer« Grenzen die Absicht verfolgte, patriotisch oder auch nur autonomistisch gestimmte Ukrainer für die Sowjetunion einzunehmen. Lenin hatte die ukrainische nationale Mobilisierung als Tatsache anerkannt, ihr allerdings als Kommunist nur vorübergehende Bedeutung beigemessen. Die Nachfolger Lenins und Stalins hielten an dieser Grundausrichtung fest, indem sie die Angliederung der vorher zum Habsburgerreich und zur Zweiten Republik Polen gehörenden westukrainischen Gebiete an die Sowjetukraine als Erfüllung des alten ukrainischen Traums der *sobornist* – der Sammlung aller von Ukrainern bewohnten Territorien in einem Staat – darstellten.

Wir erinnern uns: Nikita Chruschtschow, der seine politische Karriere nach den großen Säuberungen 1938 in der dezimierten Ukrainischen KP begonnen hatte, ergänzte dieses Narrativ 1954 um die Erzählung von der nach Jahrhunderten endlich vollzogenen »Wiedervereinigung« der ukrainischen Länder mit Russland und nahm das ukrainische Kosakentum des 17. Jahrhunderts für diese Kontinuitätsbehauptung in den Dienst. All diese Versuche, das ukrainische Nationalbewusstsein ins sowjetische Projekt zu integrieren – Andreas Kappeler nannte es »einen territorial-administrativen Rahmen, innerhalb dessen sich ihre Nationsbildung fortsetzen konnte«[37] –, gingen stets mit einer Betonung der Einheit und Harmonie zwischen Russland und der Ukraine einher. Sie stellten also die russische Hegemonie nicht in Frage. Trotzdem interpretierte der neonationalistische selbsternannte Historiker Putin diese Haltung nun als ein Zurückweichen der kommunistischen Russen vor dem ukrainischen Projekt, dass er als *Anti-Rossija*, ein gegen Russland gerichtetes Projekt, bezeichnete. Das war ein epochaler Bruch mit bisherigen Deutungen und ließ Osteuropa-Fachleute beunruhigt die Ohren spitzen.[38]

Aus demselben Grund behauptete Putin in seinen Einlassungen zum Verhältnis von Russland und der Ukraine auch, sämtliche wissenschaftlichen, technischen und kulturellen Errungenschaften auf ukrainischem Boden seien das Werk von Russen, die in einer Art zivilisatorischer Mission die Ukraine erst zu dem gemacht hätten, was sie heute ist. Die russische Besatzung und Geiselnahme des ukrainischen AKW Saporischschja Anfang März 2022 ist in dieser Optik eine Rückholung, eine ins Technische sublimierte Vorstellung vom »Sammeln russischer Länder«, das seit dem 16. Jahrhundert zur Expansionsdoktrin russischer Herrscher gehört; die mutmaßlich von der russischen Armee verschuldete Sprengung des Staudamms in Kachowka (6. Juni 2023) kann auch als patriarchal-destruktive Geste gelesen werden, mit der demonstriert wird, dass man strafend zerstören dürfe, was man zuvor gezeugt habe. Putin sei zugutegehalten, dass er sich mit solchen Vorstellungen im Mainstream jener auch im Westen so verbreiteten Vorstellungen bewegt, wonach die Ukraine immer eine russische Provinz gewesen sei, in der Moderne, Avantgarde, Revolution oder moderne Technologien russische Veranstaltungen waren.

Von der Bedeutung der Ukraine für das Russländische Reich und die Sowjetunion schwieg Putin. Der sowjetische Akt, ihr überhaupt Grenzen gegeben und das so umschriebene Gebiet »Ukrainische SSR« genannt zu haben, habe den Spaltpilz zwischen Russen und Ukrainern, eigentlich »Kleinrussen«, gesät und schließlich den ukrainischen »Nazis« den Weg geebnet.[39] Mit diesen Äußerungen gab Putin wiederum den Ton für noch weitergehende Forderungen seiner Propagandisten vor, die unter »Entnazifizierung« der Ukraine schlichtweg eine Entukrainisierung verstehen und mit dieser Forderung wiederum die physische Liquidierung, im glimpflichsten Falle gewaltsame Umerziehung aller Träger der ukrainischen Kultur rechtfertigen. Der Weg in die Rechtfertigung genozidaler Gewalt, die wir 2022/23 bei Massentötungen, Vergewaltigungen, Massendeportationen von ukrainischen Kindern zum Zwecke ihrer Russifizierung und bei den unzähligen Zerstörungen ukrainischen Kulturguts und ukrainischer Landschaften gesehen haben, ist hier bereits angelegt.[40]

Der »Nazi«-Begriff bezieht sich in stalinistischer Tradition weniger auf eine historisch verortbare rechtsextreme Ideologie oder die historisch feststellbare Kollaboration von Ukrainern mit den deutschen Besatzern. Diese in der Ukraine dingfest zu machen, wäre auch eine hoffnungslose Unternehmung, da Rechtsextreme, gar Nazis, in der Politik der Regierung Selenskyj keine Rolle spielten, wie überhaupt ukrainische Wahlen immer wieder zeigten, dass rechtsextreme Parteien und Gruppierungen im europäischen Vergleich unterdurchschnittlich in den ukrainischen Parlamenten und anderen Körperschaften vertreten waren. Wolodymyr Selenskyj, der selbst aus einer jüdischen, russischsprachigen Familie stammt, war 2019 mit einem dezidierten Ausgleichsprogramm an den Start gegangen und erreichte gerade unter den russischsprachigen Ukrainern überwältigende Zustimmungsraten.[41]

Daher ist die Nazi-Invektive, die Putin auf alle widerständigen Ukrainer anwendet, eher als Schablone für die Feinderklärung zu verstehen: »Faschist«, »Nazi« bedeutet hier schlicht »Gegner«, »Antagonist«. Die Ukraine ist folglich »Nazi«, weil sie einen Gegenentwurf zum russischen Herrschaftsmodell Putins darstellt: Vor 2022 war sie trotz des schwelenden Krieges im Osten eine leidlich funktionierende, pluralistische, proeuropäische Demokratie, in der die Herrschaft durch Wahl wechselte – zuletzt vom Majdan-Präsidenten Petro Poroschenko zu Selenskyj. Aufgrund des immer noch gemeinsamen Kommunikationsraums im Medium der russischen Sprache ist die Ukraine für Russen zugänglich. Genau das nimmt Putin als unmittelbare Bedrohung wahr. Diese Bedrohung dürfte als wesentlich realer empfunden werden als die Bedrohung, die man für das Publikum ins Zentrum stellt, nämlich die EU- und NATO-Osterweiterung, die russischen geopolitischen Interessen entgegenstehe.[42]

Der »Stellvertreterkrieg« als Negierung der ukrainischen Nationsbildung

Moskaus Fehleinschätzung des Widerstandswillens der Ukraine im Frühjahr 2022 ergab sich direkt aus dem Geschichtsbild, das in den Reden und Texten Putins umrissen wurde. Wer die Gegenseite für nicht staatsbildungsfähig und ihre Kultur allenfalls für Folklore hält, der kann sich auch nicht vorstellen, dass die Ukraine starke Institutionen, ein Konzept und Ziel hat, nämlich die Verteidigung der demokratischen Ukraine. Aus der Negierung der Staatsbildungsfähigkeit und der Ausbildung eigener Strategien und Ziele folgt überdies, dass die Ukrainer keine Subjekte ihrer Geschichte, keine zu eigenständigen Entscheidungen befähigte Einheit seien. Der erbitterte Widerstand der Ukrainer wird daher als ein Marionetten-Reflex interpretiert, der eigentlich ein Widerstand der USA und ihrer Verbündeten gegen das Wiedererstarken Russlands sei. Der »kollektive Westen« bediene sich der Ukrainer als Instrumente und des ukrainischen Territoriums als Aufmarschraum. Auch die Ersuchen der Ukrainer, der NATO beizutreten, erscheinen so nicht als souveräne Entscheidungen eines sich bedroht fühlenden Staates, sondern als Symptom für die Expansionsgelüste dritter Staaten in einen leeren, amorphen, von den dominanten Akteuren gestaltbaren Raum. Dieses – in der Sichtweise koloniale – Konstrukt der russischen Propaganda hat eine Doppelfunkton: Es soll durch die Heraufbeschwörung einer äußeren Bedrohung die Reihen nach innen schließen, es soll aber auch das eigene, primär nationalistisch motivierte Expansionsinteresse gegenüber westlichen Adressaten plausibel machen, um die Unterstützung der Ukraine in westlichen Ländern zu schwächen.

Das Narrativ vom asymmetrischen »Stellvertreterkrieg« der USA und der NATO gegen Russland, der sich der Ukraine nur bediene, ist sicherlich jenes Element russischer Sichtweisen und russischer Propaganda, das in Deutschland die meisten Aussichten hatte und hat, für glaubwürdig befunden zu werden. Das belegen zahlreiche Äußerungen deutscher Politiker bis hinein in sozialdemokratische Kreise und Initiativen wie die »Aufstand für den Frieden«-Demonstration, die von der Feministin Alice Schwarzer und der Linken-Politikerin Sahra Wagenknecht am 25. Februar 2023 in Berlin organisiert wurde. Hand in Hand mit der Vorstellung eines Stellvertreterkrieges geht die von Wahlergebnissen und Erträgen der Sprachforschung mannigfaltig widerlegte Behauptung von der nach Russisch-Ukrainisch-Sprachengrenzen längs des Dnipro in Ost und West »gespaltenen Ukraine«.[43] Dies trug zur Wahrnehmung bei, es wäre 2014 bis 2022 in Wirklichkeit ein ukrainischer Bürgerkrieg im Donbas ausgefochten worden, in den Russland dann eingegriffen habe, um die Rechte der »Russen« in der Ukraine zu schützen. Eine solche Sicht nährt wiederum die Vorstellung historischer russischer Rechte auf Teile des ukrainischen Staatsgebiets – *trotz* russischer Anerkennung der ukrainischen Grenzen von 1991 in Verträgen und Abkommen.[44]

Durch zeithistorische Evidenz lässt sich die Stellvertreterkriegs-These jedoch nicht erhärten: Weder hatten die auf den asiatisch-pazifischen Raum und China fixierten USA in der Anbahnungsphase des Krieges vor 2014 ein wesentliches Interesse an der Bindung eigener Ressourcen im östlichen Europa, noch hatten die Ukrainer nach der besonders von Deutschland betriebenen Ablehnung ihres Aufnahmegesuchs in die NATO die Gelegenheit, sich dem atlantischen Bündnis freiwillig als Vorfeldzone zur Verfügung zu stellen. Wohl aber hat die westliche Ambivalenz – Verweigerung des NATO-Beitritts, aber gleichzeitige Gewährung von Waffenhilfe und EU-Assoziierung – einiges dazu beigetragen, das Ostexpansions-Narrativ der Russen zu befeuern und sie gleichzeitig zu ermutigen, in der Ukraine zu intervenieren. Dies nicht erkannt zu haben in einer Zeit, als man der russischen Aggression noch hätte zuvorkommen können, war der fatale strategische Fehler des Westens.

Strukturen der Unbeugsamkeit: passiver Widerstand, Volksarmee und Digitalisierung

Die bewaffnete Söldnertruppe und der Folterkeller wurden zum Kennzeichen der russischen Invasion von 2014, mit der dieser Krieg begann, und sie sind es bis heute geblieben. 2014 wurde vorexerziert, was mit der Großinvasion in die Ukraine seit dem 24. Februar 2022 fortgesetzt wird. Die Herrschaftsausübung in den Gebieten Luhansk und Donezk war die Blaupause für alle weiteren von Russland besetzten Gebiete. Dort gelang die Etablierung des russischen Regimes, weil die ukrainische Zivilgesellschaft – noch –unbewaffnet war, und weil der ukrainische Staat nicht zur Gegenaktion gerüstet war.

Doch aus diesen Fehlern lernten auch die vielen Ukrainer, die sich ab 2014 und besonders ab 2022 entschlossen, den Besatzern Widerstand zu leisten, und so den russischen Krieg *gegen* die Ukraine zu einem Befreiungskrieg *der* Ukraine zu machen. Die wichtigste Erkenntnis, die sich ziemlich schnell Bahn brach, lautete, dass ziviler passiver Widerstand nicht ausreicht, wenn man einen Aggressor mit einem Landnahmeprogramm stoppen will. Aus dieser Erkenntnis erwuchs eine ukrainische Widerstands- und Verteidigungsbewegung, die sowohl auf die Mittel friedlichen Widerstands als auch auf gewaltsame Mittel zurückgriff – zu denen die Ukraine durch das Völkerrecht legitimiert ist, da sie ihr natürliches Recht auf Verteidigung ausübt. Die Ukrainer nahmen hier einerseits ihre historischen Traditionen anarchischer Widerständigkeit und Subversion wieder auf, andererseits verhalfen sie aber auch einem klassischen Attribut der modernen Staatlichkeit zu einer Renaissance: der Armee. Und das wiederum hatte wesentlich mit der Art und Weise zu tun, wie die Ukrainer im Augenblick höchster Not ihren militärischen und zivilen Widerstand organisierten.

So wie sich die Kyjiwer 2013 im Schneechaos ihrer Selbstorganisationsfähigkeit, Phantasie und Improvisationskunst bewusstwurden, so wuchsen sie auch mit den Ereignissen des Majdans und des Krieges in neue Rollen hinein und mobilisierten vorher nicht gekannte Ressourcen. Das Bemerkenswerte daran ist sicherlich, dass die Akteure dieser Zeit, ob bewusst oder einfach durch implizites Wissen und kulturelles Lernen, die Widerstandsformen wiederbelebten, die in den Familien genauso weitergegeben worden waren wie die Erfahrungen des Sich-Arrangierens oder auch Kooperierens mit Mächten, denen man momentan nichts entgegensetzen konnte. Nun, auf dem Majdan und in den folgenden Kriegsjahren, bekam eine ukrainische Tradition die Oberhand, die in früheren Jahrhunderten als *kozakuwaty* (unter die Kosaken gehen) oder *partysanyty* (als Partisan kämpfen) bezeichnet wurde: die spontane, von unten organisierte bewaffnete Aktioin, die in der Vergangenheit häufig auch Gewaltgemeinschaften umfasst hatte, die auf eigene Rechnung unterwegs waren, wie die *otamanschtschyna* der Revolutionsjahre 1917 bis 1920.

Doch diesmal war das Ziel ein klares und auch übergeordnetes, das weit jenseits des eigenen Erfahrungsraums Einzelner lag: die Rettung der nationalen Existenz der Ukraine, der Einsatz für den Erhalt des ukrainischen Staates. Das war das Neue in der Mobilisierungsbewegung seit 2014, und das barg auch ein Überraschungsmoment für die gegnerischen

Gewalten, die sich der Schwäche der Opposition sicher waren oder, wie die Russen, glaubten, die Ukrainer seien ohnehin nicht staatsbildungsfähig. Weder hatte die korrupte Partei des Staatspräsidenten Wiktor Janukowytsch mit einem solchen erbitterten Widerstand gegen die von ihm geplante strukturelle und kulturelle Russifizierung des ukrainischen Staatswesens gerechnet – noch war der russische Aggressor von 2014 und von 2022 auf den militärischen Widerstand der revolutionären Ukraine vorbereitet.

Dieses Moment des Staatserhalts als Ziel erklärt auch die Bereitschaft der ukrainischen Gesellschaft, den mit dem Verteidigungsfall einhergehenden selbstverordneten Burgfrieden von Regierung und Opposition im Parlament und die strenge Militärzensur für die Presse zu akzeptieren, an die der Großteil der sonst sehr investigationsfreudigen ukrainischen Journalisten sich auch hält. Trotzdem wurden Korruptionsfälle auch während des Krieges durch journalistisches Nachforschen ans Licht gebracht. Überdies haben ukrainische Journalisten im Verbund mit ausländischen Kollegen mit dem neuen Instrument der »Social Media Forensics« wertvolle Arbeit bei der Aufdeckung von Fake News aus gefälschten Telegram-Kanälen und anderen mutmaßlich von Russland aus gesteuerten Quellen geleistet. Diese Untersuchungstechnik nutzt öffentlich verfügbare Texte, Bilder und Geodaten aus sozialen Netzwerken zur Überprüfung von Aussagen. Das bekannteste Beispiel ist der Nachweis der russischen Täterschaft beim Abschuss des Malaysia-Airlines-Fluges MH 17 durch die Ermittlungen der Gruppe Bellingcat. Auch die beständig aktualisierte Kriegsberichterstattung mit interaktiver Kartographie ist ein Spezialfall von Social Media Forensics an der Schnittstelle von journalistischer Arbeit, militärtechnischer Expertise, Informatik und Geographie.[45]

Der Wille, die Dinge nicht mehr einfach laufen zu lassen, sie sich nicht mehr gefallen zu lassen, und das anarchische Unterlaufen der verhassten Staats-, nach der Majdan-Revolution dann der Okkupationsgewalten, unterminierten und verhinderten die Übernahme der Ukraine durch prorussische Institutionen und Gruppierungen und durch Russland selbst. Was die ihrer Macht und militärischen Stärke so gewissen Russen sowohl 2014 als auch 2022 unvorbereitet erwischte, war die rasche Selbstorganisation der kräftemäßig eigentlich krass unterlegenen Ukrainer. 2014 wurde die darniederliegende, in den Jahren davor systematisch geplünderte und kampfunfähig gemachte ukrainische Armee praktisch aus dem Nichts reorganisiert – und das verdankte sie vor allem spontaner zivilgesellschaftlicher, aber auch wirtschaftsmagnatischer Hilfe. Am bedeutendsten war jedoch der passive Widerstand in Form ziviler Aktion zur Unterstützung der Armee und der Bevölkerung in den Frontgebieten. Es griffen nicht alle Ukrainerinnen und Ukrainer in einer *levée en masse* zu den Waffen – aber diejenigen, die zu den Waffen eilten oder von der neuen Majdan-Regierung gerufen wurden, wurden von einer *levée en masse* zivilen passiven Widerstandes unterstützt und ausgerüstet.

Unzählige private Initiativen kauften in ganz Europa Uniformen, Waffen, Nachtsichtgeräte, Funkgeräte, Verbandsmaterial, mobile Operationssäle und Verpflegungsrationen – in der 2022er Mobilisierung kamen auch schwere Militärfahrzeuge, Drohnen und Generatoren hinzu. Die *wolontery*, die Freiwilligen, die mit der Waffe kämpften, aber auch jene, die sie unterstützten, machten so die ukrainische Armee zu einer tatsächlichen Volksarmee.

Doch auch in Volksbefreiungsarmeen, das lehrt die Erfahrung der Dekolonisierungskriege im globalen Süden, herrscht der Primat der spontan organisierten, nicht in regulären staatlichen Strukturen gebundenen Gewalt. Und das galt auch für die berühmteste ukrainische Gewaltgemeinschaft und Miliz der vergangenen Jahre, das Freiwilligenbataillon »Asow« und seine zwischen ukrainischem Landespatriotismus und Rechtsextremismus schillernde Geschichte. Die Gründungsfiguren und ein Teil der Mitglieder um Andrij Bilezkyj stammten aus der rechtsextremen Kampfsport- und Fußball-Hooligan-Szene in Charkiw und anderen Städten der östlichen Ukraine. Sie führten im Umfeld der rechtsextremistischen Swoboda-Bewegung eine militante Gruppe an, *Patriot Ukrajiny (PU)*. Neonazi- und »White-Pride«-Symbolik wie die Wolfsangel oder die Schwarze Sonne waren bei ihnen weit verbreitet. Aus diesem PU-Kern formierte Bilezkyj mit Unterstützung des Verteidigungsministeriums das Freiwilligenbataillon Asow, das auch ausländische Kämpfer anzog. Die Asow-Geschichte ist voller Paradoxien: Aufgrund der ostukrainischen Herkunft der meisten Asow-Mitglieder dominierte als Verkehrssprache zunächst das Russische, auch wenn die Identität der Kämpfer (und wenigen Kämpferinnen) ukrainisch war. Das Asow-Regiment wurde trotz seines rechtsextremen Hintergrunds insbesondere von der Bevölkerung der Stadt Mariupol dafür verehrt, dass es 2014 die Stadt vor der Übernahme durch die weit grausameren rechtsextremen russischen Milizen bewahrt hatte – obwohl dieselbe Bevölkerung doch in alter ostukrainischer Tradition eigentlich gar nichts von ukrainischen Nationalisten hielt. Der Asow-Mythos wuchs im Jahr 2022 durch die Beteiligung des Regiments an der langanhaltenden Verteidigung des Asowstal-Werks in Mariupol, das die russischen Kräfte band, den ukrainischen Truppen an anderen Frontabschnitten Luft verschaffte und vielen Mariupoler Bürgern die Flucht aus der belagerten und von Luftangriffen terrorisierten Stadt ermöglichte. Ab 2015 wurde Asow, nun unter dem Namen »Regiment Asow«, zu einer Teileinheit des sich neu aufstellenden ukrainischen Militärs umgewandelt. Seine Führung wurde ausgetauscht und seine Mitglieder zu regulären Soldaten. Ein indirekter Beleg für diese Legalisierung und Entpolitisierung ist die Tatsache, dass Asow-Soldaten 2022 und 2023 wie andere reguläre Soldaten bei Gefangenenaustausch-Aktionen freikamen und die Russen, anders als in der Propaganda mehrmals angekündigt, keine »Nazi-Prozesse« gegen die in Kriegsgefangenschaft geratenen Verteidiger des Asow-Stahlwerks anstrengten. Allerdings kamen über 40 Kriegsgefangene des Asow-Regiments bei einer mutmaßlich russischen Bombenattacke auf ihre Gefangenenbaracken ums Leben.[46]

2022 kam es auch zu partisanen-artiger militärischer Selbstermächtigung einfacher ukrainischer Bürger, die sich in ihren Heimatorten dem Feind entgegenstellten. Als am 24. Februar 2022 die russischen Truppen bei ihrer Großinvasion von Norden und Westen auf die Hauptstadt Kyjiw vorstießen, war es unter anderem der spontanen Selbstorganisation ziviler Verteidiger in den Vororten Kyjiws gedankt, dass die kilometerlangen Konvois steckenblieben und so wertvolle Zeit für die reguläre Armee und Nationalgarde gewonnen wurde, um Brücken zu sprengen und die Verteidigungslinie der Stadt am Fluss Irpin vorzubereiten. In Butscha bildeten sich am ersten Kriegstag Partisanengruppen aus wenigen Dutzend Männern rund um Militärveteranen und Polizisten, die mit Schusswaffen umgehen konnten, sowie aus weiteren Zivilisten, die ihre Jagdgewehre mitbrachten; der Rest der Verteidiger hatte in ihrem bisherigen Leben noch nie eine Waffe gehandhabt. Diese Gruppen schalteten trotz eines schmerzlichen Mangels an schnell verfügbaren Waffen die schwerfälligen und auf Widerstand nicht vorbereiteten Militärkonvois aus, indem sie die ersten und letzten Fahrzeuge der Kolonnen durch Angriffe mit Panzerfäusten und Molotow-Cocktails manövrierunfähig machten und so den gesamten Konvoi stoppten. Die Verteidiger verschanzten sich hinter einem Denkmal, das den internationalistischen Kämpfern des Spanischen Bürgerkrieges gewidmet und auf dem ein historisches Geschütz aufgestellt war, weswegen die Angreifer in heller Panik meinten, es werde aus Geschützen auf sie geschossen. Ukrainische Luftwaffe, Bayraktar-Drohnen und Artillerie nahmen dann die bewegungsunfähigen Panzer der Russen unter Feuer. Das Bild der ausgebrannten Fahrzeuge in der engen Bahnhofstraße von Butscha ging als eine der ersten ikonischen Fotografien ins Bildgedächtnis dieses Krieges ein. Doch bezahlten die Ukrainer in Butscha und Irpin einen hohen Preis für diesen Erfolg, denn die Besatzer richteten dort, wo sie die Straßen der beiden Städtchen noch kontrollierten, ihre furchtbaren Massaker an unbeteiligten Zivilisten an und schossen bei weiteren Versuchen des Vorstoßens auf alles, was sich bewegte.

Hunderte Ukrainer, die zu Fuß oder in ihren Autos vor der russischen Armee flüchteten, wurden auf diese Weise in den ersten Invasionstagen umgebracht, darunter viele Kinder und Jugendliche – nicht nur in den Vororten von Kyjiw, sondern auch in den Regionen Tschernihiw und Mariupol. So berichtet eine Tschernihiwerin vom Tod ihrer Mutter und ihres 15-jährigen Schwagers unter dem Beschuss eines russischen Panzers: »Wir krochen aus dem Auto, außer Maksym. Er war mit meiner Mutter auf dem Rücksitz. Seine Augen waren schon verdreht, er hatte ein drei Zentimeter großes Loch im Rücken. Mama konnte nicht mehr weiterkriechen. ›Ich liebe dich ganz, ganz doll‹, das war das letzte, was sie mir gesagt hat. Wir haben Mama und Maksym nicht begraben, sie sind dort geblieben, irgendwo dort steht auch unser Auto. Wir haben uns bemüht, mit den Bewohnern von Kolytschiwka Kontakt aufzunehmen, man hat uns gesagt, dass man Mama und Maksym in einem Apfelgarten beerdigt hat. [Die Russen] lassen keinen hin«. Tausende solcher Gräber erschienen im Frühjahr in der Ukraine, am Wegesrand, in Hinterhöfen, in Gärten, mit zusammengezimmerten Holzkreuzen, auf denen häufig nur das Todesdatum der Opfer stand. Diese unterschiedslose Grausamkeit gegen Zivilisten wie Kombattanten weckte die historischen Erinnerungen der Ukrainer an den Partisanenkrieg gegen die Deutschen – und bestärkte ihren Willen, sich zu wehren und die Opfer mit der Waffe in der Hand zu rächen.[47]

Gleichzeitig mit der militärischen Selbstmobilisierung der Ukrainer entstanden 2014 wie 2022 unzählige zivile Initiativen, die den Millionen Binnenflüchtlingen aus dem Donbas unter die Arme griffen, Wohnungen beschafften, Arbeit und Kindergartenplätze vermittelten, Hausrat und Kleidung besorgten – sie erfüllten im Grunde wohlfahrtsstaatliche Aufgaben, wo der Staat temporär zu schwach war, und eroberten sich auf diese Weise ihr Land zurück. Die Arbeit mit den Inlandsvertriebenen hatte auch noch einen sozio-ethnischen Nebeneffekt: Zigtausende von Ostukrainern kamen zum ersten Mal in ihrem Leben in westukrainische Städte, bauten sich dort ein neues Leben auf und lernten die »Westler« selbst kennen, erfuhren ihre Solidarität und auch ihre Toleranz gegenüber den Russischsprachigen – anders als es das russische Fernsehen behauptete.

Andere Freiwillige gingen den umgekehrten Weg – von Westen nach Osten – und versorgten mit ebenfalls privat finanzierten und organisierten Hilfskonvois die Menschen im Frontgebiet, die aus Altersgründen, oder weil sie Haus, Hof und Vieh nicht verlassen wollten, geblieben waren. Die grundlegende technisch-funktionale Voraussetzung für dieses *wolonterstwo*, die Massenmobilisierung von freiwilliger Hilfe, war (wie schon im eingeschneiten Kyjiw 2013) die Digitalisierung des Alltagslebens, die Selbstorganisation in sozialen Netzwerken, der hohe Verbreitungsgrad der Mobiltelefonie und des Online-Bankings sowie die individuelle Automobilisierung, die ebenfalls ein Produkt der nachsowjetischen Zeit war. Der rasche Aufbruch ins digitale Zeitalter ist ein Merkmal vieler Transformationsgesellschaften insbesondere im östlichen Europa, aber auch im globalen Süden. In Osteuropa, wo die Dichte festnetz-gebundener Kommunikationsinfrastruktur vor dem Zusammenbruch des Sozialismus stets geringer war als in den kapitalistischen Ländern des Westens, etablierten sich Software-Industrie und Mobiltelefonie teilweise schneller als im Westen.[48]

Die Digitalisierung der ukrainischen Gesellschaft in den 2000er Jahren ermöglichte die schnelle Verbreitung von Mobilisierungsnachrichten für Demonstrationen, von Spendenaufrufen sowie von elektronischer Crowd-Finanzierung für Hilfsinitiativen, die dann wiederum auf Internetseiten, auf Facebook, Twitter und Instagram von ihren Aktivitäten berichteten, Spendern dankten, neue Spender akquirierten und Fotos von ihren Einsätzen verbreiteten. *Zyfrowa Ukrajina*, die digitale Ukraine, war auch ein Motor der Nationsbildung, weil sie neue Kommunikationsräume erschuf, genau wie das in früheren Jahrhunderten das Schulwesen, die Universität, die Bildungspilgerschaft in die großen Städte oder die Printmedien getan hatten. *Zyfrowa Ukrajina* erschuf aber auch eine digital vermittelte Schicksalsgemeinschaft, etwa durch die Luftalarm-Warn-Apps, die in die digitale Dienstleistungsstruktur der Großstädte integriert wurden. Der heulende Warnton des Luftalarms kommt in der Ukraine nicht nur aus den realen Sirenen, sondern auch aus den Mobiltelefonen der Ukrainer. Und die Besitzer dieser Mobiltelefone scharten sich bei den zahlreichen Stromausfällen und Stromsperren infolge der russischen Angriffe auf ihre Energie-Infrastruktur um die *punkty neslamnosti*, die »Stützpunkte der Unbeugsamkeit«, provisorische Wärmeräume und Aufladestationen für Mobiltelefone.

Zyfrowa Ukrajina manifestierte sich aber auch in der Tatsache eines seit einiger Zeit etablierten IT-Industrie-Sektors im Land, dessen Fachleute nun dem Militär bei der digitalen Kriegführung zur Verfügung stehen, so bei der Feindaufklärung oder bei der Steuerung unbemannter Kampfdrohnen. Neuerdings stellen ukrainische Startup-Firmen auch selbst Drohnen her, die sie aus ursprünglich für den zivilen Gebrauch in der Landwirtschaft oder im Transportwesen bestimmten Geräten entwickelten.[49] Außerdem ermöglichte die digitale technische Basis auch eine nahtlose Verbindung zu den zahlreichen und diversen ukrainischen Diaspora-Gemeinschaften in aller Welt – alle wurden eingebunden in den Überlebenskampf der Ukraine, sowohl die etablierten Amerikaner, Briten, Franzosen oder Deutschen ukrainischer Abstammung aus den Emigrationswellen des 19. und 20. Jahrhunderts als auch die ukrainischen Arbeitsmigrantinnen, Expats, Auslandsstudierenden und Wissenschaftlerinnen, die wiederum ihre Netzwerke in den jeweiligen Ländern nutzten. Häufig fanden sich dank dieser Selbstorganisation die ukrainischen Migranten in den jeweiligen Städten erstmals zusammen und wurden sich über die Existenz so vieler Landsleute in der eigenen Stadt erst bewusst – jahrelang waren die Ukrainer eine eher stumme und unauffällige Migrantengruppe gewesen, die von den meisten als »Russen« bezeichnet wurden.[50]

Mindestens genauso wichtig wie die militärisch-zivile Massenmobilisierung im Kampf gegen die Besatzer und die Mobilisierung von Hilfe für die Opfer der Kriegshandlungen waren aber der passive Widerstand in den besetzten Gebieten und der symbolisch-kulturelle Widerstand, der sich seit 2014 in der Ukraine entfaltete. Allen Einbußen durch kriegsbedingte Evakuierungen und Kulturgutzerstörung zum Trotz gab es nach der Annexion der Krim einen signifikanten Aufschwung ukrainischer Buch-, Theater- und Kunstproduktion, der auch mit Bewegungen eines symbolischen Sprachwechsels einherging. Immer häufiger bedienen sich vorher russischsprachige Ukrainer des Ukrainischen und konsumieren ukrainischsprachige Bücher, Zeitschriften, Filme und Popularmusik. Doch wurden dem Aufschwung durch die russische Invasion von 2022 wieder Grenzen gesetzt: Die Charkiwer Druckereien, die das Rückgrat des ukrainischen Verlagswesens bilden, leiden seit dem Februar 2022 unter ständiger Bedrohung durch russische Raketenangriffe, Papiermangel und Teuerung. Trotzdem arbeiten sie auch im zweiten Kriegsjahr weiter.[51]

Flankierende Maßnahmen des Staates im Bereich der Kultur- und Geschichtspolitik blieben umstritten, so die »Dekommunisierungsgesetze« unter der Regierung des im Mai 2014 neu gewählten Präsidenten Petro Poroschenko, die jede »Verherrlichung« von Kommunismus und Nazismus verboten, die aber eindeutig gegen die Hinterlassenschaften der Sowjetukraine gerichtet waren. Diese Gesetze betrafen nicht nur die Lenin-Statuen von der Stange, die es in jeder Kleinstadt gab, oder die Kriegsdenkmäler zum Gedenken an Generäle und Schlachten der Roten Armee, sondern auch viele Straßennamen und Stadtnamen. Großstädte, in deren Namen immer noch sowjetische Partei- und Geheimdienstgrößen weiterlebten, wurden umbenannt, so Kirowohrad in Kropywnyzkyj, Dniprodserschinsk in Kamjansk und Dnipropetrowsk in Dnipro. Auch das künstlerisch wertvolle visuelle Erbe der Sowjetzeit war und ist von den Verboten betroffen, was ukrainische Künstler dazu bewog, sich für bedrohte Kunstwerke einzusetzen. Doch wurde nun sehr viel von der bis dahin tolerierten sowjetischen Symbolik im öffentlichen Raum systematisch abgeräumt. Stattdessen fand aber eine neue Kunstgattung im öffentlichen Raum rasche Verbreitung: große Wandmalereien, die *muraly*, die als Applikationsflächen die großen Wohnblocks der ukrainischen Agglomerationen nutzten und gewissermaßen die Bildtradition der öffentlichen sowjetischen Monumentalkunst mit anderer Thematik und Ästhetik weiterführten.[52]

Eine weitere Welle der Denkmalstürze und Straßenumbenennungen ist seit 2022 im Gange und erfasst nun auch Markierungen des öffentlichen Raums, die vorher bei den meisten Bürgern keinen Anstoß erregt haben, etwa Denkmäler für den sowjetischen Fliegerhelden Tschkalow oder Puschkin-Büsten und -Straßen, die nun als imperiale Markierungen der russischen »Kolonialherren« in der Ukraine abgelehnt werden. Puschkin-Gedenkorte, Tolstoj- und Dostojewskij-Straßen solle es nur noch dort geben, wo diese russischen Dichter tatsächlich gewesen seien, aber nicht als Standardausstattung im Straßennetz jeder ukrainischen Stadt. Überhaupt geschehen nun viele der Absetzungsbewegungen von der russischen Kultur im Zeichen der Dekolonisierung, und viele der oftmals brachialen Aktionen erinnern an den Denkmalsturz der *Black Lives Matter*-Bewegung gegen historische Figuren in den USA, Großbritannien oder Belgien, die mit Sklavenhandel und Sklavenwirtschaft in den

Kolonien assoziiert werden. Die ukrainische Dekolonisierungsbewegung löste aber auch eine Selbstbesinnung unter Slawisten in aller Welt aus, die nun die imperialen Botschaften und Denkstile der russischen Literaturgrößen viel kritischer betrachten als früher – von Alexander Puschkins »An die Verleumder Russlands« bis zu Joseph Brodskys antiukrainischem Schmähgedicht »Auf die Unabhängigkeit der Ukraine«.[53]

Kultureller Widerstand organisierte sich aber auch mit dem Zweck direkter symbolischer Aktion. Das reichte von Graffiti und der Bemalung von Denkmälern, Brücken oder Zäunen in den ukrainischen Nationalfarben bis zum demonstrativen Zeigen der Nationalflagge an Fenstern und Balkonen. Das geschah auch vor den Augen der russischen Besatzer, wie es von unzähligen Demonstrationen überliefert ist, zunächst in Donezk und Luhansk 2014 und nun auch in den besetzten Gebieten von 2022/23, wo solche mutigen Aktionen lebensgefährlich waren und sind.

Der symbolische Widerstand manifestiert sich bis heute in besetzten Städten wie Melitopol, Mariupol, Enerhodar, Sewastopol vor allem durch klandestine Flugblatt- und Plakataktionen. Die Aktivisten agieren in kleinen, voneinander abgeschotteten Zellen, die über Telegram-Kanäle rekrutiert werden. Diese Protestformen sollen symbolisch oder mit direkten Aufrufen das Bewusstsein wachhalten, dass die Besatzung nicht von Dauer ist. Die bekannteste dieser Untergrundbewegungen symbolischen Widerstands war in der größten russisch besetzten und inzwischen befreiten Stadt Cherson aktiv, die Initiative *Schowta stritschka* (»gelbes Band«), die sich auch auf andere besetzte Städte ausbreitete. Ihre Aktivisten hinterlassen gelbe Bändchen an sichtbaren Orten, verbreiten Aufrufe zur Verweigerung der *pasportisazija*, d.h. des Aufzwingens russischer Pässe, verbrennen russische Schulbücher oder Zeitungen, kleben antirussische Plakate, hissen ukrainische Flaggen und stellen von diesen Aktionen Videos ins Netz. Die Erfahreneren und Mutigeren arbeiten auch den ukrainischen Behörden beim Sammeln von Informationen über Kollaborateure zu.[54] Ähnliche Widerstandsformen sind bereit seit 2014 belegt; dazu gehören auch anonyme Accounts in den sozialen Netzwerken, die Ereignisse und Informationen aus den besetzten Gebieten in ihrer unmittelbaren Nachbarschaft sammeln und veröffentlichen. All diese Informationen werden, neben offiziellen Verlautbarungen der Besatzungsbehörden, wiederum von Menschenrechts- und Beobachtergruppen gesammelt, systematisiert und in Berichten verbreitet.[55]

Stromnetz und Eisenbahn als Infrastrukturen des Zusammenhalts

Bei Abschluss der Arbeiten an diesem Buch, nach 16 Monaten Krieg und einem überstandenen Winter des »Energiekrieges«, in dem Russland gezielt versuchte, die ukrainische Stromversorgung zu attackieren, ist nicht nur in der Ukraine häufig davon die Rede, dass die immer noch robust funktionierende Eisenbahn das Land zusammenhält. Sie hält nicht nur den planmäßigen Zugverkehr im Inland aufrecht, sondern ist auch die Lebensader, die die Ukraine seit der Einstellung des zivilen Flugverkehrs mit dem Ausland verbindet. Flugrouten Richtung Ukraine enden nun in Warschau, Krakau oder Lublin; von dort aus geht es mit dem Zug weiter. Dutzende von ausländischen Politikern und Staatsmännern und -frauen, aber auch die Vertreter internationaler Organisationen und Journalisten sind seit dem Sommer 2022 auf diesem Weg zu Besuchen nach Kyjiw und in andere Städte der Ukraine gelangt.

Eine ähnliche, Zusammenhalt und Stabilität stiftende Funktion haben die ukrainischen Kraftwerke und das Stromnetz. Ausgerechnet am 24. Februar 2022, also am Beginn der großflächigen Invasion Russlands in die Ukraine, fand im ukrainischen Landesnetz ein lang geplanter Testlauf für den Beitritt der Ukraine zur mitteleuropäischen Regelzone des europäischen Stromverbunds ENTSO-E statt. Dieser Testlauf machte es erforderlich, alle Leitungsverbindungen zum belarussischen und russländischen Netz zu unterbrechen und das ukrainische Netz einen gewissen Zeitraum lang im Inselbetrieb laufen zu lassen, um seine Stabilität zu testen. Trotz Kriegsbedingungen lief dieser Test erfolgreich ab – nur wollten die Ukrainer sich danach angesichts des Krieges nicht wieder ans Netz der Angreifer ankuppeln lassen. Auch diese Situation trug nicht zur Vereinfachung der Lage bei. Bislang sind größere Stromausfälle nur in den unmittelbar unter Beschuss liegenden Städten gemeldet worden, in denen die Netzinfrastruktur zur lokalen Verteilung zerschossen wurde. Aber das ukrainische Landesnetz in seiner Gesamtheit hielt stand, vor allem dank der vier Kernkraftwerke Riwne, Chmelnyzkyj, Juschnoukrajinsk und (bis September 2022) Saporischschja und ihrer Betriebsmannschaften – Krieg, Terror, Angst, Ungewissheit, Versorgungsengpässen zum Trotz. Anfang März wurde dann die Synchronisierung mit dem europäischen Verbund ENTSO-E vorzeitig vollzogen.[56] Damit hat die Ukraine einen weiteren wichtigen symbolischen, aber auch wirtschaftlich relevanten Schritt Richtung

Europa getan, denn sie kann sich jetzt am europäischen Stromhandel beteiligen, Strom exportieren, um Geld zu verdienen, aber auch zur Stabilisierung des eigenen Netzes Strom importieren.

Auf der anderen Seite wurde diese Stabilität der Stromerzeugung und -versorgung durch den Krieg ständig bedroht. Der russische Beschuss und die Besetzung des Kernkraftwerks Saporischschja in Enerhodar am Unterlauf des Dnipro am 4. März 2022 war sicherlich eines der dramatischsten Ereignisse im Kriegsverlauf. Anfang September 2022 wurde das Kraftwerk infolge Beschusses mehrmals vom Landesnetz getrennt und musste seinen Betrieb einstellen. Ein Versuch ukrainischer Spezialkräfte, das Kraftwerksgelände zurückzuerobern, musste Mitte Oktober 2022 abgebrochen werden.[57] Mit Saporischschja wurde Russlands Angriffskrieg auf die Ukraine um einen weiteren Zivilisationsbruch reicher: Russlands Armee hat eine zivile Nuklearanlage attackiert, was in der Genfer Konvention über den Schutz der Opfer internationaler bewaffneter Konflikte untersagt ist. Das Kriegsvölkerrecht verbietet Angriffe auf Objekte wie Deiche, Staudämme und Kernkraftwerke, wenn sie für die Zivilbevölkerung gefährliche Kräfte freisetzen können.[58] Mehrere Male trafen Artilleriegeschosse von der nahen Kriegsfront das Betriebsgelände, wobei – bislang – keine kritischen kerntechnischen Komponenten beschädigt wurden. Seit August 2022 ist immerhin die UN-Organisation Internationale Atomenergie-Agentur (IAEA) mit Inspektoren auf der Anlage präsent, was einen gewissen Schutzeffekt hat, doch konnte sich die IAEA trotz ukrainisch-russischer Pendeldiplomatie ihres Präsidenten Rafael Mariano Grossi noch nicht mit ihrem Anliegen durchsetzen, das Kraftwerk zu demilitarisieren, was bedeuten würde, dass sämtliche russische Militärs und ihre Ausrüstung von der Atomanlage abgezogen werden müssten.

In der ersten Phase des Krieges planten die Besatzer, sich das Kraftwerk anzueignen und es zu nutzen, um Strom für die von Russland annektierte Halbinsel Krim zu produzieren, was es auch vor 2015, bis zur Kappung der Leitungen, getan hatte. Für diese Absicht sprechen die Versuche Russlands, die Anlage zu russischem Eigentum zu erklären und die Belegschaft zu zwingen, Arbeitsverträge mit dem russischen Kernkraftwerksbetreiber Rosenergoatom abzuschließen. Rund ein Viertel der vor dem Krieg rund 11.000 Menschen zählenden Belegschaft soll sich diesem Druck gebeugt haben. Doch von industrieller Normalität kann nicht die Rede sein. Immer wieder werden gewaltsame Übergriffe der auf dem Betriebsgelände anwesenden Soldaten auf die Belegschaft gemeldet; rund

200 Mitarbeiterinnen und Mitarbeiter des Atomkraftwerks wurden verhaftet, gefoltert oder sind spurlos verschwunden. Wer die neuen Zwangs-Arbeitsverträge mit Rosenergoatom nicht unterschreibt, wird mit Repressalien überzogen. Anfang Juli 2023 wurde den Widerwilligen, insgesamt rund 3.000 von 6.000 noch in Enerhodar verbliebenen Beschäftigten, der Zugang zum Arbeitsplatz untersagt. Die Atomstadt mit einst 80.000 Einwohnern ist nach den Fluchtbewegungen in die nicht besetzte Ukraine und Zwangsevakuierungen Richtung Krim und Russland entleert, nur noch 15.000 Menschen harren dort aus.[59]

Die Netzanbindungen des Kraftwerks sind durch Kriegshandlungen beschädigt. Aus diesem Grunde musste die Anlage bis zum Juni 2023 insgesamt sieben Notstromfälle bewältigen, bei denen die elektrische Versorgung der Nachkühlkette nicht mehr vom regulären Stromnetz übernommen werden konnte, sondern nur noch von Dieselaggregaten abhing. Die Sprengung des Kachowka-Staudamms am 6. Juni 2023 erschwerte die Lage für das Kraftwerk zusätzlich, obwohl es über einen eigenen Kühlteich verfügt, der – gesetzt den Fall er bleibt unbeschädigt – den Kühlwasserbedarf für mehrere Monate sicherstellt. Das begründet sich aus der Tatsache, dass die Brennelemente der seit Monaten abgeschalteten Anlage nur noch einen Bruchteil der Nachzerfallswärme abgeben, die kurz nach Beendung des Leistungsbetriebs anfällt. Sie befinden sich nun nicht mehr in den Reaktodruckbehältern, sondern in Lagerbecken im Inneren der Reaktorgebäude. Nur im Block 5 wurde weiter ein »heiß unterkritischer« Betrieb gefahren, bei dem keine Kernspaltung stattfindet, sondern das System mit der Abwärme der Hauptkühlmittelpumpen auf Temperatur gehalten wird. Das diente der Notversorgung mit Prozess- und Fernwärme für das Kraftwerk und seine Werksstadt Enerhodar. Die Nachkühl- und Beckenkühlsysteme der sechs Blöcke benötigen wesentlich weniger Wasser als ein Kernkraftwerk, das direkt aus dem Leistungsbetrieb kommt.[60]

Doch nährt das Geschehen um Kachowka auch Befürchtungen, die Russen könnten nun ihre Prioritäten ändern und nicht mehr auf die Aneignung des Kraftwerks setzen, sondern bei einem Rückzug gemäß einer Taktik der Verbrannten Erde der Anlage ernsthaften Schaden zufügen, gar einen Reaktorunfall willentlich herbeiführen. Im Juni 2023 veröffentlichte der ukrainische Geheimdienst eine entsprechende Warnung.[61] Die russländische Armee bunkert Militärmaterial auf dem Betriebsgelände, unter anderem in den Maschinenhäusern der sechs Reaktoren, und hat dem Vernehmen nach auch mit Sprengstoff beladene Lastwagen neben den

Blöcken postiert. Weiterhin beschießt sie von Stellungen nahe des AKW die Stadt Nikopol auf der anderen Seite des Dnipro, weil man sich sicher ist, dass es mit Rücksicht auf die Reaktoren kein ukrainisches Gegenfeuer geben wird.[62]

Wie das Beispiel Saporischschja zeigt, spielen kritische Infrastrukturen – Energie- und Daseinsversorgung, Logistik, Finanzsystem – eine zentrale Rolle in modernen Kriegen. Deutsche wissen das seit den Erfahrungen des Luftkriegs, insbesondere seit der Bombardierung der Möhnetalsperre im Sauerland und der Edertalsperre in Nordhessen im Zweiten Weltkrieg, die über tausend Menschenleben infolge der so ausgelösten Flutwellen kostete.[63] Aber solche Ziele werden nicht nur als Infrastrukturen getroffen, sondern auch als Symbole. Wer sie trifft, verwundet Menschen, nicht nur wegen der unmittelbaren Opfer, sondern weil er ihnen so das Gefühl der Ohnmacht, des Ausgeliefertseins vermitteln, ihren Widerstandsgeist brechen kann, sie in Ängste stürzen kann. So war es auch in Saporischschja, wo bereits das Erscheinen von Panzern vor dem Atomkraftwerk und der Beschuss eines Verwaltungsgebäudes die Regierung in Kyjiw, aber auch die ganze Welt in Angst und Schrecken versetzte und Reflexe aufkommen ließ, die Ukrainer sollten doch besser kapitulieren, als ganz Europa ins Unglück zu stürzen. Sowohl die russische als auch die ukrainische Seite nutzen seitdem das Kriegsgeschehen rund um das Kernkraftwerk, um mit Katastrophenszenarien und gegenseitigen Schuldzuweisungen an die Weltöffentlichkeit zu appellieren und eigene Verbündete zu mobilisieren, was ein gegenseitiges Aufschaukeln der Angstkommunikation einschließt.

Wer kritische Infrastrukturen angreift, trifft also ins Herz des Selbstverständnisses von modernen Industriestaaten mit funktionierenden Infrastrukturen. Nicht zufällig besagt eine ironische Definition von kritischer Infrastruktur, man bemerke sie erst dann, wenn sie nicht funktioniere.[64] Im Krieg wird dieses Nichtfunktionieren gezielt herbeigeführt. Auch diese Attacken haben ihre Wurzel in dem von Wladimir Putin und seinen Eliten immer wieder formulierten großrussisch-imperialen Expansionsprojekt, das sich explizit gegen die Ukraine als souveränen Staat und gegen die Ukrainer als moderne Nation richtet. Aus diesem Grunde zielt Russlands Aggression auch und gerade auf die Attribute der industriellen Modernität und der Urbanität der Ukraine.

8. Ausblick: die Ukraine zwischen Atlantisierung und Israelisierung

In diesem und in den vorangegangenen Kapiteln wurde versucht, die Geschichte der Ukraine und der ukrainischen Nationsbildung unter einem besonderen Blickwinkel darzustellen: nämlich als eine Geschichte von Freiheits-, Befreiungs- und Unabhängigkeitskriegen, die wiederum eingebettet sind in spezifische räumliche Bedingungen – und auch in friedlich über lange Zeiträume ablaufende Prozesse. Vor 2014 rühmten sich die Ukrainer, die Sowjetunion auf friedlichem Wege begraben zu haben, und schätzten sich mit Blick auf den Jugoslawienkrieg und Russlands zahlreiche Kriege im In- und Ausland glücklich, friedlich in ihren sicheren Landesgrenzen leben zu können. Dieser Friede war trügerisch, wie wir heute wissen.

An den Kriegsfronten, Sommer 2023

Das Manuskript dieses Buches wurde Anfang Juli 2023 abgeschlossen. Nach den Rückeroberungen der Ukrainer im Herbst 2022 mit der Befreiung der Gebiete Kyjiw, Tschernihiw, Charkiw und der Stadt Cherson hat sich die Front inzwischen festgefressen, mit einem hohen Blutzoll auf beiden Seiten. Sie verläuft in Form einer Sichel über rund 1.000 Kilometer Länge von Cherson im Südwesten, Orichiw, Marjinka und Donezk im Zentrum sowie Bachmut und Kupjansk im Nordosten, mit der Atomkraftwerksstadt Enerhodar am Dnipro als Frontstadt im südwestlichen Teil der Front. Die Winteroffensive der Russen ist versandet. Strategisch nutzlose, zu Siegen erklärte, aber extrem opferreiche Eroberungen wie die in der Kleinstadt Bachmut im Gebiet Donezk wurden zum Signum der russischen Kriegführung. Die Erfolgsaussichten der ukrainischen Gegenoffensive, die Mitte Juni 2023 begonnen hat, sind noch ungewiss, auch wenn nun die Belieferung der Ukraine mit moderner westlicher Wehrtechnik wesentlich besser funktioniert als in der Anfangsphase des Krieges. In dieser ersten Phase des Rückeroberungskampfes liegt der Schwerpunkt auf dem Abtasten des Gegners auf Schwachstellen und auf der systematischen Ausschaltung der russischen Artillerie und Nachschubwege, um spätere Vorstöße durch die tief gestaffelten Befestigungslinien der Besatzer zu ermöglichen. Die russische Artillerie-Überlegenheit, die in der ersten Phase des Krieges so sehr ins Auge fiel, dürfte gebrochen sein; statt bis zu 60.000 verschießen die Russen nunmehr wenige hundert Geschosse pro Tag. Dem ukrainischen Militär gelang es überdies, auf dem linken Dnipro-Ufer gegenüber Cherson einen Brückenkopf aufzubauen. Doch raumgreifende Vorstöße haben noch nicht begonnen, was militärische Laien zu voreiligen Schlüssen verleitet, die Gegenoffensive sei »gescheitert«.[1] Der ukrainische Oberbefehlshaber Walerij Saluschnyj bemängelte die übersteigerten Erwartungen der Öffentlichkeit im Medienkrieg, die der gewaltigen Aufgabe nicht gerecht würden: »Das ist keine Show, wo die ganze Welt zuschaut und Wetten abgeschlossen werden. Jeder Tag, jeder Meter wird mit Blut erkauft.«[2] Wo Geländegewinne der Ukrainer stattfanden, kamen sie nur langsam vorwärts, Dorf für Dorf, längs der Flüsse und der Randbepflanzungen der Felder, die Deckung geben.[3]

Die Machtkämpfe und inneren Konflikte Russlands im Gefolge des »Wagner«-Putschversuchs haben die Position der Ukraine zwar verbessert, doch Labilität und Instabilität könnten den russischen Präsidenten auch zu eskalierenden Handlungen verleiten. Es ist aber zu vermuten, dass auch noch monströsere Kriegsverbrechen als die bereits verübten, etwa die Zerstörung des Kernkraftwerks Saporischschja, die Ukrainer nicht davon abhalten werden, diesen Krieg weiterzuführen. Mit einem Durchbruch-Sieg der Ukrainer wäre aber nur zu rechnen, wenn die russische Front zusammenbräche, doch das war auch in den Tagen des Söldneraufstands nicht der Fall.

Verluste und Schäden

Die Verluste der russischen Armee bezifferten sich Stand Februar 2023 auf rund 150.000 Verwundete und rund 50.000 Gefallene, die der Ukrainer auf rund 100.000 Verwundete und 20.000 Gefallene. Mutmaßlich 30.000 ukrainische Zivilisten sind nach norwegischen Angaben ums Leben gekommen, vor allem infolge von Luftangriffen auf Wohnviertel und durch Artilleriebeschuss, aber auch als Opfer von Massakern der russischen Streitkräfte. Die Wiederaufbaukosten nach den großen Verlusten an Wohnraum, Verkehrs- und Energieinfrastruktur, Kultur- und Bildungseinrichtungen werden derzeit auf über 460 Milliarden US-Dollar beziffert. Noch keine Kostenschätzungen liegen über die Zerstörungen in Industrie und Landwirtschaft nach der Überflutung von ganzen Landstrichen und Verlust der Bewässerungssysteme infolge der Kachowka-Staudammsprengung vor. Ukrainische Stellen schätzen alleine die Neubaukosten des Wasserkraftwerks auf eine Milliarde US-Dollar, was angesichts der Komplexität der Bauaufgabe an einem so großen Fluss noch niedrig gegriffen sein dürfte. Käme es überdies zu einem schweren Unfall mit radioaktiver Freisetzung im Kernkraftwerk Saporischschja, ausgelöst entweder als Kollateralfolge von allgemeinen Kampfhandlungen oder durch gezielte Sprengungen seitens Russlands, müssten dieser Rechnung je nach Ausmaß der Katastrophe bis zu 200 Milliarden US-Dollar hinzugefügt werden.[4]

Angeschlagen, aber stabil

Nach wie vor haben Panzer und Feldhaubitzen, Flugabwehrbatterien und Kampfdrohnen den Primat über den Verhandlungstisch. Dieser ist verwaist, weil Russland keinerlei Bereitschaft zum Verhandeln zeigt, an den eroberten Gebieten festhalten will und wie bei Kriegsbeginn auf einer Kapitulation, Entwaffnung und Aufteilung der Ukraine besteht, begleitet von einem beispiellosen Propagandagetöse aus gewalttätigen Drohungen russischer Medienleute und Politiker, die in den Gewaltexzessen der russischen Soldaten und Söldnerarmeen in die Tat umgesetzt werden. Gleichwohl kann konstatiert werden, dass die Ukraine, der viele im Februar 2022 keine drei Wochen zum Überleben gaben, standgehalten hat. Die Energieversorgung ist nach dem harten Winter des Energiekrieges wieder stabilisiert, viele Geflüchtete sind nach Hause zurückgekehrt. Die ukrainische Gesellschaft wurde brachial umgewälzt und schwer verletzt, aber sie steht. Nun sind die Ukrainer räumlich verteilt auf die im Lande Gebliebenen und die außer Landes Geflüchteten, die Männer, die bleiben müssen, und die Frauen und Kinder, die sich in Sicherheit begeben konnten; diejenigen, die Hab und Gut und Heimat verloren haben, und diejenigen, die sie aufnehmen. Doch trotz dieser räumlichen Fragmentierung sind die Ukrainer als Nation zusammengewachsen. Der Dekolonisierungs- und Befreiungskrieg, der ihr 1991 erspart blieb, wird jetzt geführt, ohne dass sie diese Option selbst gewählt hätten. Er erschafft einen nationalen Mythos wider Willen. 1991 bestand ein Konsens unter den Liquidatoren der einst mit Blut und Feuer zusammengeschweißten Sowjetunion, sich friedlich zu trennen, aber sich auch nicht völlig voneinander verabschieden zu wollen. Es bestand Hoffnung, dass Russland sich in die Familie der europäischen Nationen eingliedern würde und in gutnachbarschaftlichen Beziehungen mit der Ukraine leben könne.

Diese Hoffnung ist mit dem Aufstieg Wladimir Putins zum russischen Machthaber, der nun schon fast so lange regiert wie Stalin, Stück für Stück gestorben – erst kamen die inneren Repressalien und Kriege, die innere Stalinisierung und Faschisierung, dann das expansive neoimperiale Projekt, das in Syrien erprobt und in der Ukraine ausgeweitet wurde. Doch anders als in Tschetschenien und Syrien hatten die Russen es bei den Ukrainern nicht mit leicht bewaffneten, politisch zersplitterten Gegnern zu tun, sondern sie trafen auf eine sich bewaffnende, inzwischen eine schwer bewaffnete Nation, die sich ihrer Haut wehrte, während sie zur Nation zusammenwuchs – und zur Nation zusammenwuchs, *weil* sie sich wehrte. Das allerdings ist Resultat eines bitteren Lernprozesses. Die Ukrainer, insbesondere ihre politisch-ökonomischen Eliten, wollten über viele Jahre hinweg nicht wahrhaben, dass ihr strategischer Gegner Russland ist, solange Russland nicht demokratisiert ist. Für die meisten noch in der Sowjetunion sozialisierten Ukrainer lag ein Überfall Russlands auf ihr Land schlicht jenseits der Vorstellungskraft – doch die Hellsichtigen befragten die Geschichte und erblickten den Antagonismus in der *longue durée* der gemeinsamen Geschichte. Wer heute darauf schaut, was Russland der Ukraine antut, sieht eine deutliche genozidale Kontinuitätslinie vom Holodomor und den stalinistischen Verfolgungen nach Butscha,

Kachowka und, so fürchten die Ukrainer, womöglich bald auch nach Saporischschja.

Atlantisierung oder Israelisierung?

Nicht immer war Russland der strategische Gegner der Ukraine. Über lange Phasen der Geschichte war es nur ein ferner Faktor, sogar ein Bündnispartner, denn andere Fronten waren wichtiger. Die erste Front, die die Ukraine von der Spätantike bis ins 18. Jahrhundert prägte, war die Steppengrenze. Sie hat die Ukraine sozusagen erst erzeugt, als räumliche Einheit und als politischen Zusammenhang. Die zweite Front, die epochale Konfrontation der orthodox-ostslawischen Ukrainer mit dem katholisch-lateinischen Polen, hat den Ukrainern die Idee einer kulturellen und politischen Eigenständigkeit gegeben. Diese Front entfiel mit den Teilungen Polens und endgültig mit den Umwälzungen des Zweiten Weltkrieges und der Nachkriegsordnung von Jalta. Diese bewirkte eine brutale, gewaltsame Entflechtung der beiden Nationen, ermöglichte so aber auch erst jene Verständigung und Versöhnung, die heute eine Stütze der Ukrainer bei ihrer Verteidigung ist. Nur die dritte Front ist noch akut, gleichzeitig produktiv und destruktiv für die Ukrainer, und das ist die Verwerfungszone mit Russland. Und wie es aussieht, muss auch hier erst die Entflechtung geschehen, bevor die Versöhnung geschehen kann.

Nun ist der Ukraine mit dem völkisch-russischen Projekt Putins allerdings ein Gegner erwachsen, der die Existenz der Ukrainer als solcher in Frage stellt und sie gerade deswegen zusammenschweißt. Und darin ähnelt die Ukraine dem Staat Israel, dem Staat der Juden, der von Bürgern unterschiedlichster Herkunft errichtet wurde, in Kriegen sich behauptete und sich parallel als demokratische Gesellschaft konstituierte. Die Ukraine ähnelt Israel aber auch noch in anderer Hinsicht: in der Selbstvergewisserung des »Nie wieder«, die sich jetzt in der ukrainischen Gesellschaft etabliert. Nie wieder soll die Ukraine wehrlos und unvorbereitet einem Angreifer gegenüberstehen, der ihr das Existenzrecht abspricht; nie wieder wird sie eine geopolitische Situation akzeptieren, die ihr keinen Schutz gewährt; nie wieder wird sie einen Vertrag unterzeichnen, der keine robusten Sicherheitsgarantien enthält. Gibt es keine Sicherheitsgarantien, aber einen strategischen Gegner – das lehrt die Erfahrung der ukrainischen Geschichte vor 2014 –, dann ist das existenzbedrohend. Es kann daher nach dem Krieg, unabhängig von der konkreten territorialen Ordnung und dem faktischen Verlauf der künftigen ukrainischen Staatsgrenzen, ob mit oder ohne Krim, für die Ukraine nur zwei Wege geben, die Sicherheit versprechen: entweder der polnische und baltische Weg Richtung NATO, also die Zuflucht im Schutz des nordatlantischen Verteidigungsbündnisses, oder der einsame Weg in eine schwer bewaffnete, womöglich nuklear bewaffnete Gesellschaft, deren Staatsraison das »Nie wieder« und das ständige Auf-der-Hut-sein an einer von Feinden bedrohten Grenze ist. Atlantisierung oder Israelisierung.

Ukrainische Selbstbefreiung und russische Selbstverständigung

Verteidigende Gewalt ist eine Nationsbildungsmaschine, angreifende Gewalt kann eine Nationszerstörungsmaschine sein, wie die Russen nun feststellen müssen. Der russische Krieg gegen die Ukraine ist ein Symptom einer tiefen Krise Russlands. Mehr denn je ist Russlands Zukunft ungewiss angesichts konkurrierender Machtzentren und Gewaltgruppen und einer erodierenden, verstummten, verschüchterten, atomisierten Gesellschaft, der die klügsten Köpfe buchstäblich davonlaufen. Doch vor allem ist die Zukunft ungewiss, weil sich die Russen immer noch nicht darauf verständigt haben, in welcher politischen Verfassung sie das 21. Jahrhundert meistern wollen – nach einem Prozess schöpferischer Zerstörung als russische Nation in der europäischen Völkerfamilie oder in quälender Fortsetzung des jetzigen Krieges als imperialer Hegemon, dessen ökonomisch-militärischer Stellenwert aber längst von China, einer neu aufsteigenden, *noch* mit Russland verbündeten Macht in Frage gestellt wird? Im Zentrum dieser Entscheidung steht Russlands Verhältnis zur Ukraine. Die Ukrainer haben sich in einer Abfolge von Befreiungskriegen längst mental von Russland emanzipiert, wenn auch noch nicht militärisch; davon wird man erst reden können, wenn sie ihre völkerrechtlichen Grenzen wieder kontrollieren. Sie werden sich immer weiter von Russland entkoppeln: mental, ökonomisch, energetisch, diplomatisch. Doch Russland hat sich noch lange nicht von der Ukraine emanzipiert. Sein imperiales Projekt steht und fällt mit der Ukraine; ein nationalstaatliches

Projekt würde auch ohne sie gelingen. Diese Selbstverständigung der Russen über die Konstitution ihrer eigenen Gesellschaft steht noch aus. Voraussetzung einer Selbstverständigung wäre aber der Ausgang der Russen aus der ihnen von ihren mafiösen Eliten auferlegten Unmündigkeit und Stummheit. Gelingt ihnen durch einen Zusammenbruch ihrer ukrainischen Ambitionen eine Selbstbefreiung vom »Fluch des Imperiums« (Martin Schulze Wessel), so kann schließlich auch ein Weg der Verständigung für Ukrainer und Russen in einem friedlichen Europa gefunden werden. Womöglich kommt irgendwann auch der Tag, an dem die Russen den Befreiungskrieg der Ukrainer als Auftakt zu ihrer eigenen Befreiung wahrnehmen werden.

Unabhängig vom Kriegsausgang steht jedoch eines bereits fest: Die Ukraine ist nun, nachdem sie bereits über dreißig Jahre als Staat auf der Weltkarte verzeichnet war, auch in die kognitiven Landkarten der globalen Gesellschaft eingeschrieben. Hatten Selbstermächtigung und Selbstorganisation in den demokratischen Revolutionen vor 2014 den Ukrainern Aufmerksamkeit und Sympathie verschafft, so verschaffen bewaffneter Widerstand und militärisches Geschick gegen einen überlegenen Gegner ihnen nun Respekt. Die Ukraine wird fortan mit anderen Augen gesehen werden: nicht mehr Durchgangsraum und Spielball der Mächtigen, nicht mehr zerrissen und in Frage gestellt, nicht mehr Schaf unter Wölfen, sondern historische Akteurin aus eigenem Recht.

Nachwort

Es ist ein Anliegen dieses Buches, die Ukraine und ihre Geschichte von der Peripherie ins Zentrum der Betrachtung zu rücken. Entsprechend habe ich mich für eine konsequente Schreibweise aller Orts- und Personennamen in ihrer ukrainischen Variante in der Duden-Transliteration entschieden. Eine Ausnahme bilden einige Personennamen, die in englischer Schreibweise bereits etabliert sind. Auch das ist ein Schritt zur Dekolonisierung der ukrainischen Geschichte, die lange Zeit nur aus Sicht der Nachbarmächte oder des russischen Imperialismus betrachtet und nach Deutschland überliefert wurde. Daher lesen Sie in diesem Buch von Kyjiw und nicht von Kiew, von Charkiw und nicht von Charkow, vom Fluss Dnipro und nicht vom Dnjepr. Die Duden-Schreibweise ebnet leider einige Besonderheiten der ukrainischen Phonetik ein – so den Unterschied zwischen weichem und harten »sch«, macht aber deutschen Muttersprachlerinnen und Muttersprachlern das Lesen der fremden Begriffe leichter, weswegen sie für den Haupttext gewählt wurde.

In den Anmerkungen, die in diesem Werk recht knapp gehalten wurden, finden Sie neben Quellenbelegen aus Periodika und Internet-Publikationen die wichtigste weiterführende Literatur über die Ukraine in westlichen Sprachen, aber auch etliche Werke in ukrainischer Sprache. Auch dies ist dem Anliegen geschuldet, ins Bewusstsein des deutschen Publikums zu rücken, dass unsere westlichen Publikationen von den Arbeiten unzähliger ukrainischer Fachkolleginnen und -kollegen profitieren, deren Werke bislang noch nicht übersetzt sind. Um die zitierten Werke bei der elektronischen Literaturrecherche gut auffindbar zu machen, habe ich mich bei der Transliteration in den Fußnoten für die präzisere internationale ISO-Normtransliteration entschieden. Daraus ergibt sich die Diskrepanz zwischen den Schreibweisen im Haupttext und in den Anmerkungen.

Grundlegende Werke ukrainischer bzw. ukrainischstämmiger Historikerinnen und Historiker liegen erfreulicherweise aber auch in englischer Sprache vor, so die Einführungswerke in die ukrainische Geschichte von Serhii Plokhy, Paul Robert Magocsi und Orest Subtelny, aber auch hervorragende Einzelstudien wie das Monumentalwerk Omelian Pritsaks über die Rus, die Iwan-Franko-Biografie von Yaroslav Hrytsak oder die Stadtgeschichte von Dnipro des in Deutschland lehrenden Andrij Portnov, die ich exemplarisch als lesenswerte Beispiele für weiterführende Literatur über ausgewählte ukrainische Epochen und Regionen nenne. Aber auch die Studien der deutschen Historikerinnen und Historiker Tanja Penter und Guido Hausmann über Odessa und den Donbas, von Martin Aust über polnisch-russische Deutungskonkurrenzen um die Ukraine, von Börries Kuzmany über das galizische Brody oder meine eigene Monografie über die Russophilen in Galizien sind empfehlenswerte Vertiefungen für alle an der historischen Fachdiskussion in deutscher Sprache interessierten Leser. Wer sich mit der Ukraine im Zweiten Weltkrieg beschäftigt, sollte die Publikationen von John Armstrong, Gelinada Grinchenko und Kai Struve zu Rate ziehen. Mehrere Werke mit dem Schwerpunkt Geschlechtergeschichte und Galizien stammen von der Leipziger Historikerin Dietlind Hüchtker.

Wer ein Überblickswerk über die ukrainische Geschichte sucht, das auch eine gute Chronik der Ereignisse ist, dem sei das Buch meines Lehrers Andreas Kappeler, die »Kleine Geschichte der Ukraine«, genauso ans Herz gelegt wie seine ukrainisch-russische Verflechtungsgeschichte »Ungleiche Brüder« und seine Monographie zum Kosakentum. Nach wie vor fehlt eine moderne umfassende und methodisch aktuelle Geschichte der Sowjetukraine in deutscher Sprache, die das grundlegende Werk von Borys Lewytzkyj aus den 1960er Jahren ablösen könnte – ein Desiderat, dem ich meine kommende Arbeit widmen werde. Es sei aber auf die vielen Aufsätze des Kyjiwer Zeithistorikers Jurij Schapowal hingewiesen, die teilweise auch in westlichen Sprachen erschienen sind. Ebenfalls schon mehrere Jahrzehnte alt, aber nach wie vor wegen ihrer analytischen Schärfe und politischen Klarsicht hoch empfehlenswert sind die Essays zur ukrainischen Geschichte von Ivan Lysiak-Rudnytsky, die in englischer Sprache vorliegen. Einige der hier genannten Autorinnen und Autoren sind Mitglieder in der 2014 gegründeten Deutsch-Ukrainischen Historischen Kommission, auf deren Publikationen, Verlautbarungen und Veranstaltungen man unter https://www.duhk.org/ zugreifen kann.

Und last but not least sei auf eine unerlässliche und stets aktuelle Begleiterin durch die Stürme der ukrainischen Zeitgeschichte verwiesen: die Zeitschrift »Osteuropa«, die hervorragende Themenbände mit Aufsätzen renommierter Fachleute in deutscher Sprache sowie Übersetzungen wichtiger Originalquellen publiziert.

Anmerkungen

1. Eine Geschichte von Befreiungskriegen? Freiheit, Gewalt und Nationsbildung in der Ukraine

1 Thorsten Bonacker / Peter Imbusch, Zentrale Begriffe der Friedens- und Konfliktforschung: Konflikt, Gewalt, Krieg, Frieden, in: Peter Imbusch / Ralf Zoll (Hrsg.), *Friedens- und Konfliktforschung*, Bd. 1, Wiesbaden [5]2010, S. 67–142, hier besonders S. 107–126.

2 Näherung auf Grundlage unterschiedlicher Schätzungen in Wikipedia, Casualties of the Russo-Ukrainian War, https://en.wikipedia.org/wiki/Casualties_of_the_Russo-Ukrainian_War.

3 Herfried Münkler, *Die neuen Kriege*, Reinbek bei Hamburg 2002.

4 Anna Veronika Wendland, Twitter, Tweet vom 19.12.2021: »Ein Diktator mit einer historischen Obsession, die ideologische Untermauerung der Mission, der allmähliche Aufbau von Angriffspotenzial, die Rhetorik des Angriffs als Verteidigung, die Nachbarn, die sich suggerieren, es werde schon so schlimm nicht kommen: woran erinnert euch das? Mich erinnert das an das Schicksal der Tschechoslowakei 1938. Deutschland, wo Teile der Gesellschaft bis tief ins Elektorat der Regierungskoalition Verständnis für Putins Positionen äußern und den Majdan für einen »US-Putsch« halten, wird kein Rückhalt für die Ukraine sein.« https://twitter.com/verowendland/status/1472459931676729344?s=46&t=drIunfrpF-dxcdksK2Rw-g.

5 Ein jüngeres Beispiel ist Vladimir Putins Rede zum Jahrestag des Sieges über Deutschland am 9. Mai 2023, Read: Vladimir Putin's victory day speech in full, in: *The Spectator*, 9.5.2023, https://www.spectator.co.uk/article/read-vladimir-putin-s-victory-day-speech-in-full.

6 Johannes Burkhardt, Der mehr als Dreißigjährige Krieg – Theorie des Staatsbildungskrieges, in: Thomas Jäger / Rasmus Beckmann (Hrsg.), *Handbuch Kriegstheorien*, Wiesbaden 2011, S. 335–349.

7 Bohnacker / Imbusch, *Zentrale Begriffe*, S. 112–114.

8 Vladimir Putin, Poslanie Prezidenta RF V.V. Putina Federal›nomu Sobraniju RF, Moskva, Kreml', 25 aprelja 2005 g., in: *Prezidentskaja Biblioteka B. N. El'cina*, https://www.prlib.ru/item/438195.

9 Serhij Zhadan, *Internat*, Frankfurt/M. 2018.

10 Felix Schnell, *Räume des Schreckens: Gewalt und Gruppenmilitanz in der Ukraine 1905–1933*, Hamburg 2012.

11 Waltraud Schwab, These zur toxischen Männlichkeit: Krieg ist das Ding mit Gemächt, in: taz, 20.02. 2022. »Die demonstrierte Macht der Panzer mit ihren phallischen Kanonenrohren

und der Kampfflugzeuge mit ihren geschürzten Schnauzen wirkt obszön. Sie richten sie auf die Ukraine; Ukraina. In Sprachen mit grammatischem Geschlecht ist die Ukraine weiblich. Die Ukraine also – aber selbst wenn das Land die Frau ist, ist dies kein Freibrief, sie mit Gewalt zur Vereinigung zu zwingen.« Die Autorin übersieht hier unter vielem anderen, dass auch *Rossija* eine weibliche Bezeichnung ist.

12 Anna Veronika Wendland, Die ukrainischen Länder 1945–1993, in: Frank Golczewski (Hrsg.), *Geschichte der Ukraine,* Göttingen 1993, S. 269–312, besonders S. 300–304.

13 Anna Veronika Wendland, The Russian Empire and its Western Borderlands: National Historiographies and their »Others« in Russia, the Baltics, and Ukraine, in: Stefan Berger / Chris Lorenz (Hrsg.), *The Contested Nation: Ethnicity, Class, Religion, and Gender in National Histories* (= Writing the Nation. National Historiographies and the Making of Nation States in Nineteenth and Twentieth Century Europe, vol. 3) Basingstoke – London, S. 405–441; Liliya Berezhnaya, Heidi Hein-Kircher (Hrsg.), *Rampart Nations: Bulwark Myths of East European Multiconfessional Societies in the Age of Nationalism,* New York – Oxford 2019.

14 Vgl. die Befragungen russischer Kriegsgefangenen durch den ukrainischen Journalisten Wolodymyr Zolkin, Pro ščo rozpovidajut' vijs'kovi poloneni I ščo vony vidčuvajut', vbyvajučy ukraïnciv, in: *YouTube*, https://www.youtube.com/watch?v=4_5kCo9hN8k ;«Ihr habt Hunde gegessen?». Abgefangene russische Gespräche zeigen Schrecken des Krieges, in: *Watson*, 31.03.2022, https://www.watson.ch/international/russland/277092697-abgefangene-russische-gespraeche-zeigen-schrecken-des-krieges.

15 Anna Veronika Wendland, Zur Gegenwart der Geschichte im russisch-ukrainischen Krieg, in: *Aus Politik und Zeitgeschichte* 72 (2022), Nr. 28–29, 11. Juli 2022, S. 28–34.

16 Ulrike Guérot / Hauke Ritz, *Endspiel Europa*, Berlin 2022.

17 Klaus Schlichte, 3 x Ukraine: Zur Politischen Soziologie eines Angriffskriegs, in: *Leviathan* 50 (2022), Nr. 3, S. 1–24.

18 Tomasz Konicz, Auf zum letzten Gefecht. Der Krieg Russlands gegen die Ukraine ist den Deutschen ein willkommener Vorwand zur Aufrüstung, in: *konkret* Nr. 4 (2022); Felix Klopotek, Linker Luxus. Die Linke und der Krieg in der Ukraine: Eine sozialistisch-antimilitaristische Haltung in zwölf Thesen, in: *konkret* Nr. 9 (2022).

19 Karl Marx, Der achtzehnte Brumaire des Louis Bonaparte, Vorrede, in: Karl Marx/Friedrich Engels, *Werke,* Band 8, Dietz Verlag Berlin (DDR) 1972, S. 115. Vollständiges Zitat: »Die Menschen machen ihre eigene Geschichte, aber sie machen sie nicht aus freien Stücken, nicht unter selbstgewählten, sondern unter unmittelbar vorgefundenen, gegebenen und überlieferten Umständen.«

20 Bonacker / Imbusch, *Konfliktforschung*.

21 Schnell, *Räume des Schreckens;* Timothy Snyder, *Bloodlands: Europa zwischen Hitler und Stalin,* München 2011.

22 Vgl. die Schicksale der Journalistinnen und Menschenrechtlerinnen Anna Politkowskaja und Natalja Estemirova, Klaus-Helge Donath: Morde ohne Auftraggeber, in: *taz,* 27.02.2016, https://taz.de/Getoetete-Oppositionelle-in-Russland/!5282003.

23 Deutscher Bundestag, Wortprotokoll der Rede Wladimir Putins im Deutschen Bundestag am 25.09.2001, https://www.bundestag.de/parlament/geschichte/gastredner/putin/putin_wort-244966.

24 Kerstin Jobst, *Geschichte der Krim: Iphigenie und Putin auf Tauris,* Berlin – Boston 2020.

25 In Abwandlung des in der deutschen Osteuropaforschung problematisierten *Polonica non leguntur*, das der Slawist und Historiker Heinrich Felix Schmid kritisierte: H. F. Schmid,

Grundrichtungen und Wendepunkte europäischer Ostpolitik, in: *Jahrbücher für Geschichte Osteuropas*, NF, 1 (1953), H. 1, S. 97–116. Ursprünglich kommt der Begriff von Heinrich von Treitschke und beschreibt die preußische Kulturpolitik gegenüber dem zu Preußen geschlagenen Teilungsgebiet. Dazu Erhard Brödner, *Polonica non leguntur – Polnisches liest man nicht? Zur Geschichte des schwierigen deutsch-polnischen Verhältnisses. Ein Essay*, Berlin 2021.

2. Landschaften der langen Dauer: Konstanten in der ukrainischen Geschichte

1 Fernand Braudel, *Das Mittelmeer und die mediterrane Welt in der Epoche Philipps II.*, Frankfurt/M. 1990.

2 Hansjörg Küster, *Entdeckung der Landschaft. Einführung in eine neue Wissenschaft*, München 2012; ders., *Geschichte der Landschaft in Mitteleuropa: Von der Eiszeit bis zur Gegenwart*, München 2010; David Blackbourn, *Die Eroberung der Natur. Eine Geschichte der deutschen Landschaft*, München 2008.

3 Dipesh Chakrabarty, Anthropocene Time, in: *History and Theory* 57 (2018), Nr. 1, S. 5–32. Zur Anthropozän-Definition: International Union of Geological Sciences (IUGS)/ International Commission on Stratigraphy (ICS)/ Subcommission on Quaternary Stratigraphy/Working Group on ›Anthropocene‹, 2016.

4 A.V. Keptij, V.S. Lozyc'kyj, *Vid Polissja do Karpat. Karpats'kyj rejd Sums'koho partyzans'koho z'jednannja pid komanduvannjam S. A. Kovpaka (Červen'-Veresen' 1943r.) očyma učasnykiv, movoju dokumentiv*, Kyïv 2005; Sydir A. Kovpak, *Vid Putivlja do Karpat*, Kyïv 1968; Borys Lewytzkyj, *Die Sowjetukraine 1944–1963*, Köln 1964, S. 19–21 und 27–37.

5 Larry Wolff, *Inventing Eastern Europe: the map of civilization on the mind of the enlightenment*, Stanford 2010; Hans Lemberg, Zur Entstehung des Osteuropabegriffs im 19. Jahrhundert. Vom »Norden« zum »Osten« Europas, in: *Jahrbücher für Geschichte Osteuropas* 33 (1985), H. 1, S. 48–91.

6 Kaiser, *Economy of Rus*, S. 50–54.

7 Diese und andere Informationen über die Wirtschaft und Landwirtschaft der Kyjiwer Rus: Daniel H. Kaiser, The Economy of Kievan Rus. Evidence from the Pravda Ruskaia, in: I. S. Koropec'kyj (Hrsg.), *Ukrainian Economic History. Interpretive Essays*, Cambridge, Mass. 1991, S. 37–57.

8 Anna Veronika Wendland / Diana Siebert / Thomas Bohn, Modernity in the Marshlands: Interventions and Transformations at the European Periphery from the Nineteenth to the Twenty-first Century. Introduction, in: *Zeitschrift für Ostmitteleuropa-Forschung* 68 (2019), H. 3, S. 319–343; Katja Bruisch, The State in the Swamps: Territorialization and Ecosystem Engineering in the Western Provinces of the Late Russian Empire, in: *Zeitschrift für Ostmitteleuropa-Forschung* 68 (2019), H. 3, S. 345–368.

9 Blackbourn, *Die Eroberung der Natur*, S. 33–96 und 147–228; Artem Kouida, Land Melioration in Belarusian Polesia as a Modernization Factor in the Soviet Periphery, in: *Zeitschrift für Ostmitteleuropa-Forschung* 68 (2019), H. 3, S. 401–417.

10 Reis Thebault / Dylan Moriarty, Satellite images show flooding north of Kyiv in possible sign of »hydraulic warfare«, in: *The Washington Post*, 09.03.2022, https://www.washingtonpost.com/world/2022/03/09/ukraine-intentional-flooding. Zum

Begriff der »Envirotechnik« vgl. Sara B. Pritchard, An Envirotechnical Disaster: Nature, Technology, and Politics at Fukushima, in: *Environmental History* 17 (2012), 2, S. 219–243.

11 Ihor Pylypenko / Daria Malchykova, Der Kachovka-Stausee. Wirtschaftsmotor und Kriegsschauplatz, in: *Osteuropa* 73 (2023), Nr. 1–2, S. 53–60.

12 State Nuclear Regulatory Inspectorate of Ukraine, National Report of Ukraine. Stress Test Results, Kyjiw 2011, S. 66–78.

13 Pylypenko / Malchykova, Der Kachowka-Stausee, S. 60.

14 Pylypenko / Malchykova, Der Kachowka-Stausee. Die Verfasser, Geografen an der Universität Cherson, machten bereits Anfang 2023 eine sehr präzise Voraussage über die Folgen einer Sprengung des Kachowka-Staudamms. Rička Irpin' maje otrymaty zvannja »Rička-Heroj«, – ekolohy, in: *Večernyj Kyïv*, 14.05.2022 https://vechirniy.kyiv.ua/news/66378/; Eugene Simonov / Oleksii Vasyliuk, Plans to rebuild Ukraine shaped by solutions for Irpin – Ukraine War Environmental Consequences Work Group, 09.09.2022, https://uwecworkgroup.info/plans-to-rebuild-ukraine-shaped-by-solutions-for-irpin.

15 Mielnik-Sikorska M., Daca P., Malyarchuk B., Derenko M., Skonieczna K. et al., *The History of Slaws Inferred from Complete Mitochondrial Genome Sequences.* PLOS ONE 8 (1), 2013, e54360. https://doi.org/10.1371/journal.pone.0054360 und der darin enthaltene Literaturüberblick über Ursprungsdebatten.

16 Zur Imkerei Kaiser, *Economy of Rus*, S. 46; *Istorija Ukra ins'koï kul'tury*, t. 2, Kyïv 2001, S. 25–28.

17 *Istorija Ukra ins'koï kul'tury*, t. 2, Kyïv 2001, S. 25–28.

18 D.I. Javornyc'kyj, *Istorija Saporoz'kych kozakiv*, Kyïv 1990 (Neudruck der russischen Originalausgabe D. I. Evarnickij, *Istorija Saporožeskich kozakov*, Sankt-Peterburg 1895), t. 1, S. 53–69; S. V. Proskurova, Čumactvo, in: *EIU*, t. 10, S. 582–583.

19 Andrij Hrečyło: Do pytannia pro nacionalnyj prapor, in: *Ukraïns'ka spadščyna*, o.J., https://archive.ph/2014.04.19-201928/http://spilka.uaweb.org/library/nprapor.html.

20 Hrycak, Istorija ukrainskoho chliba, in: *Global'na istorija*, S. 86–97.

21 Natalja Jakovenko, *Narys istoriï seredn'ovičnoï ta rann'omodernoï Ukraïny*, S. 84–96 und 521–527.

22 Blackbourn, *Die Eroberung der Natur.*

23 Lidija Orel, *Polissia. Te, ščo ne zabuvajet'sja*, Kyïv 2010; Katalog *Tschernobyl – Expeditionen in ein verlorenes Land*, Städtische Museen, Augustinermuseum Freiburg, 18. Dezember 2011 bis 18. März 2012.

3. Ukraine-Rus: das alte Kyjiw und die Wurzeln der ukrainischen Nation

1 John A. Armstrong, Mobilized and Proletarian Diasporas, in: *The American Political Science Review* 70 (1976), Nr. 2, S. 393–408.

2 Golden, *Aspects of the Nomadic Factor.*

3 Omeljan Pritsak, *The Origin of Rus*, Cambridge (Mass.) 1981.

4 M.F. Kotljar, Wolodymyr Svjatoslawyč, in: *Encyklopedija Istoriji Ukrajiny*, t. 1, Kyjiv 2003, S. 619–620.

5 Nesterchronik und Vydubyči.

6 Peter B. Golden, Aspects of the Nomadic Factor in the Economic Development of Kievan Rus, in: *Ukrainian Economic History. Interpretive Essays*, Cambridge, Mass. 1991, S. 58–101.

7 V. L. Komar, Šljachta zahrodova, in: *EIU*, t. 10, S. 648–649.

8 Zu den russischen Geschichtserzählungen Andreas Kappeler, *Ungleiche Brüder. Russen und Ukrainer vom Mittelalter bis zur Gegenwart*, München 2017, S. 26–63.

9 Mychajlo Hruševskyj, Zvyčajna schema »russkoï« istoriï j sprava racional'noho ukladu istoriï schidnoho slovjanstva, in: *Ukraïns'kyj istoryčnyj žurnal* 5 (2014), S. 199–208.

10 Andreas Kappeler, *Ungleiche Brüder;* Andrii Portnov / Tetiana Portnova / Serhii Savchenko / Wiktoriia Serhiienko, Whose language do we speak? Some reflections on the Master Narrative of Ukrainian History Writing, in: *Ab Imperio* 4 (2020), S. 88–129.

4. Die Kosakenrepublik: Revolution und Nationsbildungskriege im 17. und 18. Jahrhundert

1 Hrycak, Ukraïns'kyj chlib, in: *Global'na istorija,* S. 86–97.

2 *EIU,* »Nacional'na revoljucija 1648–1676«.

3 Natalja Jakovenko, *Narys istoriï seredn'ovičnoï ta rann'omodernoï Ukraïny.*

4 D.I. Evarnickij (Javornyc'kyj), *Istorija Saporožskich kosakov,* Moskva 1900, t. 1, insbesondere S. 120–223.

5 Frederick J. Turner, *The Significance of the Frontier in American History* (1893), https://www.historians.org/about-aha-and-membership/aha-history-and-archives/historical-archives/the-significance-of-the-frontier-in-american-history-(1893).

6 Eric J. Hobsbawm, *Sozialrebellen: Archaische Sozialbewegungen im 19. und 20. Jahrhundert,* Neuwied – Berlin (West) 1962; Jakovenko, *Narys,* S. 482–490; O.I. Huržij, Oleksa Dovbuš, in: *EIU,* t. 2, S. 424–425.

7 Kappeler, *Kleine Geschichte der Ukraine,* S. 62.

8 Christoph Schmidt, *Auf Felsen gesät. die Reformation in Polen und Livland,* Göttingen 2000.

9 B. O Hudzjak, *Kryza i reforma. Kyïvs'ka mytropolija, Carhorods'kyj patriarchat i geneza Berestejs'koï Uniï,* Kyïv 2000.

10 Olena Dzjuba, Brats'ki Školy, in: *EIU,* t. 1, S. 370–371.

11 Wörtlich »tiefer Schlamm« (nach der Eingangszeilen von Psalm 69), Venedig 1653. Nathan Hannover, *Abyss of Despair,* englische Übersetzung von Abraham Mesch, New York 1950.

12 Javornickij, *Istorija Saporožskich kazakov,* t.2, S. 145–159.

13 V.S. Stepankov, Nacional'na revoljucija 1648–1676, in: *EIU*, t. 7, S. 270–279, hier S. 278. Michael North, *Geschichte der Niederlande,* München 1997, S. 22–36.

14 So der Bericht des türkischen Reisenden Evliya Çelebi, *Księga podróży,* S. 308, zitiert nach Kizilov, *Slave trade,* S. 23.

15 Wiktor Maier, Slaves and Slavs, Language Log, 17.01.2019, https://languagelog.ldc.upenn.edu/nll/?p=41445; Michail Kizilov, Slave trade in the early modern Crimea from the perspective of Christian, Muslim, and Jewish sources, in: *Journal of Early Modern History* 11 (2007), S. 1–2.

16 Javornyc'kyj /Evarnickij, *Istorija Saporožskich kazakov,* t. 2, Kyjiw 1990, S. 388.

17 H. P. Herasymova, Gilleaume Levasseur de Beauplan, in: *EIU,* t. 1, Abbildung 340.

18 Anna Veronika Wendland, Ikonografien des Raumbilds Ukraine. Eine europäische Transfergeschichte, in: Peter Haslinger / Vadim Oswalt (Hrsg.), *Kampf der Karten. Propaganda- und Geschichtskarten als politische Instrumente und Identitätstexte,* Marburg 2012, S. 85–120.

19 Jakovenko, *Narys istorii*, S. 487–497.
20 David Saunders, *The Ukrainian Impact on Russian Culture, 1750–1850*, Edmonton 1985.
21 Andreas Kappeler, *Die Kosaken. Geschichte und Legenden*, München 2013, S. 27–39.
22 Paul R. Magocsi, *Jews and Ukrainians. A millennium of co-existence*, Toronto 2016.

5. Ikarusflüge in die Freiheit: das ukrainische 19. Jahrhundert

1 »Welch Wunder nur, welch Wunder: Mit der polnischen Szlachta vereint sich das polnische Volk«, in: *Zygmunt Krasiński (1812–1859), Psalm miłości (»Psalm der Liebe«)*, 1845.
2 Zur Überblicksgeschichte Polens in der Teilungszeit Norman Davies, *God's Playground. A History of Poland*, vol. II, S. 3–111, 178–206. M. M. Varvarec', Napoleon I. Bonaparte, Napoleonida, in: *EIU*, t. 7, S. 169–170.
3 John-Paul Himka, Hope in the Tsar: Displaced Naive Monarchism Among the Ukrainian Peasants of the Habsburg Empire, in: *Russian History* 7 (1980), Nr. 1–2, S. 125–138.
4 Roman Rozdolski, *Die große Steuer- und Agrarreform Josefs II.: ein Kapitel zur österreichischen Wirtschaftsgeschichte*, Warschau 1961; Roman Rosdolsky, *Zur nationalen Frage: Friedrich Engels und das Problem der »geschichtslosen« Völker*, Berlin (West) 1979.
5 Alexander Thiele, *Der konstituierte Staat. Eine Verfassungsgeschichte der Neuzeit*, Frankfurt/M. – New York 2021, S. 143–164.
6 Ernest Renan, *Qu'est-ce qu'une nation?*, Calmann Lévy (Hrsg.), Paris 1882.
7 Henri Tajfel / John C. Turner, The social identity theory of inter-group behavior, in: S. Worchel / L. W. Austin (Hrsg.), *Psychology of Intergroup Relations*, Chicago 1986, S. 7–24.
8 Hrycak, *Global'na istorija*, S. 86–97; Yaroslav Hrytsak, *Iwan Franko and His Community*, Boston 2019.
9 Zur Nomenklatur seit der Frühneuzeit *Istorija Ukraïns'koï kul'tury*, t. 2, S. 29.
10 *Istorija Rusov ili Maloj Rossii. Sočinenie Georgija Koniskago, Archiepiskopa Beloruskago*, Moskau 1846.
11 Miroslaw Hroch, *Die Vorkämpfer der nationalen Bewegung bei den kleinen Völkern Europas: eine vergleichende Analyse zur gesellschaftlichen Schichtung der patriotischen Gruppen*, Prag 1968.
12 Kappeler, *Ungleiche Brüder*, S. 70–71, 101–111 und 119–122.
13 Iwan Lysjak-Rudnyc'kyj, Intelektual'ni počatky novoï Ukraïny, in: Ders., *Istoryčni ese*, t. 1, S. 173–191 (174).
14 Paul Robert Magocsi, *A history of Ukraine*, S. 358–362 (Maksymowytsch-Zitat: S. 358); Saunders, *The Ukrainian Impact on Russian Culture*, S. 145–176; H.P. Herasymova, Hryhorij Kvitka-Osnovjanenko, in: *EIU t. 165–166.*
15 Harald Homann / Clemens Albrecht, Die Wiederentdeckung Osteuropas: Herders Perspektiven und die Gegenwart, in: *Zeitschrift für Politik NF* 40 (1993), S. 79–97; Dušan J. Ljuboja, Herder's Ideas and the Pan-Slavism: A Conceptual-Historical Approach, in: *Pro & Contra* 2 (2018), Nr. 2, S. 67–85.
16 Lysjak-Rudnyc'kyj, *Intelektual'ni počatky*, S. 175.
17 D. Bahalij, *Dekabrysty v Ukraïni*, Charkiw 1926; H. D. Kazmyrčuk, *M. V. Duka, Ruch Dekabrystiv v Ukraïni*, in: *EIU*, t. 2, S. 311–313; Iwan Murav'ov-Apostol, Ipolit Murav'ov-Apostol, Matvij Murav'ov-Apostol, Serhij Murav'ov-Apostol, in: *EIU*, t. 7, S. 130–132.

18 Theodore R. Weeks, Defining Us and Them: Poles and Russians in the »Western Provinces, 1863–1914«, in: *Slavic Review* 53 (1994), Nr. 1, S. 26–40; Kremenec'kyj licej, in: *EIU*, t. 5, S. 315–317.

19 John Paul Himka, *Letters from heaven. Popular religion in Russia and Ukraine*, Toronto 2006.

20 Zur *krywda* als Leitmotiv in Bauernbeschwerden vgl. Anna Veronika Wendland, *Die Russophilen in Galizien. Ukrainische Konservative zwischen Österreich und Russland, 1848–1914*, Wien 2001, S. 193–236 und 487–513.

21 Knyha buttja ukraïns'koho narodu. Zakon Božyj; Statut der Kyrill-Methodius-Gesellschaft, in: Pavlo S. Sokhan et al. (Hrsg), *Kyrylo-Mefodiïvske tovarystvo*, Kyïv 1990, t. 1, S. 150–152 und 250–258.

22 Knyha buttja; Johannes Remy, Panslavism in the Ukrainian National Movement from the 1840s to the 1870s, in: *Journal of Ukrainian Studies* 30 (2005), S. 27–50.

23 Leonid Novyčenko, Dorohocinni storinky, in: Taras Ševčenko, *Bil'ša knyžka. Avtohrafy poeziï Ševčenka 1847–1860rr.*, Kyïv 1989, Beiheft, S. 5–18.

24 Raketnyj udar po Dnipro: v mistach Rosiï počaly masovo zjavljatysja stychijni memorialy, in: FocusUA, 18.01.2023, https://focus.ua/uk/world/545878-raketnyy-udar-po-dnepru-v-gorodah-rossii-nachali-massovo-povyalyatsya-stihiynye-memorialy-foto.

25 A.M. Katrenko, Nacional'no-kul'turna ta polityčna dijal'nist' Kyïvs'koï hromady 60-i – 90-i roky XIX st., Kyïv 2003; Magocsi, A History of Ukraine, S. 365–384 und 436–460.

26 Serhij Jekel'čyk, *Ukraïnofily. Svit ukraïns'kych patriotiv druhoï polovyny XIX stolittja*, Kyïv 2010; V. S. Šandra, Chlopomanstvo, in: *EIU*, t. 10, S. 384–385.

27 Weeks, *Defining Us and Them*.

28 Wortlaut des Dekrets des Innenministers Pjotr Walujew vom 18. Juli 1863, zitiert nach Magocsi, *A History of Ukraine*, S. 369.

29 Wortlaut des Emser Ukases, zitierte nach Magocsi, *A History of Ukraine*, S. 372–373.

30 Bohdan Kravtsiv, Southwestern Branch of the Imperial Geographical Society (1993), in: *Internet Encyclopedia of Ukraine*, https://www.encyclopediaofukraine.com/display.asp?linkpath=pages%5CS%5CO%5CSouthwesternBranchoftheImperialRussianGeographicSociety.htm.

31 Wortlaut des Emser Ukases, zitiert nach Magocsi, *A History of Ukraine*, S. 372–373.

32 Anna Veronika Wendland, Jenseits der Imperien: Mychajlo Drahomanov und die Anfänge einer Verflechtungsgeschichte der Ukraine, in: Guido Hausmann / Angela Rustemeyer (Hrsg.), *Imperienvergleich. Festschrift für Andreas Kappeler*, Wiesbaden 2009, S. 221–246.

33 Hermann Simon / Irene Stratenwerth / Ronald Hinrichts, *Lemberg. Eine Reise nach Europa*, Berlin 2007; Heidi Hein-Kircher, *Lembergs »polnischen Charakter« sichern: Kommunalpolitik in einer multiethnischen Stadt der Habsburgermonarchie zwischen 1861/62 und 1914*, Stuttgart 2020.

34 John Paul Himka, The Construction of Nationality in Galician Rus: Icarian Flights in Almost All Directions, in: Ronald G. Suny / Michael D. Kennedy (Hrsg.), *Intellectuals and the Articulation of the Nation*, Ann Arbor 1999, S. 109–164; Yaroslaw Hrytsak, »Icarian Flights in Almost All Directions« Reconsidered, in: *Journal of Ukrainian Studies* 35–36 (2010-2011), S. 81–89.

35 Zur Ukraine im 19. Jahrhundert Kappeler, *Kleine Geschichte der Ukraine*, S. 124–144; Wendland, *Die Russophilen in Galizien*.

36 V. A. Smolij, 200-riččja povstannja seljan u seli Turbajach, Ukraïns'kyj Istoryčnyj žurnal Nr. 6/1989; Ders., Turbaïvs'ke povstannja 1789–1793, in: *EIU*, t. 10, S. 178. Der Turbaï-Aufstand in Volksliedern, in: Malyj Kobzar.Vybrani poeziï dlja ditej, Kyïv 1969, S. 10–11.

37 Kyrylo-Mefodiïvs'ke tovarystvo, t. 1, S. 6–7.

38 Wendland, *Die Russophilen in Galizien,* S. 489–540.

39 Otto Bauer, *Der Kampf um Wald und Weide. Studien zur österreichischen Agrargeschichte und Agrarpolitik,* Wien 1925.

40 Blackbourn, *Marpingen: apparitions of the Virgin Mary in nineteenth century Germany,* New York 1994.

41 Anke Hilbrenner, *Gewalt als Sprache der Straße. Terrorismus und die Suche nach emotionaler Gemeinschaft im Russischen Reich vor 1917,* Stuttgart 2022.

6. Nation der Extreme: die Ukraine 1918–1991

1 Eric Hobsbawm, *Das Zeitalter der Extreme. Weltgeschichte des 20. Jahrhunderts,* München 1999.

2 Wendland, *Die Russophilen in Galizien;* Wolfdieter Bihl, Aufgegangen in Großreichen: Die Ukraine als österreichische und russische Provinz, in: Golczewski, *Geschichte der Ukraine,* S. 126–157.

3 Kappeler, *Kleine Geschichte der Ukraine,* S. 158–159; Henning Bauer (Hrsg.), Die Nationalitäten des Russischen Reiches, in: ders., *Die Nationalitäten des russischen Reiches in der Volkszählung von 1897,* Stuttgart 1991.

4 Zur sozialen Bedeutung der Wehrpflicht vgl. Serhij Čolij, *Mobilizacija na periferiï. Vijs'kovyj obovjazok jak faktor modernizaciï imperiï Habsburgiv,* Kyïv 2016.

5 Hrycak, *Global'na istorija,* S. 228–229.

6 Ukraïnci u Peršij svitovij: »Na postradjans'komu prostori – neperedbačuvane mynule«. Interview mit dem Militärhistoriker Andrij Rukkas, in: *Istoryčna Pravda,* 04.08.2014, https://www.istpravda.com.ua/articles/2014/08/4/143924.

7 Mark von Hagen, *War in a European Borderland. Occupations and Occupation Plans in Galicia and Ukraine, 1914–1918,* Seattle – London 2007.

8 Felix Klopotek, *Rätekommunismus. Geschichte – Theorie,* Stuttgart 2021, S. 33–49.

9 Mark von Hagen, *Soldiers in the Proletarian Dictatorship. The Red Army and the Soviet Socialist State, 1917–1930,* Ithaca/London 1990, S. 13–66.

10 Wolodymyr Vynnyčenko, *Vidrodžennja naciï,* t. 1, Kyïv-Viden' 1920, S. 125–145.

11 Vynnyčenko, S. 175–189.

12 Reshetar für Ereignisgeschichte, Vynnyčenko, S. 149–214.

13 Anna Veronika Wendland, Nachbarn als Verräter: Nationalisierungsprozesse, Erinnerungspolitik und städtische Öffentlichkeiten in Lemberg (1914–1939) in: Anna Veronika Wendland / Andreas R. Hofmann (Hrsg.), *Stadt und Öffentlichkeit in Ostmitteleuropa 1900–1939. Beiträge zur Entstehung moderner Urbanität zwischen Berlin, Charkiv, Tallinn und Triest,* Stuttgart 2002, S. 149–169; Hrycak, *Global'na istorija,* S. 244.

14 Wendland, *Nachbarn als Verräter; Christoph Mick, Kriegserfahrungen in einer multiethnischen Stadt: Lemberg 1914 – 1947, Wiesbaden 2010.*

15 Zur Ereignisgeschichte vgl. Kappeler, *Kleine Geschichte der Ukraine,* S. 171–176. Im Einzelnen: 1) Februar 1917 bis Januar 1918: Zentralrada / UNR; 2) Januar bis März 1918: 1. Besetzung Kyjiws durch die Bolschewiki; 3) März 1918 bis April 1918: mit Hilfe der deutschen Besatzungstruppen wieder eingesetzte Zentralrada der UNR; 4) April 1918 bis Dezember 1918: Hetmanstaat des Hetmans Pavlo Skoropads'kyj mit »weißen« Verbündeten unter deutscher Besatzung; 5) Dezember 1918 bis Februar 1919: Direktorium der Zentralrada; 6) Februar 1919

bis August 1919: 2. Besetzung Kyjiws durch die Bolschewiki, Flucht der Direktoriumstruppen unter Symon Petljura nach Podolien; 7) August 1919 bis Dezember 1919: eintägige Besetzung durch Petljura, dann Übernahme Kyjiws durch russische »Weiße« unter Denikin; 8) Dezember 1919 bis Mai 1920: 3. Besetzung Kyjiws durch die Bolschewiki; 9) Mai 1920 bis Juni 1920: Polen verbündet mit Petljura-Truppen der UNR; 10) Juni 1920: endgültige Etablierung der Sowjetmacht in Kyjiw. Zur ukrainischen Geschichte im Bürgerkrieg und früher Sowjetunion vgl. Taras Hunczak (Ed.), *The Ukraine 1917–1921. A Study in Revolution.* Cambridge, Mass. 1977; Schnell, *Räume des Schreckens;* Jurij Borys, *The Sovietization of Ukraine, 1917–1923,* Edmonton 1980.

16 Schnell, *Räume der Gewalt;* Henry Abramson, *A Prayer for the Government. Ukrainians and Jews in revolutionary times, 1917–1920,* Cambridge, Mass. 1999, S. 109–140.

17 Wolodymyr Zatons'kyj, zitiert nach S.I. Aralov, *Revoljucija nas v bon zovet,* Moskva 1967, S. 216, in: von Hagen, *Soldiers,* S. 62.

18 Hrycak, *Global'na istorija,* S. 242–245.

19 Abramson, *Prayer for the Government,* S. 33–66.

20 Vasyl Markus, Donbas-Kryvyi Rih People's Republic, in: *Encyclopedia of Ukraine,* www.encyclopediaofukraine.com/display.asp?linkpath=pages%5CD%5CO%5CDonet-shD7KryvyiRihSovietRepublic.htm.

21 Auch Egon Erwin Kisch war Journalist, im Ersten Weltkrieg Soldat und in den Revolutionsmonaten Anführer von Roten Garden gewesen. Hajo Steinert, Der rasende Reporter. Egon Erwin Kisch, in: *Deutschlandfunk Archiv,* 01.01.1980, https://www.deutschlandfunk.de/der-rasende-reporter-egon-erwin-kisch-100.html.

22 Wolfram Dornik / Stefan Karner (Hrsg.), *Die Besatzung der Ukraine 1918. Historischer Kontext – Forschungsstand – wirtschaftliche und soziale Folgen,* Graz – Wien – Klagenfurt 2008. Mark von Hagen, *War in a European Borderland.*

23 Kappeler, Ein »kleines Volk« von 25 Millionen: Die Ukrainer um 1900, in: Manfred Alexander / Andreas Kappeler / Frank Kämpfer, *Kleine Völker in der Geschichte Osteuropas. Festschrift für Günther Stökl zum 75. Geburtstag,* Stuttgart 1991, S. 33–42.

24 Hrycak, *Global'na istorija,* S. 235.

25 Exemplarisch Borys Lewitzkyj, *Die Sowjetukraine 1944–1964,* Köln 1964.

26 Iwan Lysjak-Rudnyc'kyj, Ukraïns'ka revoljucija z perspektyvy sorokolittja (1957), in: ders., *Istoryčni ese,* t. 2, Kyïv 1994, S. 37–48.

27 Stanyslaw Stempjen [Stanisław Stępień] Symon Petljura, in: *EIU,* S. 176–180; Abramson, *Prayer for the Governement.*

28 Lysjak-Rudnyc'kyj, Vjačeslaw Lypyns'kyj: deržavnyj dijač, istoryk ta polityčnyj myslytel', in: ders., *Istoryčni ese,* t. 2, S. 143–152.

29 Cornelia Schenke, *Nationalstaat und nationale Frage: Polen und die Ukrainer 1921 – 1939,* Hamburg 2004; vgl. Martin Schulze Wessel, *Der Fluch des Imperiums,* München 2023, S. 174–181.

30 Die »Wende nach rechts« ist eine Anleihe von Alexander Motyl, *The turn to the right. The ideological origins and development of Ukrainian nationalism,* 1919–1929, New York 1980.

31 Armstrong, *Ukrainian Nationalism,* Englewood 1990, S. 7–28.

32 Charles Wynn, *Workers, Strikes, and Pogroms: The Donbas-Dnepr Bend in Late Imperial Russia, 1870–1905,* Princeton 1992; Andrii Portnov, *Dnipro. An Entangled History of a European City,* Boston 2022.

33 Bohdan Krawchenko, The Social Structure of Ukraine at the Turn of the 20th century, in: *East European Quarterly* 16 (1982), S. 171–181.

34 Theodore H. Friedgut, *Iuzovka and Revolution: Life and Work, Politics and Revolution in Russia's Donbas, 1869–1924*, 2 Bde., Princeton 1989–1994.

35 Terry Martin, *The affirmative action empire: nations and nationalism in the Soviet Union, 1923–1939*, Ithaca, London 2010; Kate Brown: *A biography of no place: from ethnic borderland to Soviet heartland*, Cambridge, Mass. 2004; V. M. Danylenko, Volodymyr Vernads'kyj, in: *EIU, t.1, S. 484–485.*

36 Martin, *The affirmative action empire.*

37 H. H. Jefimenko, Wolodymyr Zatons'kyj, in: *EIU*, t. 3, S. 287–288.

38 Serhij Mazlach / Vasyl' Šachraj, Do chvily, (1919), New York 1967, zitiert nach Lysjak-Rudnyc'kyj, *Ukraïns'ka revoljucija z perspektyvy sorokolittja*, S. 42 und 50.

39 Bjlum i Rozen, Atom v zaprjazi (1929), in: *Atom u zaprjazi. Fantastyka 20-ch rokiv*, Kyïv 2017, 19–153; Jaryna Cymbal, U dvadcjati – na mašyni času, ebd., S. 5–18.

40 Hrycak, *Global'na istorija*, S. 258–259.

41 Wolodymyr Tatlin (1885–1953), Buchumschlag für »Zustrič na perechresti« (Treffen an der Kreuzung), 1927; Quelle: Dmytro Omeljanovyč (Hrsg.), *Ukraïns'kyj avangard, 1910–1930*, Kyïv 1996, Tafel 230; Lytovčenko. Fotoal'bom. [Werkkatalog des Bildhauers Iwan Lytovčenko], Redaktion: Natalja Iwanovna Lytovčenko, Kyïv 2015, http://pripyat-city.ru/books/235-fotoalbom-litovchenko.html.

42 Myroslaw Shkandrij: Avant-Garde Art in Ukraine, 1910–1930: Contested Memory. Boston 2019; Dmytro Omeljanovyč (Hrsg.), *Ukraïns'kyj avangard, 1910–1930*, Kyïv 1996; Ada Raev, Die künstlerische Kultur der Ukraine, in: *Osteuropa* 6–8/2022, S. 353–374.

43 Anne D. Rassweiler, *The generation of power: the history of Dneprostroi*, New York 1988.

44 Stanislaw Kulchytsky, The Holodomor of 1932–33: How and Why? In: *East/West Journal of Ukrainian Studies*, 1/2015, S. 93–116.

45 Plenarprotokoll Deutscher Bundestag – 20. Wahlperiode – 72. Sitzung. Berlin, Mittwoch, den 30. November 2022 Tagesordnungspunkt 5: Beratung des Antrags der Fraktionen SPD, CDU/CSU, BÜNDNIS 90/DIE GRÜNEN und FDP Holodomor in der Ukraine: Erinnern – Gedenken – Mahnen, Drucksache 20/4681, S. 8418–8427.

46 Hrycak, *Global'na istorija*, S. 259–269; Anne Applebaum, *Roter Hunger. Stalins Krieg gegen die Ukraine*, München 2019; Stanislaw Kulchytsky: *The Famine of 1932–1933 in Ukraine: An Anatomy of the Holodomor*, Edmonton, Toronto 2018. *Vernichtung durch Hunger. Der Holodomor in der Ukraine und der UdSSR*, Berlin 2004 [= Osteuropa 12/2004]; Andrea Graziosi, *Holodomor.*

47 Lew Kopelew, *Aufbewahren für alle Zeit!*, Hamburg 1976.

48 France Meslé / Jacques Vallin / Evgeny Andreev, Demographic Consequences of the Great Famine: Then and Now, in: *Harvard Ukrainian Studies* 1–4/2008, S. 217–241.

49 Andrea Graziosi, The Soviet 1931–1933 Famines and the Ukrainian Holodomor: Is a New Interpretation Possible, and What Would Its Consequences Be?, in: *Harvard Ukrainian Studies* 1–4/2004/2005, S. 97–115; ders.: The Impact of Holodomor Studies on the Understanding of the USSR, in: *East/West Journal of Ukrainian Studies* 1/2015, S. 53–79; Hryhorii Kostiuk, *Stalinist Rule in the Ukraine: A Study in the Decade of Mass Terror. 1929–1939*, New York 1960.

50 Jefimenko, *Zatonskyj*, S. 288; Alexander Kratochvil, *Mykola Chvyl'ovyj. Eine Studie zu Leben und Werk*, München 1999.

51 E. S. Solovej, Maksym Ryls'kyj, in: EIU, t. 9, 198–200; Serhij Jefremov, Istorija ukraïns'koho pys'menstva (1924), Nachdruck Kyïv 1995, S. 608–685.

52 Lidija Kovalenko / Volodymyr Manjak (Hrsg.), *33-j: Holod. Narodna Knyha-Memorial*, Kyïv 1991.

53 Auskunft von Aleftyna Iwanivna Osadčuk, geb. Sveršok, über das Schicksal ihrer Familie mütterlicherseits, der Kosaken-Familie Pavlenko aus dem Dorf Stanica Medvedivs'ka, Kreis Tymašiv, Gebiet Krasnodar, in den Jahren 1932/33, 30.12.2022.

54 Jurij Lavrinenko, *Rozstrilene vidrodžennja. Antolohija 1917–1933. Poezija – Proza – Drama – Esei,* Paris 1959, Nachdruck Kyïv 2002.

55 Armstrong, *Ukrainian Nationalism*, S. 31–51.

56 Kai Struve, *Deutsche Herrschaft, ukrainischer Nationalismus, antijüdische Gewalt. Der Sommer 1941 in der Westukraine,* Berlin – Boston 2015; John-Paul Himka, The Lviv Pogrom of 1941: The Germans, Ukrainian Nationalists, and the Carnival Crowd, in: *Canadian Slawonic Papers* 53 (2011), Nr. 2–4, S. 209–243, doi:10.1080/00085006.2011.11092673.

57 Christoph Brumme, Das vergessene Massaker von Korjukiwka, in: *Ukraine verstehen. Auf den Spuren von Terror und Gewalt, Berlin* 2020, S. 69–71; Petro Bodnar / Pavlo Solod'ko, Inna Gadzynska / Yuriy Shapoval / Yevhenia Drozdova / Yevhen Synchuk / Nadja Kelm (texty.org.ua, Zentrales Staatsarchiv der Ukraine), *Besatzung. Verluste der Ukraine im Zweiten Weltkrieg, angerichtet durch Kommunisten und Nationalsozialisten,* https://texty.org.ua/projects/103857/okupaciya_de/; Ukraïna pid nacysts'koju okupacijeju: spaleni sela (1941–1944), Kyïv 1991.

58 Tadeusz Piotrowski, *Polish-Ukrainian relations during World War II: ethnic cleansing in Volhynia and Eastern Galicia,* Adam MicKyjiwicz Foundation, Toronto 1995; Armstrong, *Ukrainian Nationalism,* S. 105–123.

59 Dazu auch Hrycak, Istorija nasylstva, in: *Global'na istorija;* Snyder, *Bloodlands.*

60 Armstrong, *Ukrainian Nationalism*, S. 219–239; Amir Weiner, *Making Sense of War: The Second World War and the Fate of the Bolshevik Revolution,* Princeton N.J. 2001, S. 233.

61 Eigene Beobachtung im Familienumfeld der 1990er Jahre; im Forschungsumfeld der Projekte »Kerntechnische Moderne« und »Polesien als Interventionslandschaft«, wo ich Interviews mit Einheimischen aufzeichnete und im Gespräch viele implizite, d.h. fragmentarisch fallengelassene Erinnerungen erlebte. Zu dem großen Schweigen über die Verbrechen an den Juden vgl. Omer Bartov, *Eased: vanishing traces of Jewish Galicia in present-day Ukraine,* Princeton, NJ [u.a.] 2007.

62 Wendland, *Nuclearizing Ukraine;* Iwan Lysjak-Rudnyc'kyj, Novyj Perejaslaw (1956), in: *Istoryčni ese,* t. 2, S. 285–305.

63 Zu Leben und Nachleben Stepan Banderas vgl. Grzegorz Rossiliński-Liebe, *Stepan Bandera. The Life and Afterlife of a Ukrainian Nationalist,* Stuttgart 2014; Andrij Portnov, Pol'šča ta Ukraïna: perepletena istorija, asymetryčna pamjat', Charkiv 2023, 63 – 79.

64 Weiner, *Making Sense of War,* S. 313–380.

65 Pylypenko / Malchykova, *Der Kachowka-Stausee.*

66 Lewytzkyj, *Die Sowjetukraine;* Jurij Šapoval / M. S. Chruščov, Narys polityčnoï dijal'nosti, in: *Ukraïns'kyj istoryčnyj žurnal* 1989, Nr. 1; Borys Lewytzkyj, *Politics and Society in Soviet Ukraine, 1953–1980,* Edmonton 1984. Zu den Feierlichkeiten von 1954 vgl. Martin Aust, *Polen und Russland im Streit um die Ukraine. Konkurrierende Erinnerungen an die Kriege des 17. Jahrhunderts in den Jahren 1934 bis 2006,* Wiesbaden 2009, S. 203–218.

67 Wendland, *Die ukrainischen Länder 1944 bis 1993;* Lewytzkyj, *Die Sowjetukraine.*

68 Tanja Penter, Rebuilding the Donbas. The Impact of Nazi-Occupation on Workers, Engineers and the Economic Development of the Post-War Soviet Union in Late Stalinism, in: Stefan Berger / Marcel Boldorf (Hrsg.), *Social Movements and the Change of Economic Elites in Europe*

after 1945, Basingstoke 2018, S. 137–154; Tarik Cyril Amar, *The Paradox of Ukrainian Lviv. A Borderland Cty between Stalinists, Nazis, and Nationalists*, Ithaca, London 2015.

69 Eugen Weber, *Peasants into Frenchmen: the modernization of rural France 1870–1914*, London 1977.

70 Borys Lewytzkyj, *Die Sowjetukraine 1944–1963*, Köln 1964.

71 Jurij Šapoval, Petro Šelest. Žyttja t polityčna dolja, in: Jurij Šapoval (Hrsg.), *Petro Šelest: »Spravžnyj sud istoriï šče poperedu«. Spohady – Ščodennyky – Dokumenty – Materialy*, Kyïv 2011, S. 17–44.

72 Jurij Latyš, Wolodymyr Ščerbyc'kyj, ljudyna ta ïï epoxa, in: UA Commons, 10.08.2017, http://commons.com.ua/uk/volodimir-sherbickij, http://commons.com.ua/uk/volodimir-sherbickij. Hier gibt es auch einen statistischen Überblick über die ukrainischen Wirtschaftsdaten während der Amtszeiten Šelest und Ščerbyc'kyj. Anna Veronika Wendland, Die ukrainischen Länder 1945 bis 1993, in: Frank Golczewski (Hrsg.), *Geschichte der Ukraine*, Göttingen 1994, S. 269–312, hier S. 286.

73 Šelest, Spohady, in: *Šapoval, Petro Šelest* [Fußnote 27], S. 53–66.

74 Wendland, *Die ukrainischen Länder* [Fußnote 28].

75 Falk Flade, *Energy Infrastructures in the Eastern Bloc. Poland and the Construction of Transnational Electricity, Oil, and Gas Systems*, Wiesbaden 2017.

76 Jurij Šapoval, *Petro Šelest. Spravžnyj sud istorii šče poperedy*, Kyïv 2011, S. 18–44, hier S. 32.

77 Aufschluss über die widerstreitenden Konzepte einer Modernisierung der Ukraine zwischen Nationalkommunisten und ukrainischen Dissidenten ergeben die Ermittlungsakten gegen Iwan Dzjuba und die mit der Affäre verbundenen Dokumente aus dem Umkreis des KPU-Parteichefs Šelest: Vysnovok, 15.2.1972 [Bericht einer Sachverständigenkommission aus Akademie-Historikern und -Literaturwissenschaftlern über die Arbeit »Internacionalizm čy rusyfikacija?« als Zuarbeit für die KGB-Ermittlungen], in: *Instytut nacional'noï pamjati*, Archiv KDB Ukraïns'koï RSR, Kriminal'na sprava Iwana Dzjuby, 1972, t. 1, S. 104–119; Protokoll des KGB-Verhörs vom 16.10.1972, mit handschriftlichen Antworten Dzjubas, ebd. 2 (251) bis 30 (279). Dazu auch Kappeler, *Ungleiche Brüder*.

78 Yaroslaw Bilinsky, *The Second Soviet Republic: The Ukraine after World War II*, New Brunswick 1964; Lewytzkyj, *Die Sowjetukraine 1944–1964;* Yuri Kostenko, *The Nuclear Disarmament of Ukraine*, Cambridge, Mass., 2020; Andrii Portnov, *Dnipro: An Entangled History of a European City*, Boston (Mass.) 2022; Sergei Zhuk, *Rock and roll in the Rocket City: the West, identity, and ideology in Soviet Dniepropetrovsk, 1960 – 1985*, Washington 2010; Jaroslaw Bilocerkowyz, *Soviet Ukrainian Dissent. A Study of Political Alienation*, Boulder (Co.) 1988.

79 Anna Veronika Wendland, Nuclearizing Ukraine – Ukrainizing the Atom. Soviet nuclear technopolitics, crisis, and resilience at the imperial periphery, in: *Cahiers du Monde Russe*, 2–3/2019, S. 335–367.

80 Anna Veronika Wendland, Inventing the Atomograd. Nuclear Urbanism as a Way of Life in Eastern Europe, 1970–2011, in: Thomas Bohn / Thomas Feldhoff / Lisette Gebhardt / Arndt Graf (Hrsg.), *The Impact of Desaster: Social and Cultural Approaches to Fukushima and Chernobyl'*, Berlin 2015, S. 261–287; Wendland, *Nuclearizing Ukraine;* Svetlana Boltovska, Local Identities in Ukrainian Polesia and their Transformation under the (Post-) Soviet Nuclear Economy, in: *Zeitschrift für Ostmitteleuropa-Forschung* 68 (2019), H. 3, S. 445–477.

81 Marysja Tyškevyč, Afhans'ka vijna j Ukraïna, in: *Ukraïns'kyj interes*, 25.12.2022, https://uain.press/articles/1140035-1140035; eigene Aufnahme der Rolle und Transformation des *kutok afgancja* im Stadtmuseum der Atomstadt Kuznecovs'k-Varaš, 2012–2015.

82 Roman Solchanyk (Hrsg.), *Ukraine, from Chernobyl' to Sovereignty: A Collection of Interviews*, Edmonton 1992.

83 Eva Gerhards / Svetlana Boltovskaja (Hrsg.), *Tschernobyl: Expeditionen in ein verlorenes Land*, Freiburg 2011.

84 Prypjat', fotorozpovid›pro odne z najmolodšych mist Ukraïny, ščo zavdjačuje svoiïm vynyknennjam sporudžennju na r. Prypjati Čornobyl's'koï AES im. V. I. Lenina, Kyïv 1986.

85 Wendland, *Nuclearizing Ukraine;* Anna Veronika Wendland, Tschernobyl: (k)eine Visuelle Geschichte. Nukleare Bilderwelten in der Sowjetunion und ihren Nachfolgestaaten, in: Melanie Arndt (Hrsg.), *Politik und Gesellschaft nach Tschernobyl*, Köln/Weimar/Wien 2016, S. 182–210.

7. Kriege um die Unabhängigkeit: die Ukraine 1991–2023

1 Hrycak, *Global'na istorija*, S. 357–361; Melanie Arndt, *Tschernobylkinder. Die transnationale Geschichte einer nuklearen Katastrophe*, Göttingen 2020; zur sozialen Dimension vgl. auch Aliaksandr Dalhouski, *Tschernobyl in Belarus. Ökologische Krise und sozialer Kompromiss (1986–1996)*, Wiesbaden 2015; zur Ereignisgeschichte der Perestrojka-Jahre und der ersten Jahre der ukrainischen Unabhängigkeit siehe Kappeler, *Kleine Geschichte der Ukraine*, S. 246–281.

2 Hrycak, *Global'na istorija*, S. 361.

3 Kappeler, *Kleine Geschichte der Ukraine*, S. 254.

4 Deklaracija pro deržavnyj suverenitet Ukraïny vid 16.07. 1990 Nr. 55-XII, in: *Vidomosti Verchovnoï Rady URSR* Nr. 31 (1990), S. 429, https://zakon.rada.gov.ua/laws/show/55-12#Text; Anatol Lieven, The Meaning of Ukraine's Coming Neutrality. History offers clear examples of what neutral status means–and what it doesn't, in: *Foreign Affairs*, 04.04.2022, https://foreignpolicy.com/2022/04/04/ukraine-neutrality-nato-west-europe-russia-peace-ceasefire.

5 Yuri Kostenko, *Ukraine's Nuclear Disarmament. A History*, Cambridge, MA 2021; Paul d'Anieri, Introduction, in: Kostenko, *Ukraine's Nuclear Disarmament*, S. 14–16; John J. Mearsheimer, The Case for a Ukrainian Nuclear Deterrent, in: *Foreign Affairs* 72 (1993), Nr. 3, S. 50–66.

6 Kerstin Jobst, *Geschichte der Krim*, 2020, S. 307–312; Serhij Mokrušyn, Roman Spiridonov, Jak Krym 9 rokiv čynyv sprotyv rosijs'kij okupaciï, in: *Radio Svoboda*, Krym.Realiï, 27.02.2023, https://ua.krymr.com/a/krym-9-rokiv-sprotyvu-rosiyskiy-okupatsii/32289932.html; Maksym Svježencev, Dira na mapi Ukraïny. Čomu treba formuvaty ukraïns'kyj pohljad na Krym, in: *ZMI dlja zmin*, 16.02.2022, https://cs.detector.media/blogs/texts/184754/2022-02-16-dira-na-mapi-ukrainy-chomu-treba-formuvaty-ukrainskyy-poglyad-na-krym.

7 Mykola Rjabčuk, *Dvi Ukraïny. Realni mežy, virtual'ni vijny*, Kyïv 2003, S. 11–57.

8 Rjabčuk, *Dvi Ukraïny*, S. 74 und 76.

9 Timothy Snyder, A fascist hero in democratic Kiev, in: *The New York Review of Books*, 24.02.2010, https://www.nybooks.com/online/2010/02/24/a-fascist-hero-in-democratic-kiev.

10 https://m.censor.net/ru/theme/308/kiev_snejnaya_katastrofa.

11 Majdan. Počatok. Spohady učasnykiv Revoljuciï Hidnosti, in: *Istoryčna Pravda*, 20.11.2015, https://www.istpravda.com.ua/articles/2015/11/20/148731.

12 Stanislaw Markus, *Property, predation, and protection: piranha capitalism in Russia and Ukraine*, New York 2015; Ulrich Bröckling, Gewaltdrohung und Schutzversprechen. Zur Theorie des Rackets, in: *WestEnd. Neue Zeitschrift für Sozialforschung* 15 (2018), Heft 2, S. 139–152. Zu vergleichbaren Phänomenen in den USA vgl. James B. Jacobs, *Mobsters, unions, and feds. The Mafia and the American labor movement*, New York 2006.

13 Nikolay Mitrokhin, Transnationale Provokation. Russische Nationalisten und Geheimdienstler in der Ukraine, in: *Osteuropa* 64 (2014), Nr. 5–6, S. 157–174; Janukovyč u pytannjach nacbezpeky dijav v interesach Rosiï – GPU, in: *Hromads'ke Telebačennja*, 05.10.2016, https://hromadske.ua/posts/yanukovych-u-pytanniakh-natsbezpeky-diiav-v-interesakh-rosii-hpu; https://hromadske.ua/amp/posts/yanukovych-u-pytanniakh-natsbezpeky-diiav-v-interesakh-rosii-hpu.

14 Ukraïns'ka narodna partija: Plošči ukraïns'kyj mist zapolonyla skomorochy, vedmedi, samovary i matr'ošky, in: *Korrespondent.net*, 21.12.2010 https://web.archive.org/web/20170104090906/http://ua.korrespondent.net/ukraine/1151569-unp-ploshchi-ukrayinskih-mist-zapolonili-skomorohi-vedmedi-samovari-i-matroshki.

15 Zur Etymologie: Radio Free Europe, *From Majdan to Berkut. A Ukraine Protest Glossary*, 04.12.2013, https://www.rferl.org/a/ukraine-protest-glossary-euromaydan/25190085.html.

16 Exemplarische demoskopische Analysen: Kyiv international institute of sociology (KIIS), Press releases and reports – How relations between Ukraine and Russia should look like? Public opinion polls‹ results, 4.3. 2014, https://www.kiis.com.ua/?lang=eng&cat=reports&id=236&page=10&y=2014; KIIS, Press releases and reports – The attitude of Ukrainians to the decision of Russia to bring troops into Ukraine, 16.3. 2014, https://www.kiis.com.ua/?lang=eng&cat=reports&id=245&page=9&y=2014; Fond Demokratyčnoci iniciativy imeni Il'ka Kučeriva, Sind separatistische Gefühle charakteristisch für die Ukrainer?, 11.4. 2014, https://dif-org-ua.translate.goog/article/chi-vlastivi-ukraintsyam-nastroi-separatizmu?_x_tr_sl=auto&_x_tr_tl=de&_x_tr_hl=de&_x_tr_pto=wapp; Gwendolyn Sasse / Alice Lackner, *Attitudes and Identities across the Donbas front line: What has changed from 2016 to 2019?*, ZOIS Report Nr. 3 / 2019, August 2019. https://www.zois-berlin.de/fileadmin/media/Dateien/3-Publikationen/ZOiS_Reports/2019/ZOiS_Report_3_2019.pdf.

17 Ol'ha Omeljančuk, Perši zakatovani na Donbasi. Istoriï ukraïnciv, u vbyvstvi jakych zizvnavsja Girkin, in: *Radio Svoboda*, 25.05.2020, https://www.radiosvoboda.org/a/30630127.html.

18 Klaus-Helge Donath, Morde ohne Auftraggeber, in: *taz*, 27.02.2016, https://taz.de/Getoetete-Oppositionelle-in-Russland/!5282003.

19 Winfried Speitkamp (Hrsg.), *Gewaltgemeinschaften: von der Spätantike bis ins 20. Jahrhundert*, Göttingen 2013.

20 Klaus Theweleit, *Männerphantasien*, vollständige und um ein Nachwort erweiterte Neuausgabe, Sonderausgabe für die Bundeszentrale für Politische Bildung, Bonn 2020.

21 Mitrokhin, *Transnationale Provokation*.

22 Stanislaw Aseyev, *Heller Weg: Geschichte eines Konzentrationslagers im Donbas 2017–2019*, Stuttgart 2022.

23 Stanislaw Aseyev im Deutschlandfunk-Interview, Deutschlandfunk »Europa heute«, 15.02.2023.

24 Mitrokhin, *Transnationale Provokation*.

25 Amnesty International, »Like a prison convoy«: Russia's unlawful transfer and abuse of civilians in Ukraine during filtration, London 2022, https://amnestyfr.cdn.prismic.io/amnestyfr/5a606ecd-6bd4-40db-8e61-f49deef785 f8_EUR+5061362022+-+EN+-+Forcible+Transfers+-+Embargoed+10+Nov+2022.pdf; Bericht von Sabine Adler über Zwangsadoptionen und Massendeportation von Kindern nach Russland, Referenz Charkiwer Menschenrechtsgrupp und andere ukrainische Civil Rights Orgainisationen, Deutschlandfunk, 06.02.2023.

26 Hrycak, *Hlobal'na Istorija, S. 320;* Tanja Penter, Rebuilding the Donbas.

27 Stanislaw Aseyev im Deutschlandfunk-Interview, Deutschlandfunk »Europa heute«, 15.02.2023.

28 Karen Dawisha, *Putin's Cleptocracy. Who owns Russia,* 2014.

29 Analyse: von Sabine Adler mit Referenz Radio Svoboda, Deutschlandfunk, 07.02.2023.

30 Vladimir Milov, *Future Scenarios for Russia: An Optimistic, but Realistic Outlook,* Policy Paper, Zentrum Liberale Moderne, 10.01.2023, https://libmod.de/en/network-russia-policy-paper-milov.

31 Britischer Geheimdienst, Analyse im Deutschlandfunk, 07.02.2023.

32 Hrycak, *Hlobal'na Istorija,* S. 326.

33 Alexander Yanov, *The Origins of Autocracy: Iwan the Terrible in Russian History,* Berkeley u.a. 1981.

34 Manfred Quiring, *Putins russische Welt: Wie der Kreml Europa spaltet,* Berlin 2017.

35 Vladimir Putin, Ob istoričeskom edinstve Russkich i Ukraincev, 12.7.2021, http://kremlin.ru/events/president/news/66181. Die deutsche Übersetzung »Über die historische Einheit der Russen und der Ukrainer« ist dokumentiert in: *Osteuropa* 7/2021, S. 51–66. Dazu: Andreas Kappeler, Revisionismus und Drohungen. Vladimir Putins Text zur Einheit von Russen und Ukrainern, in: *Osteuropa* 7/2021, S. 67–76, und Jan Claas Behrends, Putins negative Ukrainepolitik. Hintergründe und Analogien, in: ebd., S. 77–84.

36 Vladimir Putin, Obraščenie Prezidenta Rossijskoj Federacii. Moskva, 21.2.2022, http://kremlin.ru/events/president/news/67828. Diese Rede ist in deutscher Übersetzung unter dem Titel »Wir erkennen die Volksrepubliken an« dokumentiert in *Osteuropa,* 1–3/2022, S. 119–135, die Kriegserklärung »Unser Vorgehen dient der Selbstverteidigung« (Rede von Vladimir Putin vom 24.2.2022), in: ebd., S. 141–148. Das russische Original erschien auf der Website des Präsidenten unter http://kremlin.ru/events/president/news/67843.

37 Kappeler, *Kleine Geschichte der Ukraine,* S. 190.

38 Andreas Kappeler, Revisionismus und Drohungen. Vladimir Putins Text zur Einheit von Russen und Ukrainern, in: *Osteuropa* 71 (2021), Nr. 7, S. 67–76.

39 Putin, »Wir erkennen die Volksrepubliken an«.

40 Siehe dazu den unverblümten Aufruf zum Völkermord: Timofej Sergejcev, Čto Rossija dolžna sdelat' s Ukrainoj. RIA Novosti 3.4.2022, https://ria.ru/20220403/ukraina-1781469605.html. Auf Deutsch dokumentiert unter: Timofej Sergejzew: Was Russland mit der Ukraine tun sollte, in: *Blätter für deutsche und internationale Politik* 5/2022, S. 63–70. www.blaetter.de/ausgabe/2022/mai/dokumentiert-was-russland-mit-der-ukraine-tun-sollte. Zu Timofej Sergejcevs Hintergrund und Methode: Il'ja Venjavkin, Der De-Ukrainisator: Timofej Sergejcev: »Methodologe«, Polittechnologe, Kriegspropagandist, in: *Osteuropa,* 4–5/2022, S. 59–77.

41 Siehe die Wahlergebnis-Kartografie in »Elections in Ukraine«, https://en.wikipedia.org/wiki/Elections_in_Ukraine.

42 Jan Claas Behrends, Putins Meistererzählung – Geschichtspolitik als Instrument der Herrschaft, https://ukraineverstehen.de/behrends-geschichtspolitik-putins-meistererzaehlung.

43 Für differenzierte (Wahl-)Kartografien siehe die Karten Serhij Vasyl'čenkos in https://vasylchenko.ucoz.ru/photo; Wendland, Ikonografien des Raumbilds Ukraine. Eine europäische Transfergeschichte, in: Peter Haslinger / Vadim Oswalt (Hrsg.), *Kampf der Karten. Propaganda- und Geschichtskarten als politische Instrumente und Identitätstexte,* Marburg 2012, S. 85–120.

44 Anna Veronika Wendland, Hilflos im Dunkeln. Experten in der Ukraine-Krise, in: *Osteuropa* 64 (2014), Nr. 9–10, S. 13–33, https://zeitschrift-osteuropa.de/site/assets/files/3446/oe140902.pdf.

45 Inna Nelles, Journalismus in der Ukraine: Mehr als ein Informationskrieg, in: *Heinrich Böll Stiftung*, 15.2.2023, https://www.boell.de/de/2023/02/15/journalismus-der-ukraine-mehr-als-ein-informationskrieg; MH17. Die Beweise aus öffentlichen Quellen. Eine bellingcat Untersuchung, https://www.bellingcat.com/app/uploads/2015/10/MH17-The-Open-Source-Evidence-DEU.pdf. Ein Beispiel für interaktive digitale Kriegskartographie ist die Initiative LiveUAmap, https://liveuamap.com/.

46 Andreas Umland, Irregular Militias and Radical Nationalism in Post-Euromaydan Ukraine: The Prehistory and Emergence of the »Asov« Battalion in 2014, in: *Terrorism and Political Violence* 31 (2019), Nr. 1, S. 105–131; Stanford University Center for International Security and Cooperation (CISAC), Mapping militants. The Asov movement, Organizational Overview, https://cisac.fsi.stanford.edu/mappingmilitants/profiles/Asov-battalion#text_block_33831.

47 Bij na Vokzal'nij. Jak zachysnyky Buči zlamaly plan Putina na Kyïv za try dni – rekonstrukcija, in: *Liga.net*, 31.03. 2023, https://www.liga.net/ua/politics/articles/boy-na-vokzalnoy-kak-zaschitniki-buchi-slomali-plan-putina-na-kiev-za-3-dnya-rekonstruktsiya; Ol'ha Onyščenko, Try kilometry pišky z prostrilenoju nohoju: černihivka pry vyïzdi z Černihova potrapyla pid obstril, in: *Suspilne Novyny*, 27.3. 2022, https://suspilne.media/222059-tri-kilometri-piski-z-prostrelenou-nogou-cernigivka-pri-viizdi-z-cernigova-potrapila-pid-obstril/.

48 Romina Bandura / Janina Staguhn, Digital Will Drive Ukraine's Modernization, Center for Strategic and International Studies, January 2023, https://csis-website-prod.s3.amazonaws.com/s3fs-public/publication/230110_Bandura_Digital_Modernization.pdf?VersionId=Kj4dblNq_pRzuSnKUvBt6kisZt15blSS; GIGA Focus Africa, Nr. 6 / 2022, Digital Africa: How Big Tech and African Startups Are Reshaping the Continent, https://www.giga-hamburg.de/en/publications/giga-focus/digital-africa-how-big-tech-and-african-startups-are-reshaping-the-continent.

49 Jörg Römer, Patent zum Töten, in: *Der Spiegel* 16/2023, 13.04.2023.

50 Anna Veronika Wendland, Eigene Erfahrungen mit der Selbstorganisation und Selbsthilfestrukturen der Ukrainer in Leipzig über die Facebook-Gruppe *Ukraïnci v Lejpcigu*, die ukrainische Kirchgemeinde und andere Gruppen, 2014–2023.

51 Widerstand. Ukrainische Kultur zu Zeiten des Krieges, in: *Osteuropa* 72 (2022), Nr. 6–8, insbesondere der Abschnitt über Literatur und Verlagswesen, S. 217–352; Wolodymyr Kulyk, the Language Situation in Ukraine, Vortrag vom 23.02.2023, *Languages of War: Interpretive Knowledge and Debates on the Perspectives oft the War in Ukraine,* Volkswagen-Stiftung Hannover.

52 Anna Veronika Wendland, Sowjetukrainische Kunst: Kriminelle Tätowierungen auf der Haut unserer Städte, in: *Frankfurter Allgemeine Zeitung*, 15.04.2016.

53 Heinrich Olschowsky, Der Heroismus im Sklaventum, in: *Frankfurter Allgemeine Zeitung*, 25.4. 2023, https://www.faz.net/aktuell/feuilleton/debatten/puschkin-dostojewski-und-tolstoi-imperiale-russische-klassik-18844671.html; Hans-Christoph Buch, Ein hässlicher Fleck auf der sonst weissen politischen Weste – wie Joseph Brodsky dazu kam, in einem Gedicht die Ukraine zu schmähen, in: Neue Zürcher Zeitung, 31.5. 2022, https://www.nzz.ch/feuilleton/joseph-brodsky-und-das-haesslichste-gedicht-ueber-die-ukraine-ld.1682628.

54 Jak ruch oporu »Žovta strička« buduje merežu ukraïns'koho suprotyvu, in: *Liga.net*, 25.03.2023, https://www.liga.net/ua/society/articles/podpole-v-melitopole-kak-dvijenie-jeltaya-lenta-stroit-set-ukrainskogo-soprotivleniya.

55 Newsletter »News from DNR and LNR«; ein Beispiel ist der seit 2014 aktive Twitter-Account Kryms'kyj banderivec' @CrimeaUA1.

56 Jak ukraïns'ka enerhetyčna systema ostatočno vidrizalasja vid RF ta Bilorusi, in: *Ukraïns'ka Pravda*, 1.3.2022, www.eurointegration.com.ua/news/2022/03/1/7135009.

57 Anna Veronika Wendland, Zaporižžja als Symbol: Russland attackiert die ukrainische Sowjetmoderne, in: *Osteuropa* 6–8/2022, S. 135–150; Ukraine's secret attempt to retake the Zaporizhzhia nuclear plant, in: *The Times*,7.4. 2023, https://www.thetimes.co.uk/article/ukrainian-zaporizhzhia-nuclear-power-plant-russia-putin-war-2023-fx82xz3xz

58 Zusatzprotokoll zu den Genfer Abkommen vom 12. August 1949 über den Schutz der Opfer internationaler bewaffneter Konflikte (Protokoll I), 8. Juni 1977. Teil IV: Zivilbevölkerung, Kapitel III: Zivile Objekte, Artikel 56 »Schutz von Anlagen und Einrichtungen, die gefährliche Kräfte enthalten«. Zum Interpretationsspielraum vgl. Christoph Hasselbach, Atomkraftwerke im Krieg: Was das Völkerrecht sagt, in: *Deutsche Welle*, Sendung vom 8.9.2022, https://p.dw.com/p/4GWjj.

59 Nazmia Leite, Profile: Ukrainian union works throughout the war, in: *Global Worker*, 20.12. 2022, https://www.industriall-union.org/profile-ukrainian-union-works-throughout-the-war; Telegram-Kanal Stadt Enerhodar, 3.7. 2023, https://t.me/energodar_ukr/5369; 4.7. 2023, https://t.me/energodar_ukr/5378.

60 Zu den technischen Daten und Zuständen des Kernkraftwerks siehe die täglich aktualisierten Meldungen des IAEA-Krisenzentrums, *Nuclear Safety and Security in Ukraine*, https://www.iaea.org/nuclear-safety-and-security-in-ukraine.

61 Russia plan to blow up Zaporizhzhia nuclear plant has been »drafted and approved«. Kyrylo Budanov, chief of Ukraine's military intelligence, warns of a dangerous escalation, in: *The New Statesman*, 23.6. 2023, https://www.newstatesman.com/world/europe/ukraine/2023/06/russia-plan-blow-up-zaporizhzhia-nuclear-plant-drafted-approved.

62 IAEA, Nuclear safety, security and safeguards in Ukraine, 2nd Summary Report by the Director General, 28 April – 5 September 2022, Vienna 2022; Gesellschaft für Reaktorsicherheit, Aktuelle Entwicklungen zum Zustand der kerntechnischen Anlagen in der Ukraine, www.grs.de/de/aktuelles/infobereich-ukraine/aktuelle-entwicklungen. »Enerhoatom: rosijs'ki vijs'kovi zajavyly pro hotovnist' pidirvaty zaminovanu ZAES«, in: *Radio Svoboda*, 8.4.2022, www.radiosv; Tägliche Updates in ukrainischer und russischer Sprache über die Lage im Kernkraftwerk Saporischschja gibt es auf den Telegram-Kanälen der ukrainischen Atomaufsicht https://t.me/snriugovua/, der ukrainischen Kraftwerksleitung https://t.me/znppatom/, des staatlichen Atomkonzerns Enerhoatom https://t.me/energoatom_ua/ sowie auf dem Kanal der Besatzungs-Kraftwerksleitung https://t.me/znppofficial/.

63 Jonathan Falconer, *The dam busters: breaking the great dams of Western Germany 16–17 May 1943*, Stroud 2003; Blackbourn, *Die Eroberung der Natur*, S. 304–306.

64 Zum Infrastrukturbegriff: Dirk van Laak, *Imperiale Infrastruktur. Deutsche Planungen für eine Erschließung Afrikas 1880 bis 1960*, Paderborn u.a. 2004.

8. Ausblick: die Ukraine zwischen Atlantisierung und Israelisierung

1 Zu täglichen Analysen des Kriegsverlaufs und zur Dokumentation von Kriegsverbrechen vgl. Institute for the Study of War, Russian Offensive Campaign Assessment, https://www.understandingwar.org/ und Open Source Intelligence (OSINT) on Ukraine, https://www.osintforukraine.com/. Für Twitter-Nutzer ist der Account HCStrien @Strien9 wertvoll, der täglich aktualisierte Zusammenfassungen aus unterschiedlichen bestätigten Quellen verfasst.

2 Vivian Micks, Viel Blut für wenig Land: droht die Offensive zu scheitern?, in: *n-tv Politik*, 4.7. 2023, https://www.n-tv.de/politik/Droht-die-Offensive-zu-scheitern-article24235564.html; Zalužnyj Valerij: Holovkoma dratujut‹ komentari pro povil'nyj kontrnastup, in: Cenzor.NET, 30.6. 2023, https://censor.net/ua/news/3428014/dratuye_koly_kajut_scho_kontrnastup_povilnyyi_kojen_metr_dayetsya_krovyu_zalujnyyi.

3 »Dilemma" und Front-"Schachbrett" Oberst Reisner: "Die Ukrainer ändern jetzt die Taktik", in: *n-tv Politik*, 3.7. 2023, https://www.n-tv.de/mediathek/videos/politik/Oberst-Reisner-Die-Ukrainer-aendern-jetzt-die-Taktik-article24234827.html.

4 Schadensschätzung der Vereinten Nationen nach Andreas Steiner, Leiter des UN-Entwicklungsprogramms: Wie läuft der Wiederaufbau der Ukraine?, in: *Deutschlandfunk*, 21.6. 2023; https://www.deutschlandfunk.de/wie-laeuft-der-wiederaufbau-der-ukraine-interview-mit-achim-steiner-un-dlf-52a23bf9-100.html; »Staudämme sind das Hohe C der Ingenieurbaukunst«, Interview mit Dirk Carstensen, Leiter des Institutes für Wasserbau und Wasserwirtschaft an der Technischen Hochschule Nürnberg Georg Simon Ohm (IWWN), in: *RedaktionsNetzwerk Deutschland*, 09.06.2023, https://www.rnd.de/politik/kachowka-staudamm-ingenieur-ueber-wiederaufbau-und-die-kosten-fuer-die-ukraine-EHIHQEPIHJB7VERCNTNTHWYXBA.html. Die Schadensschätzung eines Atomunfalls richtet sich nach US-Berechnungen über den Atomunfall Fukushima Daiichi im März 2011, an dem ebenfalls mehrere Reaktoren beteiligt waren: Appendix L, Factoring the Costs of Severe Nuclear Accidents into Backfit Decisions, in: National Research Council, *Lessons Learned from the Fukushima Nuclear Accident for Improving Safety of U.S. Nuclear Plants*, Washington 2014, https://www.ncbi.nlm.nih.gov/books/NBK253929/. Zu den Kosten, Aussichten und Schwerpunkten eines Wiederaufbaus der Ukraine: Garry Poluschkin / Robert Kirchner, Wie gelingt der Neuanfang in der Ukraine?, in: *ifo Schnelldienst* 76 (2023), Nr. 4, 19.4. 2023, file:///C:/Users/Wendland/Downloads/sd-2023-04-poluschkin-kirchner-etal-wiederaufbau-ukraine.pdf, 1–30.